Génération | pro
niveau | avancé

Französisch als neu einsetzende Fremdsprache an berufsbildenden Schulen und in der gymnasialen Oberstufe

von
Isabelle Darras
Birgit Feilhauer
Krystelle Jambon
Ingrid Klumpp
Léo Koesten
Dieter Kunert
Karl Martin

Ernst Klett Verlag
Stuttgart · Leipzig

Inhalt

Erläuterungen		
L 1	Lehrer-CD	Der Text bzw. die Aufgabe ist auf der Lehrer-CD zu hören. Die Ziffer verweist auf die Tracknummer.
	Schriftliche Aufgabe im Heft	Diese Aufgabe sollten Sie schriftlich in Ihrem Heft machen.
	Partnerarbeit	Hier arbeiten Sie mit Ihrem Sitznachbarn zusammen.
	Gruppenarbeit	An dieser Stelle bietet sich Gruppenarbeit an.
	Mediation	In dieser Aufgabe wird Sprachmittlung geübt.
@	Internet	Hier können Sie im Internet auf Informationssuche gehen.
	DELF	Diese Aufgabe bereitet auf die DELF-Prüfung vor.
▸ § 5	Grammatik-Paragraf	Der jeweilige Paragraf ist ein Verweis auf das entsprechende Grammatikkapitel in niveau débutants oder niveau intermédiaire.
	Redemittel	Hier werden Redemittel zu einer *stratégie* angeboten.
< >	Fakultativ	Diese Seiten gehören zum fakultativen Angebot.
G §1	Grammatik-Verweis	Verweis innerhalb der Dossiers auf den entsprechenden Grammatik-§ in Libre-Service
R/1	Révisions-Verweis	Verweis auf die Révisions-Seite im Dossier
S/S. XX	Stratégie-Verweis	Verweis auf die Stratégie-Sammlung in Libre-Service
▸ Cda...	Cahier-Verweis	Verweis auf weitere Grammatik-Übungen im Cahier d'activités
W	Wiederholung	Hier wird auf Kenntnisse aus Génération pro – niveau débutants und niveau intermédiaire verwiesen.

Chers élèves,

Pour le dernier volume, **Génération pro** change de look : les leçons laissent la place à des **dossiers** rassemblant textes et documents authentiques sur des **thèmes actuels**.
A la fin de chaque dossier, vous trouverez une page de **révisions**, le **vocabulaire du dossier** ainsi qu'une page « **vocabulaire thématique** » – une sorte de condensé du thème que vous venez de traiter.

Au milieu du livre, vous trouverez la partie **Libre-service**. Elle contient :
- une **introduction au travail sur des documents authentiques** pour bien démarrer l'année !
- un récapitulatif des **stratégies** pour vous permettre de continuer avec succès votre apprentissage du français !
- une partie **grammaire** : les points grammaticaux y sont expliqués et vous pouvez vous exercer à la fin de chaque paragraphe.

A la fin du livre, vous trouverez dans la partie **Escale** un choix d'exercices supplémentaires afin de réviser ce que vous avez appris et de vous entraîner au **DELF**.

Enfin, **votre dictionnaire de civilisation** vous apportera des précisions sur différents points évoqués dans les dossiers.

Afin de bien vous repérer dans votre manuel, vous trouverez dans les dossiers-mêmes des renvois (Verweise) à des pages qui peuvent vous aider.

Un petit exemple :

France, Allemagne, Europe

Textes | < Révisions > | Vocabulaire du dossier | Vocabulaire thématique

In Libre-service / Stratégies finden Sie Strategien, die Ihnen bei dieser Aufgabe helfen.

C'est dans le sondage. | LIRE, PARLER

S/S.87
1 Analysez les réponses données par les jeunes français et allemands. Sur quoi reposent les images que les Français et les Allemands ont les uns des autres ? Expliquez.
2 Regardez la différence de pourcentage des Français et des Allemands qui n'ont pas donné de réponse. D'après vous, comment peut-on expliquer cette différence ?

Pour aller plus loin | PARLER

1 Quelles pourraient être les conséquences de ces perceptions (Wahrnehmungen) différentes pour les rapports franco-allemands ?
2 A votre avis, qui doit s'occuper d'entretenir les relations franco-allemandes ? Les hommes politiques ? Ou bien les habitants ? Pourquoi ?
3 Qu'est-ce qu'il faudrait faire pour que Français et Allemands se connaissent mieux ? Faites cinq propositions pour améliorer la situation.

Online Link 524481-0010

Auf www.klett.de finden Sie weitere Materialien zu dem Thema.

Hier haben Sie die Möglichkeit, Pensen aus den vorigen Bänden zu wiederholen.

L 3/4 **D Ces Français amoureux de Berlin** G/§§11, 12

Schauen Sie im Libre-service / Grammaire nach.

R/1–2
Il suffit de prendre le bus à Berlin pour entendre parler non pas allemand, mais français et italien ! Comme dans n'importe quelle capitale, direz-vous. Sauf qu'à Berlin, ce ne sont pas tous des touristes. Plus de 12 000 Français ont rejoint les bords de la Spree pour y vivre. Ils représentent la troisième nation de l'Union européenne dans la capitale allemande, après les Polonais et les Italiens. Des chiffres qui confirment l'aspect cosmopolite et l'attrait de la métropole sur les Français.

2 **comme dans n'importe quelle capitale** wie in jeder anderen Hauptstadt
22 **être au top** Spitze sein
22 **peuplé,e** bevölkert
23 **une densité de la po-**

Bonne lecture !

Paris à l'affiche

Le Paris de la mode 1

2 Le Paris capitale internationale

Le Paris des salons 3

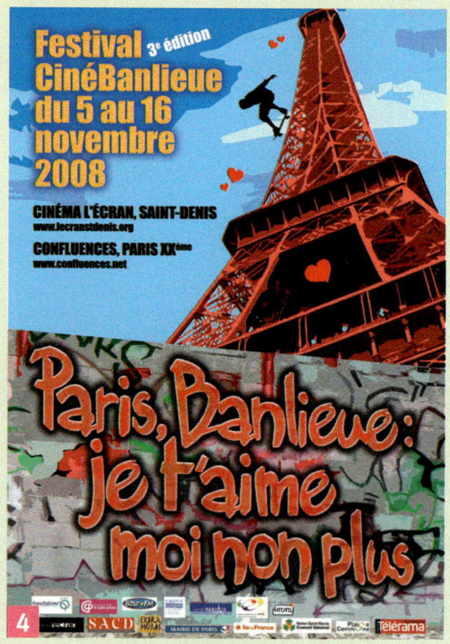

4 Le Paris de la culture

A vous ! | PARLER

Regardez les affiches.

1 Qu'est-ce qu'elles vous disent sur Paris ?
2 Qu'est-ce que Paris vous inspire ?

A Destination Paris

Online Link
524481-0001

Le top 5 des lieux les plus visités de Paris...

N°1 : Notre-Dame (13*)
N°2 : Le Sacré-Cœur (8)
N°3 : Le Louvre (7,5)
N°4 : La Tour Eiffel (6,7)
N°5 : Le Centre Pompidou (5,3)

* en millions de visiteurs

Pour aller plus loin | PARLER, ECRIRE

1 Est-ce que ce top 5 vous surprend ? Pourquoi (pas) ?
2 Cherchez sur Internet des photos et des informations sur les monuments du top 5 et présentez un des monuments dans un texte.
3 Cherchez d'autres photos de Paris (Le top 10 ? Un quartier branché ? Un personnage important ?) et des informations sur ces photos, puis présentez vos résultats à la classe.

S.83 +90

L 1/1

Très tendance !

Approche

S.93

Faites un filet de mots autour de la **mode**.
Après avoir lu le texte, complétez votre filet.

Avant, il fallait être un touriste pour acheter des t-shirts ou des porte-clefs avec l'image de la tour Eiffel... ou être complètement ringard ! Aujourd'hui, la vieille dame de fer, qui a fêté en 2009 ses 120 ans, est le symbole du chic. Les créateurs de mode et de décoration la mettent partout : sur les tasses à thé ou en boucles d'oreilles. Ils imaginent aussi des sacs et des chaussures tour Eiffel ! Dans le magazine « Le monde 2 », la styliste Sonia Rykiel dit que la tour est comme un drapeau, qu'elle représente la France et qu'il faut en être fier ! Pour John Galliano, directeur artistique de Dior, la tour Eiffel définit Paris. Elle est, d'après lui, « *l'icône du chic* ».

2 **un porte-clef** Schlüsselanhänger
4 **ringard,e** altmodisch
8 **une boucle d'oreille** *(f.)* Ohrring

C'est dans le texte. | LIRE, PARLER, ECRIRE

S.83

1 Décrivez les illustrations ci-dessus. (Pour vous aider : **Stuhl** une chaise ; **Lampe** une lampe).
2 Nommez les produits qui utilisent l'image de la tour Eiffel.
3 A votre avis, pourquoi est-ce que les créateurs mettent la tour Eiffel partout ?
4 Expliquez comment l'image de la tour Eiffel a évolué.

Pour aller plus loin | PARLER

1 Quels autres « objets tour Eiffel » pourrait-on proposer ? Donnez vos idées.
2 Quels monuments/symboles de votre pays/ville pourrait-on proposer comme souvenirs ?

L 1/2

Avis sur Paris

D'après une enquête de Tripadvisor, les touristes aiment Paris pour sa cuisine, ses boutiques et son charme. La capitale française serait l'une des villes européennes qui bougent le plus la nuit, et c'est à Paris qu'on trouverait les gens les plus beaux d'Europe ! Cependant, les touristes pensent que la ville est chère, trop sale et qu'elle doit mieux les accueillir.

C'est dans le texte. | LIRE, PARLER

1 Pourquoi est-ce que les touristes viennent à Paris ?
2 Qu'est-ce qu'ils n'aiment pas à Paris ?
3 *« Paris doit mieux les accueillir »* (l. 5). A votre avis, qu'est-ce qu'un bon accueil ? Pourquoi est-ce que Paris ne reçoit pas bien les touristes ? Faites des hypothèses.

A vous ! | PARLER, ECRIRE

1 Si vous êtes déjà allé(e) à Paris : Qu'est-ce qui vous a plu/ne vous a pas plu ?
2 Si vous n'êtes jamais allé(e) à Paris : Qu'est-ce que vous aimeriez y voir/visiter ?

L 1/3

B Les nouvelles nuits parisiennes

G/§3

Approche

Cherchez sur le plan de Paris page 259 : le Sacré-Cœur, Notre-Dame, Saint-Germain-des-Prés, Charonne, Barbès, Belleville, Ménilmontant, Oberkampf.

10 **un quartier populaire** Arbeiterviertel
11 **la périphérie** Stadtrand
13 **s'aventurer** sich (hin) wagen

Paris – qu'est-ce que c'est ?
On connaît bien sûr le Paris des artistes, celui de la politique. Il y a aussi le Paris de la mode ou des médias. C'est Paris au pluriel. Et il existe deux mondes qui, bizarrement, ont des vies tout à fait parallèles : d'un côté, celui des touristes qui se dépêchent d'aller au pied de la tour Eiffel, sur les Champs-Elysées, au Sacré-Cœur et devant Notre-Dame et, de l'autre, celui des jeunes Parisiens qui n'y vont jamais. Et même la nuit, pour faire la fête, les uns et les autres ne risquent pas de se retrouver. Ils ont des géographies tout à fait différentes. Le Paris qui bouge, celui de l'avant-garde et des jeunes, est parti loin de Saint-Germain-des-Prés et des beaux quartiers visités par les touristes. Les jeunes Parisiens se sont d'abord retrouvés dans les cafés et les ateliers des anciens quartiers ouvriers et populaires comme Charonne, Belleville, Ménilmontant, Oberkampf. Puis, ils ont été à la périphérie de la capitale, dans le nord-est, ou dans des arrondissements de Paris, comme le 10e ou le 18e, qui ont longtemps eu mauvaise réputation, de la gare de l'Est jusqu'à Barbès. Là où les touristes ne s'aventurent pas.

Online Link
524481-0001

C'est dans le texte. | LIRE, PARLER, ECRIRE

1 Reliez les débuts (A) et les fins (B) des phrases.

A	B
1 Aux Champs-Elysées,	a) ne se rencontrent pas souvent.
2 Les touristes et les « vrais » Parisiens	b) est un ancien quartier ouvrier.
3 La nuit, les jeunes Parisiens	c) a eu longtemps mauvaise réputation.
4 Charonne	d) on ne trouve pas beaucoup de « vrais » Parisiens.
5 Barbès	e) allaient à Belleville et vont maintenant à Barbès.

2 Expliquez l'expression suivante : *« Ils ont des géographies tout à fait différentes »*. (l. 7).

Pour aller plus loin | PARLER

Un touriste vient dans votre ville ou dans votre région. Il veut aussi voir des lieux où un touriste typique ne va pas. Préparez-lui un programme.

L 1/4

C Paris intra-muros

Approche | PARLER

1 Regardez la carte et expliquez les chiffres rouges.
2 Que veut dire intra-muros ? Si nécessaire, cherchez sur Internet.
3 Nommez trois lieux qui ne sont pas intra-muros.

/S.84

Entendu à ... | ECOUTER, PARLER

1 Première écoute : Où se passent les scènes ? Notez pour chaque lieu le numéro de la scène correspondante.
   a) La place de la Bastille
   b) Le Louvre
   c) Le cimetière du Père Lachaise
   d) Le Stade de France
   e) La gare du Nord
2 Deuxième écoute : Répondez aux questions suivantes.
   a) Quels personnages connus trouve-t-on au Père Lachaise ?
   b) Quels avantages ont les étudiants au Louvre ?
   c) Quel est le problème place de la Bastille ?
   d) Qu'est-ce qu'il y a ce soir au Stade de France ?
   e) Décrivez le caractère des deux personnes qui vont à la gare du Nord.

/S.89

L 1/9

D On vient aussi à Paris pour travailler.

/S.79 +80

Histoire de mots

A l'aide d'un mot d'une autre langue, expliquez les mots suivants : compter ; en général ; une limite ; la province.

Paris intra-muros, ce sont 2,166 millions d'habitants et 105 km² de surface. L'Ile-de-France compte presque 12 millions d'habitants pour 12 000 km². En fait, quand on parle de Paris, on parle de toute la région parisienne, c'est-à-dire l'Ile-de-France composée de plusieurs départements. C'est donc Paris intra-muros plus la banlieue. L'agglomération parisienne représente un tiers de l'économie française.

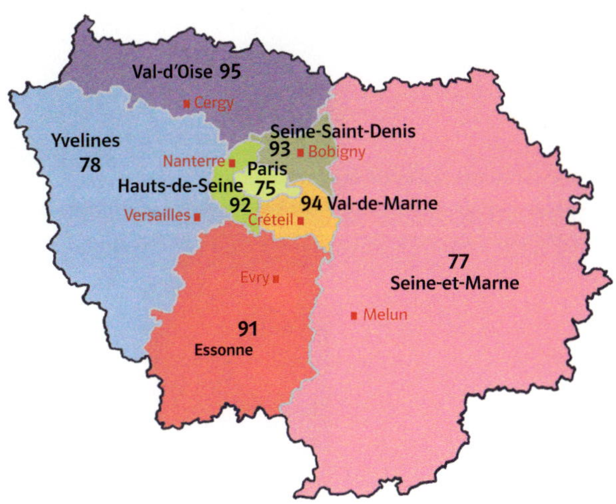

11 **en revanche** wiederum, umgekehrt

Chaque jour, trois habitants sur quatre d'Ile-de-France quittent la commune où ils habitent pour aller sur leur lieu de travail. Ils se déplacent surtout vers Paris et le département des Hauts-de-Seine. En général, ils ne vont pas plus loin que les limites de l'Ile-de-France. Seulement 24 000 personnes quittent la région parisienne. En revanche, 120 000 salariés d'autres régions travaillent en Ile-de-France. Ils viennent de Picardie, du Centre, mais aussi du sud-est de la France (25%). Ce sont surtout des cadres qui font la navette maison-travail depuis la province vers l'Ile-de-France. Le développement du réseau TGV explique certainement en grande partie ces déplacements.

sources INSEE

C'est dans le texte. | LIRE, PARLER, ECRIRE

1 Expliquez avec vos propres mots l'expression *faire la navette* (l. 14).

S/S.82
2 Expliquez à l'aide du dictionnaire les mots suivants :
un déplacement, un salarié, un cadre.

S/S.85
3 Résumez les informations du texte. Faites pour cela une phrase avec chaque chiffre présenté dans le texte. Utilisez vos propres mots.

Pour aller plus loin | ECRIRE, PARLER

1 Présentez votre situation personnelle : Est-ce que vous faites la navette ?
Combien de temps durent les trajets ? Combien est-ce que ça coûte ?
Qu'est-ce que vous en pensez ?

2 Dans le TGV entre la Picardie et Paris, il y a tous les matins les mêmes voyageurs qui font la navette. Ils discutent de leur situation.
Imaginez leur discussion, puis jouez la scène.

L 1/10

E Habiter Paris, une chance … ?

G/§13, 14

Approche | PARLER

A votre avis, pourquoi est-ce qu'habiter Paris est une chance ? Faites des propositions.

4 **dès lors que** ab dem Moment, als …
5 **commençant par** qui commence par
11 **l'anonymat** *(m.)* Anonymität

Sylvie Testud, actrice :
« Je suis née à Lyon, j'adore la nature, mais je me sens profondément parisienne, et ça fait dix-huit ans que ça dure. Je dis parisienne parce que, dès lors que j'ai eu un numéro de téléphone commençant par 01, je me suis sentie ici chez moi, à ma place… J'aime prendre le métro, passer des heures dans les cafés. »

Yves Simon, écrivain et chanteur :
« Cette ville m'a apporté de belles et grandes choses, l'inspiration – 9 de mes 12 romans s'y passent – une poésie urbaine qui me va bien, l'anonymat des foules. »

Eloge de la ville par Géraldine Catalano
© L'Express, 03/04/2008

C'est dans le texte. | LIRE, ECRIRE

/S.85

Pourquoi est-ce que Sylvie Testud et Yves Simon aiment Paris ? Résumez leur avis.

1/11

Entendu à … | ECOUTER, PARLER

/S.84

1 Ecoutez les quatre scènes et dites si les personnes aiment Paris ou non.
2 Après la deuxième écoute, donnez leurs raisons.

1/15

F … le stress au quotidien …

G/§§ 13, 14

/S.81

Histoire de mots

Qu'est-ce qui va ensemble ? Si nécessaire, utilisez votre dictionnaire.

1 sauter le pas	a) abhauen
2 faire le poids	b) den Schritt wagen
3 changer d'air	c) ins Gewicht fallen

Le stress, les embouteillages, les loyers… Pour les Parisiens, habiter la capitale demande des sacrifices que beaucoup ne sont plus prêts à faire. Ainsi, six millions de résidents d'Ile-de-France seraient candidats au départ et 200 000 sautent le pas chaque année. Direction ? La province…

En cause, les loyers trop élevés, […] le stress, la pollution, les embouteillages, le coût de la vie… Les raisons de départs sont nombreuses et les attraits de la vie à Paris ne font pas le poids face aux avantages […] de la province, à savoir une meilleure qualité de vie, un coût de la vie moins élevé, des logements plus grands pour le même prix, des postes et des perspectives de carrières au moins aussi intéressants.

Résultat : 200 000 Parisiens changent d'air chaque année selon l'INSEE, pour la majorité des trentenaires, jeunes professionnels et/ou jeune famille, la naissance du premier enfant étant l'un des principaux éléments déclencheurs de départs.

2 **un sacrifice** Opfer
5 **en cause** Ursache sind …
6 **un attrait** Reiz
7 **à savoir** nämlich
11 **un,e trentenaire** Dreißigjährige(r)
12 **déclencheur** auslösend

C'est dans le texte. | LIRE, PARLER

1 Combien d'habitants quittent Paris chaque année ? Où vont-ils ?
2 Pourquoi est-ce que les Parisiens partent ? Donnez plusieurs raisons.
3 A quel moment de leur vie est-ce qu'ils partent surtout ?

Pour aller plus loin | PARLER

R/1,2

Un couple parisien attend son premier enfant. Ils réfléchissent : partir en province ou rester à Paris ? Imaginez les arguments pour et contre et jouez la scène.

L 1/16 ◎ **Entendu à…** | ECOUTER, PARLER

1 Ecoutez le dialogue. Qu'apprend-on sur l'appartement ? Complétez la grille ci-dessous.

Nombre de pièces	Surface	Loyer	Autres informations

2 Qu'apprend-on sur le candidat ?
3 Que pensez-vous du loyer ?

L 1/17 ◎

G … et aussi une galère !

G/§§ 9, 10, 15

Approche

Faites un filet de mots autour du mot **logement**.
Après avoir lu le texte, complétez votre filet.

- 2 **insalubre** gesundheitsschädlich
- 2 **une expulsion** Zwangsräumung
- 5 **se mettre à l'abri** *(m.)* sich in Sicherheit bringen
- 5 **parlementer** verhandeln
- 7 **un squatteur** Hausbesetzer
- 9 **l'évacuation** *(f.)* Evakuierung
- 11 **un chez-soi** Zuhause
- 12 **minuscule** ≠ grand
- 13 **tout en longueur** in die Länge gezogen
- 15 **la peinture** Farbe
- 15 **se décoller** sich ablösen
- 18 **un poulailler** Hühnerstall
- 18 **en folie** *(f.)* wahnsinnig geworden
- 25 **la stupeur** Verblüffung
- 27 **une rangée** Reihe
- 27 **casqué,e** behelmt
- 30 **hurler** brüllen

Difficile de se loger à Paris, même quand on travaille. De nombreuses familles vivent souvent dans des logements insalubres et sont menacées d'expulsion. Dans cet extrait de roman, Bintou, 10 ans, raconte le jour où sa famille a dû quitter son appartement.

Papa a ouvert la porte. J'ai voulu me cacher derrière maman, mais il y avait déjà tous les petits. Plus de place pour moi. Pas d'autre endroit pour se mettre à l'abri. Papa parlementait avec les policiers :

– Nous ne sommes pas des squatteurs, nous sommes chez nous.

Celui qui avait l'air d'être le chef a répondu :

– Ne discutez pas monsieur, nous avons un ordre d'évacuation de cet immeuble. Vos enfants ne peuvent rester ici. Il y a des risques d'incendie, cet endroit est insalubre.

Insalubre ? Qu'est-ce que ça veut dire ? J'ai regardé mon chez-moi, je ne comprenais pas pourquoi il fallait partir, comme ça, dans la nuit noire. Bien sûr, c'est minuscule. Nous avons deux pièces, tout en longueur, pour nous loger à neuf. Dans l'une on dort, dans l'autre on vit. Depuis que je suis née, j'habite ici, ça fera dix ans la semaine prochaine. J'ai toujours vu la peinture se décoller des murs.

[…]

L'escalier ressemblait à un poulailler en folie. Ça criait, ça courait partout. Il y avait des policiers à tous les étages […] Je ne sais pas comment nous sommes arrivés en bas, j'ai un trou noir dans la tête. Mais je me souviens très bien de ma stupeur en sortant du couloir sombre qui mène à la rue : une rangée de policiers casqués formaient une allée. […] Des voix hurlaient :

« Non aux expulsions ! »
« Laissez-les chez eux ! »

Qui pouvait venir ainsi à notre aide ?

Je n'ai pas pu me poser plus longtemps la question, les policiers me poussaient dans un bus garé juste en face de notre immeuble.

A l'intérieur du bus, j'ai retrouvé presque tous les enfants de l'immeuble. Les plus petits étaient accrochés aux bras des mères ou des grandes sœurs. Bizarrement, on n'entendait plus aucun pleur.

Aminata est montée derrière moi.

J'ai essayé de lui sourire, mais ça ne passait pas mes lèvres.

– Regarde dehors, m'a-t-elle murmuré à l'oreille, il y a la maman de ta copine Lucie. [...]

Il y avait beaucoup d'autres têtes que je connaissais, des voisins du quartier.

C'étaient eux qui criaient si fort contre notre expulsion ! Soudain j'ai bondi :

– Aminata, il y a aussi ta prof principale !

– Oh là là, la honte, a murmuré Aminata, pourvu qu'elle ne m'ait pas vue passer…

Moi je trouvais plutôt super ces gens venus nous défendre, mais Aminata, elle, aurait voulu se faufiler dans un trou de souris, disparaître sous terre.

L'expulsion, Murielle Szac © Editions Thierry Magnier, 2006

35 **garer qc** etw. parken
36 **à l'intérieur** *(m.)* **de** im/in der …
37 **accroché,e** geklammert
38 **un pleur** < pleurer
40 **ça ne passait pas mes lèvres** das kam nicht über meine Lippen
41 **murmurer** flüstern
43 **soudain** plötzlich
43 **bondir** aufspringen
45 **La honte…** Was für eine Schande!
45 **pourvu que** wenn nur
47 **se faufiler** *(hier)* sich verkriechen
47 **une souris** Maus
47 **disparaître** verschwinden

Histoire de mots

S. 87
1 Expliquez avec vos propres mots : *« L'escalier ressemblait à un poulailler en folie. »* (p. 16, l. 17) ; *« J'ai un trou noir dans la tête. »* (p. 16, l. 23) ; *« Ça ne passait pas mes lèvres. »* (p. 17, l. 8).

2 Cherchez dans le texte l'antonyme/les antonymes des mots suivants : en haut ; à l'extérieur ; dedans ; murmurer.

3 Relevez dans le texte les éléments qui justifient l'adjectif « insalubre » (p. 16, l. 10) pour parler de l'appartement de Bintou.

C'est dans le texte. | LIRE, PARLER, ECRIRE

1 Vrai ou faux ? Corrigez les phrases fausses.
   a) Bintou vit avec sa famille dans un appartement de luxe.
   b) Aujourd'hui, Bintou et sa famille doivent quitter leur appartement.
   c) La police a un ordre d'évacuation.
   d) Bintou n'a pas de frères et sœurs.
   e) Seule la famille de Bintou doit partir.
   f) Il y a des gens qui protestent contre l'expulsion.
   g) Bintou et sa famille doivent monter dans un bus de la police.
   h) Aminata et Lucie sont aussi montées dans le bus.
   i) La mère de Lucie et la prof d'Aminata sont dans la rue pour protester.
   j) Aminata et Bintou ont honte *(schämen sich)*.

2 Divisez le texte en plusieurs paragraphes et donnez un titre à chaque paragraphe.

3 Est-ce que Bintou comprend bien la situation ? Expliquez ses réactions.

4 Comment comprenez-vous la phrase d'Aminata :
« Oh là là, la honte, a murmuré Aminata, *pourvu qu'elle ne m'ait pas vue passer… »* (l. 45) ?

R/3
5 Le texte est au passé et utilise des formes du passé composé et des formes de l'imparfait. Justifiez l'emploi des temps dans les lignes 17 à 30 (page 16).

Pour aller plus loin | ECRIRE

S. 85
Vous êtes journaliste. Ecrivez un article sur ce qui s'est passé.
Pour le préparer, prenez des notes à l'aide des questions **Qui ? Quoi ? Pourquoi ?**
Terminez votre article par un commentaire personnel.

L1 H Le pari du Grand Paris

G/§§ 9, 10, 15

Approche

S/S. 81, 87

Expliquez le jeu de mots de l'affiche : le grand pari(s). Si nécessaire, utilisez le dictionnaire.

1 **un chantier** Baustelle
8 **souterrain,e** unterirdisch
14 **un pôle d'excellence à vocation mondiale** Exzellenzzentrum mit globaler Bedeutung
18 **l'économie numérique** digitale Wirtschaft
19 **la croissance** Wachstum, Entwicklung
24 **un espace** Raum

C'est un énorme chantier que le président de la République, Nicolas Sarkozy a lancé en 2007 : faire de la capitale française une métropole du futur, une « *ville durable* ».

Ce projet concerne :
– **Les transports.** Un budget de 35 milliards d'euros est prévu pour les développer. Un nouveau métro, automatique et souterrain, reliera, par exemple, les différents secteurs économiques de la région parisienne. Ils se trouveront à moins de trente minutes des aéroports. Nicolas Sarkozy veut également faire du Havre le port du Grand Paris.
– **L'économie.** On veut encourager le développement de sept « *pôles d'excellence à vocation mondiale* ». Par exemple, un pôle pharmaceutique qui concentre la moitié de la production française au sud, un pôle de la création (cinéma, audiovisuel, mode, luxe) et de l'économie numérique au nord de Paris et un pôle spécialisé dans la croissance verte et le développement durable à l'est de la capitale.
– **Le logement.** On prévoit d'en construire 70 000 chaque année.
– **Les espaces verts** avec une augmentation de 30% des forêts de la région parisienne.

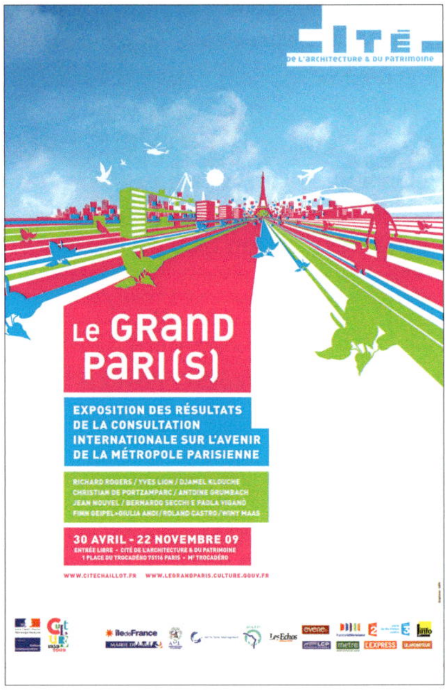

Ce projet est si gigantesque que Nicolas Sarkozy a demandé à dix équipes d'architectes et d'urbanistes, françaises et internationales, de réfléchir à la question et d'accompagner le projet dans le cadre d'un atelier international.
Le président souhaite que le Grand Paris devienne le réel moteur de la croissance économique française. Les travaux doivent commencer en 2012.

Le grand Paris © Adapted from: http:/www.legrandparis.culture.gouv.fr

S/S. 92

Jouez les interprètes ! | LIRE, PARLER

Vos parents s'intéressent beaucoup à Paris. Vous avez trouvé ce texte sur le Grand Paris sur Internet.
1 Quels sont les quatre secteurs concernés par le projet ?
2 Qu'est-ce qui est prévu pour chaque secteur ?
3 Résumez ce texte à vos parents (en allemand bien sûr !).

Pour parler du dossier entier | PARLER

Paris – vous aimez ou vous détestez ? On vous propose deux formations, l'une à Paris, l'autre en province.
1 Faites une liste des pour et des contre.
S/S. 91
2 Vous discutez avec deux copains/copines. Imaginez le dialogue et jouez la scène.

1 Paris, c'est aussi beau que . . .

▶ niveau intermédiaire §12

Faites des phrases. Utilisez le **comparatif** avec plus **(+)**, moins **(–)** ou aussi **(=)**.

Exemple : Les loyers / province / **–** élevé / les loyers / Paris
→ Les loyers en province sont moins élevés que les loyers à Paris.

a) La vie / Paris / **(+)** cher / vie / province
b) La tour Montparnasse / **(–)** haut / la tour Eiffel
c) L'appartement / 3e arrondissement / **(+)** petit / l'appartement / banlieue
d) Le métro / Londres / **(=)** cher / métro / Paris
e) L'avenue de Wagram / **(–)** long / les Champs-Elysées
f) Belleville / **(=)** sympa / Montmartre

2 La plus belle ville du monde !

▶ niveau intermédiaire §12

a) Faites des phrases. Utilisez le **superlatif**.

Exemple : tour Eiffel / monument / connu **(+)** / Paris
→ La tour Eiffel est le monument le plus connu de Paris.

1. Patrick / le guide / sympa **(+)**
2. La région parisienne / l'agglomération / grand **(+)** / France
3. L'hôtel Rimbaud / le logement touristique / joli **(–)** / Paris
4. Chez Pierre / le restaurant / bon **(+)** / le quartier
5. Ce film / mauvais **(+)** / le festival
6. Paris / la ville / verte **(–)** / l'Ile-de-France

b) Traduisez en français.

1. Paris ist die größte Stadt Frankreichs.
2. In Paris gibt es die interessantesten Ausstellungen.
3. Notre-Dame ist der meistbesuchte Ort der Stadt.
4. In Paris leben die schönsten Leute.
5. Der Stadtführer zeigt uns die wichtigsten Museen.
6. Sogar auf den kleinsten Plätzen sind Cafés.

3 Il était une fois . . .

▶ niveau intermédiaire §3

Imparfait ou **passé composé** ? Mettez les verbes entre parenthèses au temps qui convient.

a) Comme chaque année, Marie et Serge **(passer)** quelques jours à Paris.
b) D'habitude, ils **(loger)** à l'hôtel Renoir, mais cette année, ils **(choisir)** l'hôtel Pasteur parce qu'il **(ne plus y avoir)** de place dans leur hôtel préféré.
c) Comme tous les touristes, ils **(vouloir)** prendre le métro.
d) Mais quand ils **(arriver)** dans la station de métro, ils **(lire)** une affiche : *Grève dans les transports publics* ! Que faire ?
e) Ils **(retourner)** à leur hôtel pour demander des informations.
f) Là, on leur **(dire)** de prendre un taxi.
g) Alors ils **(téléphoner)**, mais sans succès.
h) Ce/C' **(être)** occupé tout le temps.
i) Puis ils **(demander)** de nouveau de l'aide à la réception de l'hôtel.
j) L'employé **(répondre)** : « Retournez à la station de métro, il va y avoir quelques métros. »
k) Marie et Serge **(retourner)** à la station.
l) Là, il **(y avoir)** déjà beaucoup de monde qui **(attendre)**.
m) Enfin, un métro **(arriver)**.
n) Marie et Serge **(se dire)** : « La prochaine fois, on s'informera avant le voyage ! »

→ Überprüfen Sie Ihre Antworten auf den Seiten 243–248.

1 **une grève** Streik

A Destination Paris

branché/branchée *(fam.)*	angesagt *(ugs.)*
complet/complète	vollständig/komplett
complètement	völlig
un **drapeau**	eine Fahne/Flagge
fier/fière (de qn/qc)	stolz (auf jdn/etw.)
évoluer	sich entwickeln/sich wandeln
une **enquête**	eine (Meinungs)Umfrage
bouger	sich bewegen; *(hier)* etw. los sein
sale	schmutzig
accueillir qn	jdn aufnehmen; jdn empfangen

B Les nouvelles nuits parisiennes

parisien/parisienne	Pariser
celui/celle/ceux/celles	jener/jene/jenes
un **Parisien**/ une **Parisienne**	ein Pariser/eine Pariserin
loin (de)	weit (von)
ouvrier/ouvrière	Arbeiter-/Arbeits-
une **réputation**	ein Ruf

C Paris intra-muros

Paris intra-muros	das innere Stadtgebiet von Paris
un **cimetière**	ein Friedhof
un **personnage**	eine Persönlichkeit/Person
le **caractère**	der Charakter

D On vient aussi à Paris pour travailler.

compter qc	etw. zählen; *(hier)* haben
la **banlieue**	der Vorort/Vorstadtbereich
une **agglomération**	ein Ballungsraum
faire la navette	pendeln
une **commune**	eine Gemeinde
en général	im Allgemeinen
une **limite**	eine Grenze
la **province**	die Provinz

E Habiter Paris, une chance . . . ?

un **acteur**/une **actrice**	ein Schauspieler/ eine Schauspielerin
profond/profonde	tief; stark
profondément	tief; stark *(Adv.)*; *(hier)* tief im Innersten
un **écrivain**/ une **femme écrivain**	ein Schriftsteller/ eine Schriftstellerin
un **chanteur**/ une **chanteuse**	ein Sänger/eine Sängerin
urbain/urbaine	städtisch
une **foule**	eine (Menschen)Menge/ Masse

F . . . le stress au quotidien . . .

un **embouteillage**	ein Stau
ainsi	so
élevé/élevée	hoch
le **coût de la vie**	die Lebenshaltungskosten
nombreux/nombreuse	zahlreich
face à qc	angesichts einer Sache

G . . . et aussi une galère !

un **extrait**	ein Auszug
se cacher	sich verstecken
un **incendie**	ein Brand
vivre	leben
un **mur**	eine Mauer; eine Wand
un **escalier**	eine Treppe; ein Treppenhaus
crier	schreien
courir	laufen/rennen
en bas	unten
un **trou**	ein Loch
mener à	führen zu/auf
une **aide**	eine Hilfe/Unterstützung
pousser qn/qc	etw. schieben/drücken; *(hier)* jdn drängen
en face de qc	gegenüber von etw.
ne . . . aucun/aucune	(überhaupt) keiner/ keine/keines
sourire (à qn)	(jdm zu)lächeln
dehors	(nach) draußen
un **voisin**/une **voisine**	ein Nachbar/eine Nachbarin
défendre qn/qc	jdn/etw. verteidigen

H Le pari du Grand Paris

un **pari**	eine Wette
concerner qn/qc	jdn/etw. betreffen
développer qc	etw. entwickeln; *(hier)* etw. ausbauen
prévoir de faire qc	beabsichtigen, etw. zu tun
construire qc	etw. bauen
un **cadre**	ein Rahmen

1/18

Les mots pour parler de Paris

S. 93

Derrière le mot Paris, il y a des réalités très différentes.

Paris, capitale de la France, **accueille** les **touristes** du monde entier. Les **guides** leur **montrent** la tour Eiffel, Notre-Dame ou le Louvre.

Les touristes aiment cette **ville qui bouge la nuit**. Mais quand ils visitent Paris, ils trouvent aussi que la ville est **chère** et souvent **sale**.

La **capitale** française **a évolué**. Il y a d'abord **le Paris « intra-muros »**, ses 2 millions **d'habitants** et ses 20 **arrondissements**.

Paris est aussi un **département**, le département 75. Avec ses **105 km²**, il **compte** seulement deux millions d'habitants.

Habiter à Paris n'est pas facile. Par exemple, il y a les **embouteillages** dans Paris et à la périphérie de la ville. Beaucoup de gens décident de quitter Paris. Les **raisons de départs** sont **nombreuses**. Le **coût de la vie** est **élevé**. Les **loyers**, surtout, sont élevés. **Il est difficile de se loger.** Avant, les familles pouvaient choisir d'habiter dans les **anciens quartiers ouvriers et populaires** comme Belleville ou Ménilmontant. Aujourd'hui, ces quartiers qui attirent les jeunes et le « Paris qui bouge » sont devenus chers.

Résultat : quand elles ne l'ont pas déjà fait, les familles **partent en banlieue ou en province**. Beaucoup de gens **font la navette** entre Paris et la banlieue. Ils **prennent le métro** ou **le train** parfois trois heures par jour. Quand on parle de la banlieue, on parle, en fait, de **l'Ile-de-France**, c'est-à-dire la **région parisienne**. L'**agglomération parisienne** compte sept départements + Paris.

Regards sur l'Histoire

1 Kirsten Dunst dans *Marie-Antoinette*

2 La comédie musicale[1] *Le Roi Soleil*

3 Sorti en 2010 : le film *Henri IV*

4

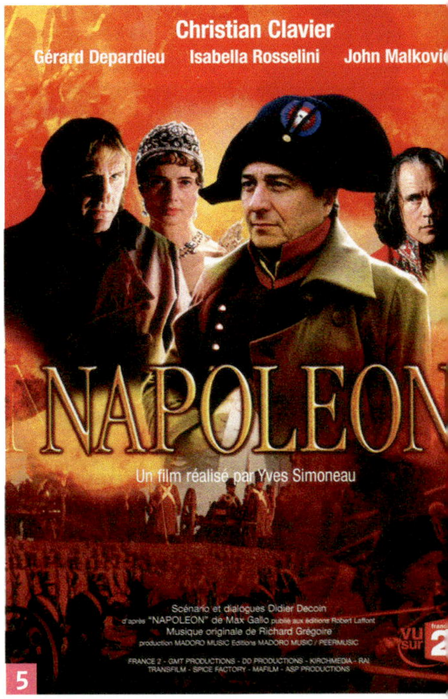

5

A vous ! | PARLER

Online Link 524481-0002

Regardez les photos et les couvertures de DVD.

1 De quel événement/De quel personnage historique est-ce qu'elles parlent ?

2 Pouvez-vous situer les époques dans le temps ? Racontez.

1 **une comédie musicale** Musical

A Repères

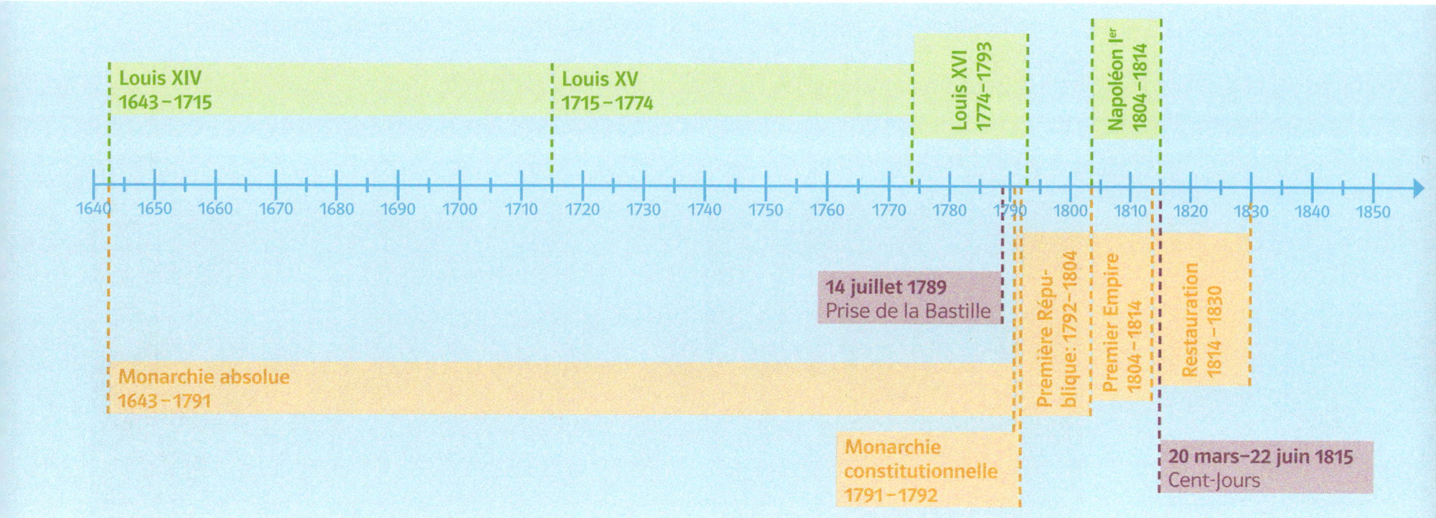

B « Le Roi, c'est moi ! »

1/24

Biographie

Approche | PARLER

Qu'est-ce que vous savez sur Louis XIV ? Racontez.

S.79 +80

Histoire de mots

A l'aide de mots de la même famille ou d'autres langues, expliquez ou traduisez les mots suivants : protectrice ; continuellement ; multiplier ; définitivement ; le catholicisme ; une religion ; ruiné.

Né en 1638, Louis XIV devient roi à l'âge de cinq ans, mais commence son règne personnel en 1661. Il prend alors des mesures protectrices en faveur de l'agriculture, encourage le commerce, l'industrie, les travaux publics. Il cherche continuellement à imposer la prédominance française à l'étranger en multipliant les guerres. En 1682, il s'installe définitivement au château de Versailles où il invite la noblesse à vivre autour de lui. Il se considère comme un monarque de droit divin. Il fait du catholicisme une religion d'Etat et révoque l'Edit de Nantes. A sa mort en 1715, Louis XIV laisse un pays ruiné.

3 **la prédominance** (Vor-)Herrschaft
6 **un monarque de droit divin** Monarch von Gottes Gnaden
6 **révoquer** *(hier)* aufheben, widerrufen

S.77

C'est dans le texte. | LIRE, PARLER, ECRIRE

1 Expliquez la phrase « *Il se considère comme un monarque de droit divin.* » (l. 5–6).
2 Quelles phrases du texte illustrent cette monarchie de droit divin ? Quelles en sont les conséquences ?
3 Faites des recherches sur l'Edit de Nantes et écrivez un court texte à l'aide des informations trouvées.
4 Comment est-ce que Louis XIV a ruiné son pays ? Faites des recherches si nécessaire.

Pour aller plus loin | ECRIRE

A Paris en 1700, il y a une réunion secrète où on discute de la misère.
Les participants décident de distribuer dans Paris des tracts (Flugblätter) pour protester contre le luxe de Versailles, les impôts.
Réalisez ces tracts : il vous faut un slogan, une illustration, etc.

L 1/25

La journée du roi

G/§15

9 **une dévotion** *(hier)* Andacht
10 **un courtisan** Höfling
11 **faire sa cour à qn** jdm seine Aufwartung (= Höflichkeitsbesuch) machen

Le Roi se lève toujours à huit heures, reste au conseil de dix heures jusqu'à midi et demi, moment où il va à la messe toujours en famille avec la Reine. [...] A une heure de l'après-midi, après avoir entendu la messe, il visite les favorites jusqu'à deux heures, heure à laquelle il dîne toujours avec la Reine et en public. Dans la suite de la journée, il va à la chasse ou à la promenade ; le plus souvent, il tient encore un conseil.
De la tombée de la nuit jusqu'à dix heures, il converse avec les dames, ou joue, ou va à la comédie ou aux bals. A onze heures, après le souper, il descend de nouveau à l'appartement des favorites. Il couche toujours avec la Reine.
Il a ainsi réparti les heures du jour et de la nuit entre ses affaires, ses plaisirs, ses dévotions et ses devoirs, de telle sorte que l'on sait par les courtisans à quoi il est occupé et où on peut lui faire sa cour.

 J.-B. Primi Visconti, Mémoires sur la Cour de Louis XIV, 1673–1681

C'est dans le texte. | LIRE, ECRIRE

R/1 **1** Résumez la journée du roi sous forme d'un emploi du temps.

Heure	Activités
8 h 00	Le roi se lève.
10 h 00–12 h 30	...

S/S. 89 **2** Faites le portrait de Louis XIV en vous servant des informations données dans les deux textes.

L 1/26

A la mode de Versailles !

Histoire de mots | ECRIRE

S/S. 80 **1** Regardez le dessin page 25 : Quels mots comprenez-vous à l'aide de l'allemand ?
S/S. 81, 82 **2** A l'aide du dictionnaire, expliquez les mots suivants : Receleuse ; Gaillarde ; Enjouée ; Passionnée ; Galante ; Baiseuse.

A l'époque de Louis XIV, la mouche est très tendance. La mouche est un petit morceau de tissu qu'on colle sur le visage. Elle est ronde comme un confetti et sa place sur la figure a une signification connue de tous. La mouche a connu un grand succès partout en Europe.

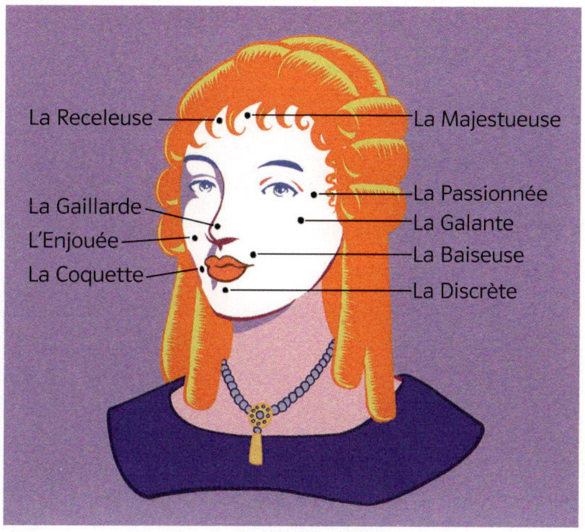

1 **une mouche** Fliege; *(hier)* Schönheitspflaster
3 **coller qc** etw. kleben

Pour aller plus loin | PARLER

1 Qu'est-ce qui, de nos jours, remplace la mouche ? Faites des propositions.
.91
2 En classe, discutez le pour et le contre de ce moyen d'expression moderne.

C C'est une révolution !

G/§§ 8, 11, 12

Approche | LIRE, PARLER

1 Qui est roi de France en 1789 ?
@
2 Renseignez-vous sur les Etats généraux en France.
En groupe, faites des recherches, puis présentez vos résultats à la classe.
.83 +90

1 **se nourrir** sich ernähren
2 **mendier** betteln
3 **une plainte** Klage
4 **gronder** *(hier)* bedrohlich werden

5 **un noble** Adeliger
6 **apaiser** beruhigen
7 **un défilé** Umzug
8 **les habits** *(m. pl.)* les vêtements
9 **brodé d'or** mit Gold bestickt
10 **piller qc** etw. plündern
11 **un couvent** Kloster
12 **emprisonner** < une prison

[...]

C'est dans la bande dessinée. | LIRE, PARLER

1 Donnez les deux raisons principales qui expliquent la colère de peuple français en 1789.
2 Pourquoi est-ce que le Roi convoque (einberufen) les Etats généraux ? Expliquez.
S/S. 85 R/1,2 3 Résumez les évènements du 12 au 14 juillet.

S/S. 88
A vous ! | PARLER

Regardez la troisième vignette de cette page (en haut à gauche) et parlez de l'ambiance dans la rue. Expliquez les commentaires des deux spectateurs.

Jouez les interprètes ! | PARLER

S. 92

Votre copain/copine s'intéresse beaucoup à la Révolution française. Vous avez trouvé le texte suivant sur Internet. Résumez-le à votre copain/copine (en allemand bien sûr).

> Le 14 juillet 1789, en rédigeant son journal intime, le Roi qui revenait d'une partie de chasse, écrira pour cette même date : « Rien ». Les moyens de communication de l'époque étant fortement limités à cause des longues distances, le Roi n'a pas été tenu informé des évènements parisiens le jour même : ce n'est qu'au lendemain, le 15 juillet, à Versailles, à 8 heures, au moment de son réveil, que le duc de La Rochefoucauld annonça à Louis XVI la prise de la Bastille.
> Le dialogue suivant aurait eu lieu : – « C'est une révolte ? » demande Louis XVI. – « Non Sire, ce n'est pas une révolte, c'est une révolution. » répond le duc de La Rochefoucauld.

source : http://fr.wikipedia.org/wiki/Prise_de_la_Bastille

< Pour aller plus loin > | LIRE, PARLER

Choisissez un des sujets suivants :

1 Qu'est-ce qui se passe en France entre août 1789 et la mort de Louis XVI ? Retracez les grands événements historiques de cette période sous forme d'une frise chronologique (Zeitstrahl).

@ 2 Faites des recherches sur la vie de Louis XVI et sa famille. Choisissez un ou deux aspects qui vous intéressent particulièrement. Présentez les résultats à la classe.

S. 83 +90

1/27

D Qu'est-ce qu'il reste de la Révolution française ?

G/§§ 5, 13, 14

L'héritage de la Révolution

Histoire de mots | LIRE

S. 81

A l'aide du dictionnaire, expliquez les mots suivants : naître ; demeurer ; le Code civil ; un drapeau.

La Révolution française a eu des conséquences énormes sur toute l'Europe.

La naissance des démocraties
La Révolution francaise n'a inventé ni la démocratie ni la république. Mais c'est la première fois qu'un tel régime s'installe dans un grand pays, mettant fin à la monarchie.

0 **un héritage** Erbe
5 **mettre fin à qc** einer Sache ein Ende bereiten

15 **le suffrage universel** allgemeines Wahlrecht
16 **mettre qc en application** etw. umsetzen

Les droits de l'homme
La Déclaration des droits de l'homme et du citoyen de 1789 se veut universelle : « Les hommes naissent et demeurent libres et égaux en droits. » Elle a été complétée à différentes époques […]. Elle est devenue un texte qui concerne tous les pays du monde.

De nouveaux droits
La Révolution française a inventé l'enseignement gratuit et obligatoire pour tous, le suffrage universel […], le divorce et le Code civil (mis en application par Napoléon en 1804) qui définit les règles du droit en France.

Des symboles
- la devise « Liberté, Egalité, Fraternité »
- le drapeau bleu, blanc, rouge
- Marianne, qu'on retrouve sur les timbres
- à partir de 1880, la fête nationale du 14 juillet (en souvenir de la prise de la Bastille)
- l'hymne national (la Marseillaise)

La révolution française de Gérard Dhôtel
© 2003 Editions Milan

A vous ! | PARLER

S/S.91 Quelle est pour vous la conséquence la plus importante de la Révolution française ? Discutez en classe.

La Marseillaise (Serge Gainsbourg)

L 1/28

Allons enfants de la patrie, le jour de gloire est arrivé
Contre nous de la tyrannie, l'étendard sanglant est levé

Aux armes et caetera, aux armes et caetera
Aux armes et caetera, aux armes et caetera

© Melody Nelson Publishing

C'est dans la chanson. | ECOUTER, PARLER

1 Ecoutez la version originale de la Marseillaise (sur youtube par exemple). A quoi pensez-vous quand vous entendez l'hymne national français ?
<**2** Regardez maintenant le clip de la version chantée par Serge Gainsbourg (sur youtube par exemple). Quels symboles de la République est-ce que vous reconnaissez ?>
S/S.87 <**3** Parlez de l'interprétation et de l'attitude du chanteur.>
4 Donnez votre avis sur cette interprétation de l'hymne national.

Regards croisés | LIRE, PARLER

1 Regardez page 260 la traduction du texte original de la Marseillaise. Qu'est-ce qui vous frappe dans les paroles par rapport aux paroles de l'hymne allemand ?
2 Comparez aussi à l'hymne de votre pays d'origine.

E Napoléon Ier : la gloire encore et encore

Approche | LIRE, PARLER, ECRIRE

1 Quand vous entendez le nom « Napoléon », à quoi est-ce que vous pensez ? A quel geste ? A quels accessoires/vêtements ? A quelle époque ?

S.83 +85 @ 2 Faites des recherches et écrivez la biographie de Napoléon à partir des dates suivantes :

1769 | 1796 | 1799 | 1802 | 1804 | 1805 | 1814 | 1815 | 1821

Le maître du monde

Approche | PARLER

1 Lisez le titre : A quoi pensez-vous ? Racontez.

<2 Connaissez-vous d'autres « maîtres du monde » ? Nommez-les.>

A vouloir dominer le monde, Napoléon finit par tomber de ses échasses[1] et faire le grand écart[2].

1 **les échasses** *(f. pl.)* Stelzen
2 **le grand écart** Spagat

© Editions Tallandier, 2000

A vous ! | PARLER

S.83 1 Décrivez le tableau ci-dessus.

2 Comment comprenez-vous le tableau ? La citation peut vous aider.

3 Quelles différences voyez-vous sur la carte ci-contre par rapport à la carte d'Europe d'aujourd'hui ?

L 1/29

Napoléon toujours vivant !

Approche | PARLER

Faites des recherches sur la bataille de Waterloo. Racontez ce qui s'est passé en juin 1815.

7 **s'inscrire dans** *(hier)* anknüpfen an
7 **se pincer** sich kneifen
9 **une machine à remonter le temps** Zeitmaschine

Chaque année, le 21 juin, plusieurs centaines de Polonais, Belges, Allemands, Anglais, Russes, Hollandais et quelques Français se retrouvent à Waterloo pour revivre et recréer, de la façon la plus exacte possible, la vie des soldats au début du XIXe siècle. Quand nous traversons en vêtements de notre époque les campements des troupes de Napoléon et de Wellington, c'est nous-mêmes qui devenons des curiosités car tout autour, les vêtements, le mobilier, les armes, la nourriture, les attitudes des hommes, des femmes et des enfants s'inscrivent pleinement dans l'année 1815 ! Parfois, il faut […] se pincer pour se rappeler qu'on est bien au début du XXIe siècle.
Bienvenue dans cette […] machine à remonter le temps : la reconstitution historique !

© Au détour du monde, France Inter, émission diffusée le 21/06/2009

S/S.77

Histoire de mots

Quels mots pouvez-vous comprendre à l'aide de l'allemand ?

S/S.77

C'est dans le texte. | LIRE, PARLER

1 Qu'est-ce qu'une reconstitution historique (l. 9) ? Expliquez.
2 Quels sont les éléments de la machine à remonter le temps ? Les photos peuvent vous aider.
S/S.85
3 Résumez ce qui se passe chaque année le 21 juin à Waterloo.
4 Pourquoi est-ce que le journaliste se sent un peu « curieux » parmi les autres ?

A vous ! | PARLER

Est-ce que vous aimeriez participer à la reconstitution d'un évènement historique ?
Donnez votre avis sur ce sujet.

L 1/30

Entendu à … | ECOUTER

S/S.84

Napoléon parle ! Ecoutez le texte et choisissez la bonne réponse.

1 Napoléon est joué par un acteur
  a) américain
  b) anglais
  c) corse.

2 Est-ce qu'il ressemble à Napoléon ?
  a) Oui
  b) Non.

3 Où est-ce qu'il va dormir ?
  a) A l'hôtel
  b) Sous une tente
  c) Dans une caravane.

4 L'acteur est
  a) journaliste
  b) historien
  c) policier.

5 Comment est-ce qu'il faut appeler l'Empereur ?
  a) Sir
  b) Sire
  c) Seigneur.

6 Qu'est-ce qu'il a le lendemain ?
  a) Une bataille
  b) Un contrat à signer
  c) Un rendez-vous avec Joséphine.

1 L'affaire Réveillon

Complétez le texte.

a) ● 1789, trois mois avant la prise de la Bastille ●, il y a déjà eu une révolte populaire ● deux riches familles de Paris.
b) ●, on l'appelle l'affaire Réveillon ● le fabricant Jean-Baptiste Réveillon, né ● et mort ●.
c) ● sa manufacture de papiers peints[1] a été le lieu d'affrontements violents[2] ● 300 ouvriers et les troupes royales.
d) Les ouvriers qui avaient peur ● une baisse importante de leurs salaires ● la grande crise ● 1789 sont entrés dans sa belle maison.
e) ● du 14 juillet, ils ont commencé à lancer des meubles ● le toit.
f) ●, les soldats ont attaqué les ouvriers : ●, on a compté plus de 200 morts et plus de 300 blessés.
g) ● de la Révolution, monsieur Réveillon a quitté la France pour l'Angleterre.

im Frühling; am 14. Juli
gegen
in Frankreich; nach
(im Jahre) 1725; (im Jahre) 1811
vom 24. April bis zum 28. April
zwischen
vor
während; des Jahres
am Morgen; vom
am Mittag; am Abend
am Vortag

2 La fuite à Varennes

▶ niveau intermédiaire §26

La fuite de Louis XVI à Varennes est un épisode important dans l'histoire de la Révolution.
Reliez les phrases par **avant de . . .** ; **après avoir**/**être**/**s'être . . .** ; **pour (ne pas)** ; **sans** selon le sens.

Exemple : Le 6 octobre 1789, Louis XVI s'installe à Paris. Il veut calmer la colère des gens.
→ Le 6 octobre 1789, Louis XVI s'installe à Paris **pour** calmer la colère des gens.

a) Le 21 juin 1791, Louis XVI et sa famille quittent Paris. Avant, ils ont longuement réfléchi à un bon plan.
b) Louis XVI s'est renseigné sur les possibilités d'une fuite. Puis il a pris la décision de partir.
c) Ils sont partis à minuit. Ils ne voulaient pas être vus.
d) Ils prennent la route à Montmédy. Ils ne savent pas ce qui les attend.
e) A Sainte-Menehould, ils s'arrêtent. Ils veulent changer de chevaux.
f) Un jeune homme a regardé par la fenêtre de la voiture. Puis il reconnaît le roi.
g) Le jeune homme prend le meilleur cheval. Il veut aller à Varennes.
h) Il y arrive avant le roi. Puis il informe ses amis révolutionnaires.
i) Ils arrêtent le roi. Avant, ils ont barricadé la route.
j) La famille royale descend de la voiture. Elle n'hésite pas une seconde.
k) Le roi répond aux questions des révolutionnaires. Puis il doit reprendre la route de Paris.

→ Überprüfen Sie Ihre Antworten auf den Seiten 243–248.

1 **une manufacture de papiers peints** Tapetenfabrik – 2 **des affrontements violents** *(m. pl.) (hier)* gewalttätige Auseinandersetzungen

une **révolution**	eine Revolution
un **évènement**	ein Ereignis
un **personnage**	eine Persönlichkeit; eine Figur
historique	historisch

A Repères

une **monarchie**	eine Monarchie
un **empire**	ein Kaiserreich

B « Le Roi, c'est moi ! »

un **roi**/une **reine**	ein König/eine Königin
un **règne**	eine Herrschaft/Regentschaft
une **mesure**	eine Maßnahme
en faveur de qc/qn	zugunsten von etw./jdm
imposer qc à qn	jdm etw. aufzwingen/aufoktroyieren
une **guerre**	ein Krieg
un **château**/des **châteaux**	ein Schloss/Schlösser
la **noblesse**	der Adel
vivre	leben
l'**Etat** *(m.)*	der Staat
la **chasse**	die Jagd
une **promenade**	ein Spaziergang
tenir conseil	sich beraten
une **comédie**	eine Komödie
descendre (à)	hinuntergehen (zu)
répartir qc	etw. aufteilen/verteilen
un **morceau**/des **morceaux**	ein Stück/Stücke
un **tissu**	ein Stoff
un **visage**	ein Gesicht

C C'est une révolution !

un **paysan**/une **paysanne**	ein Bauer/eine Bäuerin
avoir du mal à faire qc	Mühe haben, etw. zu tun
se réunir	sich versammeln
un **impôt**	eine Steuer
vide	leer
une **église**	eine Kirche
un **représentant**/une **représentante**	ein Vertreter/eine Vertreterin
suivre qn	jdm folgen
renvoyer qn	*(hier)* jdn entlassen
une **prison**	ein Gefängnis

D Qu'est-ce qu'il reste de la Révolution française ?

une **conséquence**	eine Folge/Konsequenz
inventer qc	etw. erfinden
un **régime**	ein (politisches) System
l'**enseignement** *(m.)*	der Unterricht; das Schulwesen
l'**enseignement obligatoire**	die Schulpflicht
la **Déclaration des droits de l'homme et du citoyen**	die Erklärung der Menschen- und Bürgerrechte
un **timbre**	eine Briefmarke

E Napoléon Ier : la gloire encore et encore

la **gloire**	der Ruhm/das Verdienst
une **arme**	eine Waffe
la **nourriture**	die Nahrung
une **attitude**	eine Haltung
une **reconstitution**	eine Rekonstruktion
une **reconstitution historique**	*(hier)* ein historisches Live-Rollenspiel

Révisions

lancer qc	etw. werfen
une **fuite**	eine Flucht

1/31

Les mots pour parler de l'Histoire

S. 93

Même plusieurs siècles plus tard, certains **personnages** ou **évènements historiques** français sont encore très présents. On pense ici en particulier à **Louis XIV**, **Napoléon** ou la **Révolution française**. On les retrouve régulièrement dans des films, des BD, des comédies musicales ou des **reconstitutions historiques**. Mais on ne retrouve pas ce phénomène seulement en France. A l'étranger, le **règne** du **Roi Soleil** et le **château de Versailles** font encore rêver des millions de touristes, les élèves continuent à apprendre les batailles de Napoléon à l'école, et la Révolution française reste aussi une référence dans le monde.

Ces personnages qui ont fait l'Histoire

Au XVIIe siècle, Louis XIV a cherché à **imposer** par ses nombreuses **guerres** la prédominance française au reste du monde. A Versailles où toute **la noblesse** de l'époque **vivait** à ses côtés, la **journée du Roi** était réglée entre ses **devoirs** et ses plaisirs. Et les plaisirs ne manquaient pas ! Pour s'amuser, il y avait la **chasse**, les **promenades**, la **comédie** ou les bals. Il y avait aussi la mode. Chez les dames, la **mouche** (un petit morceau de **tissu** placé sur le **visage**) connaissait un grand succès, non seulement en France, mais aussi plus tard partout en Europe.

La **Révolution française** a eu des conséquences importantes sur toute l'Europe. Elle a mis fin à la **monarchie** et a participé à la naissance de la démocratie. Elle a **inventé** par exemple l'**enseignement gratuit et obligatoire** et le divorce… **La Déclaration des droits de l'homme et du citoyen de 1789** est devenu un texte universel.

Deux siècles après sa mort, **Napoléon Ier**, lui aussi, a toujours ses fans ! A **Waterloo**, ils viennent de tous les pays pour revivre cette bataille de la façon la plus exacte : vêtements, **armes**, **nourriture**, **attitudes** des participants, tout est comme au temps de Napoléon. Mais Napoléon, c'est aussi la Banque de France, le Code civil et les facs.

La vie politique en France

1 Le palais de L'Elysée

2 L'Assemblée nationale

3 Le palais du Luxembourg

4 La devise de la République

S/S.83 **A vous !** | PARLER

@ 1 Cherchez sur Internet dans quels arrondissements de Paris se trouvent ces bâtiments.
2 Qui occupe ces bâtiments ? Faites des recherches.
3 Quels sont les bâtiments correspondants en Allemagne ?
4 Expliquez la devise de la République. Est-ce qu'il y a aussi une devise en Allemagne ? Si oui, laquelle ?
5 Quels hommes ou femmes politiques français(es) connaissez-vous ?

1/43

A Les pouvoirs du Président

Approche

Est-ce que vous connaissez des présidents français ? Nommez-en au moins deux.

Le Président de la République française est le chef de l'Etat. Il est élu pour cinq ans au suffrage universel direct.

C'est le Président qui nomme le Premier ministre. Il nomme aussi, sur proposition du Premier ministre, les autres ministres du gouvernement et préside le conseil des ministres qui a lieu chaque mercredi matin au palais de l'Elysée.

On a besoin de la signature du Président pour chaque décision politique importante : une loi est valide seulement si le Président l'a signée.

Le Président peut dissoudre l'Assemblée nationale. Il y a alors de nouvelles élections législatives.

Le Président peut organiser un référendum et demander ainsi directement l'avis des Français sur des questions importantes.

Il y a un ministre de la Défense dans le gouvernement, mais c'est le Président qui est le chef des armées. C'est lui qui préside le défilé militaire du 14 juillet.
Le Président est le gardien de la Constitution. Il en contrôle l'application et le respect.

7 **présider qc** den Vorsitz einer Sache führen
12 **valide** gültig
14 **dissoudre qc** etw. auflösen
16 **la dissolution** < dissoudre
20 **le ministre de la Défense** Verteidigungsminister
22 **un défilé militaire** Militärparade
25 **une application** Umsetzung

C'est dans le texte. | LIRE, ECRIRE, PARLER

1 Faites une liste des principales fonctions du Président de la République.
2 Expliquez ces fonctions en quelques phrases.

Regards croisés | PARLER

1 Comparez la fonction du Président de la République à celle du *Bundespräsident*, et la fonction du Premier ministre à celle du *Bundeskanzler*. Qu'est-ce qui est pareil ? Qu'est-ce qui est différent ?
2 Qui est la personnalité la plus importante en France ? Et en Allemagne ?

Pour aller plus loin | LIRE, PARLER

S/S. 83, 90 @ Faites des recherches sur l'un des sujets suivants, puis présentez vos résultats à la classe :
a) l'histoire du suffrage universel direct en France
b) le rôle du Premier ministre en France
c) la dissolution de l'Assemblée nationale : Quand cela s'est-il passé ? Pourquoi ?
d) le référendum : Qu'est-ce que c'est ? Combien de référendums est-ce qu'il y a eu ?

L 1/44

B Edouard Courtial, député UMP

G/§§ 5, 9, 10, 11, 12

Histoire de mots

S/S. 80, 87

A l'aide d'un mot de la même famille ou d'une autre langue, expliquez les mots suivants : le Parlement, développer, une responsabilité, l'enseignement, une communauté, un modèle.

Approche | ECRIRE, PARLER

S/S. 83 @ Faites des recherches sur l'un des sujets suivants :
1 Quels sont les partis politiques les plus importants en France ? Présentez-les en quelques phrases.
2 Quel est le rôle d'un député à l'Assemblée nationale ?

Online Link
524481-0003

3 **faire partie de qc** zu etw. gehören
3 **la majorité présidentielle** präsidentielle Mehrheit/Regierungskoalition
8 **l'éducation** *(f.)* **civique** Staatsbürgerkunde, Gemeinschaftskunde

L'UMP (Union pour un Mouvement Populaire), est le parti de l'actuel Président de la République, Nicolas Sarkozy. Edouard Courtial fait donc partie de la majorité présidentielle à l'Assemblée nationale. Il a 32 ans. C'est un des plus jeunes députés du Parlement.

Elu député de l'Oise, il est aussi depuis septembre 2003 le maire d'Agnetz, une petite commune de 2637 habitants. Il y développe un projet d'éducation civique […] : le « Parlement des enfants ». Un projet proposé par l'Assemblée nationale et le ministère de l'Education nationale.
Voilà l'interview qu'il a donnée à L'Internaute.com :

Comment et quand est née votre envie de faire de la politique ?
Cette envie est née très tôt, vers l'âge de 14–15 ans. J'ai découvert la politique assez jeune, en accompagnant mon père qui était maire. Je suis devenu militant. J'ai tout de suite participé aux différentes campagnes électorales de ma circonscription. […] Puis, à vingt ans, j'ai pris des responsabilités dans mon parti. A 28 ans, j'ai été élu député.

Si vous deviez changer quelque chose d'important en France, que feriez-vous ?
Notre République ne va pas très bien. Je pense qu'il faut moderniser nos institutions. […] Et rappeler les valeurs de la République. Cela passe par le retour de l'enseignement de l'éducation civique au lycée, par l'éducation que les familles donnent à leurs enfants : les familles doivent expliquer les règles de notre société à leurs enfants. Les parents sont responsables de leurs enfants vis-à-vis de la loi. Il s'agit aussi que chaque citoyen français se sente originaire d'une même […] communauté : celle de la France. […]

Quel homme ou quelle femme a été votre modèle en politique ?
Mon modèle a été mon père. Il a été maire d'une commune de 2 500 habitants […]. J'ai beaucoup appris de lui. […]

© *L'Internaute 2006*

14 **un,e militant,e** aktives Mitglied (z. B. einer politischen Partei)
15 **une circonscription** Wahlkreis
23 **vis-à-vis de qn/qc** jdm/etw. gegenüber
24 **originaire de** stammend aus; *(hier)* zugehörig zu

C'est dans le texte. | LIRE, ECRIRE

S. 93 **1** Relevez dans le texte les mots qui se rapportent à la **vie politique** et faites un filet de mots.
S. 86 **2** Notez les étapes du parcours politique (politischer Werdegang) d'Edouard Courtial.
3 Faites une liste de ses idées politiques et de ses visions pour l'avenir, puis présentez-les dans un court texte.

1/46

C Karima Delli, euro-députée

Approche | PARLER

1 Indiquez deux villes où il y a des institutions européennes importantes.
2 Quelles institutions est-ce qu'on y trouve ?

S. 79 +80

Histoire de mots

Relevez dans le texte les mots que vous comprenez à l'aide d'un mot de la même famille ou d'une autre langue.

Depuis dimanche 7 juin 2009, Karima Delli est députée européenne. Elle est le symbole du raz-de-marée vert des élections européennes. Quatrième de la liste Europe-Ecologie en Ile-de-France avec plus de 20% des voix, elle va siéger au Parlement de Strasbourg.
Elle a encore du mal à réaliser. Elle, fille d'un ouvrier d'origine algérienne, née à Tourcoing, dans le Nord, il y a 30 ans. Karima est neuvième d'une famille de treize enfants. De son enfance, elle a gardé le sens de la solidarité. « *Elle a le cœur*

1 **un raz-de-marée** Flutwelle; *(hier)* Erdrutsch
5 **avoir du mal à faire qc** nur schwer/kaum etwas tun können
9 **un sens** ein Sinn
9 **avoir le cœur sur la main** großzügig sein

10 **bosseur, bosseuse** *(fam.)* qui travaille beaucoup
11 **angoissé,e** ängstlich
15 **les sciences** *(f.)* **politiques** Politologie
15 **prendre sa carte** in eine Partei eintreten
16 **être chef de file** an der Spitze stehen
17 **éligible** wählbar
20 **un trublion** Störenfried, Unruhestifter

sur la main, toujours à l'écoute des autres. », disent ses amis. Elle est joyeuse, bosseuse, décidée. Ses défauts ? Peut-être trop perfectionniste, parfois angoissée pour pas grand-chose. Elle aime aller au théâtre et collectionne les livres de poche anciens.

Karima Delli est euro-députée à 30 ans, et pourtant, elle n'a pas toujours voulu faire de la politique. Elle a commencé ses études par un BTS action commerciale, avant de faire des études de droit, puis de sciences politiques. Elle prend sa carte chez les Verts en 2005. Deux ans plus tard, elle est chef de file des jeunes du parti. La 4e place sur la liste Europe-Ecologie en Ile-de-France ne devait pas être éligible. Elle voulait plutôt se présenter aux élections régionales, en 2010.

Est-ce que cette élection surprise va la changer ? Pas question : elle veut continuer à jouer les trublions, par exemple, dans le groupe « Sauvons les Riches », un groupe de jeunes qui luttent contre les inégalités de salaires. […]

Au Parlement européen, Karima Delli veut maintenant lutter pour proposer l'une des grandes idées de « Sauvons les Riches », une idée qui se trouve dans le programme d'Europe-Ecologie : […] un salaire maximum européen de 44 000 euros.

Jerôme Jadot « Karima Delli, Euro-députée », 11/06/2009 © France Info

C'est dans le texte. | LIRE, PARLER

S/S.77 **1** Relevez dans le texte les informations sur :

- la situation familiale de Karima Delli
- ses qualités
- ses études
- ses défauts
- son parcours politique
- ses projets

S/S.89 **2** A l'aide de ces informations, faites le portrait de Karima Delli.

Pour aller plus loin | ECRIRE, PARLER

1 Imaginez une interview avec Karima Delli.
a) Préparez sept questions que vous aimeriez lui poser.
b) Notez des mots-clés pour les réponses à ces questions.
c) A l'aide de vos notes, jouez cette interview.

@ **2** Combien de députés allemands est-ce qu'il y a au Parlement européen ?

S/S.89 **3** Choisissez un(e) jeune député(e) allemand(e). Faites son portrait et présentez-la/le.

D Les jeunes et la politique

L'intérêt pour la politique

1 **tout à fait** völlig, voll und ganz

De manière générale, diriez-vous que vous vous intéressez à la politique ?

	Ensemble %
Oui, tout à fait	16
Oui, plutôt	41
Sous-total Oui	**57**
Non, plutôt pas	34
Non, pas du tout	9
Sous-total Non	**43**
Ne se prononce pas	–
	100

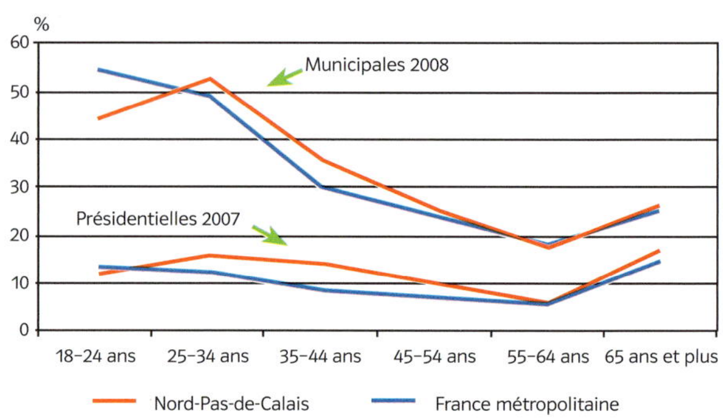

Ipsos a réalisé cette enquête par questionnaires autoadministrés par Internet, en novembre 2006, auprès d'un échantillon de 800 jeunes âgés de 18 à 25 ans, représentatif de la population française de cette classe d'âge, suivant la méthode des quotas : sexe, âge, CSP des parents, catégorie d'agglomération et région. Ce sondage a été effectué pour Graines de Citoyens.

© Ipsos, 2007

S.87

C'est dans les graphiques. | LIRE, PARLER

Tableau

Résumez les informations principales du tableau.

Graphique

1 Analysez le graphique sur la participation aux élections en France : Qu'est-ce qui vous frappe ?
2 Comment peut-on expliquer le comportement des électeurs ? Faites des hypothèses.

Pour aller plus loin | PARLER

S.90

1 A l'aide du tableau, faites un sondage dans votre classe et dans une autre classe de votre lycée sur les jeunes et la politique. Puis présentez vos résultats.
2 Quel est le taux d'abstention des jeunes Allemands aux élections ?

1/47

Le vote des jeunes

G/§§ 2, 11, 12

Est-ce que les jeunes Français s'intéressent à la politique ? Oui, mais autrement que leurs parents. Déjà, ils votent moins qu'eux. C'est la raison pour laquelle l'Etat, avant chaque élection, organise des grandes campagnes de publicité pour encourager les jeunes à aller voter.

Les jeunes d'aujourd'hui font de la politique « autrement » : ils récoltent de l'argent pour la recherche médicale, ils aident les plus pauvres en leur servant des repas gratuits, par exemple, dans « Les Restos du cœur », ils rêvent d'un retour de l'éthique en politique, d'engagement, de vérité et d'humanité.

6 **la publicité** Werbung
9 **récolter qc** *(hier)* sammeln
10 **la recherche médicale** medizinische Forschung
12 **les Restos du cœur** *französische Initiative, die Nahrung und Kleidung an Bedürftige verteilt*
13 **l'éthique** *(f.)* Ethik, *(hier)* Moral

C'est dans le texte. | LIRE, PARLER

S.83

1 Décrivez l'affiche : Qu'est-ce qu'on voit ? Quel est le but de cette affiche ?
2 *« Les jeunes d'aujourd'hui font de la politique autrement »* (l. 8). Expliquez cette phrase.

A vous ! | PARLER

1 A votre avis, comment peut-on motiver les jeunes à participer aux élections ? Faites des propositions.
2 Quelles possibilités d'engagement est-ce que vous connaissez dans votre ville/quartier ? Donnez des exemples.
3 Est-ce que vous vous engagez socialement ? Pourquoi (pas) ? Racontez.

L 1/48

E Et si on votait dès 16 ans ?

G/§§ 5, 9, 10

Approche

Etes-vous pour ou contre le droit de vote à 16 ans ? Dites pourquoi ?

5 **un,e majeur,e** volljährige Person
18 **légitime** rechtmäßig
21 **se former** *(hier)* erwachsen werden
22 **un enjeu** *(hier)* das, worum es geht; das, worauf es ankommt
25 **un,e artiste** Künstler
33 **être apte à qc** für etw. geeignet sein, zu etw. fähig sein

A 16 ans, on est assez grand pour travailler, aller en prison ou conduire, mais pas pour voter. Qu'en pensent les jeunes ?

Laura, 16 ans
Je suis pour le droit de vote à 16 ans quand je vois des jeunes de mon âge qui s'intéressent vraiment à la politique. En même temps, certains majeurs ne s'informent pas sur les programmes et votent sur les personnes, ce qui est dangereux. Alors, je dis oui au droit de vote à 16 ans si les jeunes sont vraiment informés, si on leur envoie tous les programmes.

Kenny, 18 ans
Je suis plutôt pour le droit de vote à 16 ans. A cet âge-là, les jeunes ont beaucoup de devoirs d'« adultes » : ils ont la majorité sexuelle, ils peuvent aller en prison…
Au nom de l'égalité, le droit de vote à 16 ans serait légitime.

Charles-Edouard, 16 ans
Je suis plutôt contre le droit de vote à 16 ans. De 16 à 18 ans, on se forme, on découvre la politique, ses enjeux. A 16 ans, on est encore influencé par ses parents, les professeurs, les artistes qui donnent leur opinion.

Luc, 16 ans
Je ne suis pas vraiment pour qu'on baisse l'âge du droit de vote pour toutes les élections. On pourrait le faire pour des élections locales, pas pour la présidentielle ou les législatives. Certains sont aptes à voter à 16 ans, d'autres non.

C'est dans le texte. | LIRE, PARLER

S/S. 77

1 Relevez dans les quatre témoignages les arguments pour et contre le droit de vote à 16 ans.
2 Quel témoignage trouvez-vous le plus convaincant (überzeugend) ? Dites pourquoi.

Pour aller plus loin | PARLER

S/S. 91

1 Préparez un débat en classe sur le droit de vote à 16 ans.
2 Imaginez le programme d'un parti qui, à votre avis, intéresse les moins de 18 ans.

1/52

F Mobilisation des lycéens

G/§5

En octobre 2008, Xavier Darcos, ministre de l'Education nationale, présente son projet de réforme des lycées. Cette réforme prévoit, par exemple, la suppression de 13 500 postes d'enseignants. Aussitôt, professeurs et lycéens se mobilisent contre ces mesures.

Le jeudi qui a suivi les propositions de Xavier Darcos, environ 130 000 jeunes, selon la police, ont manifesté dans toute la France. Selon les lycéens, ils étaient entre 150 000 et 160 000, ce qui fait de la manifestation de jeudi une des plus importantes depuis le début du mouvement.
Et quand les lycéens ne sont pas dans la rue, ils bloquent leurs lycées et font grève. Pour aider les grévistes qui passeront leur bac dans quelques mois, les professeurs leur envoient des cours par Internet.

Combien de temps est-ce que le mouvement va durer ? Difficile à dire. Les lycéens sont très en colère. Sur leurs banderoles, on pouvait lire jeudi : « Notre Education n'est pas au service du fric », « Priorité à l'Education ».
Plus grave : à Lyon, il y a eu des affrontements entre environ 150 manifestants et la police. Une voiture et quelques poubelles ont été brûlées et des abribus ont été cassés. Trente-huit personnes ont été arrêtées. A Paris, la situation a été plus calme : les jeunes manifestants, qui sont allés du Jardin du Luxembourg jusqu'au boulevard des Invalides, ont jeté quelques pétards.

3 **prévoir qc** etw. vorsehen
6 **se mobiliser contre qc** gegen etw. aktiv werden
21 **une banderole** Transparent
23 **le fric** *(fam.)* Geld
24 **un affrontement** Konfrontation
26 **une poubelle** Mülleimer
27 **un abribus** überdachte Bushaltestelle
32 **jeter qc** etw. werfen
32 **un pétard** Böller

1

2

3

4

S/S. 93
Histoire de mots

Faites un champ lexical autour de la **manifestation**.

C'est dans le texte. | LIRE, PARLER

1 Cherchez dans le texte la phrase qui correspond à chaque photo.

Photo 1	Photo 2	Photo 3	Photo 4

2 Pour quelles raisons est-ce que les élèves français manifestent ? Expliquez.

Regards croisés | PARLER

Comment est la situation pour les jeunes Allemands ?
Est-ce qu'ils manifestent pour les mêmes raisons et de la même façon ? Racontez.

A vous ! | PARLER, ECRIRE

S/S. 92
1 Le sujet du prochain numéro du journal de votre lycée est « Elèves en Europe ». Vous voulez parler de la situation en France. Résumez pour votre article les informations principales du texte ci-dessus.

G §4
2 Pour/Contre quoi iriez-vous manifester ? Racontez.

L 1/53
G Grèves...

S/S. 84
Entendu à... | ECOUTER, PARLER

1 Première écoute : Complétez la grille ci-dessous.

Qui est interviewé ?	Lieu de l'interview	Autres informations

2 Deuxième écoute :
a) Choisissez un témoignage, prenez des notes et résumez-le ensuite à votre voisin(e).
b) Dites si vous êtes d'accord (ou pas) avec les arguments de chacune des quatre personnes interviewées. Justifiez votre position.

1 Si je deviens Président . . .

▶ niveau intermédiaire §15

Avant les élections, un candidat parle de ses idées et projets.
Mettez les verbes au temps qui convient.

a) Si mon parti **(gagner)** les élections, nous **(encourager)** le développement durable.
b) Si vous **(voter)** pour nous, la situation économique **(s'améliorer)**.
c) Si vous **(aimer)** mes propositions, vous me **(donner)** votre voix.
d) Si les électeurs **(trouver)** mes idées intéressantes, ils **(pouvoir)** les soutenir.
e) Si nous **(perdre)** les élections, ce/c'**(être)** une catastrophe pour la France.
f) Si on m'**(écouter)**, les jeunes Français **(avoir)** le droit de vote à seize ans.

2 Il a dit que . . .

▶ niveau intermédiaire §28

Mettez les phrases au **discours indirect au passé**.
Utilisez : dire/expliquer/demander/répondre/vouloir savoir/raconter/trouver.

a) Edouard Courtial : « Les parents sont responsables de leurs enfants. »
b) Edouard Courtial : « Mon modèle a été mon père. »
c) Un député : « Vous vous intéressez à la politique ? »
d) Les jeunes manifestants : « Notre éducation n'est pas au service du fric. »
e) Les jeunes manifestants : « Est-ce que le gouvernement donnera la priorité à l'éducation ? »
f) Un élève : « Quand est-ce que les prochaines élections ont lieu ? »
g) Laura : « Je dirais oui au droit de vote à 16 ans. »
h) Laura : « Certains majeurs ne s'informent pas sur les programmes. »
i) Kenny : « Au nom de l'égalité, le droit de vote à 16 ans serait légitime. »
j) Un jeune : « Pourquoi est-ce qu'il y aura un référendum ? »

3 Il faut la moderniser . . .

▶ niveau débutants §28 ▶ niveau intermédiaire §22

Remplacez les mots en vert par le pronom correct.

Exemple : Les jeunes d'aujourd'hui aident **les plus pauvres**.
→ Les jeunes d'aujourd'hui **les** aident.

a) Le conseil des ministres a lieu **au Palais de l'Elysée** le mercredi.
b) Le Premier ministre ne nomme pas **les ministres**.
c) Le Président peut dissoudre **l'Assemblée nationale**.
d) On a besoin **de la signature du Président** pour chaque décision politique importante.
e) C'est son père qui a servi de modèle **à Edouard Courtial**.
f) Il dit : « Il faut moderniser **nos institutions**. »
g) Il dit : « Les familles doivent expliquer les règles de notre société **à leurs enfants**. »
h) En 2005, Karima Delli a pris sa carte **chez les Verts**.
i) Elle est le symbole **du raz-de-marée vert des élections européennes**.
j) L'élection ne va pas changer **Karima Delli**.
k) Elle a gardé **le sens de la solidarité**.

→ Überprüfen Sie Ihre Antworten auf den Seiten 243–248.

politique	politisch
la **liberté**	die Freiheit
l'**égalité** *(f.)*	die Gleichheit
la **fraternité**	die Brüderlichkeit
une **devise**	ein Wahlspruch

A Les pouvoirs du Président

le **pouvoir**	die Macht; die Befugnis
un/e **président/e**	ein/e Präsident/in
l'**Etat** *(m.)*	der Staat
le **chef de l'Etat**	der Staatschef
élire qn	jdn wählen
le **suffrage universel direct**	das allgemeine direkte Wahlrecht
nommer qn	jdn ernennen
une **proposition**	ein Vorschlag
un **ministre**	ein Minister
un **gouvernement**	eine Regierung
le **conseil des ministres**	der Ministerrat
avoir lieu	sich ereignen/stattfinden
une **signature**	eine Unterschrift
une **loi**	ein Gesetz
signer qc	etw. unterschreiben
une **élection**	eine Wahl
des **élections législatives**	Parlamentswahlen
un **référendum**	eine Volksabstimmung
ainsi	so
le **chef des armées**	der Oberbefehlshaber über die Streitkräfte
une **constitution**	eine Verfassung
le **respect**	*(hier)* die Einhaltung
pareil/pareille	gleich; ähnlich

B Edouard Courtial, député UMP

un **député**/une **députée**	ein/e Abgeordnete/r
un **parti**	eine Partei
un **parlement**	ein Parlament
un **maire**	ein Bürgermeister
une **commune**	eine Gemeinde
développer qc	etw. entwickeln
la **politique**	die Politik
une **campagne électorale**	eine Wahlkampagne
la **responsabilité**	die Verantwortung
une **valeur**	ein Wert
il s'agit que *(+ subjonctif)*	es handelt sich darum, dass
une **communauté**	eine Gemeinschaft
celui/celle/ceux/celles	jener/jene/jenes
un **modèle**	ein Vorbild
un **avenir**	eine Zukunft

C Karima Delli, euro-députée

un/e **euro-député/e**	ein/e Europa-abgeordnete/r
un **symbole**	ein Symbol
siéger	einen Sitz haben/sitzen
l'**origine** *(f.)*	der Ursprung/die Herkunft
algérien/algérienne	algerisch
l'**enfance** *(f.)*	die Kindheit
joyeux/joyeuse	fröhlich
un **défaut**	ein (Charakter)Fehler
sauver qn/qc	jdn/etw. retten
lutter contre qc	gegen etw. kämpfen
l'**inégalité** *(f.)*	die Ungleichheit
un **programme**	ein Programm

D Les jeunes et la politique

l'**intérêt** *(m.)*	das Interesse
un **taux**	eine Quote
l'**abstention** *(f.)*	die Stimmenthaltung
un **vote**	eine Stimme; eine Wahl
voter	wählen
lequel/laquelle/lesquel(le)s	welcher/welche/welches
une **publicité**	eine Werbung
pauvre	arm
servir qc à qn	jdm etw. servieren
l'**engagement** *(m.)*	das Engagement
s'engager pour qc/qn	sich für etw./jdn einsetzen

E Et si on votait dès 16 ans ?

dès	(schon) ab
une **prison**	ein Gefängnis
conduire	(Auto) fahren
le **droit de vote**	das Stimmrecht
en même temps	gleichzeitig
un/e **majeur/e**	eine volljährige Person
dangereux/dangereuse	gefährlich
un **devoir**	eine Pflicht
la **majorité**	die Volljährigkeit
influencer qn/qc	jdn/etw. beeinflussen

F Mobilisation des lycéens

la **mobilisation**	die Mobilisierung
une **réforme**	eine Reform
la **suppression**	der Abbau/die Streichung
une **mesure**	eine Maßnahme
selon qn/qc	jdm/einer Sache zufolge
la **police**	die Polizei
manifester	demonstrieren
une **manifestation**	eine Demonstration
un **mouvement**	eine Bewegung
une **grève**	ein Streik
faire grève	streiken
un/une **gréviste**	ein/e Streikende/r
une **priorité**	eine Priorität
un/e **manifestant/e**	ein/e Demonstrant/in
brûler qc	etw. anzünden/anbrennen
casser qc	etw. kaputt machen
arrêter qn	jdn festnehmen/verhaften

1/57

Les mots pour parler de la vie politique

S. 93

Le **chef de l'Etat**, c'est-à-dire le Président de la République française, est **élu** pour cinq ans au **suffrage universel direct**. Il vit et travaille au **Palais de l'Elysée** et est au centre de la vie politique française. Il a beaucoup de **pouvoirs** : il **nomme**, par exemple, son **Premier ministre**. Il nomme sur **proposition** du Premier ministre tous les autres ministres. Il peut aussi organiser un **référendum**. Il est le **chef des armées** et le gardien de la **Constitution**.

La **devise** de la République française est : « **Liberté**, **Egalité**, **Fraternité** ». Les Français **élisent** leurs **députés** au suffrage universel direct. Les députés travaillent à **l'Assemblée nationale**, c'est-à-dire au **Parlement**. Mais avant d'être élus, le Président et les députés doivent faire une **campagne électorale**. En France, il y a aussi des **élections régionales**, des **élections européennes** et des élections municipales pour élire le **maire** de sa **commune**.

Les jeunes **votent** moins que leurs parents, ce qui ne veut pas dire qu'ils ne montrent pas d'**intérêt** pour la politique. Ils rêvent d'**engagement** : les jeunes ont envie, par exemple, d'aider les plus **pauvres**, les personnes âgées et les malades. Les jeunes **s'engagent** pour une **société** plus juste. Ils ont souvent peur de l'**avenir**. Ils **manifestent contre** les **mesures** que prend le **gouvernement** ou **font grève**.

Problèmes de société

1 Delphine, 31 ans, institutrice, et ses 2 enfants, vivent à Mâcon avec 1595 euros/mois*.

2 Paul, 25 ans, téléconseiller en assurance, vit seul, gagne 1700 euros/mois*.

3 Baptiste, paysagiste à Nantes, gagne 1422 euros/mois*.

4 Juan, 24 ans, étudiant à Nancy, gagne 750 euros* par mois comme garde d'enfant.

5 Noémie, 29 ans, réceptionniste dans un hôtel à Marseille, vit avec 1260 euros* par mois.

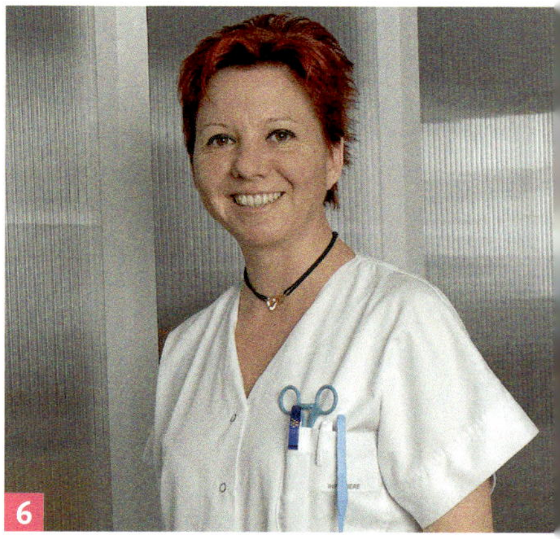

6 Sophia, 33 ans, infirmière dans un hôpital à Paris, deux enfants, a un salaire de 1650 euros*.

(*Ce sont des revenus nets.)

A vous ! | LIRE, PARLER, ECRIRE

G/§§15

G §1 Regardez les salaires des personnes présentées.

1 Faites une liste de ce qu'il faut payer avec ce salaire.
2 Trouvez-vous que ces salaires représentent peu ou beaucoup d'argent ?

L 2/1

Entendu à . . . | ECOUTER, PARLER

S/S. 84

1 Ecoutez le témoignage de Nadia : Qui est Julien ? Qu'est-ce qu'il y a de nouveau dans sa vie ?
2 Ecoutez Nadia une deuxième fois : elle parle d'aspects positifs et négatifs. Nommez-en quelques-uns.

1 **un miroir** Spiegel

A Travailler : à quel prix ?

G/§§ 5, 7, 13, 14

Qui sont les salariés payés au SMIC ?

D'après le ministère de l'Emploi, 66 % des salariés qui travaillent dans le secteur de la restauration rapide sont payés au SMIC.

Source : Le Figaro 09/06/2009

6 **la restauration rapide** Fastfood-Gastronomie

@ Pour aller plus loin | LIRE, PARLER

S. 83

Le SMIC, c'est le salaire minimum interprofessionnel de croissance. Faites des recherches :

1 Quel est le montant du SMIC ?
2 Combien de personnes sont concernées par le SMIC ? Cela représente combien de pourcent de la population active ?
3 Dans quelles branches en particulier trouve-t-on des personnes employées au SMIC ?

Regards croisés | PARLER

Comparez la situation en France à la situation en Allemagne :

1 Est-ce qu'il y a la même chose en Allemagne ? Comment est-ce que cela s'appelle ?
2 Combien d'argent est-ce qu'on reçoit ?

L 2/2 « Jeune diplômé en soldes » sur ebay

Yannick Miel, 23 ans, cherche un emploi […] depuis cinq mois. Après un master « Intelligence économique et management des organisations » à Bordeaux IV, il dit avoir envoyé 300 candidatures et passé une vingtaine d'entretiens, *« sans succès à ce jour »*. D'où son idée, […] : se mettre en vente […] sur Internet.

11 **se mettre en vente** *(f.)* sich zum Verkauf anbieten

14 **enchérir** bieten *(bei einer Versteigerung)*
16 **la valeur** Wert
18 **superbe** prächtig
20 **surenchérir** einander überbieten
21 **s'élever à . . .** betragen

Dans son annonce, il explique : « A partir d'un euro, je vous propose d'enchérir pour obtenir le droit de me faire travailler. Etant jeune diplômé en période de crise, je sais bien que ma valeur est faible, c'est pourquoi je vous propose cette magnifique offre !!! [...], vous ne regretterez pas de vous offrir ce superbe jeune diplômé en pleine santé. »
Mercredi matin, à 9 h 04, 14 personnes avaient surenchéri et les enchères s'élevaient à 12 euros. Trois quarts d'heure après, la somme de 1 000 euros était atteinte.

© *Libération, 25/02/2009*

S/S. 79, 80

Histoire de mots

1 Relevez dans le texte les mots de la même famille que l'adjectif **cher**.
2 Expliquez avec vos propres mots : un diplômé ; une vingtaine ; en pleine santé.
S/S. 81, 82
3 A l'aide du dictionnaire, cherchez comment on dit en allemand : retrousser les manches ; faire la roue.

S/S. 77

C'est dans le texte/sur le dessin. | LIRE, ECRIRE, PARLER

1 Vrai ou faux ? Corrigez si nécessaire.

a) Yannick a fait ses études à Bordeaux.
b) Il a envoyé une vingtaine de candidatures sur Internet.
c) Comme ça, il a trouvé un travail.
d) Il s'est mis en vente sur ebay.
e) Cette offre n'est pas intéressante.
f) Les enchères montent vite.

2 Quels sont les avantages/points faibles de Yannick ?

S/S. 83
3 La caricature

a) Décrivez la caricature.
b) Qu'est-ce que le dessinateur a voulu dire par cette caricature ?
c) Etes-vous d'accord avec ce message ? Présentez vos résultats à la classe.

Pour aller plus loin | PARLER, ECRIRE

Choisissez une des deux questions suivantes :
1 Trouvez-vous l'histoire de Yannick choquante – déprimante – sensationnelle – bizarre ? Est-ce une bonne idée ? Justifiez votre réponse.
S/S. 85
2 Dans une lettre à son frère, Yannick raconte la fin de cette histoire. Ecrivez cette lettre.

A vous ! | PARLER

Quelles sont vos motivations pour choisir un métier ? Quelques raisons (Gründe) possibles : le salaire – le contact avec des gens – la routine ou plutôt un travail varié – des collègues sympas – la sécurité de l'emploi.
1 Classez ces raisons selon l'importance qu'elles ont dans le choix de votre métier.
S/S. 91
2 Présentez votre position et discutez en classe.

B Generation Praktikum

Jouez les interprètes ! | PARLER, ECRIRE

S. 92 Pendant un échange scolaire, vous écrivez un article pour le journal des élèves du lycée français. Votre thème : la génération précaire ou stagiaire en Allemagne.
Résumez pour votre article le texte suivant en français.

Sie fühlen sich ausgebeutet und nicht respektiert: Psychotherapeuten etwa, die während ihrer eineinhalbjährigen Approbationszeit volle Arbeitskräfte ersetzen, aber selbst keinen Cent bekommen. Erzieherinnen, die insgesamt ein Jahr unbezahlte Praktika machen müssen. Volkswirtschaftler oder Kommunikationswissenschaftler, die nach dem Studium keinen Job finden und für den lückenlosen Lebenslauf reihenweise unbezahlte Praktika machen. Jeder der knapp 200 Demonstranten kann ähnliche Geschichten erzählen. Sie haben sich am Freitag zur Demo am Potsdamer Platz versammelt, um auf die unverändert prekäre Situation ihrer Generation aufmerksam zu machen…

„Viele meinen, ein Praktikum zu machen gehört einfach dazu", sagt Tobias Singer, einer der Mitorganisatoren der Berliner Demo. *„Der größte Teil der Studenten hat die Situation hingenommen, als normalen Weg in die Arbeitswelt."* Doch eine echte Brückenfunktion vom Studium in den Arbeitsmarkt sei nicht vorhanden. Eine Studie der DGB-Jugend und der Hans-Böckler-Stiftung aus dem Jahr 2007 kam zu dem Ergebnis, dass fast 40 Prozent der Akademiker nach dem Studium ein Praktikum machen, mehr als die Hälfte unbezahlt. Dabei ersetzen laut Gewerkschaftsstudie rund 25 Prozent der Praktikanten einen regulären Vollzeitangestellten. Ein Arbeitsvertrag folge jedoch nur selten.

Source : www.spiegel.de/unispiegel, 09/10/2009

G/§§ 3, 5, 15 L 2/3

C Restructurations : le malaise de ceux qui restent

S/S. 79, 80

Histoire de mots

A partir de mots de la même famille ou d'une autre langue, expliquez ou traduisez :
une unité ; une dizaine ; le savoir ; déprimer ; une limite ; se mobiliser ; solidaire.

Véronique, 45 ans, est ingénieure chez Alcatel depuis dix ans. Elle a vécu plusieurs plans sociaux, les licenciements, le chômage des collègues.

15 **à force** mit der Zeit
16 **manifester** demonstrieren

« La dernière, c'était il y a trois ans. C'était la troisième restructuration ? Ou la quatrième ? Je ne compte même plus. […] 300 personnes travaillaient dans l'unité, une dizaine est restée. Le reste de l'activité est partie au Maghreb. A chaque fois, les projets sont arrêtés, le savoir s'en va, ça me déprime. […]
Mais j'irai courir le midi, je prendrai une heure et demie s'il le faut, je fais ce que je veux. […] On fait notre boulot – j'aime toujours mon métier –, mais maintenant, on pose nos limites. Il y a dix ans, les gens restaient plus tard le soir. Avant, les ingénieurs d'Alcatel ne se mobilisaient pas – moi la première. Mais à force, on est plus solidaires, on manifeste contre les restructurations qu'on ne comprend plus. »

« Plans sociaux, la détresse sourde de ceux qui restent »
by Sonya Faure © Libération, 06/07/2009

S/S. 77

C'est dans le texte. | LIRE, PARLER

1 Reliez les débuts (A) et les fins (B) des phrases.

A	B
1. Véronique	a) sont au chômage.
2. Chez Alcatel	b) les gens se sentent plus solidaires qu'avant.
3. Presque tous les employés	c) n'est pas contente de la situation actuelle.
4. Maintenant la production	d) travaille comme ingénieure.
5. Véronique dit que	e) se trouve au Maghreb.
6. Véronique	f) il y avait et il y a toujours beaucoup de restructurations.

S/S. 87

2 Qu'est-ce qu'une restructuration ? Qu'est-ce qu'un plan social ? Expliquez avec vos propres mots.
3 Quelles en sont les conséquences pour les employés ?
4 Véronique dit que la situation la déprime. Expliquez pourquoi.

L 2/4

Pour aller plus loin | ECOUTER, PARLER

S/S. 84

Ecoutez la chanson *Les chiens de paille* de Miossec, puis répondez aux questions suivantes :
1 Quelles questions est-ce que le chanteur se pose ?
2 Est-ce qu'il est aussi déprimé que Véronique ? Justifiez votre réponse.

2/5

D Lutter contre l'endettement

G/§§ 9, 10

Approche | PARLER

Dettes, endettement, surendettement…
A votre avis, pourquoi et comment est-ce qu'on se retrouve dans une telle situation ?

Le surendettement des jeunes est un phénomène nouveau. Voilà le témoignage de Pascal :

Je ne sais pas comment j'en suis arrivé là. La banque m'a appelé tout à l'heure. A partir de maintenant, je ne peux plus signer le moindre chèque. Je n'ai rien dit à personne, surtout pas à mes parents. Comment leur expliquer qu'à 23 ans, j'ai 15 000 euros de dettes ? Je n'ai pas acheté de grande maison, je ne suis pas parti en vacances.

Tout a commencé quand je suis arrivé en région parisienne parce que j'avais trouvé du travail. J'étais super content : j'avais aussi trouvé un appartement très vite. J'ai pensé que j'avais fait une affaire. Mais 15 mètres carrés, c'est trop pour moi. 400 euros quand tu en gagnes 800, je n'ai pas réalisé et j'ai raconté n'importe quoi au propriétaire pour qu'il me loue le studio. Seulement, très vite, ma boîte a fermé. J'ai mis trois mois à retrouver un job. Un poste à mi-temps à trente kilomètres de chez moi. J'ai dû acheter une voiture. Même pas une neuve… 2 000 euros. J'ai fait un premier prêt et puis un autre pour payer le premier.

Pour l'alimentation, les vêtements, j'ai pris une carte magasin. Tu achètes maintenant et tu paies dans trois mois. C'est pratique. Maintenant, je ne sais pas quoi faire. C'est l'enfer. Je travaille seulement pour rembourser la banque, mais ça ne suffit pas ! Que faire ?

3 **signer** unterschreiben; *(hier)* ausstellen
4 **le moindre** keinen einzigen … mehr
13 **un mètre carré** Quadratmeter
19 **un poste à mi-temps** Halbtagsstelle
22 **un prêt** Darlehen, Kredit

C'est dans le texte. | LIRE, PARLER, ECRIRE

S. 77
1 Quelle est la situation de Pascal ? Résumez-la en quelques phrases.
2 Comment cela s'est-il passé ? Racontez.

Pour aller plus loin | PARLER, ECRIRE

S. 91
1 Que pensez-vous de la situation de Pascal ?
A votre avis, cela peut-il arriver à tout le monde ? Pourquoi ?
Discutez en classe.

S. 85
2 Quelques semaines plus tard, Pascal écrit à ses parents.
A votre avis, est-ce qu'ils vont l'aider ? Ecrivez leur réponse.

E … et contre les violences

G/§§ 5, 7

Contre la violence conjugale

0 **la violence conjugale**
Gewalt in der Ehe
3 **un prince charmant**
Märchenprinz

S/S. 83

C'est sur l'affiche. | PARLER

1 Décrivez l'affiche. (Pour vous aider : **ein Märchen** – un conte de fées ; **eine Prinzessin** – une princesse ; **étrangler qn** – jdn würgen)
2 La violence peut être psychologique, verbale ou physique.
A l'aide d'exemples, expliquez en allemand ces différents types de violence.
3 « *La violence isole.* » Expliquez cette phrase.

A vous ! | PARLER

Imaginez la situation suivante : Vous avez l'impression que votre voisin frappe sa femme. Qu'est-ce que vous feriez ? En famille, vous réfléchissez à la façon de réagir. Imaginez le dialogue et jouez-le.

Online Link
524481-0004

2/6 La réputation

A Rennes, douze lycéens ont écrit et réalisé un film – « La réputation » – sur les relations entre garçons et filles.

Jusqu'où peut-on aller par amour ? La réputation, c'est l'histoire d'un flirt qui vire au cauchemar. Une lycéenne amoureuse cède au chantage affectif de son copain. Sans le savoir, elle se retrouve filmée dans un moment intime. Et la vidéo circule sur les téléphones portables au lycée.

[…] *« On a presque tous été confrontés à ce type de vidéo pornographique,* explique Mathieu. *Ce qu'on souhaitait, c'est en parler sans tabou, sensibiliser. »* Le film […] est efficace, pas moralisateur. Les élèves l'ont déjà présenté à d'autres classes. *« On a vu des élèves craquer. »* Dans la « vraie vie », quand une vidéo de ce type arrive dans un lycée, *« des élèves la font circuler, d'autres non,* raconte Guillaume. *Tout le monde est mal à l'aise, mais personne n'en parlera à un adulte. Et ça devient banal. »* Le plus souvent, la victime quitte le lycée. *« Elle se sent honteuse et ne porte même pas plainte, sûre que ça ne changera rien. »*

0 **la réputation** Ruf
1 **virer au cauchemar** zum Albtraum werden
2 **un chantage affectif** emotionale Erpressung
3 **circuler** im Umlauf sein
6 **moralisateur** moralisierend
11 **porter plainte** Anzeige erstatten

80 Histoire de mots

Quels mots du texte comprenez-vous à l'aide de l'allemand ?

77 C'est dans le texte. | LIRE, PARLER

Répondez aux questions suivantes :

1 Qui a réalisé le film ?
2 De quoi parle le film ? Racontez l'histoire.
3 Pourquoi est-ce que les jeunes l'ont tourné ?
4 Comment réagissent certains élèves quand ils voient le film ?
5 Quelles sont les réactions des élèves qui reçoivent les vidéos pornographiques ?
6 Que font les victimes ?

A vous ! | ECRIRE

85 Une victime témoigne sur un forum. Ecrivez son témoignage.

L 2/7 ◎ **Entendu à . . .** | ECOUTER, PARLER

S/S. 84 Ecoutez les trois informations données à la radio.

1 Première écoute : Dites quelle phrase va avec quelle information.
   a) Deux bandes de jeunes se sont attaquées, il y a un jeune homme blessé.
   b) On va créer des équipes mobiles de sécurité dans les collèges et lycées.
   c) Deux lycéennes ont agressé (überfallen) une fille de 14 ans, une autre a filmé la scène.

2 Deuxième écoute : Donnez deux détails supplémentaires (weitere Details) pour chaque information.

L 2/10 ◎

F Apprendre pour aider

G/§ 5

Approche | PARLER

Avez-vous déjà travaillé comme bénévole ? Si oui, racontez votre expérience.
Si non, dans quel domaine aimeriez-vous vous engager ?

Yoann Magnin, étudiant, a créé une association [...] de soutien aux élèves : les parents paient... mais pour une cause humanitaire.

Dans un café de Lyon, Mounir, 15 ans et Benoît, 23 ans, ne discutent pas de la pluie et du beau temps. Molécules, atomes [...] sont au programme. Patiemment, Benoît écoute le lycéen reformuler un exercice. Sur la table, un livre de physique-chimie est ouvert. *« En cours, je ne comprends pas toujours. On ne peut pas vraiment demander au prof car certaines personnes comprennent tout de suite. Ce serait trop long pour lui de tout réexpliquer »* indique Mounir. [...]
Mounir prend maintenant des cours de soutien avec Benoît, l'un des bénévoles de « Apprendre pour aider ». Cette association lyonnaise existe depuis quelques semaines seulement. Elle a deux ambitions : d'une part proposer des cours à des tarifs défiant toute concurrence [...]. D'autre part, les étudiants travaillent bénévolement et le chèque des familles est directement adressé pour une autre cause choisie [...] par la famille et le bénévole. Pour Mounir, ce sera [...] une association pour les enfants atteints de graves maladies.

1 **un soutien** Unterstützung, *(hier)* Nachhilfe
2 **une cause humanitaire** humanitäres Anliegen
5 **reformuler qc** etw. mit den eigenen Worten wiedergeben
11 **défiant toute concurrence** außerhalb jeder Konkurrenz
14 **être atteint de qc** an etw. leiden

C'est dans le texte. | LIRE, PARLER

S/S. 77 **1** Expliquez comment fonctionne l'association « Apprendre pour aider ».

S/S. 87 **2** Que veut dire l'expression *« parler de la pluie et du beau temps »* (l. 3–4) ? Qu'est-ce que vous diriez en allemand ?

A vous ! | PARLER

Vous êtes journaliste pour un journal étudiant. Faites une interview avec Benoît.

1 Valérie parle aux enfants.

Complétez par **à**, **de** ou rien du tout.

a) Valérie a décidé d'aider ● des enfants en difficulté.
b) Elle apprend ● enfants à faire des exercices de maths.
c) Ensemble, ils commencent ● calculer.
d) Quelquefois, les enfants demandent une explication ● Valérie.
e) Après une heure ou deux, il faut ● s'arrêter.
f) Mais le soir, Valérie n'arrête pas de penser ● enfants.
g) Elle parle souvent ● eux.
h) Les enfants aiment ● travailler avec Valérie mais ils préfèrent ● jouer.
i) Les parents interdisent ● leurs enfants de jouer s'ils n'ont pas fait leurs devoirs.
j) Les enfants profitent beaucoup ● l'aide de Valérie.
k) Valérie est très contente ● son travail avec les enfants.
l) Et elle le recommande ● ses amis.

2 Monsieur F. a perdu son travail.

▶ niveau débutants §17

Complétez par **l'adjectif possessif** qui convient (son, sa, ses, leur, leurs).

a) Monsieur F. a perdu ● travail. ● entreprise a ouvert une nouvelle usine au Maroc.
b) Donc monsieur F. et beaucoup de ● collègues ont perdu ● travail.
c) Après plusieurs mois, on propose à monsieur F. un nouveau poste, mais il devra quitter Limoges où il habite avec ● femme et ● enfants et partir à Lyon.
d) Monsieur F. en parle à ● famille.
e) ● enfants ne veulent pas aller dans une autre ville, ils veulent rester avec ● copains.
f) Madame F. n'est pas très contente : elle a ● travail à Limoges !
g) Finalement, madame F. va rester à Limoges avec ● fille et ● fils et monsieur F. va rentrer seulement le week-end.
h) Mais les F. vont bientôt regretter[1] ● décision : ● vie de famille n'est plus la même.

3 La violence qui fait peur ...

▶ niveau débutants §30

Reliez les phrases des colonnes A et B par **qui** ou **que**.

A	B
1. La violence est un sujet important. 2. La violence a beaucoup de formes. 3. Il y a la violence psychologique. 4. Il y a la violence verbale. 5. Il y a la violence physique. 6. Un problème dans les écoles, ce sont les vidéos pornographiques. 7. Dans les médias, on parle beaucoup des jeunes. 8. A la télé, on peut voir des reportages sur la violence conjugale.	a) La violence intéresse beaucoup les journalistes. b) Il faut différencier ces formes. c) Elle est souvent très subtile. d) Tout le monde connaît la violence verbale. e) Elle existe même chez des couples. f) On a tourné les vidéos clandestinement. g) Les jeunes sont violents. h) Beaucoup de gens ne connaissent pas la violence conjugale.

→ Überprüfen Sie Ihre Antworten auf den Seiten 243–248.

vivre	leben
un **instituteur**/ une **institutrice**	ein Grundschullehrer/ eine Grundschullehrerin
un **revenu**	ein Einkommen
net/nette	netto
un **téléconseiller**/ une **téléconseillère**	ein Angestellter/ eine Angestellte in einem Callcenter
un/une **paysagiste**	ein Landschaftsgärtner/ eine Landschaftsgärtnerin
un/une **garde d'enfant**	ein Betreuer von Kindern/eine Tagesmutter
un/une **réceptionniste**	ein Empfangsherr/ eine Empfangsdame

A Travailler : à quel prix ?

le **SMIC** *(salaire minimum interprofessionnel de croissance)*	der gesetzliche Mindestlohn
un **salarié**/une **salariée**	ein Arbeitnehmer/eine Arbeitnehmerin
un **diplômé**/ une **diplômée**	ein Hochschulabsolvent/ eine Hochschulabsolventin; ein Akademiker/ eine Akademikerin
une **vingtaine**	ungefähr zwanzig
à partir de	ab/von … an; von … aufwärts
faible	gering
regretter qc	etw. bedauern
en pleine santé	kerngesund
une **somme**	eine Summe/ein Betrag
atteindre qc	etw. erreichen
la **sécurité**	die Sicherheit

B Generation Praktikum

précaire	ungewiss/unsicher

C Restructurations : le malaise de ceux qui restent

une **restructuration**	eine Umstrukturierung
celui/celle/ceux/celles	jener/jene/jenes
un **plan social**	ein Sozialplan
un **licenciement**	eine Entlassung
le **chômage**	die Arbeitslosigkeit
compter qc	etw. zählen
une **dizaine**	ungefähr zehn
s'en aller	weggehen
courir	laufen/rennen
un **boulot** *(fam.)*	eine Arbeit/ein Job *(ugs.)*
se mobiliser	aktiv werden
solidaire	solidarisch

D Lutter contre l'endettement…

lutter contre qc	gegen etw. kämpfen
l'**endettement** *(m.)*	die Verschuldung
des **dettes** *(f.) (pl.)*	Schulden
le **surendettement**	die Überschuldung
une **affaire**	ein Geschäft
n'importe quoi	irgendwas (Beliebiges)
pour que *(+ subjonctif)*	damit
Ça suffit.	Das reicht.

E … et contre les violences

la **violence**	die Gewalt
laisser qn faire qc	jdn etw. machen lassen
frapper qn	jdn schlagen
un **film**	ein Film
amoureux/amoureuse (de qn)	verliebt (in jdn)
céder à qc	einer Sache nachgeben
confronter qn à qc	jdm mit etw. konfrontieren
efficace	wirksam/effizient
faire faire qc à qn	jdn etw. tun lassen
circuler	in Umlauf sein/kursieren
être mal à l'aise	sich unwohl/unbehaglich fühlen
une **victime**	ein Opfer

F Apprendre pour aider

patient/patiente	geduldig
une **maladie**	eine Krankheit

2/11

Les mots pour parler des problèmes sociaux

S.93

En France comme dans d'autres pays occidentaux, les gens rencontrent souvent des problèmes dans le **monde du travail** ou se trouvent dans une **situation économique et sociale** difficile. Il y a aussi des phénomènes **de violence**.

Les conditions de travail deviennent plus difficiles. Beaucoup de gens travaillent dans des **conditions précaires**. Pour les jeunes, on parle même d'**une génération précaire**. Beaucoup de jeunes sont longtemps **stagiaires** avant d'avoir un vrai travail. Et de plus en plus de gens ne gagnent pas plus que le SMIC. Dans les entreprises, il y a souvent des **restructurations**, qui sont par exemple responsables de **licenciements**. Ceux qui ont du travail disent que le stress et la pression augmentent, qu'ils ont peur de se retrouver au **chômage**. Les salariés supportent mal le stress au travail et les maladies augmentent.

De plus en plus de gens ont des **dettes**, ils sont donc **endettés** ou même **surendettés**. Le **surendettement** est aussi **un phénomème mondial**. Les conséquences ne sont pas seulement économiques mais aussi psychologiques.

La violence peut être le résultat de situations difficiles. Cette violence peut être **psychologique**, **verbale et physique**.

Heureusement, dans les moments durs, il y a aussi des gens qui **se mobilisent**. Ils soutiennent **des associations humanitaires** et sont comme ça **solidaires** dans **la société**.
Ils sont aussi solidaires avec leurs familles : les parents aident leurs enfants qui ne trouvent pas de travail et, de plus en plus souvent, c'est également le contraire qui se passe.

1 **se taire** schweigen – 2 **tuer** töten

Le défi vert : comment agir ?

Libération — 11.08.09 — **1**
Incident[1] significatif à la centrale nucléaire de Gravelines (Nord)

France 3 — Paris Ile-de-France 11.08.09 — **2**
Les saumons sont de retour dans la Seine.

Var-Matin — 20.06.09 — **3**
Manifestation pour demander des cantines biologiques

La Tribune — 01.10.09 — **4**
Le ministère de l'écologie vise[2] 2 millions de voitures électriques en 2020 en France)

L 2/14 **Entendu à . . .** | LIRE, ECOUTER, PARLER

S/S. 84 Ecoutez les informations données à la radio.

1 Première écoute : Quelle information va avec quelle photo ?
2 Deuxième écoute : Donnez au moins deux détails supplémentaires (weitere Details) pour chaque information.

1 **un incident** Zwischenfall – 2 **viser qc** etw. vorsehen

/20

A Montrer l'exemple

G/§§13, 14

Des lycéens proposent de créer un label « lycée vert ».

A Grasse, près de Nice, les élèves du lycée Tocqueville ont beaucoup d'idées. Avec leur club développement durable, ils mènent différentes actions : tri des déchets de la cantine, compostage, organisations de conférences. Ils ont surtout imaginé un « label vert » pour les lycées écolos. Comme pour les lave-linges ou les frigos, une lettre allant de A à J pourrait indiquer combien un lycée s'engage pour l'environnement. Ce label récompenserait non seulement les résultats mais aussi les efforts entrepris, car on ne veut pas décourager les lycées. Chaque lycée serait libre d'inventer ses solutions.

Plus d'info : http://www.lecoleagit.fr

9 **un lave-linge** Waschmaschine
9 **une lettre** *(hier)* Buchstabe
12 **récompenser** belohnen

C'est dans le texte. | LIRE, PARLER

Expliquez le sens du label « lycée vert ». Les questions qui/quoi/pourquoi peuvent vous aider.

A vous ! | PARLER, ECRIRE

Votre lycée – candidat au label « lycée vert » ?
Est-ce que vous faites déjà quelque chose pour protéger l'environnement ?
Quels gestes proposez-vous ?

Jouez les interprètes ! | LIRE, ECRIRE

.92

Vous voulez écrire aux élèves de Grasse. Dans votre e-mail, vous voulez leur donner des informations que vous avez lues dans un journal de Munich.
Résumez pour cela l'article suivant en français.

R/3

Umweltdiplom für Gymnasium

Münchner Wochen Anzeiger

Die europäische Umweltbildungsstiftung (Foundation for Environmental Education, FEE) hat das Zertifikat „Umweltschule in Europa" an insgesamt 94 Schulen in Bayern verliehen, darunter in München das städtische Thomas-Mann-Gymnasium. Das Umweltdiplom erhalten Schulen, die besondere Projekte zu den Themen Umwelt und Nachhaltigkeit durchführen und dokumentieren.

Die Schüler entwickeln beispielsweise Energiesparmaßnahmen im Klassenzimmer oder Abfallsammelkonzepte für Handyschrott. […] Bei der Umsetzung der Projekte werden die Schulen oft von außerschulischen Partnern wie Gemeinden, Verbänden und Unternehmen unterstützt. Gegenwärtig beteiligen sich weltweit über 14.000 Schulen in mehr als 38 Staaten.

L 2/21

B Changer de comportement

G/§§9, 10

S/S. 79, 80

Histoire de mots

A l'aide de mots de la même famille ou d'une autre langue, expliquez ou traduisez les mots suivants : le climat ; se contenter ; concrètement ; la planète ; calculer ; une tournée ; énergétique ; un déplacement ; mobiliser ; la pression.

5 **un espace** Raum
8 **une dépense** *(hier)* Verbrauch
19 **un sommet** Gipfel (-treffen)
19 **consacré,e** gewidmet

Tryo ne se contente pas d'avoir des idées écolos. Il veut agir concrètement pour la protection de l'environnement et contre le réchauffement de la planète. Sur son site (www.tryo.com), le groupe propose un espace vert où il invite ses fans à faire du covoiturage. Tryo a en effet calculé le bilan carbone d'une tournée. Les 2/3 des dépenses énergétiques viennent des déplacements du public. Ainsi, pour chaque date de concert, le groupe propose des solutions de transport pour diminuer les émissions de CO_2 (dyoxide de carbone). Le groupe soutient aussi l'action de Greenpeace. En partenariat avec cette ONG et d'autres associations, il a invité d'autres artistes et organisé, en novembre 2009, le premier « concert climatique ». L'objectif : mobiliser les gens à la veille du sommet de Copenhague consacré au changement climatique. Tryo souhaitait ainsi aider les ONG à faire pression sur les pays du monde pour qu'à Copenhague ils décident d'une véritable stratégie. « *Il faut que nous fassions du bruit tous ensemble !* », explique Guizmo de Tryo.

C'est dans le texte.

| LIRE, ECRIRE, PARLER

S/S. 85

1 Faites un résumé du texte à l'aide des mots-clés suivants :

Tryo | protection de l'environnement | réchauffement du climat | bilan carbone de ses tournées | covoiturage | partenariat avec des ONG | concert climatique | sommet de Copenhague | pays du monde

2 « *Il faut que nous fassions du bruit ensemble.* » (l. 23–24).
Expliquez le double sens de cette phrase de Guizmo.

A vous !

| ECRIRE

S/S. 85

Ecrivez un texte (environ 15 lignes) dans lequel vous donnez votre avis sur l'engagement de Tryo. Les questions suivantes peuvent vous aider : Que pensez-vous de cette initiative ? Connaissez-vous d'autres artistes qui s'engagent pour l'environnement ? A votre avis, est-ce que les artistes doivent s'engager ?

2/22

C Consommez !

G/§§11, 12

Consommez de l'emballé,
Cuisinez du tout fait
Plastifiez vos cahiers
Et jetez-les après
Mettez dans du plastique vos commissions
Y a pas plus pratique jusqu'à la maison
Ils feront de beaux sacs poubelle
Que vous déposerez dans vos ruelles
Produisez de l'emballé
Et n'informez pas les gens
Que toute cette crasse accumulée
S'ra encore là dans 2000 ans

Refrain
Et les arbres font de nouveaux fruits,
De sacs plastique ils sont fleuris
Pendant qu'au fond de l'océan,
Un dauphin meurt en s'étouffant
Et les arbres font de nouveaux fruits,
Dans toute l'Afrique j'en ai cueillis
Pendant qu'au fond de l'océan,
Nos ordures suivent le courant

Consommez de l'emballé,
Si vous pouvez, faut exporter
C'est vrai que de l'Asie à l'Afrique
Y a grand besoin de sacs plastique
[…]

C'est dans le texte. | LIRE, ECOUTER, PARLER

S.81 **1** Formez deux groupes : un groupe travaille sur la première strophe, l'autre sur le refrain. A l'aide du dictionnaire, cherchez les mots que vous ne connaissez pas, puis racontez la strophe/le refrain à l'autre groupe.

S.77 **2** Qu'est-ce que Tryo reproche (wirft … vor) aux gens dans sa chanson ?

3 Quelles sont les conséquences de la consommation de plastique ? Relevez les informations dans le texte ci-dessus.

S.87 **4** Ecoutez la chanson en entier. Comment la trouvez-vous ? Que pensez-vous de la musique ?

A vous ! | PARLER

G/§§4

Si Tryo donnait un concert climatique dans votre ville, iriez-vous au concert ? Pourquoi (pas) ?

2/23

D Covoiturage : « Un système vraiment sympa »

G/§§4, 7, 15

Approche | PARLER

Avez-vous déjà fait du covoiturage ? Si oui, racontez.
Si non, est-ce que cela vous intéresserait ? Pourquoi (pas) ?

Mélanie a fait sa première expérience de covoiturage un jour de grève à la SNCF. Elle raconte : *« J'avais un rendez-vous très important à Lyon. En temps normal, le TGV pour descendre à Lyon, c'est très pratique. Mais, là, avec la grève, je n'avais pas le choix : je devais prendre ma voiture. Mais je n'avais pas envie de faire les 500 kilomètres toute seule. Alors, j'ai été sur un site de covoiturage (www.covoiturage.fr) et il a suffi de deux jours pour que je trouve trois personnes, trois autres filles comme moi. On a fait l'aller-retour ensemble et ça a été très sympa. »* Depuis, le covoiturage est devenu le nouveau moyen de transport de Mélanie. Comme elle est étudiante, elle fait le même aller-retour chaque week-end entre Paris et Lille, et chaque

1 **une grève** Streik
1 **la SNCF** *französische Bahngesellschaft*

11 **remplir qc** etw. füllen
18 **humain,e** menschlich
20 **défiler** vorbeiziehen

week-end, sa voiture est pleine de gens, surtout des étudiants comme elle : « *Si j'avais une voiture plus grande, je la remplirais aussi toutes les semaines, il y a beaucoup d'étudiants qui choisissent le covoiturage !* » Pour Mélanie, l'avantage est d'abord écologique et économique. La jeune femme dépense moins parce qu'elle partage les frais d'essence avec ses passagers. Mais l'avantage est aussi humain : « *On ne s'ennuie jamais. Cela permet de rencontrer d'autres étudiants, de discuter et de faire défiler les kilomètres de façon sympa.* »
Karim, lui, a découvert le covoiturage grâce à sa fille. « *C'est très simple. On s'inscrit sur le site et on trouve très vite un ‹ covoitureur ›. Mon premier voyage s'est bien passé, et depuis, j'utilise souvent ce service. J'ai toujours eu des très bons conducteurs qui, en plus, étaient très sympas. C'est ce que j'aime dans le covoiturage : rencontrer des personnes nouvelles et différentes de moi !* »

C'est dans le texte. | LIRE, PARLER

1 A l'aide des débuts de phrases, résumez les informations principales du texte.
   a) La première fois que Mélanie a fait du covoiturage…
   b) Elle ne voulait pas…
   c) Tous les week-ends, Mélanie…
   d) Il y a des avantages…
   e) Dans la voiture de Mélanie, …
   f) La fille de Karim…
   g) Le covoiturage plaît à Karim parce que…

S/S. 83 2 Décrivez l'affiche.

Pour aller plus loin | ECRIRE

S/S. 85 Au choix :
1 Rédigez l'annonce que Mélanie met sur Internet.
2 Une des personnes qui voyage avec Mélanie raconte sur www.covoiturage.fr son trajet avec elle. Ecrivez son témoignage.

L 2/24

Entendu à… | ECOUTER, PARLER

S/S. 84 Ecoutez le témoignage de Sylvain.
1 Première écoute : Qu'est-ce que Sylvain pense du covoiturage ?
2 Deuxième écoute :
   a) Quels sont ses arguments ? Qu'est-ce qui est différent quand on emmène des personnes qu'on connaît/qu'on ne connaît pas ?
   b) Qu'est-ce que Sylvain propose ?

/25

E Des mesures efficaces pour sauver la planète

G/§§1, 5, 9, 10, 15

Approche | PARLER

R/1

1 Avez-vous des idées de mesures efficaces ? Faites des propositions.

2 Regardez l'affiche sur le CO_2 :

a) Est-ce que ces chiffres vous surprennent ? Pourquoi (pas) ?

b) Quel est le moyen de transport le moins polluant ?

.79 +80

Histoire de mots

A l'aide de mots de la même famille ou d'une autre langue, expliquez ou traduisez les mots suivants : la constitution ; constitutionnel ; l'égalité ; une émission ; émettre ; polluer ; une solution ; un quota ; handicaper ; un membre.

Comment concilier l'économie et l'écologie ? Nicolas Sarkozy croyait avoir trouvé une voie en 2009. Le Président de la République française avait inventé un nouvel impôt écologique, « la taxe carbone ». Cette taxe devait être payée par les consommateurs d'énergies fossiles. Elle concernait donc le charbon, le pétrole et le gaz dont les émissions de CO_2 sont très importantes. Or, le CO_2 est le principal gaz responsable du réchauffement climatique. La taxe devait permettre le développement des « technologies vertes ». Autre objectif de la taxe carbone : encourager les citoyens à réduire leur consommation des énergies fossiles.
Pour les ONG écolos, cette taxe carbone n'était pas vraiment verte. En effet, elle ne concernait pas l'électricité sous prétexte qu'en France, elle est produite essentiellement par les centrales nucléaires – il s'agissait donc, pour le président Sarkozy, d'une énergie propre.
Autre opposition, celle du Conseil constitutionnel, qui, fin 2009, a donné son véto. Pour lui, cette mesure n'était pas conforme à la constitution et au principe d'égalité des citoyens devant la loi car elle exonérait d'impôt les industries polluantes qui sont déjà soumises aux quotas européens d'émission de CO_2. Début 2010, Sarkozy a donc demandé à ses ministres de réfléchir à une nouvelle taxe carbone et de trouver une solution pour que cet impôt ne les handicape pas sur le marché international.
Pour beaucoup de chefs d'entreprise et de responsables politiques, la solution serait de créer une taxe carbone européenne. Seulement, les 27 membres de l'Union devraient être tous d'accord. On peut toujours rêver !

1 **concilier** vereinen, in Einklang bringen
3 **une voie** Weg
11 **or** nun
21 **un prétexte** Vorwand
22 **essentiellement** im Wesentlichen
26 **exonérer qn de qc** jdn von etw. befreien
26 **soumettre** unterwerfen

C'est dans le texte. | LIRE, PARLER, ECRIRE

.77

1 Expliquez ce que sont les énergies fossiles (l. 8) et les technologies vertes (l. 15). Donnez des exemples.

R/3

2 Vrai ou faux ? Corrigez si nécessaire.

a) Le président Sarkozy a inventé un impôt sur le CO_2.
b) Le nucléaire émet du CO_2 : il est donc responsable du réchauffement climatique.
c) Le Président pensait que la taxe carbone réduirait les émissions de CO_2.
d) Il pensait que la taxe n'aurait pas d'effet sur les technologies vertes.
e) Pour les ONG écolos, cette taxe n'était pas une mesure efficace.
f) Le Conseil constitutionnel n'était pas d'accord avec la taxe.
g) Il faudrait une taxe carbone européenne pour ne pas poser de problèmes de concurrence aux industries françaises.

@ **Regards croisés** | PARLER

S/S.83

1 Quelle est la situation aujourd'hui en France ?
Est-ce que la France a finalement créé une taxe carbone ?
2 Quelle est la situation en Allemagne ?
Quelles sont les mesures prises par l'Allemagne pour réduire le CO_2 ?

Faites des recherches et racontez.

Pour aller plus loin | PARLER

Online Link
524481-0005

« Je ne pense pas que la taxe carbone soit une bonne idée ! »
« Je trouve que la taxe carbone est une mesure efficace ! »
S/S.91 R/3
Organisez un débat en classe.

0 **anticiper qc** einer Sache vorbeugen, sich auf etw. einstellen

F Anticiper une catastrophe : est-ce possible ?

Approche | PARLER

Regardez la carte sur les centrales nucléaires en France page 262.
Qu'est-ce que vous remarquez ?

La part du nucléaire en France

Voilà les résultats d'un sondage en France :

	En 2008	En 2002
Il faut maintenir la part du nucléaire car c'est elle qui garantit l'indépendance énergétique de la France.	67 %	52 %
Il faut réduire la part du nucléaire car c'est dangereux.	33 %	47 %
Ne se prononcent pas	--	1 %

© IFOP

Regards croisés | PARLER

1 Quel est le rôle du nucléaire en Allemagne/dans votre pays ?
2 Quel est votre avis personnel sur le nucléaire ?

De l'iode pour 68 000 personnes

/26

Depuis le mois de juin, la distribution d'iode a commencé près de la centrale nucléaire du Bugey à Saint-Vulbas, à quarante kilomètres de Lyon. C'est la quatrième campagne en 12 ans (1997, 2000, 2005 et 2009).

Toutes les familles qui habitent jusqu'à 10 kilomètres de la centrale ont reçu une lettre pour aller chercher à la pharmacie leurs boîtes de comprimés d'iode.

Ce médicament protège la thyroïde contre les effets de l'iode radioactif. Stéphane Lhomme du réseau d'associations « Sortir du nucléaire », pense que l'iode ne sauvera personne s'il y a un accident nucléaire. Dans un nuage comme celui de Tchernobyl, il y a, en effet, des dizaines d'éléments radioactifs, et pas seulement de l'iode. Cette distribution est donc, pour lui, une « *plaisanterie* ». Les autorités montrent ainsi qu'une catastrophe est toujours possible. Elles veulent en faire accepter l'idée aux populations.

Les mairies, les écoles, les entreprises et les hôtels doivent également aller en retirer.

S'il y a une alerte nucléaire, les gens doivent se mettre à l'abri et écouter la radio pour savoir s'ils doivent prendre les comprimés.

0 **l'iode** *(m.)* Jod
5 **un comprimé** Tablette
6 **la thyroïde** Schilddrüse
10 **une plaisanterie** ein Scherz
13 **une alerte** Alarm

C'est dans le texte. | LIRE, PARLER

.77

Répondez aux questions suivantes :

a) Qu'est-ce qui s'est passé en 1997, 2000, 2005 et 2009 à Saint-Vulbas ?
b) Qu'est-ce qu'il faut faire quand il y a une alerte nucléaire ?
c) Comment est-ce que le réseau « Sortir du nucléaire » a réagi à la distribution d'iode ?

Pour aller plus loin | ECRIRE

.85

La distribution d'iode – une mesure nécessaire ou ridicule ?
Ecrivez une lettre de lecteur (Leserbrief) au journal de Saint-Vulbas.
Pour vous aider : Trouvez dans le texte les arguments des deux côtés.
Vous en avez d'autres ? Quel est votre avis personnel ?

G L'eau virtuelle

/27

G/§15

L'eau virtuelle dans les produits que vous consommez

Savez-vous que pour produire un kilo de steak de bœuf, il faut 15 000 litres d'eau, alors qu'un kilo de pommes de terre n'en nécessite que 1 000 ? Comment calcule-t-on ce chiffre et qu'est-ce que l'eau virtuelle ? […]

Prenons l'exemple d'un steak. Il faut 3 ans pour que le bœuf atteigne l'âge adulte et produise 200 kg de viande fraîche. Durant ces trois ans, le bœuf va consommer 1 300 kg de grains (blé, maïs, soja, avoine…) et 7 200 kg d'herbe. Pour cultiver ces champs, il va falloir environ 3 millions de litres d'eau. A cela, ajoutons les 24 000 litres bus par le bœuf et les 7 000 litres supplémentaires pour son entretien. Bref, pour obtenir 1 kg de bœuf, il aura fallu 15 340 litres d'eau.

© *l'Internaute*

3 **nécessiter qc** etw. benötigen
5 **atteindre** erreichen
6 **durant** im Laufe
7 **un grain** Korn
7 **l'avoine** *(f.)* Hafer
7 **l'herbe** *(f.)* Gras
9 **un entretien** Unterhalt

C'est dans le texte. | LIRE, PARLER

G/§15

1 Représentez sous forme de schéma la consommation d'eau nécessaire pour obtenir un steak.
2 L'eau virtuelle, qu'est-ce que c'est ? Expliquez.

S/S. 91

Pour aller plus loin | PARLER

R/2

Ne plus manger de viande : C'est la solution que proposent certains écologistes.
Qu'en pensez-vous ? Trouvez des arguments pour et contre et discutez en classe.

H Défendre un droit de l'homme

G/§15

Approche

Regardez l'affiche. Que pensez-vous de ce chiffre ?

Pour aller plus loin | PARLER

1 Nommez des raisons qui expliquent pourquoi certaines personnes n'ont pas d'eau potable.
2 Après avoir vu cette affiche, est-ce que votre avis sur le texte « l'eau virtuelle » a changé ? Expliquez pourquoi/pourquoi pas.

L 2/28

Pour parler du dossier entier | ECOUTER, PARLER

S/S. 84

1 Ecoutez la discussion entre Richard (animateur), Clara, Mathis, Adrien, Djamila et Sarah.
   a) Première écoute : Quels sont leurs derniers gestes écolos ?
   b) Deuxième écoute : Adrien et Djamila jouent un rôle particulier. Lequel ?
2 Et vous ? Quel est votre dernier geste écolo ? Racontez.

Online Link
524481-0006

1 Si Tryo donne un concert dans ma ville, j'irai l'écouter.

▶ niveau intermédiaire §15

Faites des phrases avec les éléments de A et B et mettez les verbes au temps qui convient.

A	B
1. Si tu **(venir)** avec moi	a) le déplacement **(être)** facile.
2. Si les tickets **(être)** chers	b) tu **(entendre)** les nouvelles chansons.
3. Si Tryo **(organiser)** le covoiturage	c) on **(pouvoir)** rester tout le week-end.
4. Si la musique **(ne pas te plaire)**	d) je **(être)** content.
5. Si tu **(ne pas encore connaître)** le nouvel album	e) les parents **(les payer)**.
6. Si on **(trouver)** un hôtel	f) tu **(rester)** à la maison.
7. Si le concert **(se passer)** dehors	g) nous **(avoir)** peut-être froid.

2 Les lycéens de Grasse donnent une interview.

▶ niveau débutants §§4, 8, 13

Voilà les réponses des lycéens. Trouvez les questions du journaliste.

a) **Les questions politiques en général** nous intéressent.
b) **Oui**, nous trouvons les questions écolos importantes.
c) Nous voulons montrer **que les jeunes d'aujourd'hui sont actifs**.
d) Notre objectif, c'est de **mobiliser les élèves**.
e) Nous nous adressons **à tous les lycées en France**.
f) A Grasse, nous sommes **3000** élèves.
g) Nous avons inventé le label vert **pour protéger l'environnement**.
h) Après le bac, nous ferons **un métier vert**.
i) Nous aimons la musique **de Tryo**.
j) La prochaine fois, on se rencontrera **mercredi**.

3 Le journaliste a dit que …

▶ niveau débutants §46 ▶ niveau intermédiaire §28

a) Mettez les questions du journaliste au **discours indirect au présent**.
Vous pouvez commencer par : Le journaliste veut savoir…
b) Mettez les questions du journaliste au **discours indirect au passé**.
Vous pouvez commencer par : Le journaliste a voulu savoir…

4 Faire plus que les autres pour la planète

Comment traduire *als* en français ?

de | quand | que

a) L'avion pollue plus ● le train.
b) Nina a donc pris le train ● elle est allée voir sa sœur à Londres.
c) Et finalement, le trajet en train n'a pas duré beaucoup plus longtemps ● en avion.
d) ● Tryo a vu le bilan carbone d'une tournée, il a proposé à ses fans de faire du covoiturage.
e) A Grasse, les lycéens ont mis plus ● trois mois à créer le club développement durable.

→ Überprüfen Sie Ihre Antworten auf den Seiten 243–248.

agir	handeln
une **manifestation**	eine Demonstration
une **centrale nucléaire**	ein Kernkraftwerk

A Montrer l'exemple

près de	bei/in der Nähe von
écologiste	umweltbewusst
s'engager pour qc/qn	sich für etw./jdn einsetzen/engagieren
l'**environnement** *(m.)*	die Umwelt; die Umgebung
un **effort**	eine Anstrengung
décourager qn	jdn entmutigen
inventer qc	etw. erfinden

B Changer de comportement

le **comportement**	das Verhalten
le **réchauffement**	die Erwärmung
le **climat**	das Klima
se contenter de faire qc	sich damit zufrieden geben, etw. zu tun
une **planète**	ein Planet
le **covoiturage**	die Fahrgemeinschaft
le **bilan carbone**	die CO_2-Bilanz
l'**émission** *(f.)* **de CO_2**	der CO_2-Ausstoß
une **ONG** *(f.)* *(organisation non gouvernementale)*	eine NGO (eine Nicht-Regierungs-Organisation)
un **objectif**	ein Ziel
pour que *(+ subjonctif)*	damit
véritable	wirklich/echt

C Consommez !

jeter qc	etw. (weg)werfen

D Covoiturage : « Un système vraiment sympa »

descendre	hinuntergehen/-fahren; aussteigen
il suffit de…	man braucht nur …
dépenser (de l'argent)	(Geld) ausgeben
l'**essence** *(f.)*	das Benzin
permettre à qn de faire qc	jdm erlauben/ermöglichen etw. zu tun
faire faire qc à qn	jdn etw. tun lassen
utiliser qc	etw. benutzen

E Des mesures efficaces pour sauver la planète

une **mesure**	eine Maßnahme
prendre des mesures	Maßnahmen ergreifen
efficace	wirksam/effizient
sauver qn/qc	jdn/etw. retten
un **impôt**	eine Steuer
une **taxe**	eine Gebühr
la **taxe carbone**	die CO_2-Steuer
concerner qn/qc	jdn/etw. betreffen
le **charbon**	die Kohle
le **gaz**	das (Erd)Gas
réduire qc	etw. verringern/reduzieren/senken
il s'agit de qc	es handelt sich um etw.
propre	sauber
une **loi**	ein Gesetz

F Anticiper une catastrophe : est-ce possible ?

l'**indépendance** *(f.)*	die Unabhängigkeit
dangereux/dangereuse	gefährlich
la **distribution**	die Verteilung
radioactif/radioactive	radioaktiv
se mettre à l'abri *(m.)*	sich in Sicherheit bringen

G L'eau virtuelle

virtuel/virtuelle	virtuell
un **bœuf**	ein Rind
une **pomme de terre**	eine Kartoffel
un **champ**	ein Feld
supplémentaire	zusätzlich

H Défendre un droit de l'homme

défendre qn/qc	jdn/etw. verteidigen
un **droit de l'homme**	ein Menschenrecht
mourir (de qc)	(an etw.) sterben
l'**eau** *(f.)* **potable**	das Trinkwasser
un **geste**	eine Geste; *(hier)* eine Maßnahme

2/29

Les mots pour parler de l'écologie

S. 93

La **pollution** concerne, aujourd'hui, le monde entier. Deux des problèmes les plus graves sont **l'eau potable qui manque** dans de nombreux pays et **le réchauffement du climat**.

Beaucoup de gens en Afrique et en Asie **meurent** parce qu'ils n'ont pas d'eau. Les populations du Nord (Etats-Unis, Canada, Europe) consomment beaucoup d'**eau virtuelle**. L'eau virtuelle, ce n'est pas l'eau que nous consommons directement, mais l'eau que nous utilisons pour produire des choses. On utilise, par exemple, 70 litres d'eau pour produire une pomme et 8000 litres pour une paire de chaussures.

L'**émission de CO_2** est responsable du réchauffement du climat. Le CO_2 se forme à partir des **énergies fossiles** (**le gaz**, **le pétrole**, **le charbon**). **L'énergie nucléaire** que produisent les **centrales nucléaires** est très importante pour la France. Si certaines personnes sont contre cette technologie, une majorité trouve qu'elle garantit **l'indépendance** du pays.

En France comme partout dans le monde, il y a beaucoup d'initiatives pour **sauver la** planète. Des jeunes s'engagent individuellement et d'autres agissent en groupe. Certains ont des **gestes écolos** tous les jours et montrent l'exemple : ils font du **covoiturage**, prennent **le bus ou le métro**, s'occupent du tri des déchets, **utilisent** moins d'eau et moins d'énergie.
D'autres soutiennent des ONG écolos qui s'intéressent à **l'environnement** mondial et qui mobilisent les gens et les responsables politiques. Comme d'autres pays, la France pense à **une taxe carbone**. **L'objectif** de cette **mesure** est de **réduire** les émissions de CO_2 et d'encourager le développement des **technologies vertes**.

Online Link
524481-0007

Stratégie Umgang mit authentischen Texten

In der Oberstufe müssen Sie sich meistens mit **Originaltexten** unterschiedlicher Herkunft (Bücher, Zeitschriften, Internet …) beschäftigen. Es handelt sich dabei sowohl um **Sachtexte** aller Art als auch um **literarische Textformen**, die für Muttersprachler geschrieben wurden und über das Niveau eines Lehrbuchs hinausgehen.
Lassen Sie sich dennoch von der Lektüre dieser Originaltexte nicht abschrecken! Selbst wenn wie im Lehrbuch einige unbekannte Vokabeln erläutert werden, **scheinen** die authentischen Texte auf den ersten Blick auch für den fortgeschrittenen Lerner des Französischen oft kaum les- und verstehbar.
Doch Sie können bereits viel mehr, als Sie glauben! Sie werden sehen, dass Sie (fast) jeden Text „knacken" können, wenn Sie folgende Tipps beachten:

1. Greifen Sie immer auf Ihre bereits vorhandenen Kenntnisse des Themas bzw. auf Ihre allgemeinen Lese- und auch Lebenserfahrungen zurück.
2. Wenden Sie die Strategien zur Worterschließung an, wenn Sie einen Text das erste Mal lesen (siehe Seite 80). Lesen Sie den Text mehrmals durch und verzetteln Sie sich nicht in Details. Sie sind häufig völlig unwichtig.
3. Nur in wenigen Fällen müssen Sie wirklich jedes einzelne Wort bzw. Detail verstehen. Wenn Sie bestimmte Wörter nachschlagen möchten, sollten Sie die Strategien zur Arbeit mit dem Wörterbuch nutzen (siehe Seite 81–82).
4. Wenden Sie außerdem folgende Lesetechniken an, die Ihnen den Zugang zu authentischen Texten erheblich erleichtern werden.

Bevor Sie einen Text lesen, ist es sinnvoll, sich mit der **Aufgabenstellung** oder mit der **eigenen Leseabsicht** zu beschäftigen. Denn, abhängig von den Fragen oder den eigenen Wünschen, geht man in unterschiedlicher Weise an einen Text heran.

1. Globales Lesen:
Sie überfliegen den Text, um sich eine Vorstellung vom Thema und Aufbau zu machen. → Schauen Sie sich dazu vor allem die **Überschriften**, **Abbildungen**, die **Einleitung** und den **Schluss** an!

2. Scanning (Suchendes Lesen):
Sie lesen den Text und suchen nur nach ganz bestimmten Informationen. → Suchen Sie gezielt, je nach Frage oder Leseabsicht, z. B. nach **Eigennamen**, **Zahlen**, **Daten** etc.

3. Skimming (Orientierendes Lesen):
Hier lesen Sie den Text von Absatz zu Absatz, um ihm die Hauptgedanken zu entnehmen. → Achten Sie auf die **Schlüsselwörter**, anhand derer Sie das **Wesentliche des Textes** zusammenfassen können.

4. Detailliertes Lesen:
Diese Technik verwenden Sie in der Regel erst, nachdem Sie eine der drei vorangehenden Techniken angewendet haben. Denn hier kommt es auf die genaue Kenntnis von Einzelheiten an. Benutzen Sie hier im Zweifelsfall ein Wörterbuch, denn Sie müssen wirklich jedes einzelne Wort verstehen. → Suchen Sie nach Antworten auf **Detailfragen**, die sich auf einzelne Textabschnitte oder sogar einzelne Sätze beziehen.

Beispiel 1: Le bon côté des choses

Bei einem **literarischen Text** geht es oft darum, **Handlungen und Verhaltensweisen von Personen** in bestimmten Situationen **zu verstehen**.

Lesen Sie den Text und versuchen Sie, ohne Wörterbuch auszukommen, indem Sie für die Aufgaben 1 und 2 ausschließlich die Strategien zur Worterschließung anwenden (siehe Seite 79–80).
Denken Sie bei Aufgabe 3 genau darüber nach, welche Wörter Sie in einem Wörterbuch nachschlagen sollten.

Überlegen Sie bei jeder Aufgabe, welche Lesetechnik Ihnen am geeignetsten erscheint, um diese zu lösen.

A vous !

1 Survolez (Überfliegen Sie) tout le texte. De quoi parle-t-il ? Résumez le sujet en une phrase.

2 Vrai ou faux ? Corrigez si nécessaire.

a) La personne est une jeune femme.
b) La personne s'appelle Louis-Philippe.
c) C'est quelqu'un qui travaille dans un musée.
d) La personne est toujours à l'heure.
e) Ses collègues ne l'acceptent pas.

3 Analysez la phrase suivante (siehe Strategie Satzanalyse auf Seite 78) :
« – Ah, c'est vous, elle a dit et j'ai senti ma main droite se recroqueviller davantage et mon corps déjà penché se fractionner en dix mille petits morceaux que le vent pouvait, en soufflant, porter jusqu'à la mer. » (l. 12)

a) Quelles sont les deux propositions principales (Hauptsätze) ?
b) Quels en sont les sujets (Subjekte) ?
c) Trouvez les deux compléments d'objet directs (direkte Objekte) dans la deuxième proposition principale.
d) A quel verbe est-ce que les deux objets se réfèrent (sich beziehen) ?
e) Cherchez la proposition relative (Relativsatz).
f) A quel(s) mot(s) est-ce que le pronom relatif se réfère ?
<g) Comment appelle-t-on une forme grammaticale comme « en soufflant » ?>
(Pour en savoir plus, regardez les §§ 11–12.)

4 Expliquez la fin :
« A quatorze heures précises, je me suis présenté à la porte et le gars ne m'a pas parlé. Moi aussi. Je sais le faire à la perfection. Disparaître. » (l. 26–28)

On m'a collé dans des stages. Mécanique auto. Cannage-paillage en ameublement. Plâtrier plaquiste. Serrurier métallier. Je reste une semaine et on me renvoie. A chaque fois. La dernière convocation, c'était pour de la restauration. J'ai compris que c'était lié à la bouffe, genre serveur, cuisinier. L'adresse qu'on m'a donnée, c'est un musée. Je suis resté devant le bâtiment trois heures. Sans oser entrer. Une femme est venue me voir.

– Je peux vous aider ? elle m'a dit.
– Non, j'ai répondu.
– Votre nom ? m'a demandé la jeune femme qui était très belle avec sa jupe noire et le grain de beauté qu'elle avait sous le nez, en forme de soleil noir, pour attirer les comètes et les regards.
– Louis. Louis Baléro.
– Ah, c'est vous, elle a dit et j'ai senti ma main droite se recroqueviller davantage et mon corps déjà penché se fractionner en dix mille petits morceaux que le vent pouvait, en soufflant, porter jusqu'à la mer.

Je l'ai suivie quand même à travers un dédale de couloirs et de fenêtres et de marches sombres. Je m'accrochais aux pas de la dame, je ne voulais pas la perdre et qu'elle me laisse seul dans ce coin du monde. Quand elle m'a vu, le visage rouge, la sueur au front, la mâchoire crispée, elle s'est excusée. Je l'ai ignorée.

Elle a ouvert une porte qui donnait dans une grande pièce. Quelques tables. Des personnes assises devant des chevalets. Et un grand gars. Immense. Barbu. Des bras de lutteur. Un visage à faire fuir le Petit Poucet.

– C'est pas l'heure, il a hurlé, le type. C'est plus l'heure.
– C'est Louis Baléro, a murmuré la jeune femme.
– Louis-Philippe ou Dieu le père, je m'en fiche, il a continué, le gars. L'heure, c'est l'heure. On reprend à quatorze heures. Ferme la porte !

Je me suis posé dans le couloir. Sans manger ni pisser. A quatorze heures précises, je me suis présenté à la porte et le gars ne m'a pas parlé. Moi aussi. Je sais le faire à la perfection. Disparaître.

L'amour vache, Rachel Corenblit, © Editions du Rouergue, France, 2008

Beispiel 2: L'école de la seconde chance

Bei **Sachtexten** sollen meistens **wichtige Informationen herausgefiltert** werden.
In der Regel muss man sich nicht um jedes Detail kümmern, sondern man kann sich auf die gewünschten Angaben beschränken.

Auch bei diesem Beispiel sollten Sie bei der Aufgabe 1 auf ein Wörterbuch verzichten.

Bei der Aufgabe 2 haben Sie die Möglichkeit, einige Wörter aus dem Kontext oder aufgrund der Ähnlichkeit mit Ihnen vertrauten Sprachen selbst zu erschließen (siehe Seite 80).
Geben Sie an, welche Lesetechniken Sie an welcher Stelle anwenden.

A vous !

1 Répondez aux questions suivantes :

a) Quel est le sujet du texte ?
b) Où se trouve l'E2C ?
c) Quand a-t-on créé la première E2C ?
d) Combien d'E2C y a-t-il en France ?
e) Quel est le pourcentage des élèves d'une E2C qui n'ont pas le niveau du CAP ?
f) Quel est le pourcentage d'élèves d'une E2C qui réussissent ?
g) Quel est leur âge ?
h) Quels sont les avantages d'une E2C pour les élèves qui ont des problèmes scolaires ?

2 Trouvez dans le texte les mots français pour *Frontalunterricht, verbannen, sich anpassen, Rhythmus, duales Bildungssystem.*

Pas question de rappeler les mauvais souvenirs de classe. A l'école de la 2e chance (E2C), les cours magistraux sont bannis et la formation s'adapte au rythme du stagiaire. Début avril, ce dispositif, lancé pour la première fois en 1997 à Marseille, va voir le jour à Vaulx-en-Velin. Une première dans le département, alors qu'il en existe déjà 88 en France. L'objectif est de remettre le pied à l'étrier aux 18–25 ans ayant décroché du système scolaire depuis plus d'un an. En 2008, 93 % des jeunes accueillis sur l'ensemble des écoles de la 2e chance n'avaient pas le niveau du certificat d'aptitude professionnelle (CAP) et aucune expérience professionnelle.

« Chaque stagiaire signera en arrivant un contrat pédagogique qui va le responsabiliser. », indique Pascale Bouysset, directrice de l'E2C à Vaulx-en-Velin. Après une évaluation de niveau et une découverte des métiers, les élèves intégreront la formation en alternance, allant de 800 heures à 1 400 heures en fonction de leur rythme d'apprentissage.

« Les résultats sont plutôt encourageants, poursuit la directrice. *Car 62 % des sorties sont positives. Ce qui signifie que la personne a trouvé une formation en vue d'un diplôme qualifiant, un contrat en alternance ou un emploi ».*

Un succès qui réside dans les partenariats noués avec le tissu économique local. En l'occurrence, la chambre de commerce et d'industrie de Lyon, la région Rhône-Alpes et la ville de Vaulx-en-Velin. *« Le lien avec le monde économique est très important, ce n'est pas une formation de plus »*, a relevé Jean-Jack Queyranne, président PS de Rhône-Alpes. Alors pourquoi l'école n'a-t-elle pas été lancée plus tôt ? *« Il a fallu du temps… Et puis il y avait d'autres outils déjà existants »*, botte en touche Bernard Genin (PC), maire de Vaulx-en-Velin. Dès la fin 2010, ce projet a vocation à s'étendre à l'agglomération et plus tard à tout le département. Mais les communes souhaitant entrer dans le dispositif devront mettre la main à la poche.

© Carole Bianchi

Beispiel 3: Témoignages

Finden Sie heraus, ob es sich bei den folgenden Texten um einen Sach- oder um einen fiktionalen Text handelt.

Lassen Sie sich hier bei der ersten Lektüre nicht von den zahlreichen Ihnen unbekannten Abkürzungen verunsichern. Sie werden feststellen, dass diese für die **Kernaussagen des Textes** nicht wichtig sind.

Geben Sie an, welche Lesetechniken Sie an welcher Stelle anwenden.

A vous !

1 Lisez les témoignages et répondez aux questions suivantes :

a) Lisez ce que disent les trois jeunes. Dans quelle formation sont-ils ?
b) Pourquoi est-ce qu'Alexis est content ?
c) Qu'est-ce que Pauline veut devenir ?
d) Expliquez la phrase de Sonia : *« Ces quatre années d'études me serviront : je saurai monter mon entreprise et faire de bons recrutements. »* (l. 34–35)

2 Sans consulter un dictionnaire, cherchez un mot allemand pour « témoignages ».

Alexis, 19 ans

Après avoir redoublé ma classe de seconde, j'ai décidé de quitter le lycée. J'étais un peu immature, je pensais au jour le jour, et j'avais besoin de sortir du monde scolaire. L'année suivante, je me suis inscrit en BEP Vente action marchande en alternance, pour entrer rapidement dans la vie active. J'étais vendeur de téléphonie mobile. Mon patron était peu patient et exigeant. J'ai eu le diplôme, mais ces deux années m'ont motivé pour reprendre les études : je savais ce que je ne voulais pas faire. Une amie m'a conseillé le DAEU, ce diplôme qui permet aux personnes n'ayant pas le bac d'avoir accès aux études supérieures. Je l'ai passé. A la fac, on croise des gens de parcours très différents, ça m'a ouvert. J'ai grandi, je suis mieux dans ma peau, plus assuré et ouvert aux rencontres. Je viens de commencer une école de journalisme, et, pour la première fois de ma vie, j'ai l'impression d'avoir trouvé le métier que j'ai vraiment envie de faire.

Pauline, 19 ans

Durant ma scolarité, j'ai eu envie de faire des études en rapport avec les langues. En première, je suis allée aux portes ouvertes en fac pour m'informer sur la filière LEA (Langues étrangères appliquées). Les débouchés de LEA se trouvaient plutôt dans le commerce, ce qui ne m'intéresse pas du tout. La conseillère d'orientation n'a pas su quoi me conseiller. J'ai cherché par moi-même, déniché une revue spécialisée dans les langues et découvert la filière droit-langues. Ç'avait l'air intéressant. Je suis allée à Tours, dans une université qui propose cette filière. Quand on a fait nos vœux, en terminale, aucun prof ne connaissait, mais on m'a encouragée. J'ai commencé en septembre. Il y a du travail, mais ça me plaît. J'aimerais exercer dans le social, l'humanitaire ou le droit du travail.

Sonia, 22 ans

Depuis toujours, j'ai une passion : la pâtisserie. J'ai travaillé dans ce secteur le week-end et les vacances scolaires. Au lycée, j'avais de très bons résultats, et pour mes parents, faire un bac pro, ç'aurait été me « gâcher ». Après le bac ES, j'ai choisi une licence Economie et gestion. Ça ne m'a pas plu. Au bout d'un an, j'ai opté pour un BTS Banque, en alternance : ça m'intéressait et je gagnais un peu d'argent. Mais être commerciale dans une banque n'est pas mon truc. Je me suis inscrite en licence pro Ressources humaines, en alternance, une expérience complète et enrichissante. L'an prochain, je passerai le CAP Pâtisserie. Mes parents n'ont plus rien à dire. Ces quatre années d'études me serviront : je saurai monter mon entreprise et faire de bons recrutements.

Beispiel 4: J'adore mon nouveau métier !

Bei **Werbetexten** geht es vor allem darum, die **grundlegende Botschaft** zu verstehen.
Diese wird vor allem durch Bilder vermittelt, die das besondere Interesse des Lesers wecken sollen.
Bild und Text sind in der Regel so gestaltet, dass ein sofortiges globales Verstehen möglich ist.
So kann man meistens auf ein Wörterbuch verzichten. Die „Lesetechnik" besteht hier insbesondere im genauen Hinsehen.

A vous !

1 Qui est sur la photo ? Choisissez la bonne réponse.
   a) une prof à l'école
   b) une jeune femme agent de police
   c) une jeune femme qui s'occupe d'un camion.

2 Quel est le message de la publicité (Werbung) ?

3 A qui s'adresse la publicité ?

4 Qui est l'auteur du message ?

5 Traduisez (à l'aide d'un dictionnaire si nécessaire) les mots suivants en allemand : *commissaire de transport, cariste, déclarante en douane, ambulancière, responsable d'entrepôt*. (siehe Seite 81)

Auf den folgenden Seiten sind die Lernstrategien zusammengefasst, die in Génération pro vermittelt werden.
Die Gliederung orientiert sich an den kommunikativen Grundfertigkeiten.
Die Strategien zur Wortschatzarbeit sind häufig übergreifend und daher separat aufgeführt.

Stratégie Lesetechniken

Lesen bedeutet, mit einem Text umzugehen. Vor dem Lesen sollten Sie sich als Leser darüber klar werden, warum Sie sich mit einem bestimmten Text beschäftigen wollen, da für unterschiedliche Leseabsichten (Ziele) unterschiedliche Lesestrategien hilfreich sind.

1. Vor dem Lesen

a) Welche Informationen über den Text stehen Ihnen zur Verfügung? Handelt es sich um einen Sachtext, einen erzählenden Text, ein Lied, einen Comic, eine Werbeanzeige? Haben Sie Informationen über den Autor? Gibt es Titel, Untertitel, Vorabinformationen, Grafiken, einen besonderen Seitenaufbau?
b) Welche Leseziele haben Sie? Können Sie aufgrund der Vorabinformationen (vgl. 1a) Fragen formulieren, die Sie interessieren und die Sie durch die Lektüre überprüfen möchten? Sind Ihnen durch eine Aufgabenstellung Fragen vorgegeben?
c) Wählen Sie, passend zu jeder Frage/Aufgabenstellung (vgl. 1b), eine geeignete Lesestrategie aus (vgl. 2).

2. Während des Lesens

Es ist nicht immer notwendig, einen Text Wort für Wort zu lesen und alle Details zu verstehen. Sie sollten Ihre Lesestrategie Ihrem Ziel anpassen:

Ziel: Globalverständnis	Ziel: Selektives Leseverständnis		Ziel: Detailverständnis
Globales Lesen	**Suchendes Lesen (Scanning)**	**Orientierendes Lesen (Skimming)**	**Detailliertes Lesen**
Sie möchten sich eine Vorstellung vom Thema und vom Aufbau des Textes machen. Überfliegen Sie den Text und stützen Sie sich, wenn möglich, auf Wörter/Satzteile/Sätze, die Sie sofort verstehen. Wenn der Text sich dafür eignet, konzentrieren Sie sich auf Überschriften, die Einleitung oder den Schluss. Sie ergeben häufig eine Zusammenfassung.	Sie suchen aufgrund Ihrer Fragestellung nach (einer) bestimmten Information(en) (z. B. Eigennamen, Zahlen, Daten). Sie überfliegen den Text und bemühen sich, alles zu überlesen, was in keinem Zusammenhang mit Ihrer Frage steht.	Sie möchten die Hauptgedanken eines Textes herausfinden. Überfliegen Sie den Text abschnittweise und versuchen Sie, aufgrund von Schlüsselwörtern für jeden Abschnitt eine resümierende Überschrift zu formulieren. Wenn der Text nicht in Absätze gegliedert ist, versuchen Sie selbst, inhaltliche Abschnitte festzulegen.	Sie beschäftigen sich mit Fragen, für deren Beantwortung das Detailverständnis ganzer Sätze oder Textabschnitte nötig ist. Die Ergebnisse der anderen Lesestrategien reichen hierfür nicht aus. Benutzen Sie ggf. das Wörterbuch. Wenn Sie unsicher sind, ob Sie den französischen Satz vollständig verstanden haben, formulieren Sie eine Kontrollübersetzung: Macht die deutsche Formulierung Sinn und passt sie in den Zusammenhang?

3. Nach dem Lesen

Formulieren Sie Ihre Ergebnisse.

Stratégie Satzanalyse

Wenn Sie französische Texte lesen, können Sie auf völlig unverständliche Sätze stoßen.
Woran kann das liegen? Unbekanntes Vokabular kann ein Hindernis sein, dann hilft das Wörterbuch weiter. Aber es kann noch ein anderes Problem geben: Der Satz kann einfach sehr lang und/oder sehr verschachtelt sein. Eine grammatische Analyse des Satzes kann hier helfen:

Schritt 1: Analyse des Hauptsatzes

Finden Sie zunächst den Hauptsatz heraus, da in ihm (meistens) die wichtigsten Informationen stehen. Dazu müssen die einzelnen Satzteile bestimmt werden: das Subjekt, das zugehörige Verb und die Ergänzungen.

Die Satzstellung im französischen Aussagesatz ist in der Regel wie folgt: Subjekt – Verb – Ergänzungen

Achten Sie auf Folgendes bzw. stellen Sie sich folgende Fragen, um die Satzteile zu erkennen.

Satzteil	mögliche Wortart oder Struktur
Subjekt	→ ist häufig ein Nomen, eventuell mit Ergänzungen : *un employé/la vie/cette longue rue* → kann ein Eigenname sein: *Nicolas (Sarkozy); La Bastille…* → ein Pronomen: *je, tu… /celui-ci…* → kann auch ein Infinitiv sein: *Marcher est meilleur pour la santé que prendre la voiture.*
Verb	→ Welches Wort im Satz ist eine konjugierte Form eines Verbs und stimmt, was Numerus und Genus angeht, mit dem Subjekt überein? → Besteht es aus einer einfachen *(présent/imparfait/futur/conditionnel I/subjonctif)* oder aus einer zusammengesetzten Zeitform (z. B. *passé composé/plus-que-parfait/…*)? → Gibt es ein Modalverb mit nachfolgendem Infinitiv: *Nous devons partir.* → Ist die Verbform im Aktiv oder im Passiv? → Können Sie den Infinitiv des Verbs ohne Benutzung des Wörterbuchs erkennen?
Ergänzungen	→ Gibt es ein direktes Objekt (ohne Präposition)? → Oder ein indirektes Objekt (mit Präposition *de* oder *à*)? → Gibt es eine Ergänzung mit anderen Präpositionen (*pour/avec/contre* usw.) ! Von der Präposition oder der Art des Objekts hängt es oft ab, welche Bedeutung das Verb annimmt. Das ist wichtig bei der Benutzung des Wörterbuchs! → Gibt es eine adverbiale Bestimmung (des Orts, der Zeit, der Art und Weise)? ! Diese stehen häufig am Satzanfang und werden dann mit Komma abgetrennt!

Wenn Sie die Elemente des Hauptsatzes übersetzt haben, gehen Sie zum nächsten Schritt über.

Schritt 2: Analyse der Nebensätze

Finden Sie nun den Nebensatz/die Nebensätze.
Nebensätze enthalten ergänzende Informationen und können:

→ am Anfang oder am Ende des Hauptsatzes stehen. Eingeschobene Nebensätze sind selten.
→ durch eine Konjunktion eingeleitet werden, z. B. *que/parce que/comme/quand/…*
→ durch ein Relativpronomen eingeleitet werden, z. B. *qui/que/…*
→ durch ein *gérondif/participe présent* verkürzt werden:
Je travaille en mangeant. → *Je travaille pendant que je mange.*
→ aus einer Präposition + Infinitiv/Nomen bestehen: *Je mange avant de travailler./ Je mange avant le travail.*

Stratégie Wortbildung (I)

Wenn Sie einen unbekannten Text zum ersten Mal lesen, verstehen Sie oft nicht jedes Wort.
Es gibt aber Techniken, sich unbekannte Bedeutungen zu erschließen.

1. Das unbekannte Wort sieht einem Wort aus einer anderen Sprache ähnlich:
   z. B. *une limite/a limit; une religion/eine Religion*.
2. Der Kontext weist darauf hin, was das unbekannte Wort bedeuten kann.
3. Sie kennen schon ein anderes französisches Wort aus derselben Wortfamilie wie das unbekannte Wort.
   Die folgenden Wortbildungsregeln helfen Ihnen, Wörter abzuleiten.

Erschließung von Verben

re-	commencer → **re**commencer venir → **re**venir apparaître → **ré**apparaître Die Vorsilbe (**Präfix**) **re-** drückt aus, dass etwas **wiederholt** wird oder eine Sache bzw. eine Person **wieder an den Ausgangspunkt zurückkommt**.

Erschließung von Nomen

Häufig zeigen Wortendungen (**Suffixe**) an, dass Nomen von Verben abgeleitet wurden.

-(a)tion	présenter → une présent**ation** polluer → la pollu**tion** Die Wortendung -**tion** drückt **abstrakte Begriffe** aus. Diese Nomen sind grundsätzlich **weiblich**. Häufig existieren sie im Deutschen als Fremdwort.
-age	emballer → un emball**age** Die Wortendung -**age** drückt eine konkrete Aktion aus. Diese Nomen sind immer **männlich**.
-ment	changer → un change**ment** commencer → un commence**ment** Die Wortendung -**ment** drückt ebenfalls eine konkrete Aktion aus. Diese Nomen sind immer **männlich**.
-eur/-euse	visiter → un visit**eur** travailler → une travaill**euse**
-teur/-trice	animer → un anima**teur** consommer → une consomma**trice** Die Wortendungen -**eur**/-**euse** und -**teur**/-**trice** bezeichnen meistens Personen, die etwas machen. Die Nomen auf -**eur**/-**teur** sind immer **männlich**, die auf -**euse**/-**trice** immer **weiblich**.

Weitere Wortendungen

-(i)té	→ la beau**té** la national**ité** la qual**ité** Nomen mit der Wortendung -**(i)té** sind abstrakt und drücken meist Eigenschaften aus. Häufig existieren sie im Deutschen als Fremdwort mit der Endung -**tät**.
-isme	→ le tour**isme** Die Wortendung -**isme** drückt abstrakte Begriffe aus. Diese Nomen sind immer **männlich**. Sie kennen diese Wörter oft als Fremdwörter im Deutschen mit der Endung -**ismus**.
-iste	→ un,e tour**iste** un,e styl**iste** un,e art**iste** un,e journal**iste** Die Wortendung -**iste** bezeichnet Personen. Diese Nomen sind **männlich und weiblich**. Häufig existieren sie im Deutschen als Fremdwort mit der Endung -**ist**.

Stratégie Wortbildung (II)

Erschließung von Adjektiven

Auch Adjektive können Präfixe haben.

in- (**/im-/il-/ir-**)	connu → **in**connu légal → **il**légal	possible → **im**possible responsable → **ir**responsable
	Häufig zeigen die Vorsilben **in**-(/**im**-/**il**-/**ir**-) das **Gegenteil** von einem bereits bekannten Adjektiv an.	
dé- (**/dés-/dis-**)	agréable → **dés**agréable	paru → **dis**paru
	Die Vorsilben **dé**-(/**dés**-/**dis**-) drücken ebenfalls das **Gegenteil** von einem bereits bekannten Adjektiv aus.	
inter-	professionnel → **inter**professionnel	
	Das Präfix **inter**- zeigt an, dass etwas **übergreifend** gilt.	

Adjektive, die von Verben/Nomen abgeleitet werden, können folgende Endungen haben.

-able	durer → dur**able**	comparer → compar**able**
	Die Endung **-able** drückt aus, dass etwas realisiert werden kann.	
-al, -ale	un parent → parent**al**	le monde → mondi**ale**
-el, -elle	une tradition → traditionn**el**	une année → annu**elle**
-eux, -euse	un nombre → nombr**eux**	un danger → danger**euse**
-ien, -ienne	Paris → paris**ien**	l'Italie → ital**ienne**
-if, -ive	le sport → sport**if**	
-ique	une histoire → histor**ique**	le climat → climat**ique**
-iste	une grève → grév**iste**	

Stratégie Wörter erschließen

Im Französischen gibt es Wörter, die Sie aus dem Deutschen und Englischen oder aus anderen Sprachen erschließen können. Achten Sie aber auf einige Besonderheiten:

die Aussprache	die Schreibung	den Artikel
un s**an**dwich	un c**our**s	**une** salade
un week-end	une f**ê**te	**une** photo
un **chewing**-g**um**	une **ph**oto	**un** garage
une p**au**se	une ma**ch**ine	**un** tour
un **euro**	la musi**que**	**un** groupe

Stratégie Mit elektronischen Wörterbüchern und Internetübersetzungen arbeiten

Elektronische Wörterbücher haben gegenüber den gedruckten Werken eine Reihe von Vorteilen:

- Das Taschenrechnerformat erlaubt einen Einsatz in (fast) allen Lebenslagen;
- Sie enthalten oft den Wortschatz mehrerer Sprachen;
- Man kann die Übersetzungsrichtung (z. B. F → D / D → F) per Knopfdruck rasch wechseln;
- Es können Beispiele und idiomatische Wendungen angeklickt werden.

Wenn Sie ein elektronisches oder auch ein Online-Wörterbuch benutzen, sollten Sie hier wie bei gedruckten Wörterbüchern sehr aufmerksam auf die genaue Bedeutung eines Wortes in seinem Kontext achten. Sonst passiert das, was die im Internet beliebten Übersetzungsmaschinen wie „Reverso" leisten.

Stratégie Mit dem Wörterbuch arbeiten (I)

Sie benutzen ein zweisprachiges Wörterbuch (Übersetzungswörterbuch):

1. In französischen Texten stoßen Sie auf unbekannte Vokabeln.
   a) Suchen Sie diese Vokabeln in dem französisch-deutschen Teil.
   b) Nehmen Sie die deutsche Übersetzung, die in Ihrem Zusammenhang am besten passt.

2. Sie wollen etwas auf Französisch ausdrücken – Ihnen fehlt aber die Vokabel.
   a) Suchen Sie diese Vokabel in dem deutsch-französischen Teil.
   b) Wenn es mehrere Übersetzungen gibt, lesen Sie alle Möglichkeiten durch.
   c) Zur Kontrolle können Sie nachschlagen, wie die französischen Vokabeln im französisch-deutschen Teil übersetzt sind.

Stratégie Mit dem Wörterbuch arbeiten (II)

Für Wörter, die mehrere Bedeutungen haben oder unterschiedlichen Wortarten angehören, gibt es natürlich mehr als nur eine Übersetzung.
Die Einträge dieser Wörter sind so untergliedert, dass man die richtige Übersetzung rasch findet.
Hier ist ein Wörterbucheintrag zum Wort *chic*:

a) Die römischen Ziffern I, II… zeigen die verschiedenen **Wortarten** an (z. B. *adj* = *adjectif*, *prép* = *préposition*).

b) Die arabischen Ziffern (1, 2, 3…) kennzeichnen die unterschiedlichen **Wortbedeutungen**.

c) Das Zeichen ▶ weist auf **Redewendungen** hin.

d) Bei Substantiven wird grundsätzlich das **Geschlecht** (m, f) angegeben.

e) *inv.* bedeutet, dass das Stichwort **unveränderlich** ist.

f) **Stilebenen**: *fam.* deutet auf umgangssprachlichen Gebrauch hin.

> **chic** [ʃik] **I.** *m sans pl* Schick *m* ▶ **avoir le ~ pour faire qc** ein Händchen für etw haben *fam*/die seltene Begabung haben etw zu tun **II.** *adj inv* ① (*élégant*) schick; *allure* vornehm ② (*sélect*) vornehm ③ *fam* (*gentil*) **~ type** feiner Kerl; **ce n'est pas très ~ de sa part** das ist nicht gerade nett von ihm/ihr ④ *antéposé fam* (*agréable*) toll ▶ **bon ~ bon genre** *iron* geschniegelt und gebügelt; **quartier bon ~ bon genre** Schickimicki-Viertel *nt* **III.** *interj fam* **~** [**alors**]! klasse!

Stratégie Mit dem Wörterbuch arbeiten (III)

Das einsprachige Wörterbuch sieht wegen seiner Vielzahl von Informationen im ersten Moment etwas verwirrend aus. Lassen Sie sich davon aber nicht abschrecken!
Ein einsprachiges Wörterbuch bietet zahlreiche Informationen, z. B. zur Schreibweise, Aussprache und Bedeutungsvielfalt eines Wortes, zu grammatischen Besonderheiten und speziellen Redewendungen in verschiedenen Kontexten. Grundsätzlich ist es hilfreich, wenn Sie die Einleitung des Wörterbuchs, das Sie benutzen möchten, sorgfältig lesen.

1. Eintrag

Sie finden in jedem Worteintrag zahlreiche Abkürzungen. In der Regel werden diese Abkürzungen am Anfang des Wörterbuches erklärt.

Wörterbucheinträge enthalten folgende Informationen:

1. Schreibung
2. Lautschrift
3. Wortart: n ⟶ nom; v ⟶ verbe; adj ⟶ adjectif; adv ⟶ adverbe
4. a) Bei Nomen: - Genusangabe ⟶ m/f
   - Hinweis auf besondere Pluralform

   b) Bei Verben: - Hinweis (meist durch Zahl) auf die Konjugationstabelle.

   c) Bei Adjektiven: - Hinweis auf die weibliche Form
5. Anschließend finden Sie die Auflistung der verschiedenen Bedeutungen des Wortes mit Beispielsätzen.
6. Am Ende des Eintrags wird mit „syn" auf **Synonyme** (Wörter mit ähnlicher Bedeutung), mit „contr" (**contraire**) oder „ant" (**antonyme**) auf Wörter mit gegenteiliger Be-deutung und mit „hom" (**homonyme**) auf Wörter mit derselben Aussprache hingewiesen.

1 **PAVÉ** [pave] **n. m.** – 1312 ◊ de *paver* ▪ **1** Ensemble des blocs (de pierre, de bois, etc.) qui forment le revêtement du sol. ➤ **pavage, pavement.** « *à Tolède, où le pavé est composé de petits cailloux polis* » GAUTIER. *Le pavé de marbre, de mosaïque, d'une église.* ◆ *Pavé, brique de verre :* cube de verre épais utilisé en construction. *Cloison en pavés de verre.* ▪ **2** SPÉCIALT La partie d'une voie publique ainsi revêtue. *Pavé humide, glissant.* LOC. *Brûler le pavé :* courir ou rouler très vite. — (De l'époque où le ruisseau occupait le milieu de la rue) *Tenir le haut du pavé :* occuper le premier rang. ◆ La rue, la voie publique. LOC. *Battre* le pavé. Être sur le pavé,* sans domicile, sans emploi. *Mettre, jeter qqn sur le pavé* (cf. À la rue*). ▪ **3** (XVIe) Chacun des blocs de basalte, de granit, de grès ou de bois spécialement taillés et préparés pour revêtir un sol. ➤ aussi **carreau,** 1 **dalle.** *Joints entre les pavés. Poser des pavés.* ➤ **paver.** *Arracher des pavés pour faire une barricade.* ◆ LOC. *Le pavé de l'ours*. — C'est le pavé dans la mare,* un évènement inattendu qui apporte la surprise et le trouble dans une situation tranquille. *Avoir un pavé sur l'estomac :* avoir un poids indigeste. ▪ **4** FIG. Bloc. « *Un carré de filet de bœuf, un véritable pavé de viande* » ROMAINS. — SPÉCIALT Épaisse tranche de bœuf à griller. « *l'épaisseur sanguine et tendre des "pièces" de charolais, des "pavés," des cœurs de filet* » PEREC. *Le pavé de Charolais à la moelle. — Pavé de saumon.* ◆ Gâteau en forme de pavé. *Pavé au chocolat.* ▪ **5** FAM. et PÉJ. Livre très épais. *Un énorme pavé de huit cents pages.* — Article de journal imprimé d'une manière massive. *Un pavé publicitaire.* — Texte trop long et lourdement rédigé. *Quel pavé, cette thèse !* ▪ **6** INFORM. Partie séparée (généralement carrée) d'un clavier d'ordinateur comprenant les chiffres et les symboles opératoires. ▪ HOM. Pavée.

2 **PAVÉ, ÉE** [pave] **adj.** – 1150 ◊ de *paver* ▪ Couvert d'un pavage. *Route pavée. Les rues pavées ont été recouvertes d'asphalte.* « *Les rues de Paris, à peine pavées et couvertes de fange* » VOLTAIRE.

POUFFER [pufe] **v. intr.** ‹ 1 › – 1733 ; « souffler (du vent) » 1530 ◊ de *pouf* ▪ *Pouffer (de rire) :* éclater de rire malgré soi. ➤ **s'esclaffer,** 1 **rire.** « *un ton qui m'eût fait pouffer de rire dans des circonstances moins lugubres* » VOLTAIRE. *Elle s'est mise à pouffer.*

2. Umgang

- Suchen Sie Wörter immer unter ihrer Grundform. Manchmal ist dies etwas mühevoll.
- Wenn Sie z. B. **pleut** lesen, so finden Sie alle Informationen zu diesem Verb unter **pleuvoir**.
- Die Pluralform **chevaux** finden Sie unter der Singularform **cheval**.
- Das kann in einigen wenigen Fällen bedeuten, dass Sie die Wörter mit denselben Anfangsbuchstaben prüfen müssen.
- Machen Sie sich immer die Mühe, den gesamten Eintrag eines Stichworts zu lesen. Oft hat ein Wort mehrere völlig verschiedene Bedeutungen.
- Achten Sie immer darauf, welche Präposition nach einem Wort verwendet werden muss. Das wird in der Regel in den Satzbeispielen deutlich.

Stratégie Internetrecherche optimieren

Versuchen Sie, das Internet möglichst effektiv als Informationsquelle zu nutzen.

Dazu einige Tipps:

- Stellen Sie eine Auswahl von französischen Stichwörtern als Suchbegriffe zusammen.
- Suchmaschinen in französischer Sprache führen meistens zu interessanteren Suchergebnissen.
- Beschränken Sie sich darauf, nur die ersten Suchergebnisse auf Brauchbarkeit zu prüfen.
- Schätzen Sie die Qualität der Information ein: Handelt es sich um eine offizielle/private Webseite bzw. um Werbung ohne Informationswert? Sind das Impressum, ein Aktualisierungsdatum und Quellen angegeben? Wirken Informationen objektiv/tendenziös?
- Kopieren Sie Textausschnitte mit passendem französischem Wortschatz für Ihre weitere Arbeit in eine Textdatei auf Ihrem PC und notieren Sie die Webadresse.
- Formulieren Sie eigene Texte sofort auf Französisch.
  Vermeiden Sie die Übersetzung deutscher Texte ins Französische.
  Automatische Übersetzung (im Internet) führt oft zu schlechten Ergebnissen.

Stratégie Ein Bild oder ein Foto beschreiben

- Beschreiben Sie zuerst ganz allgemein die Szene.	→	Sur la photo/le dessin (Zeichnung), il y a/on voit... La photo/Le dessin montre...
- Beschreiben Sie danach die Personen/Gegenstände im Vordergrund/im Mittelpunkt des Bildes.	→	Au premier plan (im Vordergrund)/ Au centre (im Mittelpunkt), il y a/on voit...
- Beschreiben Sie nun, was sich um die zentralen Personen herum befindet.	→	A côté/A gauche/A droite (des deux personnes)...
- Beschreiben Sie anschließend den Hintergrund.	→	Devant/Derrière (les deux personnes), on voit... A l'arrière-plan (im Hintergrund), il y a...
- Beschreiben Sie die Stimmung, die das Bild vermittelt.	→	L' ambiance est bonne/mauvaise/triste/sympa...
- Wenn etwas nicht eindeutig ist, können Sie Vermutungen anstellen.	→	Je pense que.../A mon avis, ...
- Sagen Sie, was der Fotograf/Zeichner ausdrücken möchte.	→	Le photographe/dessinateur (Zeichner) se moque de/critique.../veut dire/montre que...

Stratégie Hörverstehen (I)

Wenn Sie einen französischen Text hören, ist es ganz normal, wenn Sie nicht sofort alle Einzelheiten verstehen. Vieles erschließt sich erst beim zweiten oder dritten Zuhören.

- Beim ersten Hören:
  Konzentrieren Sie sich auf Stichworte und notieren Sie sie untereinander.
  So können Sie später Informationen ergänzen.
- Beim zweiten Hören:
  Versuchen Sie, die Situation näher zu erfassen.
  Finden Sie Antworten auf die so genannten W-Fragen: **Wer? Wo? Wann? Was? Warum? Wie?**
  Achten Sie auch auf die Geräusche im Hintergrund (z. B. Klingeln des Telefons, Stimmengewirr im Café) oder die Stimmungslage des Sprechers.
- Falls ein drittes Hören notwendig ist, können Sie jetzt Details des Textes erfassen.
  Schauen Sie sich dazu noch einmal die jeweilige Aufgabe an.

Stratégie Hörverstehen (II)

Globalverständnis

In bestimmten Situationen kommt es beim Hören eines französischen Textes darauf an, den Inhalt im Allgemeinen bzw. die „Botschaft" des Sprechers zu erfassen. Wie lösen Sie eine solche Aufgabe?

→ **Vor dem Hören:**
Lesen Sie die Aufgabenstellung genau durch. Versuchen Sie, mit Hilfe der vorgegebenen Hinweise zu erkennen, um welche Situation es sich handelt und worüber die Sprecher reden könnten.

→ **Beim Hören:**
- Konzentrieren Sie sich unbedingt auf Wörter/Teile von Sätzen/Sätze, die Sie verstehen. Wenn Sie den Text mehrfach hören können, können Sie an diesen Anknüpfungspunkten ansetzen und sie ausbauen.
- Achten Sie auf Hintergrundgeräusche sowie Lautstärke und Stimmungslagen der Sprecher.
- Machen Sie sich Notizen zu den W-Fragen (Wer? Wo? Wann? Was? Warum? Wie?)
- Notieren Sie nur Stichworte (ohne Artikel, ohne Präpositionen), und zwar mit so viel Abstand voneinander, dass Sie bei einem weiteren Durchgang bequem Ergänzungen vornehmen können.

Detailverständnis

Wie sollten Sie vorgehen, wenn Sie ganz bestimmte Einzelinformationen heraushören sollen?

→ **Vor dem Hören:**
Achten Sie beim Lesen der Aufgabenstellung genau darauf, nach welchen Details gefragt wird. Bereiten Sie eine Tabelle vor, in die Sie die erfassten Informationen eintragen können.

→ **Beim Hören:**
Konzentrieren Sie sich ausschließlich auf die Textstellen, die für diese Aufgabe wichtig sind, und notieren Sie Stichworte in der vorbereiteten Tabelle.

Stratégie Einen Text erstellen

So können Sie vorgehen, um einen Text zu einem vorgegebenen Thema zu erstellen:

1. Ordnen Sie Ihre Gedanken in einer **Tabelle**, einem **Cluster**, einem **Mind-map**.
2. Erstellen Sie, bevor Sie zu schreiben anfangen, eine **Gliederung**:
   In der Einführung (1) stellen Sie das Thema vor, im Hauptteil (2) entwickeln Sie Ihre Gedanken. In einem Schlussteil (3) fassen Sie Ihre Ideen zusammen.
3. Schreiben Sie in **einfachen**, **klaren Sätzen**. Versuchen Sie dabei nicht, Ihre deutschen Gedanken wörtlich ins Französische zu übersetzen.

1. D'abord, ...
2. Puis, ... / Après,
Mais...
... parce que...
3. Enfin, ...

Stratégie Fehler vermeiden

Wenn Sie einen Text geschrieben haben, lesen Sie ihn mehrmals sorgfältig durch.

Achten Sie auf typische Fehler:

1. **Sind die Verben richtig konjugiert?**
   tu regardes, ils travaillent,
   vous êtes, vous avez
2. **Haben Sie an die Angleichung gedacht?**
   les produits, une entreprise allemande
3. **Ist die Wortstellung (z. B. der Pronomen) richtig?**
   Alex ne me regarde pas.
4. **Stimmen die Possessivbegleiter?**
   Meike prépare sa présentation (ihre).
   Le stagiaire prépare sa présentation (seine).
   Ils cherchent leur collègue/leurs collègues.
5. **Haben Sie die Rechtschreibung – vor allem die Akzente! – beachtet?**
   un problème, la réunion, un évènement, français...

Legen Sie sich nach Korrekturen (von Hausheft, Cahier und Tests) eine Fehlertabelle als Checkliste an, auf der Sie Ihre häufigsten Fehler vermerken. Überprüfen Sie sie regelmäßig, z. B. vor Klassenarbeiten.

Stratégie Ein Resümee verfassen

Einen Text zu resümieren bedeutet, ihn mit eigenen Worten knapp und sachlich zusammenzufassen.

Vorbereitung eines Resümees

1. Versuchen Sie zunächst, die Hauptaussage eines Textes zu erfassen.
   Dabei können Sie sich an den W-Fragen orientieren: Wer? Was? Wann? Wo? Wie? Warum?
2. Suchen Sie die Schlüsselwörter heraus: Sie enthalten die wichtigsten Punkte des Textes.

Regeln zum Verfassen eines Resümees

1. Formulieren Sie die Sätze eigenständig. (Ein Resümee sollte keine Zitate aus dem Text enthalten!).
2. Behalten Sie einen neutralen Ton und vermeiden Sie persönliche Wertungen.
3. Schreiben Sie immer in der 3. Person Präsens, auch wenn der Originaltext in der Vergangenheit steht und/oder es sich um einen Ich-Erzähler handelt.
4. Formulieren Sie in der Einleitung zunächst in ein oder zwei Sätzen die Hauptaussage des Textes.
5. Orientieren Sie sich an der gedanklichen Reihenfolge des Textes.
6. Lassen Sie alle sekundären Informationen wie Details, Beispiele, Ausschmückungen, Zitate, etc. aus.
7. Ein Tipp: Ein Resümee sollte in der Länge etwa ein Drittel des Originaltextes ausmachen.

Stratégie Einen Lebenslauf auf Französisch verfassen

1. Schreiben Sie Ihren Lebenslauf mit Computer.
2. Er sollte nicht mehr als eine Seite umfassen und sorgfältig formuliert sein.
3. Sie geben Adresse, Geburtsdatum und Familienstand oben links an.
   Oben rechts ist der Platz für Ihr (farbiges) Foto.
4. In den Rubriken *Formation* und *Expériences professionnelles* beginnen Sie in der Gegenwart, d.h. mit Ihrer aktuellen Situation. Dann stellen Sie Ihren Werdegang in chronologisch umgekehrter Reihenfolge dar.
5. In der Rubrik *Langues et Informatique* geben Sie Ihre Sprach- und Computerkenntnisse an.
   Schätzen Sie bei den Sprachen Ihr Niveau ein: *Niveau professionnel/courant/scolaire.*
6. Ihre Hobbys werden in der Rubrik *Centres d'intérêt* zusammengestellt.

Stratégie Einen Bewerbungsbrief verfassen

1. Das Anschreiben ist kurz gehalten (eine Seite), in der Regel handschriftlich, zunehmend jedoch auch als Computerausdruck, da die Online-Bewerbung mehr und mehr zur Norm wird.
2. Wenn Sie eine Bewerbung nach Frankreich schicken, achten Sie auf die vom Deutschen abweichende Platzierung von Absender, Adressat und Datumsangabe.
3. Wenn Sie die Funktion der angeschriebenen Person nicht kennen, so verwenden Sie neutral „Madame, Monsieur, …“.
   Achten Sie darauf, dass im Französischen nach der Anrede trotz Komma groß weiter geschrieben wird.
4. Im Französischen gibt es viele verschiedene Höflichkeitsformeln, um einen Brief abzuschließen.
   Im Falle einer Bewerbung sollten Sie eine möglichst respektvolle Schlussformel wählen.
5. Das Anschreiben ist keine Kurzfassung Ihres Lebenslaufs, es greift vielmehr einen wichtigen Aspekt Ihres CV auf. Es verdeutlicht, warum Sie sich gerade für diese Stelle bewerben.

Stratégie Einen Geschäftsbrief verfassen

1. Der Brief ist kurz gehalten (eine Seite).
2. Feste Bestandteile zu Beginn sind: der Absender, der Adressat, der Ort und das Datum, ein Betreff.
   Achten Sie auf die vom Deutschen abweichende Platzierung von Absender, Adressat und Datum.
3. Wenn Sie die Funktion der angeschriebenen Person nicht kennen, so verwenden Sie neutral „Madame, Monsieur, …“.
   Achten Sie darauf, dass im Französischen nach der Anrede trotz Komma groß weiter geschrieben wird.
4. Im Französischen gibt es viele verschiedene Höflichkeitsformeln, um einen Brief abzuschließen.
   Im Falle eines Geschäftsbriefs sollten Sie eine möglichst respektvolle Schlussformel wählen.
5. Die Geschäftskorrespondenz wird heute zum großen Teil per E-Mail erledigt.
   Dennoch müssen Sie einige Konventionen beachten (siehe 1, 3 und 4).

Stratégie Etwas umschreiben

Sollten Ihnen einmal die Worte fehlen, kein Problem! Hier sind einige Tipps, um etwas zu umschreiben:

1. Mit einem Oberbegriff	Grundschüler	→ C'est un élève. Il a entre six et dix ans.
2. Mit einer Erklärung, einem Vergleich oder einem Beispiel	Lieblingslehrer(in)	→ J'adore… / Pour moi, …, il/elle est super.
3. Mit dem Gegenteil/ einer Verneinung	Der PC ist virenfrei.	→ L'ordinateur n'a pas de virus.
4. Mit einfacheren Wörtern	EDV-System	→ des ordinateurs

Stratégie Über Statistiken sprechen

Statistiken präsentieren

Ce graphique présente…/
Ce diagramme/Ces statistiques montre/montrent…
X personnes ont donné leur avis sur…
D'après l'enquête/les données…

La moitié/La plupart/La majorité/La minorité des… disent/pensent/trouvent que…

Daten vergleichen

Le nombre de… est plus petit/plus grand que…
est égal à…
Le pourcentage de… a augmenté/diminué de…
… est en hausse/en baisse.
L'augmentation/La hausse/La baisse est forte/faible.

Par personne et par an…

	A	B	C	D
1	texte	texte	texte	texte
2	texte	texte	texte	texte
3	texte	texte	texte	texte
4	texte	texte	texte	texte

un tableau

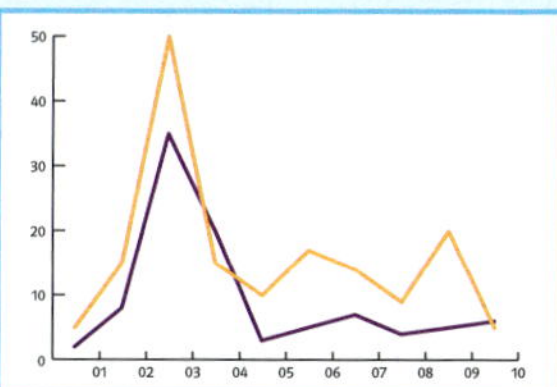

un graphique

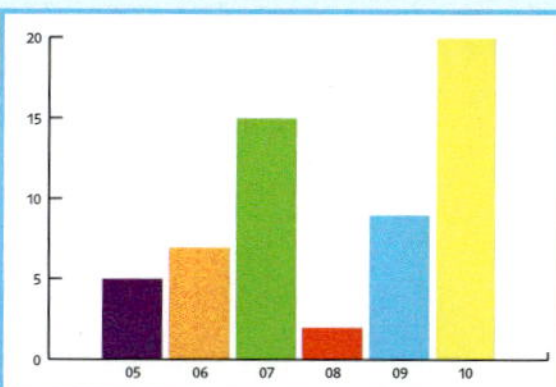

un diagramme à barres

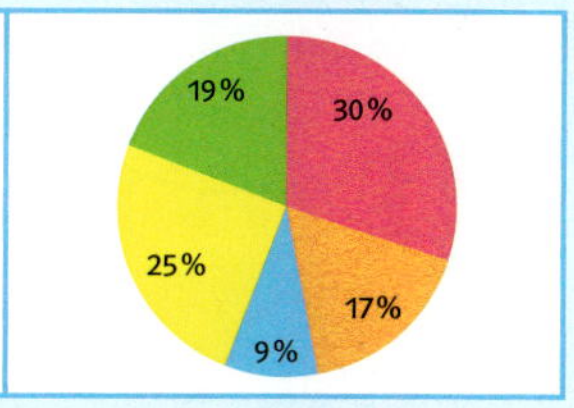

un diagramme circulaire (ou diagramme en camembert)

Stratégie Über ein Lied sprechen

- La mélodie est simple/gaie/mélancolique/harmonieuse/dissonnante.
- Le rythme est lent/rapide/monotone/(ir)régulier/dynamique.
- Les instruments : le piano, le synthétiseur, la guitare (électrique), la basse, les percussions, les cuivres, les violons.
- La voix du chanteur/de la chanteuse est douce/forte/claire/grave.
- L'interprétation est | mélancolique/sentimentale/passionnée/agressive/monotone.
| en harmonie/en contraste avec les paroles.
- La chanson comporte… couplets et un refrain qui revient… fois.

Stratégie Über einen Comic sprechen

Ein Comic besteht aus der Kombination von Bildern und Text.
Wenn Sie über einen Comic sprechen, sollten Sie dies berücksichtigen.

Der erste Eindruck

Schauen Sie sich zuerst die ganze(n) Seite(n) an und beurteilen Sie das Layout:
- Ist es eher klassisch oder eher modern?
- Wie ist der Zeichenstil?
- Wie sind die Farben?

Die Bilder

Was sagen die Bilder über die Handlung, den Ort, die Figuren, etc. aus?

Der Text

- Wie wird er präsentiert? In Sprechblasen oder nicht?
- Verändert sich die Schriftgröße? Oder die Schriftart?

Der Gesamteindruck

Nachdem Sie die ganze(n) Seite(n) gelesen haben:
- Um was für einen Comic handelt es sich?
  (une BD policière, de science-fiction, d'aventure, humoristique…)
- An welche Zielgruppe richtet er sich?

Ihre Meinung

Wie ist Ihre persönliche Meinung: Hat Ihnen der Comic gefallen? Warum (nicht)?

▶ Ein Bild oder ein Foto beschreiben (S. 83)
▶ Eine Person beschreiben (S. 89)

Stratégie Eine Person beschreiben

Wenn Sie eine Person beschreiben wollen, sollten Sie auf drei Bereiche eingehen.

1. Beschreiben Sie zuerst das äußere Erscheinungsbild der Person:
   Größe, Haarfarbe, Augenfarbe, Kleidung, allgemeiner Eindruck …
2. Als nächstes können Sie ihren Charakter und ihr Verhalten näher definieren.
3. Sie können auch über ihre familiäre Situation und ihre soziale Herkunft sprechen.

Die folgenden Redemittel helfen Ihnen dabei:

1. Le physique	1. Das äußere Erscheinungsbild
Cette personne est grande/petite/de taille moyenne.	Diese Person ist groß/klein/von mittlerer Größe.
La silhouette Il/Elle est maigre/mince/gros(se).	**Die Figur** Er/Sie ist mager/dünn/dick.
La coiffure Il/Elle est blond(e)/brun(e)/roux,rousse. Il/Elle a les cheveux blonds/bruns/roux/noirs. courts/longs/frisés/raides.	**Die Frisur** Er/Sie ist blond/braun/rothaarig. Er/Sie hat blonde/braune/rote/schwarze kurze/lange/lockige/glatte Haare.
Les yeux Il/Elle a les yeux bleus/verts/marron/noirs.	**Die Augen** Er/Sie hat blaue/grüne/braune/schwarze Augen.
Détails Il a une barbe/une moustache. Il/Elle porte des lunettes/des bijoux/des gants/ un chapeau.	**Weitere Merkmale** Er hat einen Bart/Schnurrbart. Er/Sie trägt Brille/Schmuck/Handschuhe/ einen Hut.
2. Le caractère	**2. Der Charakter**
Il/Elle a bon/mauvais caractère/de l'humour.	Er/Sie hat einen guten/schlechten Charakter/ Humor.
Il/Elle est sympa/cool/drôle/sévère/ égoïste/timide/bizarre/curieux, curieuse/ bavard(e)/sûr(e) de lui, d'elle.	Er/Sie ist sympathisch/cool/komisch/streng/ egoistisch/schüchtern/seltsam/neugierig/ redselig/selbstsicher.
C'est une personne : calme ≠ nerveuse gentille ≠ méchante gaie ≠ triste intelligente ≠ bête polie ≠ impolie sincère ≠ hypocrite	Jemand ist ruhig ≠ nervös nett ≠ bösartig fröhlich ≠ traurig intelligent ≠ dumm höflich ≠ unhöflich aufrichtig ≠ unaufrichtig
3. La situation familiale/sociale	**3. Die Familie/Die Lebensumstände**
Il/Elle est célibataire/marié,e/séparé,e/divorcé,e. Il/Elle a des enfants/est sans enfant. Il/Elle travaille à plein temps/à mi-temps. Il/Elle est au chômage. Il/Elle vient d'un milieu aisé/modeste.	Er/Sie ist ledig/verheiratet/getrennt (lebend)/geschieden. Er/Sie hat (keine) Kinder. Er/Sie arbeitet Vollzeit/Teilzeit. Er/Sie ist arbeitslos. Er/Sie kommt aus wohlhabenden/einfachen Verhältnissen.

Stratégie Eine Präsentation vorbereiten und vortragen

1. Sammeln von Informationen

Verschaffen Sie sich einen Überblick über Ihr Thema.
Suchen Sie dann Informationen in Lexika oder im Internet, z. B. auf www.google.fr.

2. Aufbereitung

Erstellen Sie nach der Auswahl der Informationen eine sinnvolle Gliederung des Vortrags.
Legen Sie sich für die Präsentation einen Stichwortzettel an, auf dem Sie sich auch notieren, welches Medium (Folien, Plakate, Beamer etc.) Sie einsetzen möchten.
Denken Sie außerdem daran, ein Handout für die Zuhörer (Gliederung, wichtige Stichwörter/Daten etc.) vorzubereiten.

3. Präsentation

Schreiben Sie unbekannte Wörter vorher an die Tafel und erklären Sie sie.
Stattdessen können Sie dem Handout auch eine Vokabelliste beifügen.
Verteilen Sie die Handouts und erklären Sie das Thema und den Aufbau Ihres Vortrags.
Sprechen Sie laut und deutlich, legen Sie Pausen ein und halten Sie Blickkontakt zu Ihren Zuhörern.

Pour commencer	- Je vais vous parler de… - Le sujet de mon exposé est… - Ce thème est très intéressant parce que… - J'ai écrit les mots difficiles au tableau et je vais vous les expliquer.
Pour annoncer le plan de votre exposé	- Dans une première partie, je vais vous expliquer… - En deuxième partie, j'ai choisi de parler de… - Enfin, le titre de ma troisième partie est…/ Pour finir, je vais parler de…
Pendant l'exposé	- …, ça veut dire que… - Ce mot signifie que… - Comme vous le voyez sur la feuille que je vous ai donnée/ sur l'affiche/le transparent, … - Est-ce que vous avez des questions ?

Stratégie An einer Diskussion/Debatte teilnehmen

1. Definition

Eine Diskussion ist ein Gespräch zwischen zwei oder mehreren Personen, die ihre Meinung zu einem Thema austauschen.

Eine Debatte ist ein Streitgespräch, das bestimmten formalen Regeln folgt und in dem die Für- und Gegenargumente in kurzen Reden vorgetragen werden.
Ziel ist es, das Publikum von den eigenen Argumenten zu überzeugen.
Bei einer Debatte wirkt oft ein Moderator.

2. Vorbereitung

- Sammeln Sie unterschiedliche schlagkräftige Argumente, die Ihre persönliche Meinung unterstützen.
- Ordnen Sie Ihre Argumente: Wählen Sie die Reihenfolge, in der Sie sie vortragen werden.
- Suchen Sie dazu konkrete Beispiele, die Ihre Position anschaulicher machen.
- Überlegen Sie, welche Argumente von der Gegenseite vorgetragen werden könnten und wie Sie diese widerlegen könnten.
- Damit Sie den Faden nicht verlieren, formulieren Sie Ihre Argumente stichwortartig auf einem Zettel vor.

3. Während der Diskussion/Debatte

- Sprechen Sie klar und deutlich.
- Hören Sie einander aufmerksam zu und knüpfen Sie an das vorgebrachte Argument an.
- Fragen Sie nach, wenn Sie etwas nicht verstanden haben.
- Unterbrechen Sie Ihren Gesprächspartner nicht (außer wenn er zu lange redet oder vom Thema abkommt).
- Wenn Ihr Gesprächspartner überzeugende Argumente vorträgt, akzeptieren Sie diese.

4. Moderieren

- Als Moderator eröffnen Sie die Debatte: Sie führen kurz in das Thema ein.
- Sie erteilen den Rednern das Wort und unterbrechen sie, falls nötig.
- Sie fassen die Positionen zusammen und formulieren das Ergebnis.
- Sie schließen die Debatte.

seine Meinung ausdrücken	seine Zustimmung ausdrücken	seine Ablehnung ausdrücken
– Je pense que… – Je trouve que… – A mon avis, … – En ce qui me concerne, …	– Je suis d'accord avec toi/vous/ une personne. – Tu as/Vous avez raison. – Je suis de ton/votre avis. – C'est vrai.	– Je ne suis pas (du tout) d'accord avec toi/vous. – Tu as/Vous avez tort. – J'ai un/des doutes. – C'est faux.
eine Einschränkung machen	**ein Argument hinzufügen**	**nachfragen**
– C'est vrai, mais… – C'est possible, mais… – Je vois ce que tu veux dire, cependant…	– Je voudrais ajouter que… – Il ne faut pas oublier que… – Il faut penser aussi à…	– Qu'est-ce que tu veux/vous voulez dire par là ? – Je ne suis pas sûr(e) d'avoir compris. – Si j'ai bien compris, … – Tu peux m'expliquer… ?

Für den Moderator

Am Anfang	Während der Debatte	Zum Schluss
– Aujourd'hui, nous allons parler de… – Je donne la parole à… / La parole est à… / C'est à toi.	– Attends/Attendez un moment s'il te/vous plaît ! – Pardon, il/elle n'a pas encore fini. – Laisse-le/la finir.	– En résumé, on peut dire que… – La conclusion de cette discussion est que… – Je vous remercie de votre participation.

Stratégie Sprachmittlung

Ziel der Sprachmittlung ist, Kommunikationspartnern Informationen aus einem fremdsprachlichen Ausgangstext **sinngemäß** – nicht wortwörtlich! – zu vermitteln.
Sowohl der Ausgangstext als auch die Sprachmittlung können mündlich oder schriftlich sein.
Der Vorgang kann in beide Richtungen erfolgen: D → F oder F → D.

Der „Sprachmittler" kann je nach Anforderung
- entweder nur das auswählen, was für den Adressaten wichtig ist,
- oder einen ganzen Text sinngemäß zusammenfassen.

Die notwendigen Schritte werden an einem Fallbeispiel aufgezeigt:

1. Analysieren Sie die Ausgangssituation.

Die ältere Schwester Ihrer Austauschpartnerin ist Übersetzerin und sucht dringend nach einem Job. Sie finden im Internet eine Anzeige, die sie sehr interessieren dürfte. Deshalb rufen Sie sie umgehend an. Doch Sie treffen nur ihre Mutter an, die Sie natürlich auch über Ihren Fund informieren möchten.

2. Lesen Sie aufmerksam den Ausgangstext.

Adresse: Berlin
Erstellungsdatum: 31.05.10

Für die Umsetzung eines Projektes suchen wir dringend eine Hilfskraft mit sehr guten französischen Sprachkenntnissen (z. B. Muttersprachler oder Studium).

Das Aufgabengebiet umfasst vorerst die Übersetzung einfacher Texte vom Deutschen ins Französische. Es handelt sich hierbei vorwiegend um Artikelbeschreibungen eines Onlinekatalogs von meist geringer Länge (ca. 400–800 Zeichen). Die Beschreibungen enthalten keine oder nur einfache Fachbegriffe aus dem üblichen Sprachgebrauch.

Der Job ist i. A. als Nebenjob bzw. Studentenjob vorgesehen. Wir vermuten, dass der Bedarf ansteigen wird und in ca. 3–6 Monaten auf Vollzeitbasis bzw. 2 Nebenjobs ausgeweitet wird.

Die Arbeiten können in unseren Räumen in Berlin Kreuzberg genauso ausgeübt werden wie von Zuhause aus. HTML-Kenntnisse könnten hilfreich sein, sind aber keine Voraussetzung.

Bitte eine Kurzbewerbung mit ungefährer Vergütungsvorstellung an:
eve@fghb.de

MeinFoto GmbH
Enno von Essen
Berlin 61

3. Filtern Sie zunächst die Informationen heraus, die für den jeweiligen Gesprächspartner wichtig sind.

4. Bei unbekannten Wörtern helfen folgende Techniken:

- Umschreiben Sie das Wort oder formulieren Sie es einfacher (z. B. durch Relativsätze):
  - „Vergütungsvorstellungen" (= sagen, was man verdienen möchte) → dire ce qu'on voudrait gagner
  - „üblicher Sprachgebrauch" → la langue qu'on parle tous les jours
- Verwenden Sie Vergleiche oder Beispiele:
  „400 – 800 Zeichen" → c'est par exemple une lettre, un point…
- Antonyme bzw. die Verneinung:
  „Vollzeitbasis" → un emploi qui n'est pas à temps partiel
- …oder auch Synonyme: „ein Muttersprachler" → un Français
- Suchen Sie Schlüsselwörter im Wörterbuch.

Stratégie Ein Wortfeld erstellen

Durch ein Wortfeld prägen sich neue Wörter besser ein.

1. Suchen Sie einen thematischen **Oberbegriff**.
2. Schreiben Sie die dazugehörigen Wörter um ihn herum, so dass ein Netz entsteht.

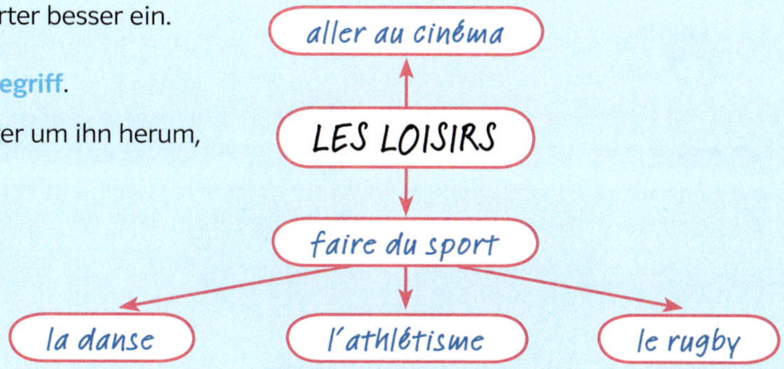

Stratégie Vokabeln lernen

Es gibt ein paar **Grundregeln**, um neue Vokabeln sinnvoll zu lernen:

- Notieren Sie neue Wörter in einem Ordner oder einem Karteikasten. Wichtig: Nomen mit dem Artikel, Adjektive mit der weiblichen Form, Verben evtl. mit Präposition notieren
- Wiederholen Sie Vokabeln regelmäßig (Tipp: Jeden Tag ein paar Minuten ist besser als einmal in der Woche eine Stunde.)
- Lesen Sie neue Vokabeln laut vor.

Vokabeln behalten Sie besser, wenn Sie sie **bündeln**.

Dafür gibt es verschiedene Möglichkeiten:

- **Sachfelder**: Schreiben Sie dazu das Vokabular zu einem Sachfeld in drei Spalten: Nomen/Verben/weitere Kategorien.

- **Wortfelder**: Suchen Sie den thematischen Oberbegriff und schreiben Sie die dazugehörigen Wörter um ihn herum.
- **Wortfamilien**: *un produit, la production, un producteur*.
- **Synonyme** und **Antonyme** (Wörter mit gleicher/konträrer Bedeutung): *évident = facile; la campagne ≠ la ville*
- **Redewendungen**: *mettre du beurre dans les épinards ; tourner autour du pot*.
- **Wortgruppen**: *prendre sa retraite, prendre un crédit, reprendre la ferme*.

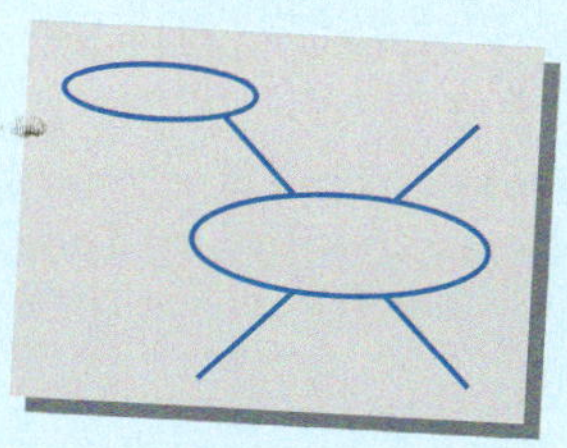

Wählen Sie die Möglichkeit(en) aus, die zu Ihrem Lernertyp am besten passt/passen.

§1 Das Relativpronomen *dont*

W Sie wissen bereits, dass man mit Relativsätzen eine Sache oder eine Person näher bestimmen kann. Sie kennen auch schon die Relativpronomen *qui*, *que* und *où* (▶ niveau débutants § 30 – Grammaire pro § 20)

Voilà ma voiture **qui** est super !	Subjekt	**Wer** oder **was** ist super?
C'est une voiture **que** tout le monde aime.	direktes Objekt	**Wen** oder **was** mögen alle?
Elle a un coffre **où** je peux mettre mon vélo.	Ortsbezeichnung	**Wohin** kann ich das Fahrrad stellen?

Das Relativpronomen ***dont*** ersetzt meist eine Ergänzung mit ***de***.

Je vous présente monsieur Laforge. Le fils **de monsieur Laforge** travaille chez Airbus à Toulouse.	Je te présente monsieur Laforge **dont** le fils travaille chez Airbus à Toulouse. … **dessen** Sohn bei Airbus in Toulouse arbeitet.
Voilà Audrey. Je t'ai parlé **d'elle** hier.	Voilà Audrey **dont** je t'ai parlé hier. … **von der** ich dir gestern erzählt habe.
Elle a acheté des livres. Elle a besoin **de ces livres** pour préparer son exposé.	Elle a acheté des livres **dont** elle a besoin pour préparer son exposé. … **die** sie benötigt, um ihr Referat vorzubereiten.

R Das Relativpronomen ***dont*** ersetzt **im Relativsatz** eine Ergänzung mit ***de***.
Es bezieht sich auf **Personen** und **Sachen** im **Singular** und **Plural** und ist **unveränderlich**.
Nach ***dont*** ist die Wortstellung wie im Aussagesatz.

Le frère de Marie

▶ Cda, Ex. 1+3, S. 90–91

Reliez les deux phrases. Utilisez le pronom relatif **dont**.

a) Marie a un frère. Elle se moque souvent de lui.
b) Il porte des vêtements bizarres. Elle a horreur de ces vêtements.
c) Il a acheté une voiture jaune. Il s'occupe de cette voiture tout le temps.
d) Il parle beaucoup d'une femme. Il a rencontré cette femme pendant les vacances.
e) Il veut se marier avec cette femme. Il rêve de cette femme depuis longtemps.
f) Il lui a offert un cadeau. Il n'a pas les moyens de ce cadeau.

§ 2 Das Relativpronomen *lequel*

W Sie wissen bereits, dass man mit Relativsätzen eine Sache oder eine Person näher bestimmen kann. Sie kennen auch schon die Relativpronomen *qui*, *que* und *où* (▶ niveau débutants § 30 – Grammaire pro § 20)

Voilà ma voiture **qui** est super.	Subjekt	**Wer** oder **was** ist super?
C'est une voiture **que** tout le monde aime.	direktes Objekt	**Wen** oder **was** mögen alle?
Elle a un coffre **où** je peux mettre mon vélo.	Ortsbezeichnung	**Wohin** kann ich das Fahrrad stellen?

Mit ***lequel***, ***laquelle***, ***lesquels*** und ***lesquelles*** lernen Sie ein weiteres **Relativpronomen** kennen.

Les employés d'une agence de voyages ont fait **un voyage**	pendant **lequel**	ils ont visité la Normandie.	… während der …
Ils ont commencé par la visite d'**une grande ferme laitière**	à côté de **laquelle**	il y a avait deux nouveaux gîtes.	… neben der …
Ils ont visité beaucoup de **ports**	dans **lesquels**	ils ont vu des beaux bateaux de pêche.	… in denen …
Ils ont aussi aimé **les belles plages**	sur **lesquelles**	ils se sont reposés après leurs visites.	… auf denen …

R Die Relativpronomen ***lequel***, ***laquelle***, ***lesquels***, ***lesquelles*** stehen nach **Präpositionen** *(pendant, dans, sur…)* und präpositionalen Ausdrücken *(à côté de…)*. Sie beziehen sich auf **Sachen** und richten sich in **Geschlecht** und **Zahl** nach dem **Wort, auf das sie sich beziehen.**

Bei den Präpositionen ***à*** und ***de*** gilt folgende Besonderheit:

Ils ont découvert un vieux moulin à côté **duquel** leurs collègues français avaient préparé un pique-nique.	Sie haben eine alte Mühle entdeckt, neben der ihre französischen Kollegen ein Picknick vorbereitet hatten.
Ils ont passé des bonnes journées **auxquelles** ils aiment bien penser.	Sie haben schöne Tage verlebt, an die sie gern denken.

Wie beim bestimmten Artikel verschmelzen die Präpositionen ***à*** und ***de*** mit den Relativpronomen ***lequel***, ***lesquels*** und ***lesquelles***.

					m.	f.	
à	+	**lequel** **lesquels**	**laquelle** **lesquelles**	→	**auquel** **auxquels**	à laquelle **auxquelles**	Sg. Pl.
de	+	**lequel** **lesquels**	**laquelle** **lesquelles**	→	**duquel** **desquels**	de laquelle **desquelles**	Sg. Pl.

Die Formen ***duquel, de laquelle, desquels*** und ***desquelles*** werden allerdings nur benutzt, wenn ihnen eine weitere **Präposition** bzw. ein **präpositionaler Ausdruck** vorausgeht.

Ils ont habité dans un petit village **au nord duquel** il y a une grande plage.

! Beachten Sie den Unterschied, wenn sich das **Relativpronomen** auf eine **Person** bezieht:

Les employés ont rencontré beaucoup de gens **avec qui** ils ont pu discuter.

R Wenn das Bezugswort eine **Person** ist, so steht nach **Präpositionen** in der Regel ***qui***.

Le festival de jazz

▶ Cda, Ex. 2+3, S. 90–91

Complétez avec un pronom relatif : **préposition + qui** ou **préposition + lequel**

a) Il y a des festivals ● les meilleurs musiciens participent et ● ils ne seraient pas connus.
b) Marciac est la ville ● il y a le plus grand festival de jazz de France.
c) Le jazz est une musique ● beaucoup de gens s'intéressent.
d) On invite des artistes de tous les continents ● on peut parler après leurs concerts.
e) Ce sont des moments ● tout le monde est heureux.
f) Les spectateurs aiment les photos ● ils sont avec les musiciens.
g) Souvent ils sont fans d'un des artistes ● ils envoient tout le temps des e-mails.

§3 Die Demonstrativpronomen

Im Gegensatz zu den Demonstrativbegleitern, die ein Nomen **begleiten** (***ce*** chien, ***cet*** homme, ***cette*** ville, ***ces*** gens) stehen die Demonstrativpronomen anstelle eines Nomens. Mit ihnen kann man auf etwas hinweisen.

– Quel écran est-ce que vous préférez ? **Celui**-ci ou **celui**-là ?	– Welchen Bildschirm ziehen Sie vor? **Diesen** hier oder **diesen** da?
– Je préfère **celui** qui a des belles couleurs.	– Ich ziehe **den** vor, der schöne Farben hat.
– Et **ceux**-là ?	– Und **die** dort?
– Ils sont trop petits.	– Sie sind zu klein.
– Voilà les imprimantes. Ce sont **celles** du catalogue.	– Hier sind die Drucker. Das sind **die** aus dem Katalog.
– **Celle** que je vous recommande est très performante.	– **Der**, den ich Ihnen empfehle, ist sehr leistungsstark.

R Die **Demonstrativpronomen** lauten ***celui***, ***celle***, ***ceux***, ***celles***. **Sie stehen nie allein.**

Entweder folgen ihnen
– die Stützwörter ***-ci*** / ***-là***,
– ein Relativsatz mit ***qui***, ***que***, ***où***
– oder eine **präpositionale Ergänzung** (mit ***de***, ***pour***, ***avec*** …).

Zusammenfassung

	m.	f.		
Sg.	celui	celle		
			+	**-ci /-là** **qui, que, où** **de, pour, avec…**
Pl.	ceux	celles		

Übungsmöglichkeiten: ▶ Cda, Ex. 4, S. 91

§4 Der Bedingungssatz (II)

W Sie wissen bereits, dass ein Bedingungssatz sich aus zwei **Teilsätzen** zusammensetzt:
Der **Nebensatz** drückt eine **Bedingung** („wenn, falls") aus, der **Hauptsatz** die **Folge** („dann").

1. Erfüllbare Bedingung (▶ niveau débutants §15 – Grammaire pro §64)

Sie kennen schon die Art von Bedingung, deren Erfüllung der Sprecher für möglich oder wahrscheinlich hält:

Nebensatz: Bedingung	Hauptsatz: Folge	
Si nous **décrochons** d'autres grosses commandes,	nous **engagerons** des nouveaux collaborateurs.	Wenn wir andere große Bestellungen bekommen, stellen wir neue Mitarbeiter ein.

R Wenn die Erfüllung der Bedingung als **möglich** oder **wahrscheinlich** angesehen wird, steht im ***si*-Satz** das **Präsens**, im Hauptsatz in der Regel das ***futur***.

Man unterscheidet noch zwei weitere Arten von Bedingungen:

2. Unwahrscheinliche oder unmögliche Bedingung

a) S'il acceptait cet emploi, il **gagnerait** plus. — Wenn er diese Stelle akzeptieren würde, würde er mehr verdienen.

b) Si elle était plus jeune, elle **créerait** une entreprise. — Wenn sie jünger wäre, würde sie ein Unternehmen gründen.

R Wenn die Erfüllung der Bedingung als möglich, aber **unwahrscheinlich** (a) angesehen wird oder **unmöglich** (b) ist, steht im ***si*-Satz** das ***imparfait***, im **Hauptsatz** das ***conditionnel présent***.

3. Nicht mehr erfüllbare Bedingung

Si j'**avais fait** des économies, j'**aurais pu** acheter une nouvelle voiture. — Wenn ich gespart hätte, hätte ich mir ein neues Auto kaufen können.

Si vous ne vous **étiez** pas **disputé(e)s**, elle ne **serait** pas **partie**. — Wenn ihr nicht gestritten hättet, wäre sie nicht abgereist.

R Wenn sich die Erfüllung der Bedingung auf die **Vergangenheit** bezieht und **nicht mehr möglich** ist, steht im ***si*-Satz** das ***plus-que-parfait***, im Hauptsatz das ***conditionnel passé***.

Wie wird das ***conditionnel passé*** gebildet?

j'	aurais	regardé
tu	aurais	mangé
il/elle/on	aurait	fini
nous	aurions	eu
vous	auriez	dormi
ils/elles	auraient	été

je	serais	arrivé/arrivée
tu	serais	sorti/sortie
il/elle/on	serait	allé(s)/allée(s)
nous	serions	venus/venues
vous	seriez	partis/parties
ils/elles	seraient	entrés/entrées

R Das ***conditionnel passé*** wird aus dem ***conditionnel présent*** der Verben ***avoir*** oder ***être*** und dem ***participe passé*** des jeweiligen Verbs gebildet.

Zusammenfassung

Nebensatz: Bedingung	Hauptsatz: Folge	Erfüllung der Bedingung
si + présent	***futur (présent, impératif)***	möglich/wahrscheinlich
si + imparfait	***conditionnel présent***	- möglich, aber unwahrscheinlich - unmöglich (Gegenwart)
si + plus-que-parfait	***conditionnel passé***	unmöglich (Vergangenheit)

Wie im Deutschen kann der Bedingungssatz auch nach dem Hauptsatz stehen.
Wenn der Hauptsatz vorangeht, steht im Französischen **kein** Komma.

Tu peux prendre mon portable **si** tu veux. — Du kannst mein Handy nehmen, **wenn** du willst.

1 Un village perdu ?

▶ Cda, Ex. 5+7, S. 92–93

a) Dans un village en Normandie, les habitants cherchent des idées pour attirer les touristes. Complétez le texte avec l'**imparfait** et le **conditionnel présent**.

1. Si on **(avoir)** un restaurant, les touristes **(pouvoir)** manger ici le midi.
2. Et si un ou deux hôtels **(ouvrir)** dans le village, les touristes **(rester)** ici plus longtemps.
3. Et si nous **(décider)** d'ouvrir le vieux moulin et le jardin aux touristes ? Moi, si j'**(avoir)** de l'argent, je **(faire)** du moulin un musée.
4. Ce serait une bonne idée. Mais si tu **(vendre)** le moulin pour en faire un hôtel, nous **(ne plus avoir besoin)** de nous occuper des réparations.
5. Mais si vous en **(faire)** un musée, on **(pouvoir)** vendre des billets et gagner de l'argent pour tout le village.
6. Et en plus, si on **(trouver)** des bons guides, ils **(expliquer)** l'histoire du moulin et du village aux touristes.

b) Vingt ans plus tard, les habitants du village constatent qu'ils ont raté leur chance. Transformez les phrases.
Ex. : Si on avait eu un restaurant, les touristes auraient pu…

2 Problèmes

▶ Cda, Ex. 6+7, S. 92–93

Un chef se rappelle des problèmes qu'il a eus il y a dix ans.
Transformez les phrases : employez la proposition conditionnelle *(Bedingungssatz)*.

Ex. : Je n'ai pas compris que les affaires allaient mal. Je n'ai pas parlé au comptable.
→ Si j'avais compris que les affaires allaient mal, j'aurais parlé au comptable.

a) Le comptable n'a pas parlé de nos problèmes. Je n'ai pas pu réagir.
b) Je n'ai pas pris de crédit. On n'a pas modernisé l'entreprise.
c) Nos produits ne se sont pas bien vendus. On a eu des problèmes.
d) La concurrence était dure. Nous n'avions pas le temps de changer notre stratégie.
e) J'ai été malade. L'entreprise ne s'est pas bien débrouillée.

3 Père et fils

Un père se dispute avec son fils. Traduisez les phrases suivantes.

a) Wenn du mir Geld geben würdest, könnte ich einen neuen Computer kaufen.
b) Wenn du gespart hättest, hättest du schon einen neuen Computer kaufen können.
c) Wenn ihr mir euer Auto leihen würdet, würde ich eine Arbeit auf dem Land finden.
d) Wenn du wirklich nach einer Arbeit gesucht hättest, hättest du vielleicht schon eine gute Anstellung hier in der Stadt gefunden.

§ 5 Das Passiv

1. Im Französischen wird das Passiv selten, meist nur in der Schriftsprache gebraucht.

Marie a appelé les urgences. — Marie hat die Notaufnahme angerufen.

Les urgences ont été appelées par Marie. — Die Notaufnahme wurde von Marie angerufen.

R Das Passiv wird aus einer Form von ***être*** und dem ***participe passé*** des entsprechenden Verbs gebildet. Das *participe passé* richtet sich (wie auch sonst bei *être*) in **Geschlecht** und **Zahl** nach dem **Subjekt** des Satzes.
Im Passivsatz wird das **direkte Objekt** aus dem Aktivsatz zum Subjekt.
Das Subjekt des Aktivsatzes wird im Passivsatz mit ***par*** angeschlossen.

2. Das Passiv kann in allen Zeiten und Modi vorkommen:

présent	je	**suis**		**invité(e)**	ich werde/bin eingeladen
passé composé	j'	**ai été**		**invité(e)**	ich bin eingeladen worden/wurde eingeladen
imparfait	j'	**étais**		**interrogé(e)**	ich wurde befragt
plus-que-parfait	j'	**avais été**		**interrogé(e)**	ich war befragt worden
futur simple	je	**serai**		**présenté(e)**	ich werde vorgestellt (werden)
conditionnel présent	je	**serais**		**appelé(e)**	ich würde angerufen werden
subjonctif	que je	**sois**		**entendu(e)**	… dass ich gehört werde

Tempus und Modus von ***être***	+	***Participe passé***

! Wenn der Urheber einer Handlung unwichtig oder unbestimmt ist, wird er nicht genannt:

Plus de 300 000 de visiteurs **sont attendus** au salon. — Bei der Messe werden mehr als 300 000 Besucher erwartet.

In der gesprochenen Sprache verwendet man in diesem Fall eher einen Aktivsatz mit *on* als Subjekt:

On attend plus de 300 000 visiteurs au salon.

3. Passivsatz im Deutschen, Aktivsatz im Französischen

In der Schweiz wird Deutsch, Französisch und Italienisch gesprochen. — En Suisse, on parle allemand, français et italien.

In dieser Familie wird viel diskutiert. — Dans cette famille, on discute beaucoup.

R Im Deutschen kann man Passivsätze ohne Subjekt bilden. Im Französischen ist dies nicht möglich. Stattdessen verwendet man einen Aktivsatz mit ***on*** als Subjekt.

Sie **ist gefragt worden**, ob sie den Chef gesehen habe.	**On** lui **a demandé** si elle avait vu le chef.
Dieses Gericht **wird** kalt **gegessen**. Dieses Produkt **wird** in Marokko sehr gut **verkauft**.	Ce plat **se mange** froid. Ce produit **se vend** très bien au Maroc.

R Einige Ausdrücke, die im **Deutschen** im **Passiv** stehen, werden im **Französischen** mit einer **reflexiven Konstruktion** wiedergegeben.

1 La boutique

▶ Cda, Ex. 9, S. 94

Mettez les phrases au passif.

a) Madame Dupré de la boutique Soldissimo organise un défilé de mode (Modenschau).
b) Elle a invité toutes ses amies à faire la fête.
c) Sa styliste avait créé une nouvelle collection.
d) Madame Dupré donnera beaucoup d'interviews à des journalistes de la France entière.

2 Au bureau

▶ Cda, Ex. 8, S. 93

Traduisez les phrases. Mettez-les à l'actif en français.

a) Es wurde versprochen, die neuen Computer schnell zu liefern.
b) Uns wurde vorgeschlagen, einen Beschwerdebrief zu schreiben.
c) Mir wurde verboten, im Büro zu essen.
d) Pst! Hier wird gearbeitet.
e) Den Chef kritisieren? Das tut man nicht.

§ 6 Die absolute Frage

Bei der **absoluten Fragekonstruktion** handelt es sich um eine Variante der Inversionsfrage.

W Bei der Inversionsfrage tauschen Subjekt und Verb den Platz. *Est-ce que* entfällt.
Man benutzt sie, wenn das **Subjekt** ein **Pronomen** ist. (▶ niveau débutants § 30 – Grammaire pro § 71)

Elle est en congé. → Est-elle en congé ?
Elle rentre demain. → Quand rentre-t-elle ?

Beachten Sie das Subjekt:

La construction du nouveau musée est-elle nécessaire ?	Ist der Bau des neuen Museums notwendig?
De combien d'argent la ville a-t-elle besoin pour réaliser ce projet ?	Wie viel Geld braucht die Stadt, um dieses Projekt zu verwirklichen?
Comment Nicolas voit-il cette affaire ?	Wie sieht Nicolas diese Angelegenheit?

R Ist das **Subjekt** des Fragesatzes ein **Nomen** *(la construction, la ville)* oder ein **Name** *(Nicolas)*, so steht es **vor dem Verb** und wird **nach dem Verb** durch das entsprechende **Subjektpronomen** wieder aufgenommen.
Zwischen Verb und Subjektpronomen steht ein **Bindestrich**.

Die absolute Frage wird fast nur in der **geschriebenen Sprache** benutzt. In der gesprochenen Sprache kommt sie nur in **förmlichen Situationen** vor, z. B. in Interviews oder Vorträgen.

! Nach dem Fragewort ***que*** ist die absolute Fragestellung **nicht möglich**:

Que disent les habitants de la ville ?	Was sagen die Einwohner?
Qu'est-ce que les habitants disent sur la construction du musée ?	Was sagen die Einwohner zu dem Bau des Museums?

<Les journaux se posent beaucoup de questions.> ▶ Cda, Ex. 10, S. 94

Transformez les questions avec « est-ce que » en **une interrogation complexe** (absolute Fragestellung).

a) Est-ce que l'économie va repartir ?
b) Combien d'argent est-ce que l'entreprise a perdu ?
c) Pourquoi est-ce que Franck R. ne répond pas aux questions des journalistes ?
d) Quand est-ce que l'usine ferme ?
e) Quel rôle est-ce que monsieur Durand joue dans cette affaire ?
f) Comment est-ce que l'industrie française va sortir de la crise ?
g) Où est-ce que l'entreprise a installé sa nouvelle usine ?
h) Est-ce que les employés ont raison de protester ?

§7 *faire faire/laisser faire*

Im Französischen gibt es zwei Ausdrücke für das deutsche Verb „lassen“:

Le chef **fait venir** les stagiaires.	Der Chef lässt die Praktikanten kommen.
Il les **laisse parler** longuement.	Er lässt sie lange sprechen.

Sie müssen unterscheiden zwischen ***faire faire*** (lassen = veranlassen) und ***laisser faire*** (lassen = zulassen).

! Achten Sie auf die Stellung des Objekts:

	Le chef a aussi fait venir **le DRH**.	Der Direktor hat auch den Personalchef kommen lassen.
Il **l'**	a fait venir aussi.	Er hat ihn auch kommen lassen.
D'abord, il	a laissé parler **les stagiaires**.	Zunächst hat er die Praktikanten reden lassen.
	a laissé **les stagiaires** parler.	
Il **les**	a laissé parler presque une heure.	Er hat sie fast eine Stunde reden lassen.

R Die Gruppe ***faire faire*** darf im Aussagesatz nicht getrennt werden.
Ist das **Objekt** ein **Nomen** *(le DRH)*, so steht dieses immer **hinter dem Infinitiv**.
Bei ***laisser*** **+ Infinitiv** kann das **Objekt, wenn es ein Nomen** ist *(les stagiaires)* **vor** oder **hinter** dem **Infinitiv** stehen.
Ist das **Objekt** ein **Pronomen** *(l'/les)*, so steht es **immer vor *faire faire*** und ***laisser faire***.

!

die Stellung der Objektpronomen bei *faire/laisser* + Infinitiv	
Je **la** fais venir.	Ich lasse sie kommen.
Je ne **le** laisse pas partir.	Ich lasse ihn nicht gehen.

die Stellung der Objektpronomen bei anderen Infinitivkonstruktionen	
Je peux **le** faire.	Ich kann es machen.
Je dois **la** voir.	Ich muss sie sehen.

Au téléphone

▶ Cda, Ex. 11, S. 95

Julie appelle Thierry sur son portable. Complétez le dialogue avec **faire** (+ infinitif) ou **laisser** (+ infinitif).

a) Julie : Tu me ● attendre depuis une heure. Qu'est-ce qu'on mange ce soir ?
Je ● venir une pizza ?
b) Thierry : Excuse-moi, Julie. Mais mon chef ne me/m' ● (p.c.) pas partir.
c) Julie : Je sais, il te ● trop travailler. Et toi, tu te ● faire. Il faut se ● entendre.
d) Thierry : Ecoute, je ne peux pas te ● dire ça ! En temps de crise, je ne peux pas ● tomber notre entreprise. Hier, le chef m'a ● venir dans son bureau et il m'a ● parler librement de mon temps de travail.
e) Julie : Et après, qu'est-ce qu'il t'a dit ?
f) Thierry : « Je vous ● réfléchir à une solution. Faites-moi des propositions ! »

§8 Das *passé simple*

Das ***passé simple*** ist eine weitere **Zeitform der Vergangenheit**. Vergleichen Sie:

Imparfait/Passé composé	Imparfait/Passé simple
Il faisait nuit. Monsieur Martin, le chef-comptable, travaillait encore quand il **a entendu** un bruit. Il **a quitté** son bureau et **est descendu** dans l'entrepôt. Quand il **a ouvert** la porte, il **a vu** un homme qui essayait d'entrer par la fenêtre. Monsieur Martin n'**a pas hésité** une seconde et **a appelé** la police.	Il faisait nuit. Monsieur Martin, le chef-comptable, travaillait encore quand il **entendit** un bruit. Il **quitta** son bureau et **descendit** dans l'entrepôt. Quand il **ouvrit** la porte, il **vit** un homme qui essayait d'entrer par la fenêtre. Monsieur Martin n'**hésita** pas une seconde et **appela** la police.

R Das ***passé simple*** hat die gleiche Funktion wie das ***passé composé***, wird aber vor allem in literarischen Texten und historischen Berichten benutzt.

Die **Formen** der **3. Person Singular** und **Plural** kommen im *passé simple* am **häufigsten** vor; gelegentlich findet man aber auch andere Personalformen.
Es reicht aus, wenn Sie die Formen des *passé simple* beim Lesen wiedererkennen:
Sie müssen sie aber nicht aktiv verwenden.

Die Formen der regelmäßigen Verben

	donner	[dɔne]
j(e)	donn**ai**	[dɔnɛ]
tu	donn**as**	[dɔna]
il/elle/on	**donna**	[dɔna]
nous	donn**âmes**	[dɔnam]
vous	donn**âtes**	[dɔnat]
ils/elles	**donnèrent**	[dɔnɛʀ]

sortir	[sɔʀtiʀ]
sort**is**	[sɔʀti]
sort**is**	[sɔʀti]
sortit	[sɔʀti]
sort**îmes**	[sɔʀtim]
sort**îtes**	[sɔʀtit]
sortirent	[sɔʀtir]

entendre	[ɑ̃tɑ̃dʀ]
entend**is**	[ɑ̃tɑ̃di]
entend**is**	[ɑ̃tɑ̃di]
entendit	[ɑ̃tɑ̃di]
entend**îmes**	[ɑ̃tɑ̃dim]
entend**îtes**	[ɑ̃tɑ̃dit]
entendirent	[ɑ̃tɑ̃dir]

R Die **Verben auf *-er*** bilden das *passé simple* in der **3. Person Singular auf *-a***, in der **3. Person Plural auf *-èrent*.**
Die **Verben auf *-ir*** und **auf *-dre*** bilden das *passé simple* in der **3. Person Singular auf *-it***, in der **3. Person Plural auf *-irent*.**

Einige unregelmäßige Verben

avoir	il/elle/on	**eut**	ils/elles	**eurent**
être	il/elle/on	**fut**	ils/elles	**furent**
faire	il/elle/on	**fit**	ils/elles	**firent**
voir	il/elle/on	**vit**	ils/elles	**virent**
venir	il/elle/on	**vint**	ils/elles	**vinrent**

prendre	il/elle/on	**prit**	ils/elles	**prirent**
mettre	il/elle/on	**mit**	ils/elles	**mirent**
courir	il/elle/on	**courut**	ils/elles	**coururent**
vouloir	il/elle/on	**voulut**	ils/elles	**voulurent**
pouvoir	il/elle/on	**put**	ils/elles	**purent**

1 Tout compris ?

▶ Cda, Ex. 12, S. 95

Choisissez la bonne forme du verbe au **passé simple**.

a) Marie *organisait, organisa, organisera* une réunion.
b) Sonia et Zoé *attendraient, attendront, attendirent* leurs copains à la gare.
c) Ludo *eut, a eu, aura* la chance d'aller en Grande-Bretagne.
d) Serge *fera, fit, fait* un voyage en Inde.
e) Farid et Christophe *mangent, mangeraient, mangèrent* des sandwichs.
f) Les Dubois *auront, avaient, eurent* beaucoup de problèmes.
g) Chloé *viendra, vint, vient* de la Guadeloupe.
h) Magali et Léa *sortirent, sortent, sortiront* de la cour.

2 Karim

Remplacez les verbes au passé simple par les verbes au **passé composé**.

Karim est né dans un petit village en Tunisie.
a) Un jour — Karim avait 16 ans —, ses parents décidèrent de quitter le pays et ils partirent pour la France où Karim chercha un travail.
b) D'abord, il fit la plonge dans un restaurant trois étoiles à Lyon.
c) Comme il voulait absolument devenir chef, il s'inscrivit à l'école hôtelière à Lyon.
d) Deux ans plus tard, il eut son BTS.
e) Après avoir longuement réfléchi, il se mit à son compte.
f) Au début, ce ne fut pas facile.
g) Pour commencer, ses parents purent l'aider un peu, mais finalement, il dut prendre un crédit.
h) La première année fut très dure, mais Karim réussit à se débrouiller.
i) Aujourd'hui, on peut dire que sa vie professionnelle fut un succès.

Der *subjonctif*: Einleitung

Der französische ***subjonctif*** hat im Deutschen keine Entsprechung.
Folgende Sätze zeigen den grundsätzlichen Unterschied zwischen dem **Indikativ** (= die Wirklichkeitsform) und dem ***subjonctif***:

	Rose **apprend** vite.	**Tatsache**	→ Indikativ
Le chef **est** content	que Rose apprenne vite.	**Einstellung des Sprechers dazu**	→ Subjonctif

Die **Einstellung des Sprechers** kann durch verschiedene Verben und Ausdrücke wiedergegeben werden, nach denen im Nebensatz mit ***que*** meist automatisch der ***subjonctif*** steht. Die folgenden Beispiele zeigen, wie der *subjonctif* gebildet wird und welche Verben und Ausdrücke ihn **auslösen**.

§9 Die Bildung des *subjonctif*

1. Regelmäßige Bildung

– Tu **veux**	**que**	je	téléphon	**e**	à l'assurance ?
– Non, **il faut**	**que**	tu	attend	**es**	encore un peu.
– J'**ai peur**	**que**	cela	finiss	**e**	mal.
– Le chef **préfère**	**que**	nous ne	dis	**ions**	rien.
– Il **souhaite**	**que**	vous	recev	**iez**	le nouveau stagiaire.
– Ici, on fait tout	**pour que**	nos clients	achèt	**ent**	nos produits.

R Bei fast allen Verben wird der ***subjonctif*** vom **Stamm der 3. Person Plural Präsens** abgeleitet.
Die Endungen lauten ***-e***, ***-es***, ***-e***, ***-ions***, ***-iez***, ***-ent***.
Die *subjonctif*-Formen der **1. und 2. Person Plural** entsprechen den Formen des ***imparfait***.

Diese Regel gilt für fast alle **regelmäßigen** und **unregelmäßigen Verben**. Hier einige Beispiele:

donner		Subjonctif
ils donnent	→	que je donne, que tu donnes
nous donnions	→	que nous donnions
vous donniez	→	que vous donniez

Ebenso: alle regelmäßigen Verben auf -**er**

acheter		Subjonctif
ils achètent	→	que j'achète, que tu achètes
nous achetions	→	que nous achetions
vous achetiez	→	que vous achetiez

Ebenso: se lever, se promener

appeler		
ils appellent	→	que j'appelle, que tu appelles
nous appelions	→	que nous appelions
vous appeliez	→	que vous appeliez

Ebenso: jeter

prendre		
ils prennent	→	que je prenne, que tu prennes
nous prenions	→	que nous prenions
vous preniez	→	que vous preniez

Ebenso: apprendre, comprendre

voir
ils voient → que je voie, que tu voies
nous voyions → que nous voyions
vous voyiez → que vous voyiez

Ebenso: employer, envoyer, essayer, payer

venir
ils viennent → que je vienne, que tu viennes
nous venions → que nous venions
vous veniez → que vous veniez

Ebenso: devenir, revenir

recevoir
ils reçoivent → que je reçoive, que tu reçoives
nous recevions → que nous recevions
vous receviez → que vous receviez

Ebenso: devoir

dire
ils disent → que je dise, que tu dises
nous disions → que nous disions
vous disiez → que vous disiez

Ebenso: lire

2. Sonderformen

	avoir		être		pouvoir	savoir	faire
que je/j'	aie	[ɛ]	sois	[swa]	puisse	sache	fasse
que tu	aies	[ɛ]	sois	[swa]	puisses	saches	fasses
qu'il/qu'elle/qu'on	ait	[ɛ]	soit	[swa]	puisse	sache	fasse
que nous	ayons	[ɛjõ]	soyons	[swajõ]	puissions	sachions	fassions
que vous	ayez	[ɛjɛ]	soyez	[swaje]	puissiez	sachiez	fassiez
qu'ils/qu'elles	aient	[ɛ]	soient	[swa]	puissent	sachent	fassent

	aller		vouloir	
que je/j'	aille	[aj]	veuille	[vœj]
que tu	ailles	[aj]	veuilles	[vœj]
qu'il/qu'elle/qu'on	aille	[aj]	veuille	[vœj]
que nous	allions	[aljõ]	voulions	[vuljõ]
que vous	alliez	[alje]	vouliez	[vulje]
qu'ils/qu'elles	aillent	[aj]	veuillent	[vœj]

Weitere unregelmäßige Verben mit ihren ***subjonctif***-Formen §15, S. 112–113

§10 Der Gebrauch des *subjonctif*

Die ***subjonctif*-Auslöser** kann man in verschiedene Gruppen einteilen:

1. Ausdrücke der Forderung und Notwendigkeit

il faut que	man muss	il est important que	es ist wichtig, dass
vouloir que	wollen, dass	il est nécessaire que	es ist nötig, dass
interdire que	verbieten, dass	il suffit que	es genügt, dass
il est temps que	es ist Zeit, dass	trouver important que	wichtig finden, dass

2. Ausdrücke der persönlichen Wertung oder Gefühle

<table>
<tr><td colspan="3">ça m'amuse que</td><td>es macht mir Spaß, dass</td><td colspan="3">avoir peur que</td><td colspan="2">Angst haben, dass</td></tr>
<tr><td colspan="3">c'est une chance que</td><td>es ist ein Glück, dass</td><td colspan="3">ça me plaît que</td><td colspan="2">es gefällt mir, dass</td></tr>
<tr><td colspan="3">détester que</td><td>verabscheuen, dass</td><td colspan="3">ça m'étonne que</td><td colspan="2">es wundert mich, dass</td></tr>
<tr><td colspan="3">ça m'énerve que</td><td>es regt mich auf, dass</td><td rowspan="3">trouver/il est/c'est</td><td>bête</td><td rowspan="3">que</td><td>dumm</td><td rowspan="3">finden, dass</td></tr>
<tr><td rowspan="3">être</td><td>content,e</td><td rowspan="3">que</td><td>zufrieden sein, dass</td><td>bizarre</td><td>komisch</td></tr>
<tr><td>étonné,e</td><td>erstaunt sein, dass</td><td>normal</td><td>normal</td></tr>
<tr><td>déçu,e</td><td>enttäuscht sein, dass</td><td colspan="5"></td></tr>
</table>

3. Verben, die einen Wunsch, eine Bitte oder einen Vorschlag ausdrücken

aimer que	gern haben/mögen, dass	permettre que	erlauben, dass
accepter que	zulassen/akzeptieren, dass	préférer que	vorziehen, dass
souhaiter que	wünschen, dass	proposer que	vorschlagen, dass
avoir envie que	Lust darauf haben, dass		

4. *Subjonctif* nach Konjunktionen

pour que	damit	jusqu'à ce que	bis dass
bien que	obwohl	sans que	ohne dass
avant que	bevor		

! **Nach Verben und Ausdrücken des Denkens und Meinens** steht der **Indikativ**:

Je crois/pense que tout **va** bien.
Je suis d'avis qu'il **a** raison.

! Der *subjonctif* wird nur gebraucht, wenn **Haupt- und Nebensatz** (*que*-Satz) unterschiedliche Subjekte haben. Bei nur **einem Subjekt** benutzt man den **Infinitiv**:

Le chef n'aime pas que **ses employés soient** en retard.
Le chef n'aime pas **perdre** son temps.

zwei Subjekte	→	Subjonctif
ein Subjekt	→	Infinitiv

1 Un jeu

▶ Cda, Ex. 13, S. 96

L'élève A annonce une couleur, l'élève B choisit une lettre entre A et O.
L'élève A forme le subjonctif et invente une phrase avec cette forme. Puis changez de rôle.
Exemple : Elève A : Vert.
Elève B : la lettre N ⟶ Elève A : – Il faut qu'ils m'écrivent.

Il faut
Je veux
Il est important/nécessaire
C'est bien/bizarre
que/qu'

je | il/elle | on | nous | tu | vous | ils/elles

A vouloir	F avoir	K dire
B faire	G aller	L connaître
C boire	H savoir	M sortir
D être	I venir	N écrire
E pouvoir	J mettre	O finir

2 Le discours du chef

▶ Cda, Ex. 13+14+15, S. 96

Complétez avec les formes des verbes au **subjonctif**.

faire – être – avoir – vendre – pouvoir – obtenir – savoir – améliorer – réussir

a) Nos concurrents sont étonnés que nous • plus qu'eux au Japon.
b) Je suis très content que nos produits • du succès et que nous • les plus performants sur ce marché.
c) Mais je veux que vous • une chose : il faut aussi qu'on • sur les marchés qui montent.
d) Pour cela, il faut que nous • tout pour être présents là-bas et que nous • notre stratégie.
e) Je suis heureux que l'entreprise • déjà obtenir quelques contrats sur ces marchés, mais je souhaite qu'on les • tous !

3 Devenez agriculteur bio !

▶ Cda, Ex. 16, S. 97

Chloé a lu cette annonce et en discute avec ses parents.

Subjonctif ou **indicatif** ? Complétez les phrases avec les formes qui conviennent.

Stage dans une ferme bio

Apprenez le métier d'agriculteur !
Nous proposons des stages aux jeunes qui aiment la vie à la campagne…

AB AGRICULTURE BIOLOGIQUE

a) Chloé : Hier, j'ai vu une annonce qui **(m'intéresser)** beaucoup. J'aimerais bien que vous la **(lire)**.
b) Sa mère : Un stage dans une ferme ? Non, je pense que ce/c' **(être)** une mauvaise idée. Je préférerais que tu **(faire)** autre chose.
c) Son père : Je trouve que ta mère **(avoir)** raison. Tu es une bonne élève et il est important que tu **(choisir)** un métier moderne.
d) Chloé : Mais qu'est-ce que vous voulez que je **(faire)** ? Vous savez bien que j'**(aimer)** la nature et que je **(ne plus vouloir)** habiter en ville.
Ça m'énerve que vous **(ne pas comprendre)**.
Il est important que vous **(accepter)** mes projets !
e) Son père : Ecoute, Chloé : bien qu'il y **(avoir)** maintenant beaucoup d'agriculteurs bio, je crois que tu **(devoir)** faire un autre métier. C'est un métier très difficile et je pense que nous **(savoir)** ce qui est bien pour toi.
f) Sa mère : Nous voulons seulement que tu **(prendre)** la bonne décision.
g) Chloé : Mais n'oubliez pas que ce/c' **(être)** seulement un stage. Après, on verra…
h) Sa mère : Je me demande si tu **(avoir)** raison.

Das *gérondif*: Einleitung

Beim *gérondif* handelt es sich um eine Verbform, die es im Deutschen nicht gibt.

En attendant des clients allemands, monsieur Dupont prépare une présentation.

Während er auf deutsche Kunden wartet, bereitet Herr Dupont eine Präsentation vor.

Il décroche un gros contrat **en faisant** une bonne offre.

Er bekommt einen dicken Auftrag, **indem** er ein gutes Angebot macht.

§11 Die Bildung des *gérondif*

parler		choisir		attendre		faire	
nous	**parl**ons	nous	**choisiss**ons	nous	**attend**ons	nous	**fais**ons
en	parl**ant**	**en**	choisiss**ant**	**en**	attend**ant**	**en**	fais**ant**

R Das ***gérondif*** setzt sich aus der Präposition ***en*** und einer **Verbform** zusammen.
Diese wird aus dem **Stamm der 1. Person Plural Präsens** und der Endung ***-ant*** gebildet.
Das *gérondif* ist **unveränderlich**.

! **Es gibt drei Sonderformen:**

être → **en étant** avoir → **en ayant** savoir → **en sachant**

! Beachten Sie die Besonderheiten in der Schreibung bei den Verben auf ***-cer*** und ***-ger***:

commencer → en commen**ç**ant [ɑ̃kɔmɑ̃sɑ̃] manger → en mang**e**ant [ɑ̃mɑ̃ʒɑ̃]

§12 Der Gebrauch des *gérondif*

Das *gérondif* dient dazu, Sätze zu verkürzen. Es hat unterschiedliche Bedeutungen:

1. Gleichzeitigkeit

En préparant ses présentations, Christophe écoute de la musique.

Quand Christophe prépare ses présentations, il écoute de la musique.

Immer, **wenn** Christophe seine Präsentationen vorbereitet, hört er Musik.

En parlant au téléphone au client, la secrétaire a noté ses coordonnées.

Pendant que la secrétaire parlait au téléphone au client, elle a noté ses coordonnées.

Während die Sekretärin mit dem Kunden am Telefon sprach, hat sie seine persönlichen Angaben notiert.

2. Bedingung (s. S. 97)

En acceptant cette offre, Marc devra prendre un crédit.

Si Marc accepte cette offre, il devra prendre un crédit.

Wenn (Falls) Marc dieses Angebot akzeptiert, muss er einen Kredit aufnehmen.

3. Art und Weise

En cherchant dans plusieurs journaux, j'ai trouvé cette annonce.

J'ai trouvé cette annonce **comme ça**/ **de la façon suivante** : j'ai cherché dans plusieurs journaux.

Ich habe diese Annonce gefunden, **indem** ich in mehreren Zeitungen gesucht habe.

R Das ***gérondif*** kann eine **Gleichzeitigkeit** (1), eine **Bedingung** (2) oder eine **Art und Weise** (3) ausdrücken.
Das *gérondif* kann nur verwendet werden, wenn es sich in beiden Satzteilen um das **gleiche Subjekt** handelt.

1 Les jeunes, ça bouge (ou pas) !

▶ Cda, Ex. 17+18, S. 98

Mettez les verbes suivants au **gérondif**. Puis traduisez les phrases en allemand.
Attention : Dans certains cas, il y a plusieurs solutions possibles.

a) **(écrire)** un texto, Serge écoute de la musique.
b) **(dire)** à son chef qu'il n'aime pas son travail, Marc a perdu son poste.
c) Marie lit un journal **(boire)** un coca.
d) **(apprendre)** le français, Charlotte augmente ses chances de trouver un travail intéressant.
e) Manuel pourrait gagner la confiance de son équipe **(être à l'heure)**.
f) Claire a amélioré son travail **(réfléchir)** plus à la présentation de ses projets.
g) **(bouger)** beaucoup, Nina a perdu 5 kilos.
h) **(compléter)** son CV, Chloé pose sa candidature.
i) Bruno aurait moins de problèmes **(acheter)** un nouvel ordinateur.
j) **(travailler)** beaucoup, Farid a réussi son bac.

2 Le travail de Cécile

▶ Cda, Ex. 17+18, S. 98

Transformez les phrases en utilisant le **gérondif** quand cela est possible.

a) J'ai trouvé ce travail comme ça : j'ai lu les petites annonces.
b) Quand j'ai vu l'annonce la première fois, elle ne m'a pas plu.
c) J'ai hésité un peu et j'ai accepté le poste.
d) Quelle surprise ce matin ! Le chef m'a dit bonjour quand il est entré dans son bureau.
e) Quand je lui apporte son café, le chef ne dit jamais merci.
f) Quand il est là, on ne rigole pas.
g) Il dit toujours : On gagne de l'argent si on travaille.
h) Si je travaillais moins, je serais plus heureuse.
i) Je partirais tout de suite si je trouvais un autre travail plus intéressant.
j) Pendant que je réponds à trente e-mails, je pense aux prochaines vacances.

Das *participe présent*: Einleitung

Das ***participe présent*** hat Ähnlichkeit mit dem *gérondif*. Auch mit ihm lassen sich Sätze verkürzen.

Habitant depuis longtemps à Lyon, Zoé a posé sa candidature pour un poste de guide.
Zoé, **die** seit Langem in Lyon wohnt, hat sich als Stadtführerin beworben.

Parlant bien l'allemand et l'anglais, elle a obtenu le poste.
Da sie gut Deutsch und Englisch spricht, hat sie die Stelle bekommen.

§13 Die Bildung des *participe présent*

parler	choisir	attendre	faire
nous **parl**ons	nous **choisiss**ons	nous **attend**ons	nous **fais**ons
parl**ant**	choisiss**ant**	attend**ant**	fais**ant**

R Das ***participe présent*** wird aus dem **Stamm der 1. Person Plural Präsens** und der Endung ***-ant*** gebildet.
Es ist **unveränderlich**.

! **Es gibt drei Sonderformen:**

être → **étant** avoir → **ayant** savoir → **sachant**

! Beachten Sie die Besonderheiten in der Schreibung bei den Verben auf ***-cer*** und ***-ger***:

commencer → commen**ç**ant [kɔmɑ̃sɑ̃] manger → mang**e**ant [mɑ̃ʒɑ̃]

§14 Der Gebrauch des *participe présent*

Olivier dirige une entreprise **s'occupant** des marchés qui montent.	Olivier dirige une entreprise **qui s'occupe** des marchés qui montent.	Oliver leitet ein Unternehmen, **das** sich mit wachsenden Märkte**n** beschäftigt.
Voulant agrandir sa société, il cherche actuellement des nouveaux collaborateurs.	**Comme** il veut agrandir sa société, il cherche actuellement des nouveaux collaborateurs.	**Da** er sein Unternehmen vergrößern will, sucht er gerade neue Mitarbeiter.

R Mit dem ***participe présent*** kann man vor allem **Kausalsätze** (da/weil) und **Relativsätze mit *qui*** ersetzen. Das ***participe présent*** kommt hauptsächlich im **Schriftlichen** vor.

Le projet de Rama

▶ Cda, Ex. 19, S. 99

Remplacez les participes présents par des subordonnées avec **comme/parce que** ou **qui**.

a) Rama est une étudiante faisant des études d'économie à Paris.
b) Après ses études, elle veut choisir un métier correspondant à ce qu'elle aime.
c) Ayant envie de faire un stage à l'étranger, elle envoie plusieurs lettres de motivation.
d) Aimant bien la langue allemande, elle préfèrerait faire son stage en Allemagne.
e) Elle connaît à Hambourg une entreprise faisant du commerce équitable.

§15 Verbtabellen

Infinitif / Impératif		Présent	Imparfait	Futur simple	Conditionnel présent	Subjonctif présent	Passé composé / Passé simple
accueillir	j'	accueille	accueillais	accueill**er**ai	accueill**er**ais	accueille	j'ai accueill**i**
empfangen	tu	accueill**es**	accueillais	accueill**er**as	accueill**er**ais	accueilles	
	il	accueill**e**	accueillait	accueill**er**a	accueill**er**ait	accueille	
Accueille.	nous	accueillons	accueillions	accueill**er**ons	accueill**er**ions	accueillions	il accueill**it**
Accueillons.	vous	accueillez	accueilliez	accueill**er**ez	accueill**er**iez	accueilliez	ils accueill**irent**
Accueillez.	ils	accueillent	accueillaient	accueill**er**ont	accueill**er**aient	accueillent	
conduire	je	conduis	conduisais	conduirai	conduirais	conduise	j'ai condui**t**
fahren, lenken	tu	conduis	conduisais	conduiras	conduirais	conduises	
	il	conduit	conduisait	conduira	conduirait	conduise	
Conduis.	nous	conduisons	conduisions	conduirons	conduirions	conduisions	il condui**sit**
Conduisons.	vous	conduisez	conduisiez	conduirez	conduiriez	conduisiez	ils condui**sirent**
Conduisez.	ils	conduisent	conduisaient	conduiront	conduiraient	conduisent	

Ebenso: **construire** (bauen), **détruire** (zerstören, vernichten), **réduire** (reduzieren), **séduire** (verführen), **traduire** (übersetzen)

Infinitif / Impératif		Présent	Imparfait	Futur simple	Conditionnel présent	Subjonctif présent	Passé composé / Passé simple
convaincre	je	convain**cs**	convainquais	convaincrai	convaincrais	convainque	j'ai convainc**u**
überzeugen	tu	convain**cs**	convainquais	convaincras	convaincrais	convainques	
	il	convain**c**	convainquait	convaincra	convaincrait	convainque	
Convaincs.	nous	convain**qu**ons	convainquions	convaincrons	convaincrions	convainquions	il convain**quit**
Convainquons.	vous	convain**qu**ez	convainquiez	convaincrez	convaincriez	convainquiez	ils convainqu**irent**
Convainquez.	ils	convain**qu**ent	convainquaient	convaincront	convaincraient	convainquent	
courir	je	cours	courais	cou**rr**ai	cou**rr**ais	coure	j'**ai** cour**u**
laufen	tu	cours	courais	cou**rr**as	cou**rr**ais	coures	
	il	court	courait	cou**rr**a	cou**rr**ait	coure	
Cours.	nous	courons	courions	cou**rr**ons	cou**rr**ions	courions	il cour**ut**
Courons.	vous	courez	couriez	cou**rr**ez	cou**rr**iez	couriez	ils cour**urent**
Courez.	ils	courent	couraient	cou**rr**ont	cou**rr**aient	courent	
croire	je	crois	croyais	croirai	croirais	croie	j'ai **cru**
glauben	tu	crois	croyais	croiras	croirais	croies	
	il	croit	croyait	croira	croirait	croie	
Crois.	nous	cro**y**ons	cro**yi**ons	croirons	croirions	cro**yi**ons	il **crut**
Croyons.	vous	cro**y**ez	cro**yi**ez	croirez	croiriez	cro**yi**ez	ils **crurent**
Croyez.	ils	croient	croyaient	croiront	croiraient	croient	
éteindre	j'	éteins	éteignais	éteindrai	éteindrais	éteigne	j'ai étein**t**
ausmachen, ausschalten	tu	éteins	éteignais	éteindras	éteindrais	éteignes	
	il	éteint	éteignait	éteindra	éteindrait	éteigne	
Eteins.	nous	étei**gn**ons	éteignions	éteindrons	éteindrions	éteignions	il étei**gnit**
Eteignons.	vous	étei**gn**ez	éteigniez	éteindrez	éteindriez	éteigniez	ils étei**gnirent**
Eteignez.	ils	étei**gn**ent	éteignaient	éteindront	éteindraient	éteignent	

Ebenso: **atteindre** (erreichen)

Infinitif / Impératif		Présent	Imparfait	Futur simple	Conditionnel présent	Subjonctif présent	Passé composé / Passé simple
falloir *müssen*	il	**faut**	fallait	**faudra**	**faudrait**	**faille**	il a **fallu** / il fall**ut**

Infinitif **Impératif**		**Présent**	**Imparfait**	**Futur simple**	**Conditionnel présent**	**Subjonctif présent**	**Passé composé** **Passé simple**
mourir	je	**meurs**	mourais	mou**rr**ai	mou**rr**ais	**meure**	il/elle **est**
sterben	tu	**meurs**	mourais	mou**rr**as	mou**rr**ais	meures	**mort(e)**
	il	**meurt**	mourait	mou**rr**a	mou**rr**ait	meure	
	nous	mourons	mourions	mou**rr**ons	mou**rr**ions	**mourions**	il mour**ut**
	vous	mourez	mouriez	mou**rr**ez	mou**rr**iez	mouriez	ils mour**urent**
	ils	**meurent**	mouraient	mou**rr**ont	mou**rr**aient	meurent	
plaire	je	plais	plaisais	plairai	plairais	plaise	j'ai **plu**
gefallen	tu	plais	plaisais	plairas	plairais	plaises	
	il	plaît	plaisait	plaira	plairait	plaise	
	nous	plai**s**ons	plaisions	plairons	plairions	plaisions	il **plut**
	vous	plai**s**ez	plaisiez	plairez	plairiez	plaisiez	ils **plurent**
	ils	plai**s**ent	plaisaient	plairont	plairaient	plaisent	
rire	je	ris	riais	rirai	rirais	rie	j'ai **ri**
lachen	tu	ris	riais	riras	rirais	ries	
	il	rit	riait	rira	rirait	rie	
Ris.	nous	rions	r**ii**ons	rirons	ririons	r**ii**ons	il **rit**
Rions.	vous	riez	r**ii**ez	rirez	ririez	r**ii**ez	ils **rirent**
Riez.	ils	rient	riaient	riront	riraient	rient	

Ebenso: **sourire** (lächeln)

suffire	je	suffis	suffisais	suffirai	suffirais	suffise	j'ai **suffi**
genügen	tu	suffis	suffisais	suffiras	suffirais	suffises	
	il	suffit	suffisait	suffira	suffirait	suffise	
	nous	suffi**s**ons	suffisons	suffirons	suffirions	suffisions	il suff**it**
	vous	suffisez	suffisez	suffirez	suffiriez	suffisiez	ils suff**irent**
	ils	suffisent	suffisaient	suffiront	suffiraient	suffisent	
suivre	je	**suis**	suivais	suivrai	suivrais	suive	j'ai **suivi**
folgen	tu	**suis**	suivais	suivras	suivrais	suives	
	il	**suit**	suivait	suivra	suivrait	suive	
Suis.	nous	suivons	suivions	suivrons	suivrions	suivions	il suiv**it**
Suivons.	vous	suivez	suiviez	suivrez	suivriez	suiviez	ils suiv**irent**
Suivez.	ils	suivent	suivaient	suivront	suivraient	suivent	
vivre	je	**vis**	vivais	vivrai	vivrais	vive	j'ai **vécu**
leben	tu	**vis**	vivais	vivras	vivrais	vives	
	il	**vit**	vivait	vivra	vivrait	vive	
Vis.	nous	vivons	vivions	vivrons	vivrions	vivions	il **vécut**
Vivons.	vous	vivez	viviez	vivrez	vivriez	viviez	ils **vécurent**
Vivez.	ils	vivent	vivaient	vivront	vivraient	vivent	

Médias : entre réel et virtuel

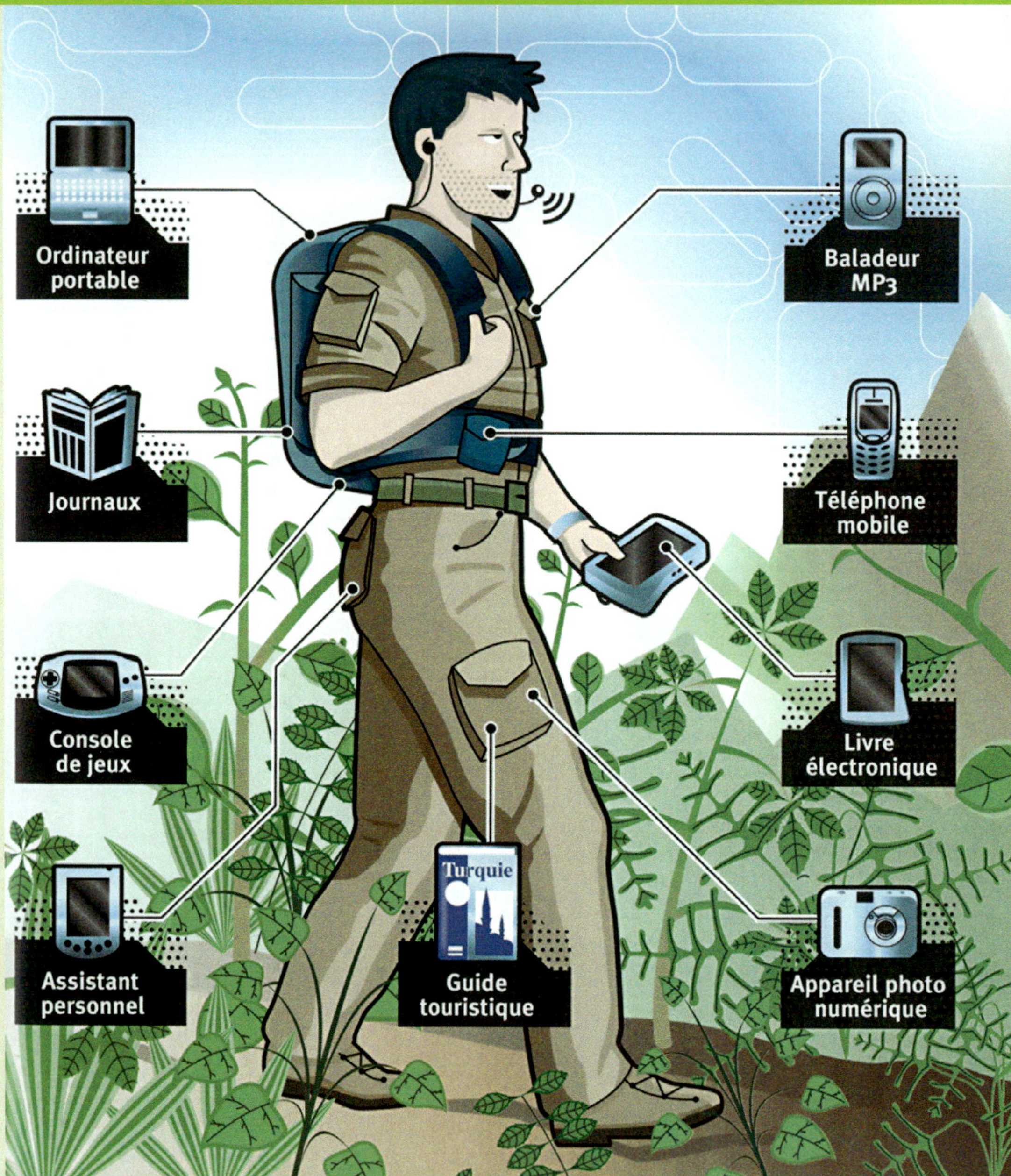

A vous ! | PARLER

1 Parmi ces appareils, lesquels possédez-vous ? Lesquels aimeriez-vous avoir ?
2 En avez-vous d'autres à la maison ? Lesquels ?
3 A quel moment de la journée les utilisez-vous ?
4 Est-ce que vous imaginez votre vie aujourd'hui sans ces appareils ? Pourquoi (pas) ?

A France : quelques chiffres

1 million

de blogueurs actifs (16 h en ligne par semaine), soit 5 fois plus que l'internaute moyen

Fréquence d'utilisation d'Internet chez les 18–24 ans

65 % tous les jours ou presque
29 % au moins une fois par mois
6 % moins souvent

450 000

C'est le nombre de téléchargements illégaux de films par jour.

A vous ! | PARLER

1 Comparez la fréquence d'utilisation d'Internet de l'internaute moyen à vos habitudes.

R/1 <2 Faites un sondage dans votre classe ou dans votre lycée sur la fréquence d'utilisation d'Internet.>

@ 3 Faites des recherches sur le nombre de téléchargements illégaux de films par jour en Allemagne.

4 Combien de téléchargements de musique ou de films faites-vous par semaine ?

5 Avez-vous un blog ? Pourquoi (pas) ?

/35

B Tous enfants des médias

G/§§1, 13, 14

.79 +80

Histoire de mots

A l'aide d'un mot de la même famille ou d'une autre langue, expliquez ou traduisez les mots suivants : transitoire ; jongler ; zapper ; surfer ; tchater ; un enchaînement ; un clic ; multiplier ; l'infini.

Accros aux écrans ?

Que fait l'homme du XXIe siècle ? Il zappe. Traduction transitoire : il passe du coq à l'âne. Rivé à son écran de télévision, d'ordinateur, de téléphone, il jongle d'un sujet à l'autre, mêlant plusieurs activités en même temps (surfant sur le Web, il tchate sur Facebook et envoie un texto sur son portable). Rien ne le retient, tout l'attire. C'est un homme d'action, d'agitation, de dispersion, de liberté, d'enchaînements. Le monde lui obéit au doigt et à l'œil. D'un seul clic, il change de programme, de pays, d'activité, d'amis. C'est grisant. Sa vie est un supermarché dont le zapping multiplie les rayons à l'infini.

Le zapping aura-t-il la peau de la civilisation ?, Bertrand de Saint Vincent © Libération, 17/09/2009

3 **être rivé,e à qc** an etw. kleben
5 **mêler** vermischen
9 **une agitation** Aufregung, Unruhe
10 **la dispersion** Zerstreuen
13 **C'est grisant.** Das berauscht/betört.
15 **un rayon** *(hier)* Regal

S/S.77

C'est dans le texte. | LIRE, PARLER

1 Comment traduiriez-vous en allemand l'expression « *passer du coq à l'âne* » (l. 2–3) ?
2 Comment est-ce que l'auteur définit zapper ? Expliquez.
3 Caractérisez l'homme moderne selon Bertrand de Saint Vincent.
S/S.87
4 Expliquez la dernière phrase : « *Sa vie est un supermarché dont le zapping multiplie les rayons à l'infini.* » (l. 14–15).
<5 L'auteur aime jouer avec les mots. Relevez quelques jeux de mots qui vous plaisent.>

Pour aller plus loin | ECRIRE, PARLER

Donnez votre avis sur le texte : Vous reconnaissez-vous dans cette description de l'homme du XXIe siècle ? Expliquez pourquoi (pas).

L 2/36

C Etes-vous cyberdépendant ?

G/§§ 2, 11, 12

S/S.83

C'est sur le dessin.

1 Décrivez le dessin.
2 Que veut dire le dessinateur ?

9 **(être) obsédé,e par qn/qc** von jdm/etw. besessen sein

Je ne peux pas passer une journée sans toucher un ordinateur, naviguer sur Internet, lire et répondre à mes mails et Google est devenu pour moi l'homme idéal, si, si, je suis sérieuse, il stimule ma curiosité, ne me dit jamais « Non » (bien que les hommes non plus !), et surtout : je ne m'en lasse pas […]
D'après un petit test de 8 questions, auquel j'ai répondu par oui à presque toutes, je serais cyberdépendante. Mais est-ce vraiment un trouble du comportement ? Une maladie ?

Voici le test et mes réponses :

1. Etes-vous obsédé par Internet en pensant à votre dernière connexion et en anticipant la prochaine ?
→ Oui, le matin, je me lève parce que je sais que je vais pouvoir lire mes mails et surfer sur google actualités.

2. Avez-vous besoin de surfer sur Internet pendant de plus en plus longues périodes avant d'être rassasié ?
→ Euh… je ne suis jamais rassasiée !

3. Avez-vous essayé plusieurs fois et sans succès de limiter ou de contrôler votre temps passé sur Internet ?
→ Oui, je regarde mon pc et je lui dis « tu ne m'auras point », mais je succombe…

4. Vous sentez-vous fatigué, déprimé ou irritable lorsque vous essayez de limiter ou de stopper votre usage du réseau ?
→ J'ai des sueurs froides lorsque je réalise qu'il n'y a pas Internet là où je suis.

5. Restez-vous sur le net plus longtemps que prévu ?
→ Je ne prévois jamais par peur de me décevoir, mais dans un cybercafé, je rachète une carte systématiquement.

6. Avez-vous mis en danger une relation, votre emploi, une opportunité de carrière à cause de l'usage d'Internet ?
→ Probablement.

7. Avez-vous menti à votre famille, votre thérapeute ou d'autres personnes afin de pouvoir disposer de plus de temps sur Internet ?
→ Oui !!!

8. Utilisez-vous Internet comme un moyen de vous évader de vos problèmes quotidiens ou pour échapper à des sentiments négatifs (culpabilité, peur, déprime, solitude…) ?
→ The sweet escape !

Source : blog de Lady Zee, www.ladyzee.com (blogueuse marocaine) (texte légèrement simplifié)

2 **rassassié,e** satt, zufriedengestellt
6 **Tu ne m'auras point !** Du kriegst mich nicht!
6 **succomber (à qc)** (einer Sache) nachgeben
7 **irritable** reizbar
9 **la sueur** Schweiß

C'est dans le texte. | LIRE, PARLER, ECRIRE

77

1 A quoi est-ce que Lady Zee compare google ? Pourquoi ? Expliquez.
2 Pour chaque question du test ci-dessus, une des phrases ci-dessous résume la réponse de Lady Zee. Indiquez laquelle.

Question 1

a) Elle aime lire ses mails et google actualités.
b) Elle aime lire ses mails mais elle déteste google.
c) Elle ne peut pas lire ses mails et surfer sur google actualités.

Question 2

a) Elle ne surfe pas beaucoup.
b) Elle est contente de surfer sur Internet pendant une certaine période.
c) Elle n'est pas contente parce qu'elle ne surfe jamais assez sur Internet.

Question 3

a) Elle réussit à se séparer de son ordinateur.
b) Elle ne réussit pas à se séparer de son ordinateur.
c) On ne sait pas.

Question 4

Quand elle n'est plus sur Internet, elle
a) est contente
b) se sent mal
c) se sent libre.

Question 5

a) Elle préfère les cybercafés.
b) Elle n'aime pas se limiter.
c) Elle a peur d'Internet.

Question 6

a) Elle croit qu'elle a perdu des amis à cause d'Internet.
b) Elle n'est pas sûre.
c) On ne sait pas.

Question 7

a) Tout le monde sait qu'elle surfe beaucoup sur Internet.
b) Elle a dit à ses parents qu'elle passe beaucoup de temps sur Internet.
c) Elle n'a rien dit à personne.

Question 8

« The sweet escape » veut dire qu'elle
a) surfe sur Internet pour trouver des solutions à ses problèmes
b) n'a pas de problèmes
c) va sur Internet pour oublier ses problèmes.

A vous ! | PARLER

Faites le test et comparez les résultats.
(Vous avez répondu oui à plus de cinq questions ? Internet serait-il votre meilleur ami ? ☺)

Pour aller plus loin | PARLER

1 Quelles peuvent être les conséquences de la cyberdépendance ?
2 Comment est-ce qu'on peut aider une personne qui semble être cyberdépendante ? Faites des propositions.

L 2/37

Entendu à ... | ECOUTER

S/S. 84

Ecoutez le reportage sur Yoan et répondez aux questions suivantes.

1 Quelle est la spécificité de Yoan ?
2 Qu'est-ce qu'il lui faut pour jouer aussi bien qu'à la maison ?
3 Qui paie Yoan ?
4 Combien gagne-t-il ?
5 Quel âge a-t-il ?
6 Combien d'heures par jour joue-t-il ?
7 Quel est sa place parmi les meilleurs joueurs au monde ?

L 2/38

D Attention : Photoreportage truqué !

G/§§ 7, 13, 14

Longtemps, le slogan du magazine hebdomadaire Paris Match a été « le poids des mots, le choc des photos ». Dernièrement, ce célèbre magazine français a été victime d'un canular. […]

Ce 24 juin, à la Sorbonne, Olivier Royant, directeur de la rédaction de « Paris Match », s'apprête à décerner le grand prix du photoreportage étudiant, il attise le suspense : *« On pense que c'est loin. En fait, c'est chez nous, au coin de la rue. Bref, un sujet typiquement ‹ Match ›. »* A ces mots, Guillaume Chauvin et Rémi Hubert pressentent que leur moment est arrivé. Leurs photos dénonçant la précarité étudiante ont remué le jury. Surtout celle de cette jeune fille, de dos, […] marchant dans un couloir blafard avec, pour légende, cet uppercut : *« Pour pouvoir étudier le jour, je me sers de mon cul la nuit… » « Un sujet typiquement ‹ Match › » ?*
Voilà Guillaume et Rémi […] devant une centaine de personnes, discours en main. Ce reportage, révèlent les vainqueurs, est une mise en scène, *« une interprétation de la réalité ».*

2 **un canular** Scherz, (Zeitungs-)Ente
3 **s'apprêter à faire qc** *(hier)* kurz davor stehen, etw. zu tun
4 **décerner un prix** einen Preis verleihen
4 **attiser qc** etw. anheizen
8 **blafard,e** fahl
8 **un uppercut** Aufwärtshaken (beim Boxen); *(hier)* Schocktitel
9 **se servir de son cul** *(fam.)* auf den Strich gehen
12 **un vainqueur** Sieger

Etudiants aux Arts déco de Strasbourg, ils revendiquent « *une tentative de remise en question* […] » Mais tout continue comme si de rien n'était avec remise d'un chèque […] de 5000 euros. « Match » n'annulera le trophée que le lendemain.

Le plus surprenant, c'est le soutien actif apporté par des professeurs à ce « *projet artistique* ». […]. Le duo a bénéficié de l'œil d'un pro, Alain Kaiser, ancien de l'école de journalisme de Strasbourg, devenu photoreporter, qui anime aux Arts déco un atelier de communication graphique : « *Je les fais travailler sur les codes,* […]. *Avec des logiciels comme Photoshop, on a des raisons d'être suspicieux.* »

[…] Les vainqueurs n'exultent pas. « *Certains font passer cela pour une blague* », regrettent-ils […]. Ils ont raté leur vraie cible : « *Susciter une prise de conscience du lecteur lambda face à l'image, ouvrir le débat, pourquoi pas dans ‹ Match ›. Mais là… on rêve.* »

V. Groussard © 2009 Le Nouvel Observateur

13 **revendiquer qc** etw. fordern
14 **comme si de rien n'était** als wäre nichts
17 **bénéficier de qc** von etw. profitieren
20 **suspicieux, suspicieuse** misstrauisch
21 **exulter** Freudensprünge machen
22 **susciter qc** etw. hervorrufen

79–80
Histoire de mots

Quels mots du texte pouvez-vous comprendre à l'aide de mots de la même famille ou d'une autre langue ?

77
C'est dans le texte. | LIRE, ECRIRE

1 Résumez chaque paragraphe en une ou deux phrases.
2 Expliquez le slogan « *le poids des mots, le choc des photos* » (l. 1–2).
3 Pourquoi est-ce que les deux étudiants ont imaginé ce reportage ? Expliquez.

@ Regards croisés | PARLER

83
1 Relisez le slogan de Paris Match et faites des recherches sur ce magazine. Y a-t-il un magazine comparable en Allemagne ?
2 Faites des recherches sur la presse française :
   a) Donnez un ou deux exemples pour chacune des catégories suivantes : quotidien (Tageszeitung), hebdomadaire (Wochenzeitung), illustré (Illustrierte)…
   b) Choisissez un exemple et présentez-le à la classe : A qui s'adresse-t-il ? Quels en sont les sujets ?

@ Pour aller plus loin | PARLER

83
Connaissez-vous d'autres reportages truqués ?
Faites des recherches, puis présentez vos résultats.

Online Link
524481-0008

L 2/39 # E Liberté chérie

G/§§ 11, 12

R/2

La loi Hadopi

S/S. 79, 80

Histoire de mots

A l'aide d'un mot de la même famille ou d'une autre langue, expliquez les mots suivants : mortel ; une solution ; limiter ; dangereux.

Même pas libre de télécharger !
La loi Hadopi, qu'est-ce que c'est ? Spécificité française, la loi Hadopi est une loi qui punit les personnes qui téléchargent illégalement des films, des musiques ou des jeux sur Internet. La sanction : privé d'accès à Internet !

C'est dans la BD. | LIRE, PARLER

S/S. 85

1 Résumez le contenu de la BD à un copain/une copine.
2 Pourquoi est-ce que le garçon à la casquette rouge tombe par terre ?
3 Qu'est-ce que le dessinateur veut exprimer avec sa BD ?

Pour aller plus loin | PARLER

1 Donnez votre avis sur la loi Hadopi.
S/S. 83 @
2 Que signifie le sigle (Abkürzung) Hadopi ? Faites des recherches.

Liberté de la presse : le classement qui fait mal

Reporters Sans Frontières a publié son classement 2009 de la liberté de la presse dans le monde. La France rétrograde à la 43e place, notamment à cause d'Hadopi, dont la sanction ultime serait une atteinte à la liberté d'expression.

C'est un classement qui fait très mal à lire. La France, « pays des droits de l'Homme », est placée cette année à la 43e position dans le classement annuel mondial de la liberté de la presse, publié par Reporters Sans Frontières, et perd ainsi huit places. Elle se fait « *distancer par de jeunes démocraties africaines (Mali, Afrique du Sud, Ghana) ou latino-américaines (Uruguay, Trinidad et Tobago)* », note RSF. Parmi les nombreux critères pris en compte par Reporters Sans Frontières pour établir son classement figure « Internet et les nouveaux médias ». Et cette année, la loi Hadopi a fait beaucoup de mal au classement français. […] Pour l'association, […] la suspension de l'accès à Internet, aboutit à une « *interdiction de communiquer avec ses proches et amis par mail, msn, Twitter, Facebook, Skype, blogs et interdiction de recevoir des informations via Internet* ».

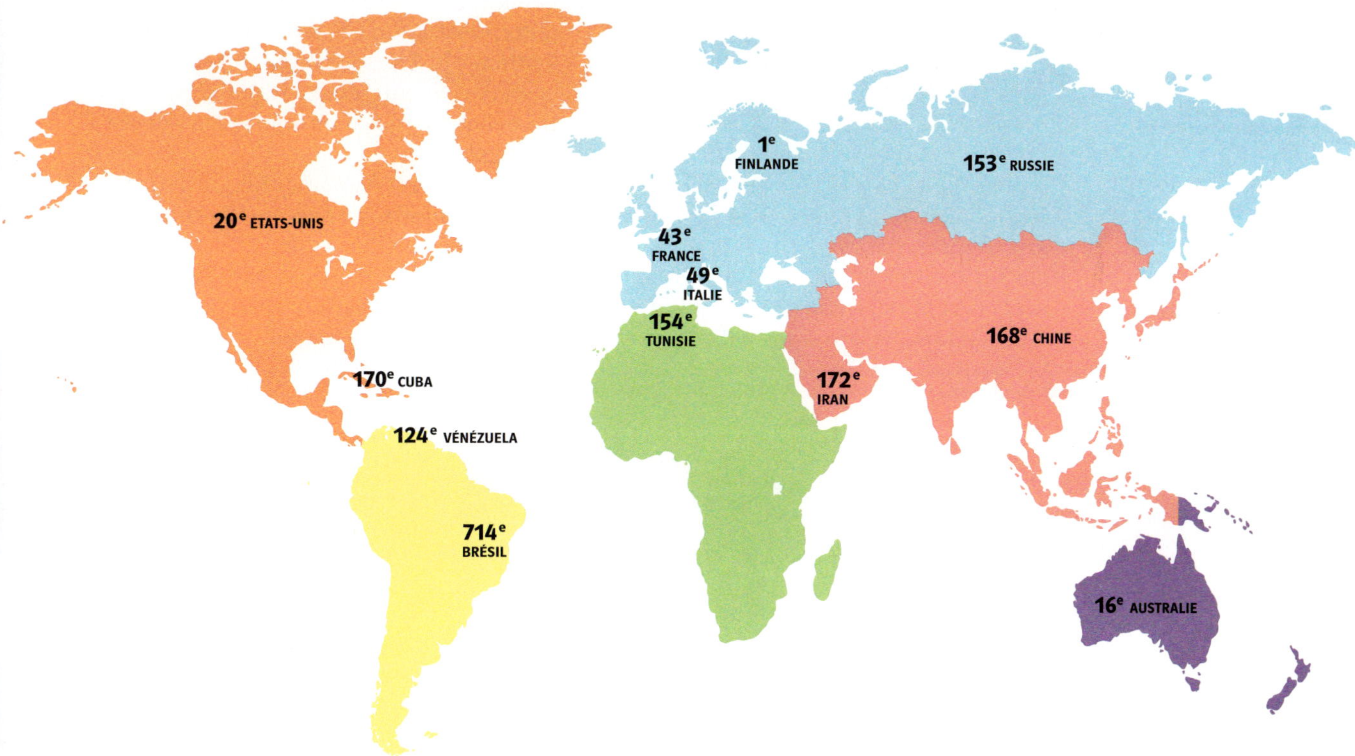

Jouez les interprètes ! | PARLER

81 **1** Cherchez dans le dictionnaire la traduction de « liberté d'expression » (l. 3).

2 « *La France rétrograde à la 43e place.* » (l. 2).
Cherchez dans le texte ce que cette phrase signifie.

3 « *La sanction ultime d'Hadopi serait une atteinte à la liberté d'expression.* » (l. 2–3).
Pourquoi ? Cherchez dans le texte l'explication de cette phrase.

92 **4** Vous parlez de la liberté de la presse en France dans un cours de politique. Comme la plupart des élèves de ce cours ne parlent pas français, résumez le texte ci-dessus en allemand.

Regards croisés | LIRE, PARLER

83 Faites des recherches sur la liberté de la presse en Allemagne.
Puis présentez vos résultats à la classe.

L 2/40

F Facebook : Pas de secret pour le boss !

G/§§13, 14, 15

S/S. 80

Histoire de mots

Trouvez dans le texte les mots français correspondants à : *das Sammeln; persönliche Daten; ein Risiko; eine Gefahr; das Googeln; eine Datenbank; das Facebooken; online; systematisch; illustrieren.*

6 **marteler** *(hier)* ständig wiederholen
6 **notamment** besonders
10 **arrosé,e** *(hier)* feuchtfröhlich
10 **salace** anzüglich
11 **un état d'âme** Stimmung, seelische Verfassung
15 **le déballage** *(hier)* die ungehemmte Selbstdarstellung
16 **au plus haut point** im höchsten Maß
19 **une recrue potentielle** potenzieller Bewerber
23 **indélébile** unauslöschlich

La collecte par les employeurs de données personnelles est l'un des risques des réseaux. Le premier danger, c'est vous-même !

Tous les spécialistes des données personnelles le martèlent : « *Beaucoup, notamment parmi les plus jeunes, n'ont pas conscience qu'en publiant sur leur page Facebook leurs photos de soirées parfois bien arrosées, des commentaires salaces ou leurs états d'âme, c'est comme s'ils racontaient leur vie à la terre entière.* », explique Gui G., pseudonyme d'un lycéen de 17 ans, qui vient de créer le site Facebook-danger.fr. Ces déballages en ligne, qui vont parfois très loin, intéressent au plus haut point les entreprises qui n'hésitent plus, comme l'illustrent plusieurs exemples récents, à « facebooker » leurs employés et recrues potentielles, en plus d'un « googlage » devenu systématique. […]

La situation est d'autant plus grave qu'une fois ces données publiées, elles sont indélébiles. Même effacées de votre profil, elles ne disparaissent pas de la base de données de Facebook et peuvent fort bien réapparaître des années plus tard.

Pas de secrets pour le boss, Christophe Alix © Libération, 29/06/2009

C'est dans le texte. | LIRE, PARLER

R/3

Faites une liste des dangers liés à Facebook ou d'autres réseaux sociaux. Expliquez-les.

A vous ! | PARLER

Etes-vous d'accord avec le journaliste ? Justifiez votre réponse.

L 2/41

Entendu à …

S/S. 84

Ecoutez les témoignages puis complétez la grille ci-dessous.

	Qui parle ?	Que fait la personne sur Facebook ?	Quel est le problème ?	Que pense la personne de Facebook ?
1				

Pour aller plus loin | PARLER, ECRIRE

1 Etes-vous membre d'un réseau social ? Pourquoi (pas) ?
2 Qu'est-ce que vous faites pour protéger votre profil ?
3 Vous êtes en 2025. Des éléments qui vous concernent, mis sur le Web en 2010 (photos, informations très personnelles…), réapparaissent et transforment votre vie. Imaginez comment… Racontez dans un texte.

1 Questions à un internaute ▶ niveau intermédiaire §30

Voilà les réponses d'un jeune internaute. Trouvez les questions que le journaliste lui a posées et utilisez l'interrogation par inversion si possible.

a) Je m'appelle **Vincent**.
b) J'ai **22 ans**.
c) J'habite **chez mes parents**.
d) J'y habite **parce que je ne gagne pas beaucoup d'argent**.
e) Marc a une connexion Internet **depuis 10 ans**.
f) Je passe la journée à la maison : **je surfe sur le Web, je joue à des jeux vidéo et j'envoie des textos**.
g) J'envoie **200 textos** par jour.
h) Je me lève **entre huit et neuf heures**.
i) Le soir, je sors **avec ma copine**.
j) Les jeunes vont **au cybercafé**.
k) On y rencontre **des copains**.
l) Le réseau de ma copine ? Elle est **sur Facebook**.
m) **Non**, mes parents n'ont pas peur des risques qu'il y a sur ces réseaux.
n) La loi Hadopi, **je la trouve nulle** !

2 Une mauvaise surprise ▶ niveau intermédiaire §§23–25

Une mauvaise surprise dans une boutique d'ordinateurs ! Julien parle à un reporter-télé. Transformez les adjectifs en **adverbes**. Puis mettez les adverbes à la bonne place.

a) Je me suis levé. — ce matin | tôt
b) J'ai ouvert le magasin. — à 8 heures
c) Il n'y avait pas beaucoup de monde. C'était la cata. — malheureux | vrai
d) Un homme est entré dans la boutique. — à midi
e) Je crois que je l'avais vu dans la rue. — déjà
f) Il m'a demandé de lui montrer les ordinateurs les plus performants. — poli
g) Quelle chance : Il en a pris cinq ! J'étais super content ! — final
h) On les a mis dans sa voiture et il est parti… sans payer ! — ensemble | vite
i) J'ai appelé la police. — tout de suite

3 Je fais un rêve.

L'infinitif avec **à**, **de** ou **sans préposition**. Complétez le texte.

a) Vous êtes cyberdépendant ? Vous ne pouvez ● plus vivre sans connexion Internet ?
b) Vous voulez ● changer votre vie ?
c) Vous détestez ● être dépendant et vous rêvez ● dire au revoir au monde virtuel ?
d) Je vous recommande ● ne plus allumer votre ordinateur pendant une semaine.
e) Commencez sans attendre ! Arrêtez tout de suite ● naviguer sur Internet.
f) Et n'oubliez pas ● arrêter votre portable.
g) Il faut recommencer ● lire des livres et réapprendre ● écrire des lettres.
h) Puis vous aurez envie ● sortir plus souvent.
i) Je vous invite ● découvrir des endroits de votre ville oubliés depuis longtemps comme la poste.
Bienvenue dans une nouvelle vie, celle sans écrans !

→ Überprüfen Sie Ihre Antworten auf den Seiten 243–248.

les **médias** *(m., pl.)*	die Medien
le **réel**	die Wirklichkeit/Realität
le **virtuel**	das Virtuelle/die virtuelle Welt
un **baladeur mp3**	ein Mp3-Player
un **livre électronique**	ein E-Book
un **appareil photo numérique**	eine Digitalkamera
un **assistant personnel**	ein PDA *(personal digital assistant)*
une **console de jeux**	eine Spielkonsole
un **ordinateur portable**	ein Notebook; ein Laptop
un **appareil**	ein Apparat/Gerät
posséder qc	etw. besitzen

A France : quelques chiffres

l'**utilisation** *(f.)*	die (Be)Nutzung/der Gebrauch
au moins	mindestens
le **téléchargement**	das Herunterladen/Download
illégal/illégale/illégaux/illégales	illegal
un/une **internaute**	ein Internetnutzer/eine Internetnutzerin, ein Internetsurfer/eine Internetsurferin
moyen/moyenne	durchschnittlich

B Tous enfants des médias

zapper	zappen
surfer	surfen
accro (à qc)	süchtig (nach etw.)
un **texto**	eine SMS
retenir qn/qc	jdn/etw. (fest)halten
la **liberté**	die Freiheit
obéir à qn	jdm gehorchen/folgen

C Etes-vous cyberdépendant ?

cyberdépendant/cyberdépendante	internetabhängig
naviguer	navigieren/surfen
la **curiosité**	die Neugierde
le **comportement**	das Verhalten
décevoir qn	jdn enttäuschen
mentir (à qn)	(jdn) (be)lügen
s'évader de qc	einer Sache entfliehen
quotidien/quotidienne	(all)täglich
échapper à qn/qc	jdm/einer Sache entkommen
la **culpabilité**	die Schuld
la **solitude**	die Einsamkeit

D Attention : Photoreportage truqué !

truqué/truquée	gefälscht
un **hebdomadaire**	eine Wochenzeitschrift
loin	weit weg
pressentir qc	etw. vorausahnen
dénoncer qn/qc	jdn/etw. denunzieren; *(hier)* anprangern
la **précarité**	die Unsicherheit
de dos	von hinten
un **discours**	eine Rede
révéler qc	etw. aufdecken/enthüllen
une **mise en scène**	eine Regie; eine Inszenierung
une **remise en question**	eine erneute Infragestellung
surprenant/surprenante	überraschend
faire faire qc à qn	jdn etw. tun lassen
un **logiciel**	eine Software/ein Programm
une **blague**	ein Witz
regretter qc	etw. bedauern
une **cible**	ein Ziel
la **prise de conscience**	das Bewusstwerden
face à qc	angesichts einer Sache

E Liberté chérie

punir qn	jdn bestrafen
une **loi**	ein Gesetz
un **accès**	ein Zugang
l'**accès (à) Internet** *(m.)*	der Internetzugang
la **liberté de la presse**	die Pressefreiheit
une **atteinte**	ein Verstoß/eine Verletzung/Beeinträchtigung
être une atteinte à qc	gegen etw. verstoßen/etw. verletzen/beeinträchtigen
la **liberté d'expression**	die Meinungsfreiheit

F Facebook : Pas de secret pour le boss !

parmi	unter/von (einer Gruppe)
avoir conscience *(f.)* **que**	sich bewusst sein, dass
publier qc	etw. veröffentlichen
entier/entière	ganz
récent/récente	jüngste; neu
d'autant plus	um so mehr/desto
effacer qc	etw. löschen
disparaître	verschwinden
réapparaître	wieder auftauchen/wieder erscheinen

2/44

Les mots pour parler des médias

S.93

Au XXIe siècle, qui imaginerait une vie sans **médias** ? Télévision, radio, téléphone portable, ordinateur, tous ces **appareils** sont présents dans nos maisons, dans les poches de nos vêtements… Ils nous accompagnent dans notre vie de tous les jours. Pas une journée sans regarder la télévision, écouter la radio, **naviguer** sur Internet, **télécharger** des films, envoyer des **textos**… et parfois tout cela à la fois, en même temps.

Alors tous **accros** aux écrans ? Pour certains **internautes**, le risque d'avoir des troubles du **comportement** et de devenir **cyberdépendant** est bien présent. On peut alors se poser la question : Ces médias comme Internet sont-ils aussi le moyen de **s'évader** de ses problèmes **quotidiens**, d'échapper à la **solitude**, à la peur, à la culpabilité ? Ou commence le virtuel ou finit le réel ?

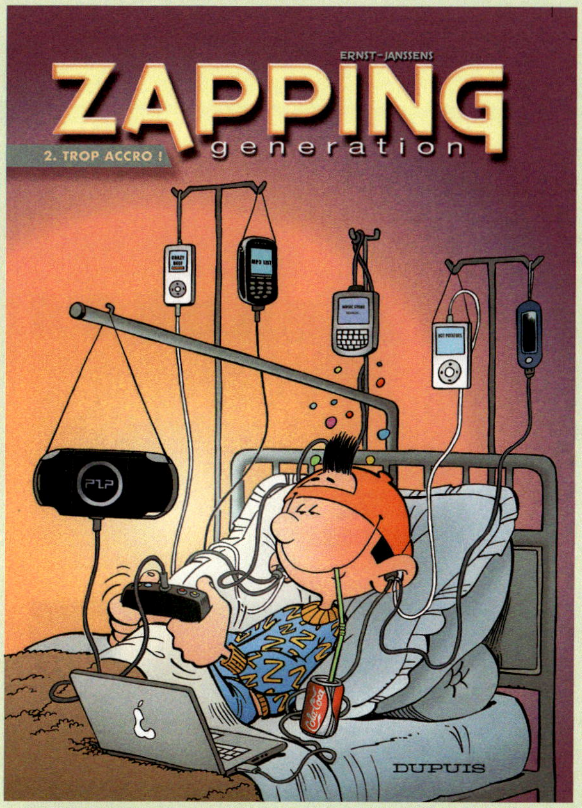

Restons critiques !
Bien sûr, il faut **se méfier** des médias et savoir rester critique. L'histoire de ce photoreportage **truqué** sur la **précarité** de la vie des étudiants (en réalité, une **mise en scène** de deux jeunes) publié dans le magazine Paris Match le montre bien. Mais l'exemple est aussi intéressant parce que les journaux eux-mêmes doivent se méfier de l'information et rester très critiques.

Alors tous libres de s'exprimer ? Quelles sont les limites de la **liberté d'expression** ? Et celle de la **liberté de la presse** ? Dans le dernier classement de Reporters Sans Frontières, la France est à la 43e place.
Pourquoi ? La loi Hadopi est pour certains une atteinte à la liberté d'expression. En effet, les personnes qui téléchargent illégalement des films ou des musiques sur Internet sont **punies** en n'**ayant** plus **accès à Internet** !

Alors vraiment tous libres de s'exprimer ? Peut-être, mais attention tout de même. **Parmi** les jeunes, certains n'ont pas **conscience** qu'en publiant des photos personnelles, ils s'adressent à la terre **entière**. Car même si ces données **publiées** par exemple dans Facebook sont un jour effacées, elles ne **disparaissent** pas complètement de leur base de données et **réapparaîtront** peut-être un jour…

France, Allemagne, Europe

1

2

3

4

1914–1918	1919	1939–1945	1950	1957	1963
Première Guerre mondiale	**Traité de Versailles**	**Seconde Guerre mondiale**	• **CECA**[1] • **Premier jumelage Montbéliard-Ludwigsburg**	**Traité de Rome**	**Traité de l'Elysée**[2] **et création de l'OFAJ**[3]

1 **la CECA** (Communauté européenne du charbon et de l'acier) Europäische Gemeinschaft für Kohle und Stahl (Montanunion) – 2 **le traité de l'Elysée** Elysée-Vertrag (auch deutsch-französischer Freundschaftsvertrag) – 3 **l'OFAJ** *(m.)* (Office franco-allemand pour la jeunesse) das Deutsch-Französische Jugendwerk (DFJW) – 4 **les accords** *(m.)* **de Schengen** Schengener Abkommen – 5 **l'entrée** *(f.)* **en vigueur** Inkrafttreten

5

6

7

TGV et ICE sur plusieurs lignes France-Allemagne

8

Depuis la rentrée 2007, les lycéens français et allemands peuvent apprendre l'histoire à partir d'un manuel scolaire[1] commun aux deux pays.

1985	1989	1991	1992	2002	2009
Accords de Schengen[4]	**Chute du Mur de Berlin**	**Création d'ARTE**	**Traité de Maastricht**	**Entrée en vigueur[5] de l'union monétaire**	**Traité de Lisbonne**

A vous ! | LIRE, PARLER

1 Certaines photos n'ont pas de légende. A quels évènements ci-dessus correspondent-elles ?
2 Quels sont les évènements les plus importants pour vous ? Expliquez pourquoi.

1 **un manuel scolaire** Schulbuch

L 3/1 ◎

A Gros plan sur la Seconde Guerre mondiale

G/§§1, 5, 15

Histoire de mots | LIRE

S/S. 80
1 Trouvez dans le texte les mots français correspondants à : *einmarschieren; Regierung; Sieger; Befehle; Juden; die Hand schütteln/drücken; denunzieren; Bewegung; sich bilden/entstehen; wertvoll; die Alliierten.*

S/S. 93
2 Après avoir lu le texte, faites un filet de mots autour de **la guerre**.

10 **opposer** gegenüberstellen
17 **au service de qn/qc** im Dienst von jdm/etw.
20 **un combattant** Kämpfer
26 **le maquis** *undurchdringlicher Buschwald in Südfrankreich, diente als Unterschlupf für die Widerstandskämpfer*
27 **gêner** *(hier)* in Schwierigkeiten bringen

La Seconde Guerre mondiale commence en 1939 et finit en 1945. Elle est responsable de la mort de 55 millions de personnes, dont la très grande majorité en Europe. En mai-juin 1940, les troupes d'Hitler envahissent la France qui est alors partagée en zone occupée et en zone libre.

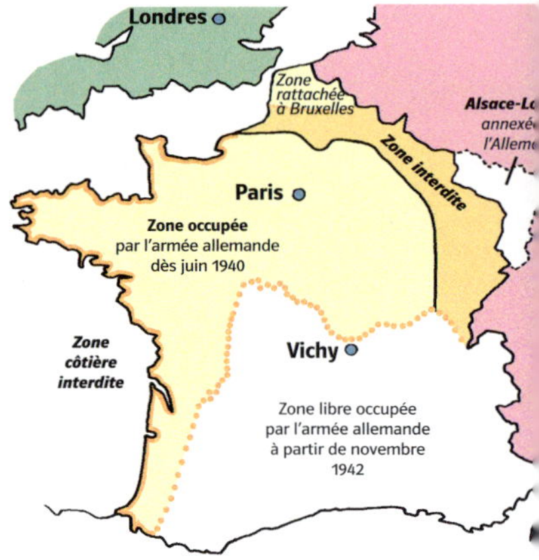

Le maréchal Pétain

Le 10 juillet 1940, le maréchal Pétain devient chef d'un nouveau gouvernement : « l'Etat français ». Pétain est populaire car il est le « vainqueur » de Verdun, une bataille qui a opposé les Français aux Allemands en 1917. Il dirige un gouvernement autoritaire, installé à Vichy, en zone libre. Ce gouvernement obéit aux ordres des Allemands, surveille les Français, poursuit les Juifs et les résistants.

La collaboration

En octobre 1940, le maréchal Pétain rencontre Hitler à Montoire (Loir-et-Cher) et lui serre la main. C'est le début de la collaboration. Certains Français dénoncent leurs voisins résistants, d'autres travaillent dans des journaux ou des entreprises au service des Allemands. […]

Le général de Gaulle

Réfugié à Londres depuis juin 1940, le général de Gaulle organise le mouvement des combattants de la France libre. Chaque jour, ses hommes parlent à la radio anglaise pour encourager et informer les résistants.

La Résistance intérieure

En France, de petits groupes de résistants se forment dès 1940 pour lutter contre les Allemands. Ces hommes et ces femmes […] refusent la défaite et s'opposent au gouvernement de Vichy. Sans moyens véritables, ils se cachent dans les maquis, donnent des renseignements précieux aux Alliés et gênent les Allemands par des sabotages.

Source : hors-série, La Seconde Guerre mondiale © Mon Quotidien, 2009, www.playbac.fr

Hitler et Pétain à Montoire

L'Appel du 18 juin

Un groupe de résistants

C'est dans le texte. | LIRE, PARLER, ECRIRE

1 Résumez en une phrase chacun des cinq paragraphes.
S.82 2 A l'aide d'un dictionnaire unilingue, expliquez les différents sens du mot « collaboration ».

3/2

B Réconciliation : ces gestes symboliques

Online Link
524481-0009

Approche | PARLER

Regardez les photos ci-dessous. Qui sont les personnes sur les photos ?

S.79 +80

Histoire de mots | LIRE

A l'aide d'un mot de la même famille ou d'une autre langue, expliquez ou traduisez les mots suivants : un cliché ; un symbole ; franco-allemand ; aux côtés de (qn/qc) ; une chancelière ; une cérémonie ; un épisode ; une amitié ; un hymne ; un chœur ; le soldat inconnu.

Il y avait la photo de François Mitterrand et Helmut Kohl main dans la main, à l'ossuaire de Douaumont (Meuse), bâti en hommage aux morts de la bataille de Verdun, le 22 septembre 1984. Un cliché devenu le symbole de la réconciliation franco-allemande.

Il y aura désormais Angela Merkel et Nicolas Sarkozy, le 11 novembre 2009, à Paris. C'est en effet la première fois qu'un chef du gouvernement allemand participait aux côtés d'un président français à la commémoration de l'armistice de la guerre de 1914–1918.

Deux jours après avoir célébré à Berlin les vingt ans de la chute du Mur, Nicolas Sarkozy a donc retrouvé la chancelière allemande à Paris ce mercredi pour fêter la fin de la Grande guerre, lors d'une cérémonie inédite conçue comme un nouvel épisode de l'amitié franco-allemande. […]

Fait exceptionnel, l'hymne allemand a donc retenti sous l'Arc de Triomphe.

Après la Marseillaise, le Chœur de l'Armée française a entonné le Deutschlandlied (Chant d'Allemagne), alors que Sarkozy et Merkel se recueillaient devant le tombeau du soldat inconnu.

Ich liebe dich, moi non plus, Marco Semo et Yves Petignat © Libération, 12/11/2009

4 **bâtir** bauen
16 une **commémoration** Gedenkfeier
24 **conçu** (< concevoir) *(hier)* geplant
28 **retentir** erklingen
32 **se recueillir** *(hier)* der Toten gedenken
33 un **tombeau** Grab, *(hier)* Denkmal

S/S. 77

C'est dans le texte. | LIRE, ECRIRE, PARLER

1 De quels évènements le journaliste parle-t-il dans son article ?
2 Pourquoi est-ce que cette cérémonie est « *inédite* » (l. 24) ?
3 Pourquoi est-ce que chanter l'hymne allemand est « *exceptionnel* » (l. 27) ?

L 3/3

Entendu à . . . | ECOUTER, PARLER

S/S. 84

1 Ecoutez le texte. Quelle phrase résume le mieux la pensée principale ?
 a) Les Français et les Allemands ont un problème parce qu'ils ne se sont pas réconciliés.
 b) Les Français et les Allemands n'ont plus de problème parce qu'ils se sont définitivement réconciliés.
 c) Les Français et les Allemands ont un problème parce qu'ils se réconcilient trop souvent.
2 < Et vous, qu'en pensez-vous ? Donnez votre avis. >

C Quelle réalité ?

Approche | PARLER

1 A quoi pensez-vous quand vous entendez les mots « France » et « Français » ? Notez vos associations (au moins 6).
2 Comparez vos résultats : Quels sont les aspects le plus souvent mentionnés ?

En 2002, on a demandé à 500 jeunes Français : Qu'est-ce que vous associez à l'Allemagne ?

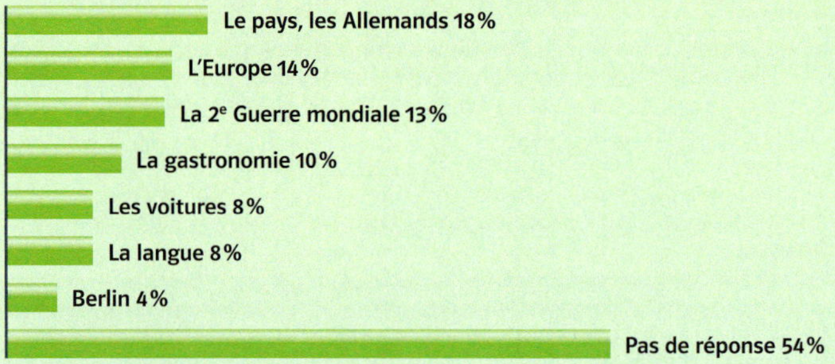

Inversement, on a demandé à de jeunes Allemands ce qu'ils associaient à la France.

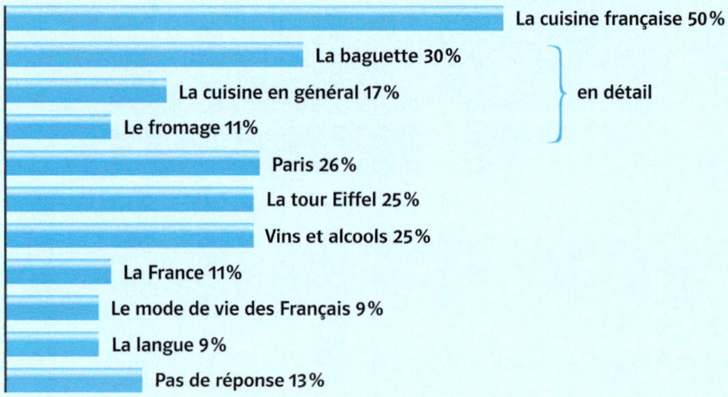

Source : Sondage Sofres-EMNID/Ofaj, 2002

C'est dans le sondage. | LIRE, PARLER

S.87

1 Analysez les réponses données par les jeunes français et allemands. Sur quoi reposent les images que les Français et les Allemands ont les uns des autres ? Expliquez.

2 Regardez la différence de pourcentage des Français et des Allemands qui n'ont pas donné de réponse. D'après vous, comment peut-on expliquer cette différence ?

Pour aller plus loin | PARLER

1 Quelles pourraient être les conséquences de ces perceptions (Wahrnehmungen) différentes pour les rapports franco-allemands ?

2 A votre avis, qui doit s'occuper d'entretenir les relations franco-allemandes ? Les hommes politiques ? Ou bien les habitants ? Pourquoi ?

3 Qu'est-ce qu'il faudrait faire pour que Français et Allemands se connaissent mieux ? Faites cinq propositions pour améliorer la situation.

3/4

D Ces Français amoureux de Berlin

G/§§11, 12

1–2

Il suffit de prendre le bus à Berlin pour entendre parler non pas allemand, mais français et italien ! Comme dans n'importe quelle capitale, direz-vous. Sauf qu'à Berlin, ce ne sont pas tous des touristes. Plus de 12 000 Français ont rejoint les bords de la Spree pour y vivre. Ils représentent la troisième nation de l'Union européenne dans la capitale allemande, après les Polonais et les Italiens. Des chiffres qui confirment l'aspect cosmopolite et l'attrait de la métropole sur les Français.

Depuis la réunification allemande, Berlin connaît un succès fou chez les Français. Pourquoi ? Ecoutons Lucie, 20 ans, qui y fait ses études d'architecture depuis un an : « *Berlin sous la neige, c'est une capitale qui dort en apparence. En apparence seulement. Le soir, la ville s'anime dans les cafés, les petits restos. Au printemps, tout le monde se retrouve aux terrasses de ces mêmes cafés, dans les Biergärten, dans les parcs où on fait des barbecues et on joue de la guitare autour du feu. C'est cette ambiance que j'adore !* » Sans oublier les cinémas en plein air, les marchés aux puces avec leurs souvenirs de la RDA, la Love Parade, l'immense offre culturelle, opéras, théâtres, cabarets, clubs de jazz, expositions… tout cela à des prix très abordables…
Cette population française amoureuse de Berlin est surtout jeune et mixte. Certains sont venus dans le cadre de leurs études, certains pour le travail, d'autres y ont rencontré l'amour.

C'est le cas de Philippe, 32 ans, qui est arrivé à Berlin il y a neuf ans et qui devait y rester au départ seulement trois mois pour un stage. Marié à Birgit, deux magnifiques enfants. « *Ici, la qualité de vie est meilleure qu'à Paris. Les loyers sont deux fois moins élevés, même si les prix montent dans les quartiers branchés comme Prenzlauer Berg. Il y a aussi beaucoup moins d'embouteillages et les transports en commun sont au top. C'est aussi une métropole peu peuplée, seulement 3 millions d'habitants pour 800 km², une densité de la population cinq fois inférieure à celle de Paris intra-muros. Et pour les enfants, c'est le rêve ici. On peut aller faire du vélo ou se baigner dans un lac en prenant le métro.* »

Mais comme New York n'est pas l'Amérique, Berlin n'est pas vraiment l'Allemagne. Lucie l'affirme : « *Je ne pourrais pas vivre ailleurs, outre-Rhin, que dans la capitale allemande.* » Alors quel est le petit plus de Berlin ? Disons, une certaine ambiance et une qualité de vie…

2 **comme dans n'importe quelle capitale** wie in jeder anderen Hauptstadt
22 **être au top** Spitze sein
22 **peuplé,e** bevölkert
23 **une densité de la population** Bevölkerungsdichte
24 **Paris intra-muros** Pariser Innen-, Altstadt (*wörtlich:* innerhalb der Stadtmauern)
27 **outre-Rhin** Deutschland (*wörtlich:* jenseits des Rheins)

S/S.77

C'est dans le texte. | LIRE, PARLER

Répondez aux questions suivantes.

1 Qui va à Berlin ?
2 Quelles sont les raisons de cet amour pour Berlin ?
3 Quels sont les avantages pour une famille ?
4 Lucie ne pourrait pas vivre dans une autre ville allemande. Qu'en pensez-vous ? Donnez votre avis.

Pour aller plus loin | PARLER

@ S/S.83

1 Quand on regarde le plan de Berlin, on trouve beaucoup de lieux et monuments (Denkmäler) qui témoignent de (zeugen von) la présence et de l'influence françaises à travers les siècles. Faites des recherches et choisissez un exemple qui vous intéresse particulièrement. Puis présentez-le à la classe.
2 En groupes, faites une affiche ou un dépliant (Prospekt) qui invite les jeunes Français à découvrir Berlin. Trouvez un slogan qui attire l'attention.

Online Link
524481-0009

R/1

E Europe : à chaque pays ses stéréotypes

S/S.79, 80

Histoire de mots

A l'aide d'un mot de la même famille ou d'une autre langue, expliquez les mots suivants : voter ; une frite ; belge ; italien ; sérieux ; snob ; idéal.

élire wählen
un,e député,e Abgeordnete(r),
avoir la frite *(fam.)* gut drauf sein
un tchatcheur Schwätzer
être fier/fière de qn/qc auf jdn/etw. stolz sein
un crâneur Angeber

C'est dans la BD. | LIRE, PARLER

S/S.83, 88

1 Décrivez la BD à un copain/une copine.
2 Quel est le message de cette BD ?
3 Sur quoi se basent les stéréotypes présentés ?

Pour aller plus loin | PARLER

1 Donnez votre avis sur ce message.
2 Quel serait pour vous le député européen idéal ? Racontez.

3/5

F L'Union européenne, ça sert à quoi ?

R/1

À quoi sert l'Union européenne ?

Après la terrible Seconde Guerre mondiale, l'objectif principal des créateurs de l'Union était d'assurer la paix entre les pays adhérents mais aussi leur prospérité. C'était une sorte de partenariat politique et économique.

Quelles sont les valeurs défendues par l'Union européenne ?

Il y en a beaucoup. Elle défend tout d'abord les valeurs de liberté et de démocratie. Pour prétendre faire partie de l'Union, les pays membres doivent aussi respecter les droits de l'homme et promouvoir la tolérance, la justice et l'égalité entre femmes et hommes.

Pourquoi l'Union favorise-t-elle les échanges économiques ?

Parce que, depuis 1993, les marchandises peuvent circuler librement dans tous les pays de l'Union européenne. Il n'y a plus ni taxes ni droits à payer. Le commerce est donc devenu beaucoup plus facile dans ce grand marché. D'autant plus que la plupart des pays ont la même monnaie.

INCROYABLE !

En 2006, 2 millions de jeunes sont partis étudier dans un autre pays que le leur.

Quels sont les droits des citoyens de l'Union européenne ?

Ils sont nombreux. Ils peuvent par exemple voyager, vivre, étudier ou travailler dans le pays de l'Union de leur choix. Et partout, leurs droits sont protégés par les mêmes lois européennes.

Y a-t-il des pays qui refusent d'entrer dans l'Union ?

Bien sûr. C'est le cas de la Norvège, de la Suisse, du Lichtenstein ou de l'Islande. Mais la plupart des pays sont volontaires et ne le regrettent pas. Depuis leur adhésion à l'Europe, l'Irlande, l'Espagne ou le Portugal se sont beaucoup développés.

20

LE SAVAIS-TU ? ★ Les Allemands et les Français sont ceux qui participent le plus, financièrement, au fonctionnement de l'Union européenne.

Jouez les interprètes ! | LIRE, PARLER

S/S. 81

1 Cherchez dans votre dictionnaire bilingue la traduction des mots suivants : la paix ; un objectif ; une valeur ; défendre ; la liberté ; favoriser ; un échange.
2 *« Pour prétendre faire partie de l'Union, les pays membres doivent aussi respecter les droits de l'homme et promouvoir la tolérance, la justice et l'égalité entre femmes et hommes. »* Expliquez cette phrase.
3 *« D'autant plus que la plupart des pays ont la même monnaie. »* Expliquez de quoi il s'agit.

S/S. 92

4 Vous parlez de l'Europe dans un cours de politique. Comme votre copain/copine ne parle pas français, résumez le texte en allemand.

Entendu à ... | ECOUTER, PARLER

L 3/6

S/S. 84

Ecoutez le micro-trottoir et répondez aux questions suivantes.

1 Quelle est la question du journaliste ?
2 Que pense la première personne interviewée du rôle de l'Allemagne et de la France en Europe ?
3 De quels deux hommes politiques parle-t-elle ?
4 Quel exemple d'un projet franco-allemand donne-t-elle ?
5 Quel est l'avis de la deuxième personne sur le « moteur franco-allemand » en Europe ?
6 Résumez en une phrase l'avis de la troisième personne.

Pour aller plus loin | PARLER

D'après vous, quels sont pour vous les points forts et les points faibles de l'Union européenne ? Racontez.

1 A la gare de Strasbourg

▶ niveau débutants § 44

Faites des phrases à l'aide des éléments ci-dessous.

Exemple :
moi / venir / Italie / aller / Paris
– Moi, je viens d'Italie et je vais à Paris.

1 nous / arriver / Stuttgart / aller / Barcelone / Espagne

2 moi / aller / Luxembourg / après / Portugal

3 nous / habiter / Amsterdam / Pays-Bas

4 moi / habiter/ Kehl / Allemagne / travailler / France

5 moi / aller / Copenhague / ma copine / faire des études / Danemark

6 nous / venir / Afrique / habiter / Maroc

7 moi / aller passer / mes vacances / Etats-Unis

8 nous / partir / Angleterre / passer un an / Londres / comme filles au pair

2 Berlin, mon amour

▶ niveau intermédiaire § 22

Complétez par **y** ou **en**.

a) Sandra : Lara pense souvent à son séjour à Berlin ? Elle ● avait rêvé pendant si longtemps.
b) Naïma : Oui, je crois qu'elle ● pense encore souvent.
c) Sandra : Elle va ● retourner ?
Naïma : Je ne sais pas. Elle n'aime pas parler de son séjour à Berlin.
d) Sandra : Mais pourquoi est-ce qu'elle n'aime pas ● parler ? C'est une belle ville.
Elle ● a beaucoup d'amis !
e) Naïma : Oui, elle ● a vraiment beaucoup. Mais je pense qu'elle n'aime pas ● parler parce qu'elle a des problèmes avec son copain. Elle a quitté Berlin, Nicolas, lui, ● est resté.
Elle lui a envoyé mille SMS. Mais lui n'● a jamais répondu.
Sandra : Pas possible ! Elle a besoin d'aide ?
f) Naïma : Moi, je trouve qu'elle ● a besoin.
g) Sandra : Je vais l'inviter à mon anniversaire. Qu'est-ce que tu ● penses ?
Naïma : Je ne sais pas si…
h) Sandra : Ecoute, tu ● seras aussi invitée…

→ Überprüfen Sie Ihre Antworten auf den Seiten 243–248.

la **Première Guerre mondiale**	der erste Weltkrieg
un **traité**	*(hier)* ein Vertrag
la **Seconde Guerre mondiale**	der zweite Weltkrieg
un **jumelage**	eine Städte-/Schulpartnerschaft
la **création**	die Gründung
la **chute du mur**	der Mauerfall
l'**union** *(f.)* **monétaire**	die Währungsunion
la **rentrée**	der Schuljahresbeginn
commun/commune	gemeinsam

A Gros plan sur la Seconde Guerre mondiale

envahir qc	einfallen in
la **zone occupée**	das besetzte Nordfrankreich
la **zone libre**	das nichtbesetzte Südfrankreich
un **gouvernement**	eine Regierung
l'**Etat** *(m.)*	der Staat
obéir à qn	jdm gehorchen/folgen
surveiller qn	jdn überwachen
poursuivre qn/qc	jdn/etw. verfolgen
un **résistant**/ une **résistante**	ein Widerstandskämpfer/ eine Widerstandskämpferin
la **collaboration**	die Kollaboration
se réfugier	fliehen/flüchten
la **Résistance**	Widerstandbewegung im 2. Weltkrieg
la **Résistance intérieure**	die Widerstandsbewegung innerhalb von Frankreich
lutter contre qc	gegen etw. kämpfen
une **défaite**	eine Niederlage
véritable	wirklich/echt
se cacher	sich verstecken
un **renseignement**	eine Auskunft
les **Alliés** *(m.)*	die Alliierten

B Réconciliation : ces gestes symboliques

la **réconciliation**	die Versöhnung
un **symbole**	ein Symbol
désormais	von nun an
l'**armistice** *(m.)*	der Waffenstillstand
un **chancelier**/ une **chancelière**	ein Kanzler/ eine Kanzlerin
inédit/inédite	ganz neu
une **amitié**	eine Freundschaft
franco-allemand/ franco-allemande	deutsch-französisch
exceptionnel/ exceptionnelle	außergewöhnlich
un **hymne**	eine Hymne
la **pensée**	*(hier)* die Gedankenwelt

C Quelle réalité ?

la **réalité**	die Wirklichkeit
inversement	im Gegenzug
le **mode de vie**	die Lebensart
entretenir qc	etw. pflegen/instandhalten

D Ces Français amoureux de Berlin

amoureux/amoureuse (de qn/qc)	verliebt (in jdn/etw.)
il suffit de faire qc	man muss nur etw. tun
rejoindre qc	an einen Ort zurückkehren; *(hier)* etw. einnehmen
un **bord**	ein Ufer
l'**attrait** *(m.)*	der Reiz/die Anziehungskraft
la **réunification**	die Wiedervereinigung
connaître un succès fou	einen Riesenerfolg haben
en apparence	scheinbar/nach außen hin
s'animer	sich beleben/lebhaft werden
un **marché aux puces**	ein Flohmarkt
abordable	erschwinglich
mixte	gemischt
un **cadre**	ein Rahmen
élevé/élevée	hoch
branché/branchée *(fam.)*	angesagt *(ugs.)*
un **embouteillage**	ein Stau
inférieur/inférieure à	niedriger/geringer als
un **lac**	ein See

E Europe : à chaque pays ses stéréotypes

un **stéréotype**	ein Stereotyp
voter	wählen/seine Stimme abgeben
sérieux/sérieuse	ernst

F L'Union européenne, ça sert à quoi ?

servir à qc	zu etw. nützen/nützlich sein/dienen
la **paix**	der Frieden
défendre qn/qc	jdn/etw. verteidigen
une **monnaie**	eine Währung
un **micro-trottoir**	eine Umfrage auf der Straße

3/9

Les mots pour parler de la France, de l'Allemagne, de l'Europe

S.93

La France et l'Allemagne ont une longue histoire **commune**, une histoire faite de **guerres**, mais aussi de **réconciliations**. La France et l'Allemagne, c'est aussi une belle aventure dans l'Europe.

Au XXe siècle, triste bilan, la France et l'Allemagne connaissent deux **guerres**.
La **Première Guerre mondiale** commence en 1914 et finit en 1918. La **Seconde Guerre mondiale** dure de 1939 à 1945.
Quand les **troupes** d'Hitler **envahissent** la France en mai-juin 1940, le pays est alors partagé en deux : une **zone occupée** par l'armée allemande et une **zone libre** sous le **gouvernement** du maréchal Pétain qui **obéit** aux ordres du Führer, **surveille** les Français, **poursuit** les Juifs et les **résistants**. C'est le début du **gouvernement de Vichy** et de la **collaboration**.
Au même moment, le général de Gaulle, **réfugié** à Londres, **lutte** pour une France libre. A la radio anglaise, il encourage et informe les résistants, des hommes et des femmes qui refusent la **défaite**, s'opposent au gouvernement de Vichy, donnent des **renseignements** aux Alliés et organisent des sabotages contre les troupes allemandes. C'est le début de la **Résistance intérieure**.

Après la Seconde Guerre mondiale qui a fait 55 millions de morts dont la très grande majorité en Europe, Français et Allemands souhaitent **désormais** la **paix** et une solide **amitié franco-allemande**. C'est le début de la **réconciliation** entre les deux pays et de la construction européenne. Parmi les **symboles** de cette réconciliation, il y a François Mitterrand et Helmut Kohl main dans la main en hommage aux morts de Verdun, il y a aussi la **chancelière** Angela Merkel et le président Nicolas Sarkozy sous l'Arc de Triomphe qui célèbrent ensemble **l'armistice** de la Première Guerre mondiale. Ce 11 novembre 2009, on a donc entendu pour la première fois la Marseillaise, puis **l'hymne** allemand. Une cérémonie **exceptionnelle** et **inédite**.

Mais derrière ces gestes symboliques, quelle réalité ? Français et Allemands se connaissent-ils ? Se comprennent-ils ? S'aiment-ils ? Un sondage fait en 2002 auprès de 500 jeunes donne quelques réponses.

Depuis la **réunification** allemande, les Français sont amoureux de Berlin ! Comment expliquer cet **attrait** de la métropole chez les Français ? L'ambiance cool de ses cafés, ses parcs, ses **marchés aux puces**, ses quartiers **branchés**, des loyers **abordables**, une grande offre culturelle à des prix peu **élevés**, peu d'**embouteillages** font de Berlin une ville où il fait bon vivre. C'est l'avis des 12000 Français qui ont **rejoint** les **bords** de la Spree.

Pour une bonne collaboration en Europe
Chaque pays, en Europe ou ailleurs, transporte ses **stéréotypes**. On dit l'Allemand sérieux, l'Anglais snob, mais où est la vérité ? Attention aux stéréotypes !

Une France multiculturelle

Gad Elmaleh
Né à Casablanca, il est venu faire ses études en France. Il a la nationalité française, marocaine et canadienne.

Yannick Noah
Né à Sedan, il a des origines camerounaises.

Les personnalités préférées des Français

1ère place	Yannick Noah
2e place	Dany Boon
3e place	Zinédine Zidane
4e place	Mimi Mathy
5e place	Gad Elmaleh
6e place	Sophie Marceau

Source : Ifop, palmarès des personnalités préférées des Français en 2010

Dany Boon
Son père est algérien. Il est né dans le Nord de la France (Armentières).

Zinédine Zidane
Ses parents sont originaires d'Algérie. Lui, il est né à Marseille.

A vous ! | PARLER

1 Qu'est-ce que les personnes sur les photos ont en commun ?
2 Regardez le classement des personnalités préférées des Français. Que remarquez-vous ?
3 Expliquez le mot « nationalité ». Puis parlez de votre nationalité/vos nationalités.

@ Regards croisés | PARLER

S/S. 83 Comment est-ce qu'on peut devenir Français ou Allemand ?
Faites des recherches et présentez vos résultats à la classe.

Pour aller plus loin | PARLER

@ Choisissez une des personnalités ci-dessus et faites des recherches sur sa biographie.
S/S. 90 Puis présentez vos résultats à la classe.

3/17

A C'est quoi la France ?

G/§§7, 9, 10, 15

Diam's est une chanteuse française de rap née à Nicosie (Chypre). Elle arrive en France à l'âge de 4 ans et découvre le rap à 13 ans.

S.79 +80

Histoire de mots

A l'aide d'un mot de la même famille ou d'une autre langue, expliquez ou traduisez les mots suivants : le cours de la bourse ; la pression ; le béton ; faire la morale ; blond ; le futur ; une star.

L'honneur d'un peuple

Je vais te dire ce que j'ai vu, tu me diras ce que tu en penses
Y faut croire que dès le début c'est de la faute de la France
Ce pays n'a qu'une valeur, celui du cours de la bourse
Et peu importe si son peuple
ne peut pas faire un plein de bouffe.
Ça donne des mères angoissées et des pères sous pression,
Puis des familles entassées dans du béton.
Aucune valeur ne me ressemble dans leur putain d'Assemblée,
A gauche, à droite, ils veulent tous se ressembler.
D'façon ; ils veulent le beurre et l'argent du peuple
Mais ils n'auront pas nos cœurs, ni nos frères et nos sœurs.
Se prennent pour qui à vouloir faire la morale
Et nous faire croire que ce pays
C'est des p'tits blonds dans une chorale !
Non, ce pays c'est des Ritals, des Noirs et des Arabes,
Espagnols par héritage, des Auvergnats qui font du rap.
Ce pays c'est des Portugais qui se saignent à la tâche,
Guadeloupéens, Martiniquais qui se fâchent quand on les taxe.
Ce pays, c'est tout un tas d'couleurs, tout un tas d'cultures
Tout un tas d'douleurs, tout un tas d'futurs
Ce pays, c'est une banlieue qui aimerait qu'on la regarde
Et qui fait péter les pétards quand on la traite de racaille.
Les plus grandes stars qu'elle ait portées
Ne sont pas Diam's & Jamel
Mais surtout l'Abbé Pierre & Sœur Emmanuelle,
Paix à leurs âmes […]

Diam's/Diams – Tefa – DJ Maitre – Christophe „Disco" Mink

4 **peu importe si...** egal/ganz gleich, ob ...
5 **faire un plein de bouffe** genug zu (fr)essen haben
6 **angoissé,e** verängstigt
7 **entassé,e** *(hier)* zusammengepfercht
8 **une putain** *(fam.)* **d'Assemblée** *(hier)* die verdammte Nationalversammlung
10 **ils veulent le beurre et l'argent** sie wollen alles haben *(Wortspiel mit der Redensart: On ne peut pas avoir le beurre et l'argent du beurre. = Man kann nicht alles zugleich haben.)*
15 **un Rital** *(péj.)* Italiener
16 **par héritage** *(hier)* vererbt
17 **se saigner à la tâche** sich zu Tode schuften
22 **faire péter** *(fam.)* platzen lassen
22 **un pétard** Knallkörper
22 **la racaille** *(péj.)* Abschaum

C'est dans la chanson. | LIRE, PARLER, ECRIRE

S.77

1 Vrai ou faux ? Corrigez si nécessaire.
a) D'après la chanson, la France s'intéresse plus à l'argent qu'aux besoins des habitants.
b) Selon Diam's, les Français n'ont pas de problèmes.
c) La France, c'est le pays des petits blonds.
d) La France a beaucoup de couleurs et plusieurs cultures.
e) La France, c'est aussi la banlieue.
f) D'après la chanson, les banlieues sont des quartiers tranquilles.

1, 2

2 Répondez aux questions suivantes :
a) Selon Diam's, quelle est l'image « officielle » de la France ?
b) A-t-elle la même image du pays ? Expliquez.
c) Quel est le message du rap ?

Pour aller plus loin | PARLER

S/S. 87 1 Ecoutez la chanson. Comment trouvez-vous la musique ?
2 « L'honneur d'un peuple », qu'est-ce que c'est pour vous ? Donnez votre avis.
@ 3 Choisissez une des personnalités mentionnées à la fin du rap et faites des recherches.
S/S. 90 Expliquez son rôle dans la société française. Puis présentez vos résultats à la classe.

B L'immigration en France

G/§§ 5, 7, 9, 10, 13–15

Les grandes vagues d'immigration

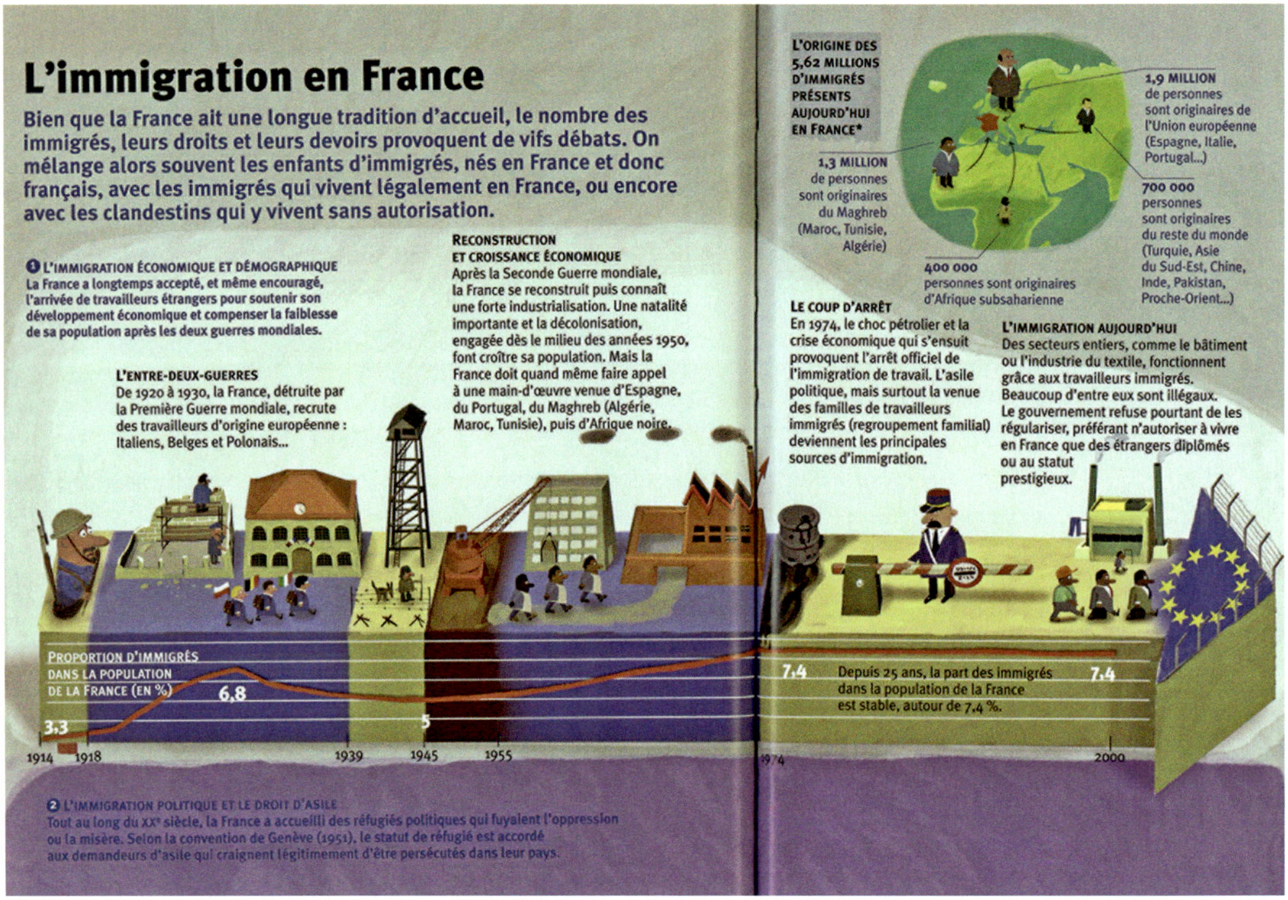

⇆ Jouez les interprètes ! | LIRE, PARLER

S/S. 92 Vous parlez de l'immigration en France dans un cours de politique.
Comme la plupart des élèves du cours ne parlent pas français, vous leur résumez le graphique ci-dessus.
Pour cela, formez trois groupes : chaque groupe s'occupe de deux paragraphes du graphique et en résume les informations principales en allemand.

3/18

C « 24 heures sans nous »

G/§5

S.79 +80

Histoire de mots

A l'aide d'un mot de la même famille ou d'une autre langue, expliquez ou traduisez les mots suivants : tourner rond ; déserter ; à l'arrêt ; un bistro ; à l'appel ; un collectif ; protester ; la politique ; un secteur ; concerné ; exposer ; se placer ; un terrain.

24 heures pour « *montrer que le pays fonctionne avec les immigrés* »
Imaginez. Un lundi comme un autre, mais quelque chose dans l'air qui ne tourne pas rond. Plus grand-chose ne tourne, en fait : les premiers métros sont vides, les hôpitaux désertés par les soignants, les amphis en mal de profs, les chantiers à l'arrêt, les bistros sans cuisiniers, les réunions dépeuplées, les garages fermés… La France en berne. Ce jour-là a une date, le 1er mars 2010. Vingt-quatre heures « sans immigrés » à l'appel d'un nouveau collectif, « 24 h sans nous ». « Nous » valant pour les étrangers vivant en France, les Français nés à l'étranger, ou de parents étrangers, mais aussi « *tous ceux qui veulent protester contre la politique d'immigration* ».

Tous les secteurs sont concernés.
« *Notre ambition est de porter un changement de regard sur l'immigration. Montrer que les immigrés sont une richesse, que nous participons à la vie du pays et que le pays fonctionne avec nous* », exposait ce matin Nadia Lamarkbi, la présidente du collectif, une journaliste franco-marocaine. « *Nous nous plaçons sur le terrain économique parce que tous les secteurs sont concernés. En France, un logement sur deux a été construit par des immigrés. 10 % des chefs d'entreprise sont immigrés.* ».

Cordélia Bonal, © Libération, 24/11/2009

8 **un,e soignant,e** (Kranken-)Pfleger(in)
8 **un amphi(théâtre)** *(hier)* Hörsaal
8 **en mal de profs** ohne Professoren
10 **dépeuplé,e** *(hier)* ohne Teilnehmer
11 **un garage** *(hier)* Autowerkstatt
11 **(être) en berne** auf Halbmast sein
18 **ceux qui** diejenigen, welche
21 **porter un changement de regard** einen Sichtwechsel herbeiführen

S.77

C'est dans le texte. | LIRE, PARLER

1 Qu'est-ce qui se passe quand tous les immigrés arrêtent le travail ?
2 Quels sont les motifs de l'action ?

Pour aller plus loin | PARLER

1 Qu'est-ce que vous pensez de cette action ? Donnez votre avis.
2 Quelles conséquences aurait une action semblable dans votre ville ?

L 3/19

D La chasse au racisme ordinaire

S/S. 80

Histoire de mots

Trouvez dans le texte les mots français correspondants à : *rassistisch; charakterisieren; sportlich; Terrorist; Asiat; Variante; aufeinanderfolgend; Zögern; Beleidigung; Gefängnis; Kraft; Wirklichkeit; religiös.*

2 **intervenir** *(hier)* auftreten
10 **radin,e** geizig
11 **hypocrite** heuchlerisch
14 **débarqué,e de …** gerade aus … gekommen
16 **le 93** *Département Seine-Saint-Denis im Nordosten von Paris, als „Problemzone" bekannt*
19 **un qualificatif** *(hier)* Bezeichnung
20 **hurler** brüllen
23 **se balancer** *(fam.) (hier)* sich gegenseitig an den Kopf werfen
31 **se tortiller** sich winden
31 **nul … ne** = personne … ne
32 **vanner qn** *(fam.)* se moquer de qn
33 **foncer dans le lard** ans Eingemachte gehen
36 **repérable** erkennbar

L'antiracisme, un jeu d'enfants

Isabelle Wekstein et Souâd Belhaddad interviennent dans des collèges de banlieue. Leur matière ? Les préjugés racistes.
« Si je vous demande deux adjectifs pour caractériser vos copains, vous dites quoi ? Noir, par exemple ? » Et toute la classe, comme un seul homme : *« Dealer ! Sportif ! » « Et Arabe ? » : « Voleur ! Terroriste ! » « Juif ? » : « Radin, riche ! » « Asiatique ? » : « Nem ! Hypocrite, informaticien ! »*
Toujours les mêmes mots, avec quelques variantes. *« Moi,* dit une jeune fille juste débarquée d'Iran, *j'en ai marre, c'est sans arrêt « Ben Laden, Saddam Hussein. » « Et si je dis : Jeunes du 93 ? »* demande Souâd, *« Racaille ! »* crient les 24 élèves. Trois fois de suite, dans trois classes successives, une 4e et deux 3e, les mêmes qualificatifs, hurlés […] sans la moindre hésitation. Dealers pour les Noirs, voleurs pour les Arabes, radins pour les Juifs, voilà la série d'insultes « sympas » qu'on se balance entre potes. *« Et,* disent Souâd et Isabelle, *c'est commun à toutes les classes, tous les collèges, du 93 comme de Bretagne. » « Bon,* dit Souâd, *Arabe = voleur… Vraiment ? Moi, j'ai trois cousins en prison, mais ça ne me plaît pas tellement d'entendre que tous les Arabes sont des voleurs. »* Les élèves se tortillent un peu, nul ne sait si Souâd dit vrai ou vanne son public. Et c'est là toute sa force, elle fonce dans le lard du réel. *« C'est vrai,* dit l'un, *on voit jamais de Juifs mendier… » « Parce que vous croyez que tous les Juifs sont repérables à leur petit chapeau ? Mais ils ne sont pas tous religieux… Eh oui,* dit Souâd, *ça n'est pas facile de savoir qui est juif. Peut-être que, parmi les pauvres, il y en a. Evidemment, quand on est noir, ça se voit plus, on est d'accord là-dessus ? »* Impossible à nier.

S/S. 77

C'est dans le texte. | LIRE, PARLER

1 Résumez en 2–3 phrases comment Isabelle et Souâd donnent leurs cours dans des collèges de banlieue.
2 *« Et c'est là toute sa force, elle fonce dans le lard du réel. »* (l. 32–34). Expliquez cette phrase.

Pour aller plus loin | PARLER

1 Qu'est-ce qu'un préjugé ? Donnez des exemples.
2 Quels sont les préjugés qui vous dérangent le plus ? Racontez.
3 Donnez votre avis sur la méthode d'Isabelle et de Souâd pour lutter (kämpfen) contre le racisme ordinaire.
4 Est-ce que vous connaissez des actions semblables en Allemagne ? Racontez.

Online Link
524481-0011

E Pour l'égalité des chances

Peau cible

1 **une cible** Ziel(scheibe)

C'est sur l'affiche. | LIRE, PARLER

S. 81 **1** Expliquez ou traduisez le slogan de l'affiche en allemand. Utilisez un dictionnaire si nécessaire.

S. 83 **2** Décrivez l'affiche : (Pour vous aider : **une couche** – Windel)

a) Pourquoi est-ce que le bébé (Baby) au milieu porte des vêtements d'adulte ?

b) Qu'est-ce que cette affiche veut nous montrer ?

Pour aller plus loin | PARLER

1 Connaissez-vous d'autres faits qui peuvent nuire (schaden) à l'égalité des chances ? Racontez.

R/2 **2** Comment pourrait-on lutter contre les discriminations « cachées » ? Faites des propositions et discutez-les en classe.

3/20 Entendu à ... | ECOUTER

G/§7

Depuis quatre ans, la Fondation Culture et Diversité organise un stage pendant les vacances de février pour faire découvrir les filières artistiques et leurs débouchés aux élèves issus de lycées de ZEP (Zone d'Education Prioritaire). Pour promouvoir l'égalité des chances, la Fondation prépare ces élèves au concours d'entrée de l'Ecole du Louvre où ils peuvent faire des études d'histoire de l'art, d'archéologie et de muséologie.

3 **promouvoir qc** etw. fördern
4 **un concours d'entrée** *(f.)* Aufnahmeprüfung

Ecoutez les interviews de Maelle et Flori et dites si les phrases suivantes sont vraies ou fausses. Corrigez si nécessaire.

1 Maelle et Flori donnent des cours à l'école du Louvre.
2 Elles ne se sont pas préparées au concours d'entrée.
3 Maelle était élève dans un lycée en ZEP.
4 Flori était dans un petit lycée à Paris.
5 Flori a 19 ans.
6 Flori sait depuis longtemps que l'école du Louvre existe.
7 La Fondation l'aidera à faire ses études à l'école du Louvre.

Pour aller plus loin | ECRIRE

S/S.83 Faites des recherches sur la Fondation Culture et Diversité.
Présentez-la dans un texte (environ 12–15 lignes).

F Le CV anonyme contre la discrimination

3 **voire** même

Dans un CV anonyme, aucune information ne doit permettre d'identifier le candidat. Les éléments suivants sont considérés comme discriminants et ne peuvent pas apparaître dans ce type de CV : la photo ; le nom (voire le prénom) ; l'adresse ; le sexe ; l'âge ; la nationalité.

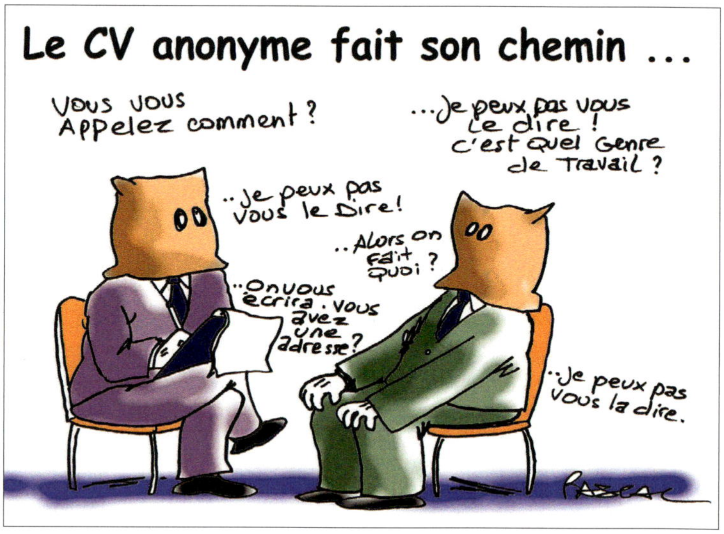

Histoire de mots

S/S.80

Quels mots comprenez-vous à l'aide d'un mot de la même famille ou d'une autre langue ?

C'est dans le texte/les dessins. | LIRE, PARLER

1 Résumez en une phrase le principe du CV anonyme.
S/S.83 2 Regardez les deux dessins :
a) Choisissez-en un et décrivez-le.
b) Expliquez ce que les dessinateurs veulent exprimer.
c) Sont-ils pour ou contre le CV anonyme ? Justifiez votre réponse.

A vous ! | PARLER

S/S.91 Est-ce que le CV anonyme est vraiment un bon moyen pour garantir l'égalité des chances ?
Organisez un débat en classe.

3/21

G La France, cet eldorado ?

G/§§11, 12

Approche | PARLER

Qu'est-ce qu'un eldorado ? Comment comprenez-vous le titre ?

S. 80

Histoire de mots

Trouvez dans le texte les mots français correspondants à : *Wahlmutter; Kaukasus; Katalog; touristisch; Detail; Symbol; Eleganz; Öffnungszeiten; Technologie; aufsagen; Päckchen; Gebäck; arrangieren; Fahrerhaus; vorne; parken; Heck; Sieg; vibrieren; Zöllner; Menschenrechte.*

Blaise Fortune et sa mère d'adoption Gloria ont marché du Caucase à la frontière française. Ils arrivent dans une station-service. Ils veulent passer en France. Pendant que Gloria cherche un moyen, Blaise doit l'attendre. Pour tuer le temps, il prend son catalogue, un guide touristique sur la France.

Pour me donner un air tranquille, je sors mon catalogue du barda. […] A force, je connais par cœur les moindres détails sur la prise de la Bastille, sur Napoléon qui est mort à Sainte-Hélène, sur le métropolitain et sur Coco Chanel, symbole de l'élégance à la française. Je saurais utiliser les toilettes publiques appelées « sanisettes », reconnaître une 2CV […] Je pourrais vous dire les heures d'ouverture des Galeries Lafayette et la vitesse de pointe du TGV Paris-Lyon qui est le fleuron de la technologie. Je pourrais même réciter la liste des châteaux de la Loire : Chambord, Azay-le-Rideau, Chenonceaux, Amboise… Mais à quoi bon, si Gloria me laisse jusqu'à la fin des temps dans cette station-service ?

Que peut-elle fabriquer avec ce chauffeur de camion, nom de Dieu ?

Au moment où l'angoisse devient insupportable, Gloria surgit par la porte. Elle est seule, essoufflée, les cheveux défaits, et elle a un paquet de gâteaux secs à la main. Je bondis sur mes pieds, je dis :
– J'ai cru que tu m'avais oublié !
– Taratata, Monsieur Blaise ! Tu sais bien que je ne t'oublierai jamais ! Hein ? Tu le sais ?
Elle me donne le paquet de biscuits et elle m'explique que tout est arrangé : le chauffeur du camion est d'accord pour nous emmener en France. Il nous attend pour partir.
Je range mon catalogue et les biscuits dans le barda. Gloria me prend fermement par les épaules. Elle dit :
– Le problème, c'est qu'il n'y a pas assez de place pour nous deux en cabine.
– Comment on fait, alors ?
– Ne t'inquiète pas, on va tricher un peu. Je vais rester avec le chauffeur à l'avant et toi, tu vas monter en douce dans sa remorque.

Nous traversons le grand parking où stationnent des dizaines de poids lourds. Sans quitter Gloria des yeux, je passe derrière des haies, je me faufile entre les roues. Enfin, elle s'arrête près d'un gros camion boueux immatriculé en Espagne. C'est là.
Elle est au pied de la cabine où le chauffeur l'attend. Elle se tourne vers moi. Elle m'indique l'arrière. Je lui réponds en levant la main, les doigts en V pour dire « victoire ». […]
Je me glisse à l'intérieur et, *clang*, je claque le hayon. […] Ça y est, nous partons ! […]

1 **le barda** *(hier)* Rucksack
2 **la prise de la Bastille** Sturm auf die Bastille am 14. Juli 1789
5 **une 2CV** Citroën 2 CV, *in Deutschland „Ente" genannt*
10 **nom de Dieu** um Gottes Willen
12 **les cheveux défaits** mit aufgelösten Haaren
30 **au pied de la cabine** unten an der Fahrerkabine
33 **claquer le hayon** die Hecktür zuschlagen

35 **un ultime refuge** letzte Zuflucht
38 **s'empiffrer** sich vollstopfen

Je me dis que, dans vingt-quatre heures, ce sera la France ! Notre ultime refuge ! […] Oui, dans vingt-quatre heures, ce sera la fin du voyage et le début d'une vie meilleure. Dans vingt-quatre heures, j'emmènerai Gloria dans les petites rues paisibles de Montmartre. Nous descendrons les Champs-Elysées en nous empiffrant de croissants au beurre. Et là, enfin, nous serons libres et heureux.

Pour de bon.

Lorsque les douaniers m'ont trouvé, tapi au fond d'un camion à la frontière française, j'avais douze ans et j'étais seul. Je n'arrêtais pas de répéter « jemapèlblèzfortunéjesuiscitoyendelarépubliquedefrancecélapurvérité ».
Je ne savais pas que mon passeport était trafiqué, et en dehors de ces quelques mots, je ne parlais que le russe. Je ne pouvais pas expliquer comment j'étais venu du Caucase jusqu'ici, dans le pays des droits de l'homme et de Charles Baudelaire. Surtout j'avais perdu Gloria.

Le temps des miracles, Anne-Laure Bondoux, © Bayard jeunesse, 2009

C'est dans le texte. | LIRE, PARLER, ECRIRE

S/S.77 **1** Choisissez la bonne réponse.

lignes 1 à 9
a) Blaise a appris beaucoup sur la France.
b) Blaise n'a rien appris sur la France.
c) On ne sait pas.

lignes 10 à 25
a) Gloria dit à Blaise que le chauffeur du camion ne veut pas les emmener en France.
b) Gloria dit à Blaise que le chauffeur du camion va les emmener en France.
c) Blaise ne peut pas voyager dans la cabine du camion.

lignes 26 à 34
a) Le chauffeur sait que Blaise monte dans le camion.
b) Le chauffeur ne sait pas que Blaise monte dans le camion.
c) On ne sait pas.

lignes 35 à 47
a) Gloria et Blaise arrivent finalement à Paris.
b) Les douaniers découvrent Blaise dans le camion.
c) Les douaniers emmènent Gloria et Blaise à Paris.

2 Traduisez et expliquez la phrase : *« jemapèlblèzfortunéjesuiscitoyendelarépubliquedefrancecélapurvérité »*. (l. 42–43)

S/S.89 **3** A l'aide des informations du texte, faites le portrait de Blaise.

4 Est-ce que Gloria dit toujours la vérité à Blaise ? Quel rôle joue-t-elle ? Analysez le comportement (Verhalten) de Gloria.

5 Comment comprenez-vous maintenant le titre ?

A vous ! | ECRIRE

S/S.85 A votre avis, qu'est-il arrivé à Blaise ? Imaginez la suite de l'histoire.

Entendu à . . . | ECOUTER, PARLER, ECRIRE

L 3/22

S/S.84 **1** Ecoutez l'extrait de roman et répondez aux questions suivantes :
a) Qu'apprenez-vous sur les enfants de cette classe ?
b) Comment est-ce qu'ils communiquaient entre eux ?
c) Pourquoi est-ce que madame George était fière de ses élèves ?

S/S.85 **2** Choisissez un de ces enfants (par exemple d'après son prénom) et imaginez son histoire.

Online Link
524481-0011

1 Discriminations insupportables ▶ niveau débutants §§ 29, 42

Complétez avec les formes correctes des **adjectifs**. Mettez-les à la bonne place.

a) 1. Rama est une ● femme ● qui aime porter les ● vêtements ● de son pays.	jeune ; africain ; traditionnel
2. Elle est la ● styliste ● d'une ● entreprise ●.	meilleur ; grand ; français
3. Depuis de ● mois ●, elle cherche un ● appartement ●.	long ; nouveau
4. C'est pourquoi elle lit les ● annonces ● immobilières.	petit
5. Mais quand elle répond au téléphone aux ● offres ●, quelques ● propriétaires ● refusent de prendre rendez-vous avec elle.	différent ; raciste
6. Et tout cela parce qu'elle a un ● accent ●.	africain
b) 1. Ossane est un ● citoyen ● qui a toujours la ● tête ● de/d' ● idées ●.	bon ; français ; plein ; spontané
2. Ce ● garçon ● travaille pour Radio France.	sympa
3. Le soir, il fait de la ● danse ● dans un ● théâtre ●.	moderne ; petit
4. Il aime la ● cuisine ● et les ● films ●.	bon ; français ; drôle
5. On peut penser qu'il a une ● vie ●.	normal
6. Une ● chose ● l'énerve : ce sont ● agents de police ● qui contrôlent ses papiers seulement parce qu'il a la ● peau ●.	seul ; certain noir

2 Un stage ? ▶ niveau intermédiaire §§ 18, 19

Mettez les verbes au **conditionnel**.

a)	Le père : Qu'est-ce que vous ● faire après vos examens ?	aimer
b)	Paul : Moi, je ● faire un stage.	vouloir
c)	Marion : Moi, je ● passer une année à l'étranger.	préférer
d)	Le père : Et qu'est-ce qui te ●, Paul ?	plaire
e)	Paul : Ce qui m'● vraiment, ce ● de travailler avec d'autres jeunes de toutes les couleurs.	intéresser ; être
f)	Marion : Alors ça, ça me ● aussi ! Tu sais quoi, Paul ?	plaire
	Nous ● travailler dans une association par exemple.	pouvoir
g)	Le père : Oui, ce ● une bonne expérience pour vous.	être
	A votre place, je/j' ● en banlieue, dans le 93 par exemple.	aller
	Vous ● peut-être mieux la situation là-bas.	comprendre
	Et vous ● des rencontres intéressantes.	faire
h)	Paul : Tu as raison. Les gens nous ● de leur quotidien, de leurs problèmes.	parler
i)	Le père : Tu sais ce que moi, je ● ? Je ● une association qui lutte contre	faire ; chercher
	le racisme. On ● contacter SOS Racisme. Qu'en penses-tu ?	pouvoir

→ Überprüfen Sie Ihre Antworten auf den Seiten 243–248.

une **personnalité**	eine Persönlichkeit
des **origines** *(f.)*	Wurzeln
camerounais/camerounaise	aus Kamerun
être originaire de	stammen aus
l'**Algérie** *(f.)*	Algerien
algérien/algérienne	algerisch
marocain/marocaine	marokkanisch
canadien/canadienne	kanadisch

A C'est quoi la France ?

la **richesse**	der Reichtum
un **chanteur**/une **chanteuse**	ein Sänger/eine Sängerin
le **rap**	der Rap
l'**honneur** *(m.)*	die Ehre; das Ansehen
un **peuple**	ein Volk
croire qn/qc	jdm/etw. glauben
dès	von … an
une **valeur**	ein Wert
celui/celle/ceux/celles	jener/jene/jenes
aucun/aucune	keiner/keine/keines
faire faire qc à qn	jdn etw. tun lassen
un **Noir**/une **Noire**	ein Schwarzer/eine Schwarze
un/une **Arabe**	ein Araber/eine Araberin
taxer qn	jdn besteuern
un **tas de**	eine Menge (an)
une **douleur**	ein Schmerz
la **banlieue**	der Vorort/Vorstadtbereich
traiter qn de	jdn behandeln als/wie
la **paix**	der Frieden
une **âme**	eine Seele

B L'immigration en France

l'**immigration** *(f.)*	die Einwanderung
une **vague**	eine Welle
recruter qn	jdn anwerben
un **Polonais**/une **Polonaise**	ein Pole/eine Polin
le **Maghreb**	der Maghreb
reconstruire qc	etw. wieder aufbauen

C « 24 heures sans nous »

un **immigré**/une **immigrée**	ein Einwanderer
l'**air** *(m.)*	die Luft
vide	leer
un **chantier**	eine Baustelle
valoir pour qn	für jdn gelten
vivre	leben
une **ambition**	eine Ambition/ein Ehrgeiz
construire qc	etw. bauen

D La chasse au racisme ordinaire

la **chasse**	die Jagd
le **racisme**	der Rassismus
ordinaire	gewöhnlich
un **collège**	*weiterführende Schule für alle 11- bis 14-Jährigen*
une **matière**	ein (Schul)Fach
un **préjugé**	ein Vorurteil
raciste	rassistisch
un **voleur**/une **voleuse**	ein Dieb/eine Diebin
un **Juif**/une **Juive**	ein Jude/eine Jüdin
un/une **Asiatique**	ein Asiate/eine Asiatin
sans arrêt	ständig/unaufhörlich
crier	schreien
le/la **moindre** *(+ substantif)*	der/die/das geringste
une **insulte**	eine Beleidigung
un **pote** *(fam.)*	ein Kumpel *(ugs.)*
commun/commune	gemeinsam
mendier	betteln
parmi	unter/von (einer Gruppe)
un/une **pauvre**	ein Armer/eine Arme
évidemment	klar
nier qc	etw. bestreiten/leugnen

E Pour l'égalité des chances

la **peau**	die Haut
l'**égalité** *(f.)*	die Gleichheit
une **filière artistique**	ein Kunst-Studiengang
issu/issue de qc	aus etw. stammend
l'**art** *(m.)*	die Kunst

F Le CV anonyme contre la discrimination

anonyme	anonym
permettre à qn de faire qc	jdm erlauben etw. zu tun
discriminant/e	diskriminierend
apparaître	erscheinen/auftauchen
Désolé./Désolée.	Tut mir Leid.

G La France, cet eldorado ?

une **frontière**	eine Grenze
passer	*(hier)* fliehen
tranquille	ruhig
par cœur	auswendig
public/publique	öffentlich
insupportable	unerträglich
un **cheveu**/des **cheveux**	ein Haar/Haare
une **épaule**	eine Schulter
tricher	schummeln *(fam.)*
un **poids lourd**	ein LKW
une **roue**	ein Rad
lever qc	etw. heben
descendre qc	etw. hinuntergehen
lorsque	als

3/23

Les mots pour parler de l'immigration

S.93

Bien sûr qu'elle est de toutes les couleurs la France ! On le constate en regardant la liste des **personnalités** préférées des Français : certaines ont des **origines** camerounaises, **algériennes**, **marocaines**, **canadiennes** ou ce sont leurs parents qui sont **originaires** d'**Algérie**, du Portugal, d'Espagne, d'Italie, de Roumanie… Beaucoup de **nationalités** se retrouvent en France parmi ses immigrés.

Et toutes ces nationalités apportent une grande **richesse** culturelle au pays : la cuisine, la mode, la musique par exemple. Dans « L'**honneur** d'un **peuple** », la **chanteuse** de rap Diam's décrit la France et ses immigrés. Elle parle d'un **tas** de couleurs, de **valeurs**, de **banlieue**, mais aussi de **douleurs**.

La France a toujours été une terre d'accueil. Depuis le XXe siècle, il y a eu beaucoup de **vagues** d'immigration. Après la Première Guerre mondiale, la France recrute des travailleurs italiens, belges et polonais pour reconstruire le pays.

Que ferait la France sans ses immigrés ? Cela donnerait des métros **vides**, des **chantiers** à l'arrêt ! Une catastrophe !

Des initiatives comme « 24 heures sans nous » demandent à tous les **immigrés** de ne pas travailler pendant toute une journée. Pour montrer que les étrangers vivant en France sont une richesse et que ce pays fonctionne AVEC ses immigrés.

Malheureusement, il y a du racisme et cela dès le plus jeune âge. Il faut alors faire la **chasse** au racisme **ordinaire** comme ces deux femmes qui vont dans des collèges de **banlieue** et **luttent** avec humour et intelligence contre les **préjugés** racistes envers les **Juifs**, les Noirs, les **Arabes**, les Asiatiques…

Comment lutter pour l'**égalité** des chances ? Comment donner sa chance à tous ?
Des écoles prestigieuses comme l'Ecole du Louvre ouvrent leurs portes aux élèves **issus de** lycées de ZEP (Zone d'Education Prioritaire) pour faire découvrir les **filières artistiques** et leurs débouchés.

Une autre **solution** pour lutter contre la discrimination ?
Le CV **anonyme** ? Sur le CV anonyme, pas de photo, pas de nom, (parfois pas de prénom), pas d'adresse, pas le sexe, pas l'âge et pas la nationalité. Le CV anonyme a ses avantages, mais aussi ses limites.

Avec ses monuments, ses **châteaux**, son histoire, sa mode, sa littérature…, la France peut faire rêver. Mais passer en France, surtout illégalement, est difficile et risqué.

Parlez-vous français ?

1

2

3

4

5

L 4/1 ◎ **Entendu à . . .** | ECOUTER, ECRIRE, PARLER

S/S. 84 Ecoutez les jeunes.

1 Première écoute : Reliez chaque interview à la photo et au pays correspondants.

2 Deuxième écoute : De quoi parlent les jeunes ? Notez au moins une information par personne.

Denis	a) Photo 1	1. le Canada
Hasina	b) Photo 2	2. la Belgique
Coralie	c) Photo 3	3. la Côte d'Ivoire
Sandrine	d) Photo 4	4. Madagascar
Hugo	e) Photo 5	5. la France

4/7

A La francophonie, c'est quoi ?

ORGANISATION INTERNATIONALE DE LA FRANCOPHONIE

Approche

PARLER

1 Dans quels pays parle-t-on français ? Donnez des exemples.
2 Pourquoi parle-t-on français dans ces pays ? Faites des propositions.
3 Regardez la photo ci-dessous : Qu'est-ce que vous remarquez ?

Au dernier sommet de la francophonie, à Québec

Alors, la francophonie, c'est quoi ? C'est un géographe français qui, en 1860, invente le mot « francophonie ». Ce mot désigne le fait de parler français : le français peut par exemple être langue maternelle, ou langue officielle, ou bien langue culturelle.
C'est vers 1960, après que les pays africains ont obtenu leur indépendance, que la francophonie a connu un large développement : les chefs des nouveaux Etats souhaitaient garder, grâce à la langue française, des liens privilégiés avec la France et les pays francophones des autres continents. C'est le vrai début de la francophonie.
L'Organisation Internationale de la Francophonie (OIF) qui existe depuis 1997, est l'organisme politique de la francophonie.
Elle a, par exemple, un statut d'observateur à l'Organisation des Nations Unies (ONU). Chaque année, des conférences réunissent les chefs d'Etat et de gouvernement, membres de l'OIF, pour favoriser l'essor de leurs économies, l'éducation et la formation, pour développer le dialogue entre les cultures et les civilisations, et ce dans le respect des valeurs universelles. Valeurs que certains pays, membres de l'OIF, ne respectent pas toujours…

0 **un sommet** Gipfel(treffen)
2 **désigner qc** etw. bezeichnen
8 **un organisme politique** *(hier)* Verkörperung auf politischer Ebene
10 **l'Organisation** *(f.)* **des Nations Unies** (ONU) die Vereinten Nationen (UNO)

80

Histoire de mots

Quels mots du texte pouvez-vous comprendre à l'aide de mots de la même famille ou d'une autre langue ?

S/S.77

C'est dans le texte. | LIRE, PARLER

1 Donnez une définition de la francophonie.
2 Comment et pourquoi s'est développée la francophonie ? Racontez.
3 L'OIF, qu'est-ce que c'est ? Quel est son rôle ?

S/S.83 @

Pour aller plus loin | LIRE, PARLER

1 Donnez des exemples de pays où le français est langue officielle, langue maternelle, langue culturelle.
2 Quels pays sont membres de l'OIF ? Faites des recherches.
3 Il existe une organisation semblable pour le monde anglophone. Laquelle ?
4 Choisissez un pays francophone et présentez-le à la classe :
S/S.90 Cherchez des informations sur Internet et réalisez une affiche sur ce pays.

B La francophonie en quelques chiffres

G/§1

1 **estimer** schätzen, *(hier)* beziffern
15 **pratiqué,e** *(hier)* verwendet

- On estime à 200 millions le nombre de francophones dans le monde.
- En Europe, on parle le français en Belgique, en Suisse, au Luxembourg, à Monaco, en Andorre et en France.
- La France, c'est aussi les 2.600.000 habitants des départements et territoires d'outre-mer, dont la Martinique, la Guadeloupe, la Guyane, la Réunion, etc.
- Le français est la 9e langue la plus parlée dans le monde et la seule, avec l'anglais, à l'être sur les cinq continents.
- Dans l'Union européenne, le français est la 2e langue étrangère la plus pratiquée (19%), après l'anglais (41%) et devant l'allemand (10%) ou l'espagnol (7%).

Jouez les interprètes ! | LIRE, PARLER

S/S.92 Résumez en allemand les informations principales du texte ci-dessus.

A vous ! | PARLER

Est-ce que ces chiffres vous étonnent ? Pourquoi (pas) ?

@

Pour aller plus loin | PARLER

S/S.83

1 Nommez pour chaque continent un pays dans lequel on parle français. Faites des recherches si nécessaire.
2 Le texte nomme quatre DOM-TOM. Donnez d'autres exemples.

4/8 C Relations privilégiées entre la Tunisie et la France

Approche | PARLER

Que savez-vous sur la Tunisie ? Qu'est-ce que vous associez à ce pays ?

La Tunisie, ex-colonie française, est indépendante depuis 1955. Si la langue officielle est l'arabe, le français reste la deuxième langue du pays.
Sur le plan économique, la Tunisie accueille chaque année de nombreux touristes, principalement des Français.
Autre point fort de l'économie tunisienne : le secteur de l'habillement, où là encore, la France reste le principal client. Des entreprises françaises délocalisent leur production en Tunisie.
Les pays européens sont les principaux clients de la Tunisie avec 88% du total des exportations tunisiennes.

	%
Pantalons de ville	9
Pantalons jeans	16
Lingerie féminine	8
Pullovers	7
Chemises, chemisiers	17
T-shirts	10
Autres produits	33

Principaux produits textiles exportés par la Tunisie en 2008

5 **sur le plan économique** auf wirtschaftlicher Ebene
9 **l'habillement** *(m.)* < s'habiller
19 **la lingerie** Unterwäsche
21 **une chemise** Hemd
21 **un chemisier** Bluse

Répartition des principaux clients de la Tunisie en 2008

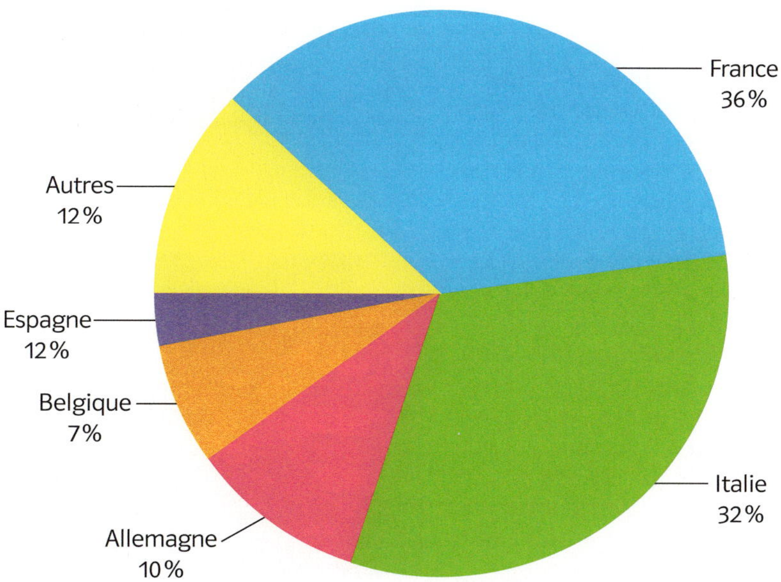

Source : Agence de promotion de l'industrie tunisienne

C'est dans le texte/les statistiques. | LIRE, PARLER

@ **1** Quels sont les principaux secteurs de l'économie tunisienne ?
Faites des recherches sur les secteurs nommés dans le texte, puis présentez vos résultats.

2 Analysez les statistiques.

L 4/9

D Majdi, « le roi du jean » franco-tunisien…

G/§15

S/S.79, 80

Histoire de mots

A l'aide de mots de la même famille ou d'autres langues, expliquez ou traduisez les mots suivants : portuaire ; financièrement ; invendu ; un fabricant.

8 **dans un deuxième temps** in einem zweiten Schritt
14 **un retour aux sources** Rückkehr zu den Wurzeln
19 **plaisanter** scherzen
21 **modeste** bescheiden
23 **lancer qc** etw. auf den Markt bringen
25 **un local** *(hier)* Räumlichkeiten
33 **un salaire minimum** Mindestlohn
37 **prestigieux, prestigieuse** Edel-
38 **pour trois fois rien** zu einem Spottpreis; für 'n Appel und 'n Ei

… à trouver, pour environ 20 €, au marché aux puces de Saint-Ouen, à Paris ! Majdi, qui a un stand de vêtements aux puces de Paris, n'arrivait plus à vendre les jeans de marque car la concurrence avec les autres marchands des puces était trop forte. Il a alors décidé de créer sa propre marque. Puis, dans un deuxième temps, sa propre entreprise, une entreprise qu'il a montée à 1500 kilomètres de Paris : à Bizerte, en Tunisie. Une cinquantaine d'ouvrières travaillent dans son usine.

Bizerte, à 60 kilomètres de la capitale Tunis, est une ville portuaire. Un retour aux sources pour cet homme d'origine tunisienne. Quand le « roi du jean » va à Bizerte, premièrement, il va dire bonjour à sa famille, deuxièmement, il va faire du business. « *On est à deux heures de Saint-Ouen.* », plaisante Majdi au volant de la voiture qui le conduit à son usine. Le modeste marchand des puces est devenu un chef d'entreprise. Il vient ici au moins une fois par mois pour lancer une nouvelle collection de jeans.

« *J'ai d'abord pris le local et j'ai acheté une vieille machine. Et puis comme ça a très vite marché, j'ai acheté d'autres machines. Le tout, au début, ne m'a coûté que 6000 euros. Presque rien, quoi !* » Il est vrai qu'à Bizerte, tout coûte moins cher qu'en France. Ses ouvrières, par exemple, il les paie environ 150 euros par mois, ce qui correspond au salaire minimum tunisien. Sans oublier que l'Etat tunisien aide financièrement les entreprises qui exportent.

Le tissu que Majdi utilise pour fabriquer ses jeans vient des invendus d'un fabricant tunisien qui travaille exclusivement pour des marques prestigieuses ! Ces invendus, Majdi les achète pour trois fois rien ! Ainsi, les clients peuvent trouver sur le stand de Majdi des jeans qu'il propose pour 20 euros, fabriqués avec des tissus réservés aux grandes marques, des marques qui vendraient leurs jeans pour 100–150 euros.

C'est dans le texte. | LIRE, ECRIRE

.77 +85

Majdi reçoit une lettre d'un ami tunisien qui veut savoir ce qu'il fait.
Dans sa réponse, Majdi raconte son histoire et son succès.
Mettez-vous à la place de Majdi et à l'aide des éléments du texte, répondez à la lettre.

Pour aller plus loin | PARLER

Aujourd'hui, l'entreprise de Majdi marche très bien, mais il paie seulement le salaire minimum tunisien à ses ouvrières.

.91

Qu'en pensez-vous ? Discutez en classe.

/10

E Du reggae ivoirien

Tiken Jah Fakoly est un chanteur de reggae de Côte d'Ivoire qui s'engage pour son pays dans ses chansons.

Histoire de mots

.79 -80

1 A l'aide d'un mot de la même famille ou d'une autre langue, expliquez ou traduisez les mots suivants : un millier ; voyager ; un visa ; étudier, se réaliser.

82

2 A l'aide de votre dictionnaire unilingue, expliquez les expressions suivantes : manger à sa faim ; pour de bon ; péter les plombs.

« Ouvrez les frontières »

1. Ouvrez les frontières (x2)
Vous venez chaque année
L'été comme l'hiver
Et nous on vous reçoit
Toujours les bras ouverts
Vous êtes ici chez vous
Après tout peu importe
On veut partir
Alors ouvrez-nous la porte

2. Ouvrez les frontières (x2)
Du détroit de Gibraltar
Nous sommes des milliers
A vouloir comme vous
venir sans rendez-vous
Nous voulons voyager
Et aussi travailler
Mais nous on vous a pas refusé le visa

3. Ouvrez les frontières (x2)
Nous aussi on veut connaître la chance d'étudier
La chance de voir nos rêves se réaliser
Avoir un beau métier
Pouvoir voyager
Connaître ce que vous appelez « liberté »
On veut que nos familles ne manquent plus de rien
On veut avoir cette vie où l'on mange à sa faim
On veut quitter cette misère quotidienne pour de bon
On veut partir d'ici car nous sommes tous en train de péter les plombs

30 **la misère** Elend

S/S.77
C'est dans le texte. | LIRE, PARLER

Répondez aux questions suivantes.

1 A qui est-ce que le chanteur Tiken Jah Fakoly s'adresse dans sa chanson ?
2 Quelle est la différence entre les gens de son pays et « vous » ?
3 La liberté, qu'est-ce que c'est pour lui ?
4 Quel message donne le titre de la chanson ?

Pour aller plus loin | PARLER, LIRE, ECRIRE

S/S.87 1 Est-ce que la musique vous plaît ? Dites pourquoi (pas).
S/S.83, 85 2 Faites des recherches sur Tiken Jah Fakoly et présentez-le dans un court texte.
3 Vous préparez un article de journal sur le chanteur et ses idées.
Ecrivez ce texte sous forme d'une interview.
S/S.91 <4 *« Ouvrez les frontières »* : Etes-vous d'accord avec la demande du chanteur ?
Faites une liste d'arguments pour et contre et organisez un débat en classe.>

S/S.84 L 4/11
Entendu à . . . | ECOUTER, PARLER

1 Ecoutez les premières secondes de la scène.
En vous aidant des bruits que vous entendez, dites où se passe le dialogue.
2 Lisez les questions, écoutez le dialogue et prenez des notes. Puis répondez aux questions.
a) Comment s'appellent les deux jeunes gens ?
b) D'où viennent les parents du jeune homme ?
c) Qui veulent-ils aller voir ?
d) De quoi parle l'album *Welcome to Mali* ?
e) Quelle est la réponse de la jeune fille à l'invitation ?

L 4/13
F Le Québec
G/§§ 2, 15

Approche | PARLER

Que savez-vous sur le Québec ?
Regardez les photos ci-dessous et la carte à la page 263, elles peuvent vous aider.

Mon pays !
Que ces mots sont doux à l'oreille et au
cœur !

Mon pays le Québec,
C'est ce coin de planète où je me sens
chez moi avec les miens.
C'est ce coin qui m'a vu naître ou que
j'ai choisi pour y poursuivre ma vie.
Mon pays s'étend à perte de vue.
Avec son fleuve puissant, ses rivières
onduleuses, ses milliers de lacs,
Ses forêts pleines d'odeurs sauvages,
Ses routes d'aventure
Et ses villes bourdonnantes aux nuits
multicolores.

Mon pays, c'est cette langue française,
Si vive, grave et pétillante,
C'est cette longue marche,
Commencée il y a bientôt quatre siècles
Dans la splendeur et la dureté d'un
continent nouveau,
Au bout de laquelle nous attend
La lumineuse Liberté.

Mon pays n'existe pas seul.
Il se déploie aussi dans ma tête et dans
mon cœur,
Dans ma mémoire et mes projets.
Car il n'est pas de pays sans hommes ni
femmes pour le connaître et l'aimer,
L'embellir et le parfaire.

Mon pays, c'est une façon de vivre et de
sentir, de construire et de manger,
De rire et de penser, d'écrire et de chanter,
Une façon d'être au monde
Ouverte sur les milliers de façons
Qu'il y a d'être un humain sur cette terre.

Mon pays, aujourd'hui, je le célèbre et le
danse,
Je l'affirme et le chante.
Il frémit en moi avec tant de tendresse,
Il me parle d'une voix si douce et si prenante
Que j'en ai le cœur en fête !

9 **à perte de vue** bis zum Horizont
11 **onduleux, onduleuse** mit gewellter Oberfläche
14 **bourdonnant,e** summend, brummend
17 **vif, vive** lebendig, lebhaft
25 **se déployer** sich entfalten, sich ausbreiten
39 **affirmer qc** *(hier)* zu etw. stehen

« Mon pays », Yves Beauchemin. Cet extrait a été reproduit aux termes d'une licence accordée par Copibec.

S.82

Histoire de mots

Cherchez dans le dictionnaire unilingue les mots que vous ne connaissez pas.

S.77

C'est dans le texte. | PARLER

1 Pour quelles raisons est-ce que l'auteur du texte aime son pays ?
2 Relevez dans le texte les mots-clés qui décrivent :
Groupe 1 : la nature — Groupe 2 : la langue — Groupe 3 : la façon de vivre
< **3** De quelle marche (l. 18) parle l'auteur ? Faites des recherches. >

< Jouez les interprètes ! > | ECRIRE

S.92

Essayez de recréer en allemand la même atmosphère que dans le poème d'Yves Beauchemin.

S.82

Pour aller plus loin | LIRE

Les Québecois utilisent pour certaines choses d'autres mots que les Français : On parle alors de « canadismes ». Voilà une liste de canadismes (A), trouvez le mot français correspondant (B).

A	B
être en balloune ; la fin de semaine ; magasiner ; catcher ; un chien-chaud ; il mouille ; une blonde ; tomber en amour	il pleut ; un hot-dog ; une petite amie ; le week-end ; être enceinte ; tomber amoureux ; comprendre ; faire les courses

L 4/14

G Cœur de Pirate aborde la France.

G/§§ 9, 10, 13–15

0 **aborder** entern; *(hier)* im Sturm nehmen
1 **un vivier** Fischteich; *(hier)* Kaderschmiede
5 **touchant,e** rührend
9 **tout du moins** zumindest
14 **sortir du lot** aus der Masse herausragen
18 **faciliter la tâche à qn** jdm die Arbeit erleichtern
25 **blaguer** scherzen
42 **une conception** Vorstellung
48 **conquis,e** erobert
49 **décalé,e** versetzt; *(hier)* schräg

Le Québec est un vivier impressionnant de jeunes talents. Présentée à Bourges avant même que son album ne sorte en France, la jeune Cœur de Pirate, seule au piano, montre une personnalité touchante et drôle, qui séduit largement le public du Printemps.
Voilà, c'en est fini des chanteuses à voix en provenance du Québec ! Ou tout du moins, c'est ce qu'on aimerait croire. Cœur de Pirate, alias Beatrice Martin, jeune femme vive et décidée, semble le confirmer :
« Il y a là des groupes comme Malajube, Karkwa ou Pierre Lapointe qui sont sortis du lot des interprètes, des chanteuses à voix québécoises que nous connaissons depuis longtemps et moi, ça me facilite la tâche car on fait plus attention à mon travail ».
Car Cœur de Pirate est bien une auteure compositeur interprète. Seule, derrière son piano, sur la scène du Duc Jean, Cœur de Pirate, ne semble que très peu impressionnée, dialoguant et blaguant facilement avec le public.
Sa blondeur et sa voix quasi enfantine, […], contrastent avec les tatouages […] sur ses bras.

Auteure d'un premier album sorti au Québec et très bien accueilli par les critiques, Cœur de Pirate a débuté à l'âge de quatre ans le piano classique, sa mère étant elle-même pianiste. A quatorze ans, elle stoppe tout. Vers dix-huit ans, elle reprend le piano au moment où elle écrit ses premières chansons. Avec ce premier album, la jeune femme parle justement de cette adolescence : *« C'est une période qui n'est pas très loin de moi, car je ne suis pas très âgée ! C'est un moment de la vie où on a une conception de l'amour et des relations interpersonnelles très idéaliste, je pense que ça peut intéresser beaucoup de gens ! »*

Programmée au Printemps de Bourges, Cœur de Pirate s'en dit très honorée, et le public a l'air conquis. […] Entre humour décalé et descriptions des sentiments humains, la jeune femme pourrait bien se dessiner une voie vers le succès.

Source : www.rfimusique.com/musiquefr/articles/112/article_17601.asp

S/S. 79, 80

Histoire de mots

Quels mots du texte pouvez-vous comprendre à l'aide de mots de la même famille ou d'une autre langue ?

C'est dans le texte. | LIRE, PARLER, ECRIRE

S/S. 89
A l'aide des informations du texte, faites le portrait de Cœur de Pirate.

@ Pour aller plus loin | ECOUTER, ECRIRE, PARLER

1 A l'aide du site officiel de Cœur de Pirate, complétez votre portrait de la chanteuse.
S/S. 83, 90
2 Sur ce site se trouvent les clips et chansons de Cœur de Pirate. Choisissez une chanson qui vous plaît et présentez-la en classe. Les questions suivantes peuvent vous aider :
   a) Quel est le sujet de la chanson ?
   b) A quel public s'adresse la chanson ?
   c) Est-ce que la vidéo va bien avec la chanson ? Pourquoi (pas) ?
   S/S. 87
   d) Aimez-vous la musique de Cœur de Pirate ? Sa voix ? Sa façon de se présenter ? Dites pourquoi (pas).
S/S. 83, 89
3 Cherchez sur Internet un autre artiste francophone et faites son portrait.

Online Link
524481-0012

1 Les produits tunisiens ▶ niveau intermédiaire §12

Faites des phrases. Utilisez le **comparatif** avec plus (+), moins (−), aussi (=) ou le **superlatif** avec le plus (++) ou le moins (−−).
Exemple : Pays-Bas / importer (+) / produits tunisiens / Espagne
→ Les Pays-Bas importent plus de produits tunisiens que l'Espagne.

a) Belgique / acheter / (−) / Pays-Bas
b) Italie / être / bon client (+) / Allemagne
c) France / être / bon client (++)
d) Elle / acheter / (++)
e) Les exportations de jeans / être / important (=) / exportations de chemises.
f) Espagne / être / bon client (=) / Belgique
g) Belgique et Espagne / acheter / (−−)

2 La francophonie ▶ niveau débutants §30 ▶ niveau intermédiaire §14

a) Complétez les phrases avec **qui**/**que**/**ce qui**/**ce que**.

1. Le mot francophonie ● existe depuis 1860, est une expression ● un géographe a inventée.
2. Un pays francophone ● m'intéresse beaucoup, c'est le Canada.
3. ● m'intéresse surtout, c'est le grand nombre de jeunes artistes.
4. Il y a par exemple Cœur de Pirate ● a beaucoup de succès.
5. ● j'aime beaucoup, c'est sa voix enfantine.
6. Elle contraste avec les tatouages ● elle porte.
7. Un autre représentant de la francophonie ● chante, c'est Tiken Jah Fakoly.
8. C'est un artiste ● je trouve fascinant.

b) Traduisez en français.

1. Kennst du das Lied, das wir gerade gehört haben?
2. Auf dem Flohmarkt findest du alles, was dir gefällt.
3. Was du gekauft hast, kommt aus Tunesien.
4. Die Familie, die seit einer Woche hier wohnt, kommt aus Martinique.

3 Voyage en francophonie

Complétez les phrases avec les **articles** (si nécessaire) et **prépositions** manquants.

a) Les parents de Sandrine voyagent beaucoup pour leur travail.
Sandrine est née ● Madagascar et est allée à l'école ● Inde.
b) Aujourd'hui, Sandrine fait ses études ● France.
c) Ses parents sont actuellement ● Malaisie, mais déménagent dans trois mois ● Japon.
d) Alain, le copain de Sandrine, vient ● Canada, plus exactement ● Québec.
e) Cet été, Sandrine et Alain veulent partir avec des copains en vacances, mais ils ne savent pas encore où aller.
f) Marie et Paul voudraient aller ● Afrique, d'abord ● Maroc et ● Tunisie, puis passer encore quelques jours ● Côte d'Ivoire.
g) Sandrine, elle, préférerait partir ● Etats-Unis, ● New York ou ● San Francisco par exemple.
h) Et Alain rêve de partir ● Asie.
i) Finalement, ils vont rester ● Europe.

→ Überprüfen Sie Ihre Antworten auf den Seiten 243–248.

A La francophonie, c'est quoi ?

la **francophonie**	die Frankophonie
inventer qc	etw. erfinden
une **langue maternelle**	eine Muttersprache
une **langue officielle**	eine Amtssprache
l'**indépendance** *(f.)*	die Unabhängigkeit
l'**Etat** *(m.)*	der Staat
grâce à	dank *(Präposition)*
un **lien**	eine Verbindung
francophone	frankophon/französischsprachig
exister	existieren/bestehen
réunir qn	jdn versammeln/zusammenbringen
un **membre**	ein Mitglied
favoriser qc	etw. begünstigen/unterstützen
l'**essor** *(m.)*	der Aufschwung
l'**éducation** *(f.)*	die Erziehung; die Bildung
le **respect**	der Respekt
une **valeur**	ein Wert
anglophone	englischsprachig

B La francophonie en quelques chiffres

un **chiffre**	eine Zahl

C Relations priviligiées entre la Tunisie et la France

une **colonie**	eine Kolonie
l'**arabe** *(m.)*	Arabisch *(als Sprache)*
nombreux/nombreuse	zahlreich
un **point fort**	eine Stärke
tunisien/tunisienne	tunesisch
délocaliser qc	etw. verlagern
l'**exportation** *(f.)*	der Export
exporter	etw. exportieren

D Majdi, « le roi du jean » franco-tunisien

un **roi**/une **reine**	ein König/eine Königin
un **marché aux puces**	ein Flohmarkt
un **marchand**/une **marchande**	ein Händler/eine Händlerin
propre	eigen
monter qc	*(hier)* etw. gründen/etw. hochziehen
d'origine tunisienne	(mit) tunesischer Herkunft
conduire qn	jdn fahren
au moins	mindestens
le **salaire minimum**	der Mindestlohn
un **tissu**	ein Stoff
ainsi	so

E Du reggae ivoirien

ivoirien/ivoirienne	(aus/von) der Elfenbeinküste
une **frontière**	eine Grenze
des **milliers** *(m.)*	Tausende
un **visa**	ein Visum
la **liberté**	die Freiheit
qn ne manque plus de rien	jdm fehlt es an nichts mehr
quotidien/quotidienne	(all)täglich

F Le Québec

doux/douce	lieblich; süß
un **coin**	eine Ecke
naître	geboren werden/auf die Welt kommen
poursuivre qc	*(hier)* etw. fortsetzen
s'étendre	sich erstrecken
une **rivière**	ein Fluss
un **lac**	ein See
une **odeur**	ein Geruch
une **aventure**	ein Abenteuer
bientôt	bald
au bout de	am Ende von
la **mémoire**	das Gedächtnis
vivre	leben
construire qc	etw. bauen
rire	lachen
la **terre**	die Erde
un **poète**	ein Dichter

G Cœur de Pirate aborde la France.

avant que *(+ subjonctif)*	bevor
séduire qn	jdn verführen
croire qn/qc	jdm/etw. glauben
qn semble faire qc	jd scheint etw. zu tun
québécois/québécoise	aus Quebec
un **auteur**/une **auteure**	ein Autor/eine Autorin; *(hier)* ein Songschreiber/eine Songschreiberin
la **blondeur**	die Tatsache, dass jd blond ist
un **tatouage**	eine Tätowierung
l'**adolescence** *(f.)*	die Jugend
loin (de)	weit (von)
honoré/honorée	geehrt
l'**humour** *(m.)*	der Humor
une **description**	eine Beschreibung

4/15
Les mots pour parler de la francophonie

S.93

On parle le **français** dans le monde entier, comme par exemple, en **Belgique** – en **Europe**, au **Canada** – sur le continent américain, en **Côte d'Ivoire** – sur le continent **africain**, dans les **territoires** et départements français **d'outre-mer**, etc. Tous ceux qui, à travers le monde, parlent la même langue se retrouvent dans un concept qu'on appelle la **francophonie**. Il y a longtemps, la France avait des **colonies**, notamment en Afrique. Aujourd'hui, les anciennes colonies françaises sont devenues **indépendantes**. Mais la France garde des **liens privilégiés** avec ces pays. Ce sont des liens **culturels** et **économiques**. Tous les pays, ceux qui ont obtenu leur **indépendance**, ainsi que les autres, comme la France ou le Canada, se retrouvent au sein d'une organisation qui s'appelle **l'Organisation Internationale de la Francophonie**.

La France conserve, par exemple, des liens privilégiés avec une de ses anciennes colonies : la **Tunisie**. L'industrie de ce pays repose sur le **tourisme** – beaucoup de touristes français passent leurs vacances en Tunisie – et sur la **fabrication** de **vêtements**, aussi. Des **marques** connues **délocalisent** leur production en Tunisie, parce que le **salaire minimum** tunisien est moins élevé qu'en France ou en Allemagne. Du coup, les **exportations tunisiennes** explosent.

Mais la francophonie, ce n'est pas que l'économie. C'est aussi la **culture**. On chante en français. Les Africains, comme l'Ivoirien **Tiken Jah Fakoly**, demandent que les Européens leur **ouvrent** leurs **frontières**, comme eux le font pour les touristes. Le mot « **liberté** » revient souvent dans les strophes des chansons.
D'autres, comme **Amadou et Mariam** parlent de la beauté de leur pays, le **Mali**. Au Québec, aussi, les **poètes** parlent, avec amour, et toujours en français, des **splendeurs** de leur **terre**. On peut aussi citer en exemple la Québécoise **Cœur de Pirate**, qui a vite conquis le public français.

L'art sous toutes les coutures

Une sculpture : Le Penseur de Rodin

Un tableau : *Icare* d'Henri Matisse

« Il faut regarder toute la vie avec des yeux d'enfants. » Henri Matisse

Un écrivain : Jean-Marie Gustave Le Clézio (Prix Nobel de littérature)

« Vous dites des choses, vous avez mal et vous pens
que vous pouvez en mourir,
et quelques années plus tar
ce n'est plus qu'un souvenir.
J.-M.G Le Clézio

Une exposition : *Masterpieces from Paris* à Canberra

Un peintre : Auguste Renoir

« Ce dessin m'a pris cinq minutes, mais j'ai mis soixante ans pour y arriver. » Auguste Renoir

Un musée : le Louvre

Un film : *Le Petit Nicolas*

A vous ! | PARLER

Quelles images/photos/Quels personnages connaissez-vous ?

C'est dans les citations. | LIRE, PARLER

S/S. 81 **1** Traduisez les citations.

2 Lesquelles préférez-vous ? Pourquoi ?

---

1 **sous toutes les coutures** von allen Seiten betrachtet

Une musique : le Boléro de Ravel

Un évènement : le festival de Cannes

Une actrice : Marion Cotillard

« Jouer un rôle, c'est se laisser habiter sans se faire totalement envahir[1]. C'est une manière d'apprivoiser[2] quelqu'un. » Marion Cotillard

Un personnage : Jean-Paul Gaultier

« Je défends une chose : ne pas avoir honte[3] de sa différence, de ses origines. » Jean-Paul Gaultier

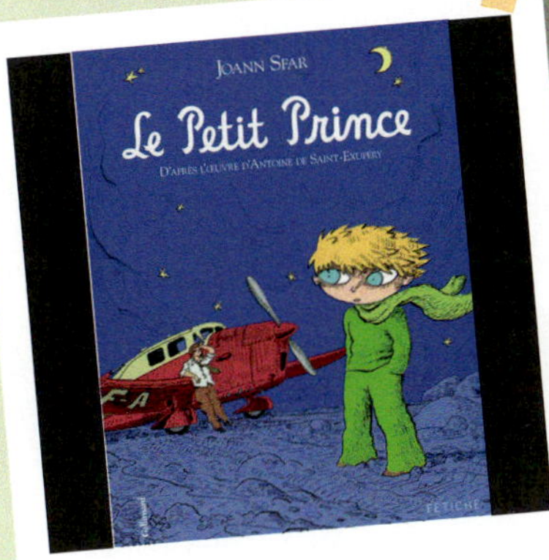

Une BD : Le Petit Prince de Joan Sfar

Un photographe : Robert Doisneau

/22 ◎ **Entendu à . . .** | ECOUTER, PARLER G/§§ 7, 15

.84 Ecoutez les dialogues puis répondez aux questions suivantes.

Dialogue 1
1 Est-ce que les peintres réussissaient à vendre leurs tableaux ?
2 Donnez deux informations sur Renoir.

Dialogue 2
1 De quel festival parlent les personnes ?
2 Sur qui est-ce que la journaliste écrit un article ?

Dialogue 3
1 Qu'est-ce que le 7e, le 8e et le 9e art ?
2 Quel est l'art que Rémy préfère ?

Dialogue 4
1 Où veulent aller les jeunes ?
2 Que font-ils pour ne pas attendre à l'entrée ?

Dialogue 5
1 Relevez au moins deux informations sur le personnage cherché.
2 Quels personnages a inventé Goscinny ?

1 **envahir qn** *(hier)* (in einer Rolle) aufgehen – 2 **apprivoiser qn/qc** jdn/etw. zähmen – 3 **avoir honte de qn/qc** sich für jdn/etw. schämen

L 4/27 A L'épopée de la musique française dans le monde

Approche | PARLER

G/§§ 5, 15

Quels musiciens français connaissez-vous ? Nommez-en quelques-uns.

0 **une épopée** Epos; *(hier)* Abenteuer(geschichte)
2 **apprécier qn/qc** jdn/etw. schätzen
5 **quant à . . .** was … betrifft
9 **réputé,e . . .** bekannt (als)
11 **adoubé,e** zum Ritter geschlagen; *(hier)* Anerkennung finden
12 **inclassable** schwer einzuordnen
17 **être dû, due à** von etw. herrühren
19 **habile** geschickt
21 **engendrer** erzeugen; *(hier)* ermöglichen
27 **mener à bien qc** etw. zu Ende führen

Plus de 50 % des ventes ont lieu en Europe. C'est l'Allemagne qui apprécie le plus la chanson française, depuis longtemps. Le Japon progresse très fort actuellement. […] Quant aux Américains, ils sont devenus, c'est nouveau, le second territoire d'exportation pour des musiciens français, là encore, peu célèbres dans leur propre pays.
Même le Royaume-Uni, marché réputé difficile, commence à s'ouvrir. « L'électro » française y est adoubée. Les musiques du monde, très populaires, des artistes inclassables comme Camille ou Sébastien Tellier, et même les rockers, comme Manu Chao, The Shoes, Nelson, Neïmo ou Zombie Zombie, y sont respectés.
Cette internationalisation est due non seulement au talent des artistes, mais aussi à une habile stratégie des maisons de disques. […] C'est ainsi que le morceau *New soul*, de Yaël Naïm, utilisé pour la pub MacBook Air, a engendré la vente, aux Etats-Unis surtout, de plus de 150 000 albums et de 3 millions de singles !
Le Bureau export, qui compte dans le monde sept antennes, […] aide les maisons de disques à mener à bien ces missions dont l'enjeu est capital : 36 % des ventes sont réalisées à l'export. Il est même vital pour la musique classique, où ce taux atteint les 50 %.

La musique française fait chanter la planète
© Sylvie Thomas

Ventes de disques français (2008)	
Europe	48 %
Amérique	37 %
Asie	13 %
Océanie	1,5 %
Afrique	0,5 %

Source : Bureau export de la musique française.

S/S. 79, 80

Histoire de mots

Quels mots du texte comprenez-vous à l'aide de mots de la même famille ou d'une autre langue ?

S.77

C'est dans le texte. | LIRE, PARLER

Vrai ou faux ? Justifiez votre réponse.

1 L'Allemagne aime la musique française.
2 Les Etats-Unis sont le troisième territoire d'exportation.
3 On n'apprécie pas la musique française au Royaume-Uni.
4 Yaël Naïm est un rocker japonais.
5 Le Bureau export aide à exporter les artistes à l'étranger.
6 Les artistes français vendent leurs disques surtout en Europe.

Pour aller plus loin | ECRIRE, PARLER

@ 1 Quels artistes/musiciens du texte connaissez-vous ? Choisissez un artiste/musicien, faites des recherches puis présentez-le dans un court texte.
S.83 +89 2 Parlez de votre musique préférée.

Online Link
524481-0013

/28

B L'art, un marché et une économie aussi

G/§§ 5, 13–14

Approche | PARLER

1 Regardez l'affiche. De quel peintre est ce tableau ?
2 Si on vous parle d'impressionnisme, à quels peintres pensez-vous ?
3 Lisez le titre : A votre avis, de quoi va parler le texte ? Faites des hypothèses.

R/1

Une fièvre impressionniste saisit Canberra.

Aux Antipodes, l'exposition est annoncée comme l'événement culturel de l'année. Vendredi 4 décembre, la galerie nationale d'Australie, à Canberra, inaugurera en grande pompe « Masterpieces from Paris », les chefs-d'œuvre de Paris.

Pendant cinq mois, le musée présentera 112 œuvres majeures, habituellement accrochées aux murs du musée d'Orsay : des tableaux de Van Gogh, Bonnard, Seurat ou Gauguin, qui partiront ensuite à Tokyo, puis à San Francisco. […] L'exposition, décrite comme un « blockbuster », est la première présentant une telle variété d'artistes en Australie.

[…] Si la galerie nationale refuse de préciser le prix de location des œuvres, on sait qu'Orsay devrait recevoir 10 millions d'euros en 2010 pour le prêt de deux expositions – soit 220 tableaux – à 6 institutions à travers le monde.

1 **saisir** erfassen, überkommen
2 **aux Antipodes** *(hier)* am anderen Ende der Welt
6 **en grande pompe** mit großem Prunk
15 **un,e tel,le** ein(e) solche(r)

23 **révéler qc** *(hier)* etw. verraten, bekannt geben
29 **réjouir qn** jdn erfreuen
32 **inclure** *(hier)* beinhalten
36 **une compagnie aérienne** Fluggesellschaft
37 **alerter qn** jdn alarmieren, vorwarnen

« On s'est mis d'accord pour ne pas révéler le prix. Mais en réalité, cela coûte moins cher que l'organisation de l'exposition elle-même. Il faut faire venir les œuvres, par huit avions différents, et surtout les assurer », précise le directeur. […]

L'événement réjouit déjà les tours-opérateurs de Canberra. Depuis plus d'un mois, sur leurs sites Internet, les hôtels proposent des formules spéciales incluant tickets pour l'exposition et petits-déjeuners « à la française ». 250 000 personnes sont attendues, venues de tout le continent. La compagnie aérienne nationale, Qantas, a même alerté le musée que les réservations de sièges étaient déjà extrêmement nombreuses. Des avions supplémentaires pourraient être mis en place.

Marie-Morgane Le Moël © Le Monde 30/11/2009

S/S.77

C'est dans le texte. | LIRE, PARLER

Répondez aux questions suivantes :

1 Que présente l'exposition ?
2 Pourquoi parle-t-on de « blockbuster » pour cette exposition ?
3 Pourquoi l'art est-il un marché mais aussi une économie ? Expliquez.

<Regards croisés> | PARLER

Connaissez-vous d'autres expositions aussi célèbres ? Lesquelles ? Donnez des exemples.

L 4/29

C La BD : les Français en redemandent !

G/§§ 9, 10

5 **une dédicace** Widmung
8 **en cascade** *(f.)* reihenweise
10 **un engouement** Begeisterung
10 **susciter qc** etw. verursachen
14 **une chasseuse de mari** eine, die auf der Jagd nach einem Ehemann ist
15 **un fils à papa** verwöhnter Sohn reicher Eltern
15 **chauffer** *(hier)* s'amuser

En France, un livre vendu sur huit est une BD. Le neuvième art occupe une place importante dans la vie culturelle. On ne compte plus le nombre de festivals et de manifestations qui lui sont consacrés. Le plus célèbre est celui qui se déroule au mois de janvier à Angoulême : le Festival international de la BD. Le public attend parfois de longues heures devant les stands des dessinateurs pour avoir une dédicace sur un album. En 2008, il y a eu 4 300 nouvelles BD (contre 951 en 1998).

Exemple d'un succès : Aya, une Africaine en France

Plus de 300.000 exemplaires vendus, traduction en 12 langues, des prix en cascade et bientôt un film. Créatrice de la bande dessinée Aya de Yopougon, Marguerite Abouet reste surprise par l'engouement suscité par les « petites histoires » de son enfance en Côte d'Ivoire. […] *« Je ne m'attendais pas à un tel succès »*, avoue-t-elle. Illustrée par le Français Clément Oubrerie, la série raconte la vie de familles ivoiriennes à travers Aya et ses amis Bintou, Adjoua et Moussa. Si l'héroïne veut être médecin, Bintou et Adjoua comptent *« finir en série »* c'est-à-dire devenir *« couturière, coiffeuse, ou chasseuse de mari »*, quand le fils à papa Moussa ne pense qu'à « chauffer » […] *« Le but dans Aya, c'est qu'après quatre pages on se dise qu'on n'est plus en Afrique mais juste dans une histoire qui ressemble un peu à la vie de tout le monde »*, explique-t-elle.

(© AFP, 09/12/09)

.77 C'est dans la BD. | LIRE, PARLER

1 De quoi parle la BD *Aya de Yopougon* ? Résumez en quelques phrases.

.88 2 Regardez la planche (die Seite) d'Aya.
   a) Parlez du style, des couleurs, des images.
   b) Vous plaît-elle ? Pourquoi (pas) ?

@ Pour aller plus loin | LIRE, PARLER

Faites des recherches sur un des sujets suivants, puis présentez vos résultats.

.83
- le Festival international de la BD
- Aya de Yopougon

Regards croisés | PARLER

Est-ce que la BD joue un rôle aussi important en Allemagne qu'en France ?
@ Faites des recherches sur l'importance de la BD en France et en Allemagne,
.83 puis discutez en classe.

D L'art, pour qui ?

Approche | PARLER

Est-ce que vous allez souvent au musée ou voir des expositions ? Pourquoi (pas) ?

R/3

Les jeunes restent à la porte.

8 **envers** gegenüber
14 **un,e sondé,e** befragte Person
16 **autant** ebenso viel

55 % des 15–18 ans ne vont jamais au musée, 66 % ne se rendent jamais au théâtre et 93 % à l'opéra, selon une enquête réalisée par la JOC (Jeunesse Ouvrière Chrétienne). Pourquoi ? « *Trop cher* », jugez-vous. Pourtant, les gestes envers les jeunes sont nombreux : musées nationaux gratuits, « pass » à l'Opéra de Paris et à la Comédie-Française, réductions dans les théâtres à Toulouse, Paris, Lille… La réponse est plutôt là : 40 % des sondés disent mal connaître les propositions culturelles de leur ville, et autant ne s'intéressent pas aux musées, opéras et théâtres. Pourtant… renseignez-vous : il se passe dans ces lieux des choses surprenantes, qui ne correspondent pas toujours à l'image que l'on s'en fait. Mais, bon, il faut le reconnaître : va-t-on s'offrir une place d'opéra quand on n'y connaît rien ? Damien Cerques, porte-parole de la JOC, l'analyse ainsi : « *Les mesures sur les prix sont une chose, mais il faut avoir les clés pour comprendre les œuvres proposées.* »

Jouez les interprètes ! | LIRE, ECRIRE

1 Expliquez la première phrase du texte : « *Les jeunes restent à la porte.* »
2 Comment comprenez-vous la dernière phrase du texte ? Expliquez.
S/S. 92
3 Vous écrivez pour le journal du lycée un article sur les jeunes et l'art. Lors de vos recherches, vous avez trouvé cet article de Phosphore. Résumez pour votre article les informations principales en allemand.

/S.83

C'est dans le dessin. | PARLER

1 Décrivez le dessin.
2 Qu'est-ce que le dessinateur veut dire ? Expliquez.

Pour aller plus loin | PARLER

/S.91

1 La culture n'intéresse pas les jeunes et les jeunes sont mal informés. Que pensez-vous de cette affirmation ? Discutez en classe.
< 2 Faites un sondage dans votre classe sur les sorties culturelles (musée, théâtre, opéra, cinéma, etc.), puis présentez vos résultats. >
3 A votre avis, comment pourrait-on intéresser les jeunes à l'art ? Faites des propositions.
4 Présentez le programme culturel de votre ville/village. (Vous pouvez par exemple réaliser une affiche.)

4/30

Entendu à . . . | ECOUTER, PARLER

/S.84

Ecoutez les quatre jeunes, puis répondez aux questions suivantes :

1 Quelle est la passion d'Aurélien ?
2 Pourquoi veut-il aller à Avignon ?
3 Quel genre de musique aime Lola ?
4 De quels groupes/chanteurs/musiciens parle-t-elle ? Donnez 3 exemples.
5 Quand est-ce que Baptiste aime peindre ?
6 Qu'est-ce qu'il aime aussi et pourquoi ?
7 Quel rêve a Camille ?

4/34

E Comment leur donner le goût de lire ?

G/§§ 5, 7, 9, 10, 15

/S.82
R/2

Le texte suivant contient des mots que vous ne connaissez pas encore. Essayez de comprendre l'essentiel du texte en vous aidant de votre dictionnaire unilingue.

Amener les jeunes à la lecture et la découverte d'écrivains contemporains, c'est le défi que s'est lancé le « Prix des lycéens allemands », créé en 2004 par l'Ambassade de France et la maison d'édition Klett. Chaque année, les organisateurs proposent aux élèves de lire quatre romans et de rencontrer leurs auteurs. En mars, à la foire du livre de Leipzig, un jury composé de jeunes venus de toute l'Allemagne décerne le « Prix des lycéens allemands ».

« Dans la peau des arbres » est un des romans qui a été sélectionné en 2008 : l'histoire de Géraldine, 16 ans, qui passe tous ses étés dans le sud, chez sa grand-mère où, loin de ses parents, elle se sent bien. Mais un été, le feu ravage la forêt et Géraldine doit rentrer dans le nord avec sa grand-mère qui tombe malade.

« J'éteins le lecteur de CD. Je prends mon cahier de vacances. Je n'en ai plus l'âge, mais j'aime ça, le cahier à remplir chaque jour, le rituel des devoirs, j'ai le goût du travail, mais je suis nulle en classe. [...]

Je commence à lire mon texte en allemand, j'aime bien cette langue depuis qu'on a fait un échange avec ma classe de quatrième. Les garçons s'appelaient tous Markus, Stefan ou Thomas, sauf Tim qui avait les yeux noirs et les cheveux bouclés. On s'est écrit six mois, trois phrases au moins revenaient à chaque fois, « Lieber Tim ... Ich liebe dich ... Viele Küsse ... » et puis on a arrêté. Je suis une élève sérieuse, appliquée mais pas très capable. C'est ce que disent les profs, pas devant moi, à mon père qui les a envoyé balader quand ils voulaient me faire redoubler, mais je les crois.

– Je ne comprends pas pourquoi, avec la mémoire que tu as, t'as pas de meilleures notes, m'avoue mon père, déconcerté.

– J'sais pas. Quand j'suis en cours, j'suis comme une passoire. J'arrive pas à régler les trous, ils sont trop gros, je laisse tout passer.

Au début de l'été, Grand-mère a voulu me décourager d'arrêter le lycée, mais elle ne s'est pas obstinée. Elle a bien remarqué que dans ma tête, c'était décidé. J'ai encore rien dit aux parents, mais je vais apprendre un métier, c'est sûr. Je ne sais pas encore quoi, faut que je réfléchisse. Grand-mère dit que je suis douée en français et en histoire. Elle me fait pouffer. Il n'y a qu'avec elle que je passe mon temps à discuter et à lire, même les pavés ne me rebutent pas avec elle, même les monstres géantissimes de la littérature, les Hugo, les Zola, les Maupassant et les Prévert. Et, l'histoire de France, la Résistance et les Romains, rien ne me laisse indifférente. [...]

Je veux utiliser mes mains, je l'ai promis à Grand-mère. »

Dans la peau des arbres, Isabelle Collombat © Editions du Rouergue 2006

S/S.77 C'est dans le texte. | LIRE, ECRIRE, PARLER

1 Divisez le texte en différentes parties et trouvez un titre pour chaque paragraphe.

S/S.85 2 Résumez l'extrait que vous venez de lire.

Pour aller plus loin | ECRIRE, PARLER

Au choix :

1 *« J'aime bien cette langue »* (l. 4) Aimez-vous le français ? Pourquoi (pas) ?

2 Quel rôle vos parents/grand-parents jouent-ils dans votre vie ?
Dans quelles situations peuvent-ils vous aider ?
Racontez dans un texte (environ 12–15 lignes).

3 Ecrivez une suite à cet extrait (15 lignes).

<4 Choisissez un auteur français contemporain et présentez-le.>

1 Au musée ▶ niveau intermédiaire §§8, 9

Répondez aux questions en utilisant le **futur**.
Exemple : Mademoiselle, vous n'avez pas encore lu l'article de l'exposition ? **(plus tard)**
– Non, je lirai l'article plus tard.

a) Julie, tu n'as pas encore envoyé les tableaux à Londres ? **(cet après-midi)**
b) Chers collègues, c'est vendredi et vous n'avez pas encore fini les préparatifs du vernissage ? **(lundi)**
c) Murielle, nous n'avons pas encore compté le nombre de visiteurs aujourd'hui ? **(après la fermeture)**
d) Pascal a déjà distribué les dépliants du musée ? **(demain)**
e) Tes parents sont déjà allés voir l'exposition Chagall ? **(le week-end prochain)**
f) Tu as vu le film sur Gainsbourg ? **(après-demain)**

2 Le voyage culturel de Camille et Nina ▶ niveau intermédiaire §3

Mettez les verbes au temps qui convient (**passé composé** ou **imparfait**). Justifiez votre choix.

a) Vendredi soir, nous **(arriver)** à Paris.
b) Nous **(aller)** directement de la gare du Nord à notre hôtel où nous **(rester)** quatre jours.
c) Nous **(avoir)** des jolies chambres. On **(être)** très bien.
d) Pendant notre séjour, nous **(voir)** beaucoup de choses.
e) Chaque jour, nous **(faire)** des kilomètres pour découvrir la ville.
f) On **(visiter)** les musées les plus célèbres comme le Louvre, le musée d'Orsay, le musée Rodin…
g) Il **(faire)** beau tous les jours.
h) Samedi, nous **(participer)** à une balade architecturale dans Paris.
i) C'**(être)** chouette !

3 La vie d'artiste ▶ niveau débutants §47 ▶ niveau intermédiaire §7

Voilà l'interview d'un couple de peintres.
Complétez les phrases avec la bonne forme des verbes entre parenthèses.

a) Le journaliste : Dites-moi, comment ● **(se passer)** vos journées ?
b) Rosa : Le matin, nous ● **(ne pas se lever)** avant 11 heures :
moi, je ● **(se réveiller)** souvent avant, mais j'aime bien rester au lit.
c) Alban : Moi, je ● **(se coucher)** très tard parce que je peins souvent la nuit.
d) Le journaliste : Et vous allez à des expositions ?
Vous ● **(s'intéresser)** au travail d'autres peintres ?
e) Rosa : Je ● **(toujours s'intéresser, p.c.)** au travail des autres, j'aime les expos.
f) Le journaliste : Et comment voyez-vous votre avenir ?
g) Pierre : Tu ● **(se souvenir)**, quand on était jeunes ?
h) Rosa : Ah oui… On rêvait de devenir célèbres ! Aujourd'hui, on est réalistes…
i) Pierre : Moi, j'ai fait plein de petits boulots. J'ai par exemple travaillé dans un musée
où je **(s'occuper, p.c.)** des tableaux abîmés[1].
j) Rosa : La vie de peintre, c'est dur, mais on ● **(se débrouiller)**.

→ Überprüfen Sie Ihre Antworten auf den Seiten 243–248.

1 **abîmé,e** beschädigt

l'**art** *(m.)*	die Kunst
un **tableau**/des **tableaux**	ein Gemälde/Gemälde
un **peintre**/ une **femme peintre**	ein Maler/eine Malerin
une **sculpture**	eine Skulptur
un **écrivain**/ une **femme écrivain**	ein Schriftsteller/ eine Schriftstellerin
mourir (de qc)	(an etw.) sterben
un **acteur**/une **actrice**	ein Schauspieler/ eine Schauspielerin
laisser qn faire qc	jdn etw. machen lassen
faire faire qc à qn	jdn etw. tun lassen
un **évènement**	ein Ereignis

A L'épopée de la musique française dans le monde

progresser	sich entwickeln/ Fortschritte machen
célèbre	berühmt
propre	eigen
s'ouvrir	sich öffnen
populaire	beliebt/populär
l'**internationalisation** *(f.)*	die Internationalisierung
un **morceau**/ des **morceaux**	ein Stück/Stücke
compter qc	etw. zählen
une **maison de disques**	eine Plattenfirma
un **enjeu**/des **enjeux**	ein Einsatz/Einsätze
la **musique classique**	die klassische Musik
un **taux**	ein (Prozent)Satz
atteindre qc	etw. erreichen

B L'art, un marché et une économie aussi

la **peinture**	die Malerei; das Gemälde
impressionniste	impressionistisch
inaugurer qc	etw. eröffnen/einweihen
un **chef-d'œuvre**/ des **chefs-d'œuvre**	ein Meisterwerk/ Meisterwerke
une **œuvre**	ein Werk
une **variété**	eine Vielfalt
le **prêt**	das Ausleihen/Verleihen
assurer qc	etw. versichern
mettre qc en place	etw. bereitstellen

C La BD : les Français en redemandent !

une **manifestation**	eine Demonstration; *(hier)* eine Veranstaltung
se dérouler	sich abspielen/spielen/ stattfinden
un **album**	ein Album; ein Comic-band
avouer qc	etw. gestehen
un **héros**/une **héroïne**	ein Held/eine Heldin
un **coiffeur**/une **coiffeuse**	ein Friseur/eine Friseurin

D L'art, pour qui ?

un **opéra**	ein Opernhaus; eine Oper
une **enquête**	eine (Meinungs)Umfrage
juger qc	etw. beurteilen
une **réduction**	eine Ermäßigung
surprenant/surprenante	überraschend
une **place**	eine (Eintritts)Karte
analyser qc	etw. analysieren
une **mesure**	eine Maßnahme

4/36

Les mots pour parler de l'art

S. 93

L'art aujourd'hui, c'est d'abord **un évènement de masse**, parfois même **international**. En France, on **organise** des **festivals** et des **salons** qui attirent les foules dans tout le pays. Des millions de personnes vont dans les **musées** pour voir **les expositions**, les **œuvres des artistes**, dont les médias font le **succès**. L'art est donc **un marché**. Marché de la **peinture**, de la **littérature**, de la **musique**, du **cinéma**, de la **BD**. On regarde avec attention les **chiffres** des ventes en France et à l'étranger. On achète parfois de l'art comme on le fait pour n'importe quel autre **produit**. Les **stratégies marketing** sont les mêmes pour vendre un CD, un **livre**, une **entrée de cinéma** ou une **place de concert**. A Paris, les **affiches** sont partout sur les murs du métro.

L'art pour tous est quand même toujours un rêve. Certains **tableaux** se vendent à des prix fous et seuls des gens très riches ou des entreprises peuvent les acheter. De plus, certaines personnes pensent toujours que l'art est une question d'argent. Aujourd'hui, pourtant, ce n'est pas toujours vrai. Les villes organisent souvent des **manifestations gratuites**. Par exemple, des **artistes** viennent parler de leur **métier** dans les écoles, les hôpitaux, les magasins, les bibliothèques. Des **théâtres**, des **opéras** proposent des prix intéressants pour les jeunes ou les personnes sans travail. L'art arrive, alors, dans la vie de tous les jours.

Escale enthält fertigkeitsorientierte Übungen, Übungen zur DELF Prüfung sowie weitere Mediationsangebote. Die folgende Übersicht zeigt die Schwerpunkte auf.

	ECOUTER	PARLER	LIRE	ECRIRE	MEDIATION	Bezug zum Dossier	Seite
Compréhension de l'oral							
La Marseillaise et l'identité…	X	X				Politique	175
Africain à Paris	X			X		Francophonie	175
Jeunesse et chômage	X	X		X		Problèmes de société	175
Compréhension de l'écrit							
La télé et moi		X	X			Médias	176
Au musée du Louvre			X			Art/Paris	178
Les spectacles…			X		X	Paris	180
Production écrite							
Frankreichs beste …				X		Problèmes de société	181
Contre le racisme				X		Une France multiculturelle	182
Production orale							
Présentation		X				Histoire Art	182
Entretien dirigé		X				Histoire Environnement Art	182
Exercice en interaction		X				Politique Médias France, Allemagne, Europe…	182
Expression d'un point de vue		X				Paris Politique	182
Médiation							
F → D Les spectacles…					X	Paris	180
D → F Die Franzosen …					X	Francophonie	183
D → F « Paris comme… »				X	X	Paris	183
F → D La femme…		X		X	X	France, Allemagne, Europe…	185

La Marseillaise et l'identité nationale | ECOUTER, PARLER ► POLITIQUE

S.84

1 Ecoutez le texte et répondez aux questions suivantes :

a) Quels sont les trois symboles officiels de la République française ?
b) Qu'est-ce qui fait encore l'identité française ? Nommez quatre faits.

2 Et pour vous, « être allemand », qu'est-ce que ça veut dire ? Racontez.

4/43

Africain à Paris | ECOUTER, ECRIRE ► FRANCOPHONIE

Tiken Jah Fakoly a repris la mélodie de Sting *Englishman in New York*.

S.84

1 Ecoutez la chanson, en particulier le refrain et notez en français ce que vous comprenez.
2 Comparez les refrains anglais et français. Notez les différences.

Paroles du refrain en anglais	Paroles du refrain en français
Oh oh I'm an alien I'm a legal alien I'm an Englishman in New York	

Englishman in New York
T/M: Gordon Matthew Sumner

S.85

3 La chanson de Tiken Jah Fakoly décrit comment on peut se sentir quand on se retrouve loin de chez soi : seul. A votre avis, est-ce que vous vous sentiriez seul si vous habitiez à l'étranger ? Pourquoi (pas) ? Racontez.

4/44

Jeunesse et chômage | ECOUTER, PARLER, ECRIRE ► PROBLÈMES DE SOCIÉTÉ

1 Ecoutez deux fois l'histoire de Magali, puis choisissez la bonne réponse.

S.84

a) Magali n'aime pas Montmartre parce que ce quartier est très cher.
   1. Vrai
   2. Faux.

b) Elle a travaillé dans une entreprise qui fabrique des software mais
   1. l'entreprise n'a plus besoin de ses services.
   2. Magali voudrait travailler dans un autre secteur.

c) Magali a son bac.
   1. Vrai
   2. Faux.

d) Tout ce que Magali a appris à l'université est actuel.
   1. Vrai
   2. Faux.

e) Elle se sent un peu fatiguée à cause de
   1. ses parents
   2. son fils Théo.

f) Pôle Emploi lui a proposé des postes qui n'allaient pas parce que
   1. l'entreprise était trop loin de chez elle
   2. le travail était mal payé
   3. elle devait se lever trop tôt le matin.

g) Pendant ses loisirs, elle crée des bijoux.
   1. Vrai
   2. Faux.

h) Montmartre est un quartier d'artistes.
   1. Vrai
   2. Faux.

i) Si Magali ne trouve pas de travail comme informacienne,
   1. elle veut déménager
   2. elle veut faire de la création de bijoux son métier.

2 Au choix :

a) Imaginez dans quelle situation se trouve Magali, dix ans plus tard. Racontez.
b) Ecrivez un petit texte sur la situation de Magali il y a dix ans.

La télé et moi | LIRE, PARLER

▶ MÉDIAS

S/S.77 Vous êtes en France et vous voulez passer une soirée devant la télé. Voici le programme. Lisez les informations.

@ **1** Quelles émissions aimeriez-vous regarder ? Pourquoi ? Faites des recherches sur les émissions que vous ne connaissez pas.
2 Comparez le programme français au programme allemand.
3 Parlez de votre programme télé préféré.

TF1

20:45 Dr. House

Dernier espoir
Série TV
(45 min)

23:15 Pascal, le grand frère

Magazine
(1 h 10)

France 2

20:35 4 garçons dans la nuit

Téléfilm (1 h 30)
Par une nuit d'été, le corps mutilé d'une jeune femme est découvert dans un talus par une bande d'étudiants qui ont un peu trop bu. Il s'agit de Rose Dugain, 19 ans, la serveuse du bar du coin.

22:15 Les infiltrés

Enquête
Hôpital psychiatrique…
(1 h 29)

France 3

20:35 Le mur de l'Atlantique

Cinéma
(1 h 45)
(*Comédie*, 1970)

22:50 Ce soir (ou jamais !)

Emission culturelle
(1 h 10)

arte

20:35 Le mystère de la disparition des abeilles

Culture-Infos (1h45)

22:20 The Killing

Série TV (1h)

M6

20:40 Pékin express, la route du bout du monde

Divertissement (2h05)
Episode 6 : Toutes les équipes ont un seul et même objectif : partir pour l'île de Pâques, à 3700 km des côtes chiliennes. Il faut faire vite car la dernière équipe arrivée à Santiago du Chili, au pied de la Cordillère des Andes, sera éliminée et ne verra pas le troisième pays traversé par la course : l'Argentine.

22:55 Enquête exclusive

Culture-Infos (1h20)

CANAL+

20:50 No Country for Old Men

Cinéma (2h)
Alors qu'il allait rentrer d'une partie de chasse dans les plaines du Texas, Llewelyn Moss aperçoit dans ses jumelles un spectacle inattendu : des pick-up garés dans le désert autour desquels reposent les cadavres de plusieurs hommes.

Au musée du Louvre | LIRE

▶ ART/PARIS

S/S. 77 Lisez le texte, puis choisissez la bonne réponse.

LOUVRE

Musée | Œuvres | Expositions | Auditorium | Activités | Découvrir | Pratique

Le musée du Louvre présente des œuvres de l'art occidental du Moyen-Age à 1848, des civilisations antiques qui l'ont précédé et influencé et des arts d'Islam.
Les collections sont réparties en huit départements qui ont leur histoire propre, liée aux conservateurs, aux collectionneurs et donateurs.

1 **Le département des Antiquités Orientales** du musée du Louvre est consacré aux civilisations anciennes des pays du Proche et Moyen-Orient, sur une durée qui s'étend depuis la naissance des villages apparus il y a plus de 10 000 ans jusqu'à l'arrivée de l'Islam.

2 Le **département des Antiquités égyptiennes** présente des vestiges des civilisations qui se sont succédées sur les bords du Nil, depuis la fin de la Préhistoire (vers 4 000 ans avant notre ère) jusqu'à l'époque chrétienne. […]

3 Le **département des Arts de l'Islam** est aujourd'hui fermé pour préparer sa réouverture en 2012 dans de nouveaux espaces cour Visconti. Environ deux mille objets y seront exposés. Issues de mille-trois-cents ans d'histoire et de trois continents, ces œuvres témoignent de la diversité d'inspiration. […]

4 Ce département réunit **les œuvres de trois civilisations** : grecques, étrusques et romaines, illustrant l'activité artistique d'une vaste région : Grèce, Italie et ensemble du bassin méditerranéen, dont l'histoire s'étend de l'époque néolithique (IVe millénaire av. J.-C.) au VIe siècle de notre ère.

5 Le **département des objets d'art** présente un monde d'objets de formes, de matières et d'époques très variées ; des bijoux aux tapisseries, en passant par les ivoires, les bronzes, les céramiques et les meubles. On y découvre des œuvres allant du Moyen-Age à la première moitié du XIXe siècle.

6 Le **département des sculptures du Moyen-Age, de la Renaissance et des Temps modernes** présente la plus importante collection au monde de sculptures françaises dans l'aile Richelieu et des chefs d'œuvre de la sculpture italienne et germanique. […]

7 Le **département des Peintures** répond à la dimension encyclopédique du musée avec des œuvres représentatives de toutes les écoles de peinture européennes, du XIIIe siècle à 1848. […]

8 Les **œuvres sur papier** de toutes techniques constituent le fonds de l'un des huit départements du musée. En raison de leur fragilité à la lumière, elles bénéficient de présentations temporaires. […]

www.louvre.fr, rubrique « Œuvre », page « collections et départements »

1 On ne trouve pas dans le Louvre :
a) d'œuvres antiques
b) d'œuvres juives
c) d'œuvres de l'Islam.

2 Le Louvre a huit départements.
a) Vrai
b) Faux.

3 Le département des Antiquités Orientales du musée du Louvre est consacré
a) aux pays africains
b) au Proche et Moyen-Orient
c) aux pays d'Europe.

4 Le département des Antiquités égyptiennes présente des vestiges des civilisations à partir du 9ᵉ siècle.
a) Vrai
b) Faux.

5 Le département des Arts de l'Islam
a) abrite des œuvres de tous les continents
b) est fermé
c) présente des objets couvrant une période de 1300 ans.

6 Un département présente des objets d'art
a) d'Italie
b) d'Allemagne
c) de Russie.

7 Le département des objets d'art abrite des sculpures, des bijoux, des tapisseries…
a) Vrai
b) Faux.

8 Au département des sculptures, on ne trouve pas d'œuvres
a) du Moyen-Age
b) antiques
c) de la Renaissance.

9 Le département des Peintures abrite des œuvres d'écoles de peinture du monde entier.
a) Vrai
b) Faux.

10 Les œuvres sur papier sont protégées de la lumière.
a) Vrai
b) Faux.

Les spectacles au château de Versailles | LIRE

► PARIS

S/S.77 **1** Lisez le texte, puis choisissez la bonne réponse.

CHÂTEAU DE VERSAILLES SPECTALES

PROGRAMME · SPECTACLES · CALENDRIER · INFOS PRATIQUES · ENTREPRISES

Versailles n'est pas seulement plein de touristes qui veulent visiter le château, mais propose aussi des spectacles. En été, après avoir profité des jardins et du parc, les touristes sont invités à assister au programme culturel du château.

Voici quelques offres :

GEORGE FREDERIC HAENDEL : « WATER MUSIC » « MUSIC FOR THE ROYAL FIREWORKS »

La célèbre « Music for the Royal Fireworks » a été composée en 1749 par Georg Frederic Haendel pour les festivités en l'honneur du traité de paix d'Aix-la-Chapelle. A cette occasion, le roi Georges II avait demandé à Haendel une musique festive pour accompagner un grand feu d'artifice. Haendel était alors une gloire vivante en Angleterre. L'attente était énorme. La représentation officielle du 27 avril 1749 créa un nouvel ordre musical : environ 80 instrumentistes étaient réunis pour interpréter ce chef d'œuvre de Haendel dans une version « de plein air ».

ANTONIO VIVALDI : LES 4 SAISONS

Les virtuoses de l'orchestre *Akademie für Alte Musik Berlin* partagent leur théâtre de résidence avec la Compagnie de danse de Sasha Waltz. Ils ont présenté ensemble un « concert dansé ». Ce « spectacle complet » est l'aboutissement du concert : bougez, dansez comme la musique le demande, régalez l'œil et l'oreille ! Un succès triomphal accueille partout cet opéra sans chanteur sur les musiques les plus descriptives de la période baroque.

BACH : CONCERTOS BRANDEBOURGEOIS

Lorsque Bach décida de réunir en un ensemble ses six concertos brandebourgeois, il ne pensait sans doute pas laisser à la postérité l'une des bibles de la musique pour orchestre de l'époque baroque. Ecrits pour des solistes d'exception, dans un ordre « à la française », Marc Minkowski dirige ces bijoux en demandant à chaque interprète des Musiciens du Louvre-Grenoble une prestation de soliste : un must.

DECA DANCE

La Batsheva est la mythique compagnie de danse contemporaine israélienne. Formée de danseurs d'exception souvent issus des écoles américaines, elle a conquis par l'engagement de ses interprètes et la force immédiate des spectacles une audience internationale exceptionnelle. Elle vient présenter au château de Versailles sa plus grande pièce en version « plein air » : montrant des interrogations de la société contemporaine, des dilemmes des habitants d'Israël et de l'affrontement/attraction homme-femme. Un évènement !

a) Haendel était déjà très connu en Allemagne.
   1. Vrai
   2. Faux.

b) On a organisé un concert en plein air à Versailles.
   1. Vrai
   2. Faux.

c) Pendant le spectacle « Les Quatre saisons »,
   1. on chante
   2. on bouge
   3. on écoute.

d) Bach était un représentant de la musique baroque.
   1. Vrai
   2. Faux.

e) Un « must » : c'est
   1. un mot anglais
   2. une œuvre de Bach
   3. une abbréviation.

f) La compagnie Batsheva, travaille avec des danseurs qui viennent d'écoles américaines.
   1. Vrai
   2. Faux.

g) Deca dance, c'est de la danse contemporaine israélienne.
   1. Vrai
   2. Faux.

h) La Batsheva veut montrer
   1. les problèmes de la société contemporaine
   2. le développement de la danse israélienne
   3. les problèmes entre hommes et femmes.

92 **2** Vous aller visiter avec des amis allemands le château de Versailles et vous lisez ces informations sur les spectacles musicaux. Vos amis (qui ne parlent pas français !) aimeraient bien assister à l'un de ces spectacles. Donnez-leur une idée de chaque spectacle.

Frankreichs beste Arbeitgeber

| ECRIRE

▶ PROBLÈMES DE SOCIÉTÉ

GREAT PLACE TO WORK

Im achten Jahr in Folge hat das Institut *Great Place to Work® Institute* eine Liste der besten Arbeitgeber Frankreichs veröffentlicht. Die Bewertung der Unternehmen erfolgte zweifach:

- Einerseits wurden Fragebögen mit 59 Fragen an die Belegschaft bzw. eine repräsentative Auswahl derselben versendet und ausgewertet.
- Andererseits bewerteten Experten die Unternehmenskultur sowie die Personalpolitik der Firmen. Auffallend ist, dass unter den Top ten viele ausländische Unternehmensnamen zu finden sind. Zur Ehrenrettung wird deshalb betont, dass die meisten Filialen unter französischem Management geführt werden.

1. Microsoft
2. Leroy Merlin
3. McDonald's
4. FedEx Express
5. Carglass
6. Ricard
7. Décathlon
8. Alma Consulting Group
9. Groupe Volkswagen
10. Abbott

(Unternehmen mit mehr als 500 Mitarbeitern)

© Great Place to Work® Institute

1 Choisissez une entreprise qui vous intéresse, faites des recherches et présentez-la dans un petit texte.

2 Vous voulez travailler en France pendant six mois dans une des entreprises nommées. Ecrivez votre lettre de motivation.

S/S. 83

Contre le racisme | ECRIRE

▶ UNE FRANCE MULTICULTURELLE

Expliquez l'intention de cette affiche.

S/S. 90

Présentation | PARLER

▶ HISTOIRE, ART

1 Présentez un évènement ou un personnage historique français.
2 Présentez votre peintre/tableau préféré.

Entretien dirigé | PARLER

▶ HISTOIRE ; ENVIRONNEMENT ; ART

1 Après vous être présenté(e), vous tenez un communiqué officiel sur des mesures pour la conservation des monuments historiques de votre région (châteaux, forteresses…)
2 Après vous être présenté(e), vous parlerez de votre opinion concernant la pollution :
Est-ce que la politique fait assez pour combattre la pollution ?
Qu'est-ce que vous faites vous-mêmes contre la pollution ?
3 Après vous être présenté(e), vous parlerez du rôle de l'art dans votre vie.
Racontez si vous allez à des expositions, au musée, au cinéma, pourquoi vous y allez/n'y allez pas etc.

Exercice en interaction | PARLER

▶ POLITIQUE ; MÉDIAS ; FRANCE, ALLEMAGNE, EUROPE

1 Votre meilleur(e) ami(e) voudrait vous convaincre d'adhérer à un parti politique.
Mais la politique ne vous intéresse pas du tout. Vous en discutez avec lui/elle.
2 Votre professeur vous dit : Pour être bien informé, il faut lire le journal chaque jour.
Etes-vous d'accord ? Pourquoi (pas) ? Choisissez une opinion et discutez avec votre voisin(e).
3 Votre meilleur(e) ami(e) voudrait quitter la ville pour aller habiter dans un petit village.
Discutez avec lui/elle des avantages et des inconvénients.

Expression d'un point de vue | PARLER

▶ PARIS, POLITIQUE

Choisissez une de ces deux citations. Puis présentez-en le thème ainsi que votre opinion sur le sujet sous forme d'un petit exposé de trois minutes environ. L'examinateur vous posera quelques questions.

1 On me le dit souvent, « Paris est la plus belle ville du monde ».
Et, quand j'accompagne des amis étrangers sur l'avenue des Champs-Elysées, ils me le répètent sans cesse : « Ah oui, vraiment, nous sommes sur la plus belle avenue du monde »…
Mais si Paris est la plus belle ville du monde, pourquoi alors tant de Parisiens désirent-ils la quitter ?
(http://www.blogg.org/blog-30804-billet-1121544.html)
2 « Le patriotisme, c'est aimer son pays. Le nationalisme, c'est détester celui des autres. » (Charles de Gaulle)
Donnez votre opinion sur ce que dit ce personnage connu français.
Qu'est-ce que sont pour vous le patriotisme et le nationalisme ?

Umfrage: Die Franzosen stehen zur Frankophonie.

▶ FRANCOPHONIE

.92 Vous êtes en France et vous apprenez que votre correspondant(e) n'est pas vraiment intéressé(e) par la francophonie. Pour lui/elle, la francophonie n'apporte aucun avantage à la France. Persuadez-le/la à l'aide du texte que son opinion est fausse.

ORGANISATION INTERNATIONALE DE LA FRANCOPHONIE

Liberté	*Égalité*	*Fraternité*

Das Isama-Institut hat im Auftrag des Informationsamts der französischen Regierung im Februar 2010 eine Erhebung über das Verhältnis der Franzosen zur Frankophonie durchgeführt. Dazu wurden in einer repräsentativen Stichprobe 1006 volljährigen Personen am Telefon befragt.
Die Umfrageergebnisse zeigen, dass das Konzept der Frankophonie heute keinesfalls überholt ist. Rund 91% der Befragten fühlen sich frankophon und 55% empfinden ein Gefühl der Solidarität mit frankophonen Ländern. 90% der Befragten finden, das Konzept der Frankophonie sei nach wie vor aktuell, es müsse aber stärker vertreten werden – durch internationalen Austausch im Hochschulbereich und durch die Förderung der Werte der Frankophonie und der französischen Sprache.
Laut Einschätzung der Befragten ist die französische Sprache ein Instrument, das Frankreich (91%), den französischen Hochschulen (83%) und den französischen Unternehmen (66%) Ausstrahlung verleiht. Eine breite Mehrheit (54%) assoziiert mit der Frankophonie spontan die französische Sprache, die sich immer noch hoher Beliebtheit erfreut.
Obwohl 55% der Interviewten Französisch als Weltsprache sehen, halten 71% Englisch im internationalen Austausch für unumgänglich. Bei den Jüngeren sind es sogar 82%. Ausgehend von dieser Ansicht halten es 26 % der Franzosen für notwendig, den Französischunterricht in der Welt auszubauen. Dabei soll der Schwerpunkt auf dem internationalen Austausch im Hochschulbereich, zwischen französischen Studenten und nicht frankophonen Ländern, liegen.
Neben der französischen Sprache ist die frankophone Identität in weiteren zentralen Bereichen verwurzelt: 70% nennen die französische Kultur und 47% die Werte Demokratie, Frieden und Menschenrechte als grundlegende Elemente der Frankophonie. Laut 73% der Befragten ist es Aufgabe der OIF (Internationale Organisation der Frankophonie), vorrangig für diese Werte einzutreten.
Zu den Hauptaufgaben der OIF zählen 47% der Franzosen das Streben nach Frieden in der Welt. Auf Platz zwei und drei der Liste stehen mit 43% die Verteidigung und Förderung von Freiheit, Demokratie und Menschenrechten und mit 26% die Solidarität mit Ländern, die einer Naturkatastrophe zum Opfer gefallen sind.

« Paris comme il faut »

ECRIRE

▶ PARIS

Salut !
C'est vraiment super que tu viennes à Paris ! Je viendrais te chercher vendredi à l'aéroport.
En pièce jointe, je t'envoie des conseils de Stefan, un autre copain allemand. Il est venu chez moi l'an dernier. Evidemment, il a écrit ses notes en allemand. Moi, je ne comprends rien, mais cela t'aiderait sans doute pour ton séjour ici. Et moi aussi, ça m'intéresse de savoir ce que Stefan a écrit.
A vendredi ! Jean

2 Votre copain de Paris vous envoyé ce e-mail. Répondez à Jean et racontez-lui ce que Stefan a adoré à Paris. Quels conseils est-ce qu'il a donnés et qu'est-ce qu'il a critiqué ?

Beste Aussichtspunkte:
- Galeries Lafayette, hinter der Oper, vom Dach aus
- Eiffelturm (eher abends, eher nur um „oben gewesen zu sein")
- Centre Pompidou, Notre Dame, Sacré Cœur, Tour Montparnasse

Bestes Ausgehen am Abend:
- Montmartre – nicht ganz oben und nicht um die Place du Tertre, sondern die Westseite des Hügels – dort, wo Amélies Lokal sich befindet …
- Umgebung der Place de la Bastille: seit Mitte der Neunziger sehr trendy, viel los
- Rue St. André des Arts und Umgebung (Ausgangspunkt Place St. Michel): etwas vom alten Paris, zwischen Quartier Latin und St. Germain-des-Prés
- Quartier Latin, insbes. um St. Séverin: gleich daneben, etwas mehr touristisch, gegen Mitternacht rammelvoll, Straßenmusikanten, …
- Centre Pompidou und Umgebung: jung, chic, cool

Bestes Essengehen:
- Restaurant Hippopotamus (gibt es viele in ganz Paris, z. B. beim Forum des Halles): relativ günstig, saugute Steaks, trotz Kettencharakter ziemlich pariserisch
- Wirklich gut Essen ist ganz ganz teuer; ein nettes kleines Lokal mit Ambiente und bürgerlichen Preisen kennt jeder Paris-Kenner …

Bestes Shopping:
- Forum des Halles: vier Stock abwärts, 440 Geschäfte usw.
- Rue de Rivoli, vor allem Höhe Louvre bis Höhe Rathaus

Beste Öffibenutzung:
- Carnet (10er-Pack Métrotickets)

Beste Kultur-Musts:
- Notre Dame und Sainte Chapelle (beides in 2 Stunden abhakbar, dann sollte sich das Leben allerdings verändert haben; ein früher Morgen in Notre Dame (8 Uhr)
- Louvre (trotz oder wegen der Größe, ist einfach ein Irrsinn, und ein guter, und so viele solche gibt's nicht auf der Welt)
- Musée d'Orsay (schon allein das Gebäude, natürlich die Impressionisten, …)

Beste Geheimtipps:
- St. Denis (allerallererste gotische Kirche, (wg. Revolution leere) Grablege der franz. Könige seit dem 7. Jahrhundert, fast nie Touristen, turbogute Präsentation mit Kopfhörer und Infrarot-Berieselung; mit Métro erreichbar

Schlechtester Ausflug:
- Versailles (zu weit, zu mühsam, zu teuer, zu überlaufen; vielleicht nächstes Mal)

Bestes Spazierengehen:
- die großen Boulevards: Oper bis Place de la République
- Marais-Viertel, unbedingt mit Place des Vosges, möglichst sonntags

Bestes Relaxen:
- Garten des Palais Royal: gratis, ruhig, supergut (hier gab's die ersten Puffs, die ersten Cafés und den Ausbruch der Franz. Revolution (der von 1789)
- Père Lachaise: Friedhof aller Friedhöfe, Romantiker fallen hier in Ohnmacht

⇆ La femme allemande, un paradoxe ? | PARLER, ECRIRE

▶ FRANCE, ALLEMAGNE, EUROPE

Chancelière sans enfant ou mère au foyer ? Trop ambitieuse ou trop modeste ? Entre deux modèles, la femme allemande est aux prises avec de fortes contradictions qui perturbent souvent son désir d'enfant ou ses plans de carrière. A l'occasion de la journée internationale de la femme, chronique d'une journaliste française à Berlin.

Le 8 mars, on célèbre la femme. Ce pourrait être l'occasion de vérifier quelques idées reçues sur le paradoxe de la femme allemande, entre mère-corbeau et chancelière. Mais en premier lieu, on s'interroge : y a-t-il un paradoxe plus important pour les Allemandes que pour les autres ?
On discute autour de crêpes avec des femmes juristes d'un grand cabinet berlinois, histoire d'infirmer des clichés. Est-ce si difficile, par exemple, de trouver un homme quand on est diplômée ? *« Ce qui est sûr, c'est qu'à la fac tous les garçons avaient des copines, mais aucune de mes amies n'avait de copain, et ce n'était pas faute d'essayer »*, raconte Annette, la trentaine. *« Je crois que les hommes allemands ont peur des femmes qui ont de l'ambition »*, conclut la jolie brune.

MARIAGE OU CARRIÈRE, IL FAUT CHOISIR !

Dans leur cabinet, il n'y a d'ailleurs que cinq femmes juristes pour une trentaine d'hommes, alors que la moitié des diplômés universitaires sont des femmes. Annette m'envoie un article paru dans la Süddeutsche Zeitung sur les problèmes des diplômées qui n'arrivent pas à se marier. Le ton est drôle, Annette le trouve *« déprimant »*. Le sujet, en tout cas, fait réagir beaucoup d'Allemandes de mon entourage. Elles parlent de pression familiale pour rester à la maison, d'amies qui ont étudié dix ans pour ne plus jamais travailler une fois le premier enfant né, de modèles familiaux aussi.
Une coupure entre celles qui ont grandi à l'Est, et qui travaillent, comme leur mère. Celles de l'Ouest, par contre, doivent combattre les préjugés pour retourner au bureau. Pourtant, l'Allemagne fait aussi figure de modèle pour les féministes françaises : 30 % des députés sont des femmes, et les Allemandes travaillent presque autant qu'ailleurs, avec un taux d'activité dépassant les 60 %.
Mais il est plus souvent à temps partiel, et seules 15 % des chaires universitaires sont occupées par des femmes.

1 Vous passez vos vacances en France avec vos parents. Ils voient cet article dont ils comprennent seulement le titre. Expliquez-leur de quoi parle l'article.

85 2 Ecrivez un texte sur votre opinion en ce qui concerne la première question. Qu'est-ce que vous choisiriez : Mariage ? Carrière ? Ou les deux ?

→ Überprüfen Sie Ihre Antworten auf den Seiten 248–252.

Lautzeichen

Vokale

[a]	m**a**d**a**me; wie das deutsche *a*.
[e]	caf**é**, mang**er**, regard**ez**; geschlossenes *e*, etwa wie in *geben*.
[ɛ]	il f**ait**, il m**et**, il **est**, m**e**rci; offenes *ä*, etwa wie in *Ärger*.
[i]	**i**l, qu**i**che; geschlossener als das deutsche *i*, Lippen stark spreizen.
[ɔ]	l'éc**o**le, al**o**rs; offenes *o*, offener als in *Loch*.
[ø]	d**eux**, monsi**eur**; geschlossenes *ö*, etwa wie in *böse*.
[o]	phot**o**, all**ô**; geschlossenes *o*, wie in *Rose*.
[œ]	s**œu**r, n**eu**f, h**eu**re; offenes *ö*, bei kurzem Vokal etwa wie in *Röcke*.
[ə]	l**e**, d**e**main; der Laut liegt zwischen [œ] und [ø], näher bei [œ].
[u]	**où**; geschlossenes *u*, etwa wie in *Ufer*.
[y]	t**u**, r**ue**; ähnlich dem deutschen *ü* in *Tüte*.

Nasalvokale

[ɛ̃]	**un** v**in**, cop**ain**; nasales [ɛ]
[õ]	**on**, s**on**t, n**om**; nasales [o]
[ɑ̃]	d**an**s, je pr**en**ds; nasales [ɑ]

Die Nasalvokale haben im Deutschen keine Entsprechungen.
Beachte: un, lundi: Neben [ɛ̃] hört man in Frankreich auch [œ̃] = nasales [œ].

Konsonanten

[f]	**f**rère; wie das deutsche *f* in *falsch*.
[v]	de**v**ant; wie das deutsche *w* in *werden*.
[s]	**s**œur, **c**'est, **ç**a, re**s**ter, invita**t**ion; stimmloses *s*, wie in *Los*; als Anlaut vor Vokal ist *s* immer stimmlos.
[z]	phra**s**e, mai**s**on, il**s** arrivent, **z**éro; stimmhaftes *s*, wie in *Esel*; zwischen zwei Vokalen ist *s* stimmhaft.
[ʒ]	**j**e, bon**j**our, ran**g**er; wie *j* in *Journalist*.
[ʃ]	je **ch**er**ch**e; stimmloses *sch*, wie in *schön*.
[ɲ]	si**gn**e; etwa wie in *Kognak*.
[ŋ]	in Wörtern aus dem Englischen, z. B. pi**ng**-pong
[ʀ]	**r**ega**r**der; Zäpfchen-Reibelaut; wird auch am Wortende und vor Konsonanten deutlich ausgesprochen.

Die nicht erwähnten Konsonanten sind den deutschen sehr ähnlich. Bei [p], [b], [t], [d], [k], [g] ist jedoch darauf zu achten, dass sie ohne „Hauchlaut" gesprochen werden.

Halbkonsonanten

[j]	quart**i**er; weicher als das deutsche *j* in *ja*.
[w]	**ou**i, t**o**i; flüchtiger [u]-Laut, gehört zum folgenden Vokal.
[ɥ]	c**u**isine, je s**u**is, h**u**it; flüchtiger [y]-Laut gehört zum folgenden Vokal.

Das Alphabet, das Buchstabieren und die Zeichensetzung

A	[a]	**D**	[de]	**G**	[ʒe]	**J**	[ʒɪ]	**M**	[ɛm]	**P**	[pe]	**S**	[ɛs]	**V**	[ve]	**Y**	[igʀɛk]
B	[be]	**E**	[ə]	**H**	[aʃ]	**K**	[ka]	**N**	[n]	**Q**	[ky]	**T**	[te]	**W**	[dubləve]	**Z**	[zɛd]
C	[se]	**F**	[ɛf]	**I**	[i]	**L**	[ɛl]	**O**	[o]	**R**	[ɛʀ]	**U**	[y]	**X**	[iks]		

Jetzt können Sie auf Französisch buchstabieren! Versuchen Sie es mal mit Ihrem Namen!

.	le point	der Punkt	**,**	la virgule	das Komma
?	le point d'interrogation	das Fragezeichen	**:**	les deux points	der Doppelpunkt
!	le point d'exclamation	das Ausrufezeichen	**« »**	les guillemets [legijmɛ]	die Anführungszeichen

rue Terme	s'écrit	**en deux mots.**	a**rr**iver	s'écrit	avec **deux 'r'**.
rue	s'écrit	avec **une minuscule.**	caf**é**	s'écrit	avec **'e' accent aigu**.
Terme	s'écrit	avec **une majuscule.**	tr**è**s	s'écrit	avec **'e' accent grave**.
petit**-déjeuner**	s'écrit	avec **un trait d'union.**	all**ô**	s'écrit	avec **'o' accent circonflexe**.
l'histoire	s'écrit	avec **'l' apostrophe**.	**ç**a	s'écrit	avec **'c' cédille**.

Jetzt können Sie auf Französisch sagen, wie ein Wort geschrieben wird!

Hinweise zum Vocabulaire

Das begleitende Lernvokabular zu den Dossiers ist am Ende der jeweiligen Kapitel zusammengefasst. Innerhalb der Dossiers werden die Wörter, die nicht gelernt werden müssen, in Fußnoten aufgelistet.

Wichtiges **Übungsvokabular** …
finden Sie in der Übersicht **Pour faire les exercices du livre** auf Seite 238.

In der **Liste des mots** …
können Sie alle französischen Wörter nachschlagen. Sie sind dort alphabetisch aufgelistet, mit Angabe der Phonetik, der Übersetzung und des erstmaligen Erscheinens im Buch. Dort finden Sie auch alle Namen, die im Buch auftauchen, jeweils mit einer kurzen Erläuterung.

Die **deutsch-französische** Wortliste …
führt die wichtigsten Lernwörter in alphabetischer Reihenfolge auf. Sie kann Ihnen beim Verfassen eigener französischer Texte hilfreich sein.

Hinweise zur Angabe der Fundstellen: In den Bänden 1 und 2 bezieht sich der Buchstabe „E" auf den Lektionsteil Accueil, im 3. Band steht „E" für den Textteil E. Wörter, die im 3. Band auf der Auftaktseite der Dossiers eingeführt werden, sind mit „DE" gekennzeichnet.

Abkürzungen

fam.	*familier* (= umgangssprachlich)	*qc*	*quelque chose* (= etwas)
ugs.	umgangssprachlich	*qn*	*quelqu'un* (= jemand)
m.	*masculin* (= maskulin)	jd	jemand
f.	*féminin* (= feminin)	jdn	jemanden
pl.	*pluriel* (= Plural)	jdm	jemandem
		etw.	etwas

A

à [a] in **I 1E**
Au revoir ! [ɔʀ(ə)vwaʀ] Auf Wiedersehen! **I 1A**
Au travail ! [otʀavaj] An die Arbeit! **I 1B**
à trois [atʀwa] zu dritt **I 2B**
à la maison [alamɛzõ] zu Hause; nach Hause **I 3A**
à droite [adʀwat] (nach) rechts **I 3B**
à gauche [agoʃ] (nach) links **I 3B**
A plus ! *(fam.)* (= A plus tard !) [aplys] Bis dann!/Bis später! *(ugs.)* **I 4B**
à l'étranger *(m.)* [aletʀɑ̃ʒe] im Ausland **I 7E**
A table ! [atabl(ə)] Zu Tisch! **I 8E**
à mon avis [amõnavi] meiner Meinung nach **I 8A**
à 15 € [akɛ̃zøʀo] zu 15.-€ **I 8A**
à pied [apje] zu Fuß **I 10B**
à cheval [aʃəval] mit dem Pferd **I 10B**
au centre [osɑ̃tʀ] im Mittelpunkt **II 1B**
à l'arrière-plan *(m.)* [alaʀjɛʀplɑ̃] im Hintergrund **II 1B**
à court/long terme [akuʀ/lõtɛʀm] kurzfristig/langfristig **II 3B**
à 23 ans [avɛ̃tʀwazɑ̃] mit 23 Jahren/im Alter von 23 Jahren **II 7E**
à l'heure [alœʀ] pünktlich **II 7B**
au volant [ovɔlɑ̃] am Steuer **II 7B**
au bout de [obudə] am Ende von **III 9F**
A quelle heure ? [akɛlœr] Um wie viel Uhr? **I 4B**
à côté de [akɔtedə] neben **I 10E**
à l'appareil *(m.)* [alapaʀɛj] am Apparat **II 5B**
abordable [abɔʀdabl] erschwinglich **III 7D**
absent/absente [absɑ̃/absɑ̃t] abwesend; nicht da **II 7A**
absolu/absolue [apsɔly] absolut **II 8A**
l'**abstention** *(f.)* [lapstɑ̃sjõ] die Stimmenthaltung **III 3D**
un **accent** [ɛ̃naksɑ̃] ein Akzent **I 4A**
accepter qn/qc [aksɛpte] jdn/etw. akzeptieren/annehmen **II 2B**
un **accès** [ɛ̃naksɛ] ein Zugang **III 6E**
l'accès à Internet *(m.)* [laksɛa ɛ̃tɛʀnɛt] der Internetzugang **III 6E**
un **accident** [ɛ̃naksidɑ̃] ein Unfall **II 6B**
accompagner qn [akõpaɲe] jdn begleiten **I 6E**
accro (à qc) [akʀo] süchtig (nach etw.) **III 6B**
l'**accueil** *(m.)* [lakœj] der Empfang; der Einstieg **I 1E**
accueillir qn [akœjiʀ] jdn aufnehmen; jdn empfangen **III 1A**
acheter qc [aʃ(ə)te] etw. kaufen **I 9B**
un **acteur**/une **actrice** [ɛ̃naktœʀ/ ynaktʀis] ein Schauspieler/eine Schauspielerin **III 1E; III 10DE**
une **activité** [ynaktivite] eine Aktivität; eine Tätigkeit **II 2A**
une **addition** [ynadisjõ] eine Rechnung *(im Restaurant)* **I 8A**
l'**adolescence** *(f.)* [ladɔlesɑ̃s] die Jugend **III 9G**
adorer qc [adɔʀe] etw. lieben/etw. sehr gerne haben **I 3A**
une **adresse** [ynadʀɛs] eine Adresse **I 1B**
une adresse e-mail [ynadʀɛsimɛl] eine E-Mail-Adresse **I 4A**
un/une **adulte** [ɛ̃/ynadylt] ein Erwachsener/eine Erwachsene **II 4B**
un **aéroport** [ɛ̃naeʀɔpɔʀ] ein Flughafen **II 1B**
une **affaire** [ynafɛʀ] ein Geschäft **III 4D**
les **affaires** *(f., pl.)* [lezafɛʀ] die Sachen **I 4E**
une **affiche** [ynafiʃ] ein Plakat/ Poster **II 4B**
africain/africaine [afʀikɛ̃/afʀikɛn] afrikanisch **I 10A**
âgé/âgée de ... ans [aʒedə...ɑ̃] im Alter von ... Jahren/... Jahre alt **II 2A**
une **agence de voyages** [ynaʒɑ̃s d(ə)vwajaʒ] ein Reisebüro **I 2B**
une **agence immobilière** [ynaʒɑ̃simɔbiljɛʀ] ein Immobilienmakler **II 8B**
un **agent de police** [ɛ̃naʒɑ̃d(ə)pɔlis] ein Polizist/ Polizeibeamter **II 1A**
une **agglomération** [ynaglɔmeʀasjõ] ein Ballungsraum **III 1D**
agir [aʒiʀ] handeln **III 5DE**
il s'agit que + *Subjonctif* [ilsaʒikə] es handelt sich darum, dass **III 3B**
il s'agit de qc [ilsaʒidə] es handelt sich um etw. **III 5E**
agrandir qc [agʀɑ̃diʀ] etw. vergrößern **II 5A**
agricole [agʀikɔl] landwirtschaftlich **I 7E**
un pays agricole [ɛ̃peiagʀikɔl] ein Agrarland **I 7E**
un **agriculteur**/une **agricultrice** [ɛ̃nagʀikyltœʀ/ynagʀikyltʀis] ein Landwirt/eine Landwirtin **II 3E**
l'**agriculture** *(f.)* [lagʀikyltyʀ] die Landwirtschaft **I 7E**
une **aide** [ynɛd] eine Hilfe/ Unterstützung **III 1G**
aider qn [ede] jdm helfen **I 8B**
ailleurs [ajœʀ] woanders (hin) **I 6A**
aimer qn/qc [eme] jdn/etw. lieben/(gerne) mögen **I 1B**
ainsi [ɛ̃si] so **III 1F; III 3A; III 9D**
l'**air** *(m.)* [lɛʀ] die Luft **III 8C**
un **airbag** [ɛ̃nɛʀbag] ein Airbag **I 9B**
un **album** [ɛ̃nalbɔm] ein Album; ein Comicband **III 10C**
algérien/algérienne [alʒeʀjɛ̃/ alʒeʀjɛn] algerisch **III 3C; III 8DE**
un **aliment** [ɛ̃nalimɑ̃] ein Nahrungsmittel **II 6B**
l'**alimentation** *(f.)* [lalimɑ̃tasjõ] die Ernährung **II 6B**
l'**allemand** *(m.)* [lalmɑ̃] Deutsch/ die deutsche Sprache **I 5E**
allemand/allemande [almɑ̃/ almɑ̃d] deutsch **I 6A**
aller [ale] gehen/fahren **I 2E**
aller à qn [ale] jdm stehen **I 9A**
s'en aller [sɑ̃nale] weggehen **III 4C**
un **aller-retour** [ɛ̃naleʀətuʀ] eine Hin-und Rückfahrt; ein Hin- und Rückflug **II 1B**
aller voir qn [alevwaʀ] jdn besuchen; zu jdm gehen **II 2A**
les **Alliés** *(m.)* [lezalje] die Alliierten **III 7A**
Allô ? [alo] Hallo? *(am Telefon)* **I 3A**

allumer qc [alyme] etw. anmachen **I 9B**
alors [alɔʀ] also; na **I 1A**
un **amateur**/une **amatrice de qc** [ɛ̃namatœʀ/ynamatʀis] ein Liebhaber/eine Liebhaberin von etw. **II 4A**
une **ambiance** [ynɑ̃bjɑ̃s] eine Stimmung/Atmosphäre **I 1A**
une **ambition** [ynɑ̃bisjɔ̃] eine Ambition/ein Ehrgeiz **III 8C**
une **ambulance** [ynɑ̃bylɑ̃s] ein Krankenwagen **II 6E**
une **âme** [ynam] eine Seele **III 8A**
améliorer qc [ameljɔʀe] etw. verbessern **I 7B**
amener qn à/chez [am(ə)ne] jdn bringen nach/zu/in **II 2A**
un **ami**/une **amie** [ɛ̃nami/ynami] ein Freund/eine Freundin **I 7B**
une **amitié** [ynamitje] eine Freundschaft **III 7B**
un **amour** [ɛ̃namuʀ] eine Liebe; ein Schatz **I 6E**
amoureux/amoureuse (de qn) [amuʀø/amuʀøz] verliebt (in jdn) **III 4E; III 7D**
s'amuser [samyze] Spaß haben **I 10B**
un **an** [ɛ̃nɑ̃] ein Jahr **I 2A**
les 15–20 ans *(m., pl.)* [lekɛ̃zvɛ̃tɑ̃] die 15- bis 20-Jährigen **I 2A**
analyser qc [analize] etw. analysieren **III 10D**
ancien/ancienne [ɑ̃sjɛ̃/ɑ̃sjɛn] alt/ehemalig **II 7E**
l'**anglais** *(m.)* [lɑ̃glɛ] Englisch/die englische Sprache **I 5E**
anglophone [ɑ̃glɔfɔn] englischsprachig **III 9A**
un **animateur**/une **animatrice** [ɛ̃nanimatœʀ/ynanimatʀis] ein Moderator/eine Moderatorin **I 3A**
s'animer [sanime] sich beleben/lebhaft werden **III 7D**
une **année** [ynane] ein Jahr **I 4B**
une année de construction [ynanedəkɔ̃stʀuksjɔ̃] ein Baujahr **I 9B**
un **anniversaire** [ɛ̃nanivɛʀsɛʀ] ein Geburtstag **I 9A**
une **annonce** [ynanɔ̃s] eine Anzeige **I 3A**
annoncer qc [anɔ̃se] etw. ankündigen **II 4B**
annuel/annuelle [anɥɛl] jährlich/Jahres- **II 8B**
anonyme [anɔnim] anonym **III 8F**
antique [ɑ̃tik] Antik- **I 10A**
à partir de [apaʀtiʀdə] ab/von … an/von … aufwärts **III 4A**
un **apéritif** [ɛ̃napeʀitif] ein Aperitif **I 8A**
apparaître [apaʀɛtʀ] erscheinen/auftauchen **III 8F**
un **appareil** [ɛ̃napaʀɛj] ein Apparat/Gerät **III 6DE**
à l'appareil *(m.)* [alapaʀɛj] am Apparat **II 5B**
un appareil dentaire [ɛ̃napaʀɛjdɑ̃tɛʀ] eine Zahnspange **II 6E**
un appareil photo numérique [ɛ̃napaʀɛjfɔtonymeʀik] eine Digitalkamera **III 6DE**
en apparence [ɑ̃napaʀɑ̃s] scheinbar/nach außen hin **III 7D**
un **appartement** [ɛ̃napaʀtəmɑ̃] eine Wohnung **I 2B**
un **appel** [ɛ̃napɛl] ein Anruf **I 3B**
appeler qn [ap(ə)le] jdn (an)rufen **I 9B**
s'appeler [sap(ə)le] heißen **II 2A**
apporter qc [apɔʀte] etw. (mit)bringen **I 4B**
apprendre qc [apʀɑ̃dʀ] etw. lernen **I 7B**
un **apprenti**/une **apprentie** [ɛ̃napʀɑ̃ti/ynapʀɑ̃ti] ein Auszubildender/eine Auszubildende **I 1B**
approuver qn [apʀuve] jdm zustimmen **II 8A**
après [apʀɛ] danach *(zeitlich)*; später **I 1B**
après [apʀɛ] nach **I 3B**
après avoir fait qc [apʀɛzavwaʀ] nachdem man etw. getan hat **II 7B**
l'**après-midi** *(m. oder f.)* [lapʀɛmidi] der Nachmittag/nachmittags **I 1E**
l'**arabe** *(m.)* [laʀab] Arabisch *(als Sprache)* **III 9C**
un/une **Arabe** [ɛ̃/ynaʀab] ein Araber/eine Araberin **III 8A**
un **arbre** [ɛ̃naʀbʀ] ein Baum **II 4B**
l'**argent** *(m.)* [laʀʒɑ̃] das Geld **I 5B**
un **argument** [ɛ̃naʀgymɑ̃] ein Argument **II 3B**
une **arme** [ynaʀm] eine Waffe **III 2E**
une **armée** [ynaʀme] eine Armee **III 3A**
l'**armistice** *(m.)* [laʀmistis] der Waffenstillstand **III 7B**
arrêter qc [aʀete] mit etw. aufhören **I 4A**
s'arrêter [saʀete] anhalten **I 10B**; aufhören; aufhören, zu arbeiten **II 2B**
arrêter qn [aʀɛte] jdn festnehmen/verhaften **III 3F**
à l'arrière-plan *(m.)* [alaʀjɛʀplɑ̃] im Hintergrund **II 1B**
une **arrivée** [ynaʀive] eine Ankunft **II 4E**
arriver [aʀive] (an)kommen **I 1B**
qc arrive à qn [aʀiv] etw. ist mit jdm los; etw. passiert jdm **II 8B**
arriver à faire qc [aʀive] es schaffen, etw. zu tun **II 2B**
arriver à échéance [aʀiveaeʃeɑ̃s] fällig werden **II 5B**
l'**art** *(m.)* [laʀ] die Kunst **III 8E; III 10DE**
un/une **artiste** [ɛ̃/ynaʀtist] ein Künstler/eine Künstlerin **I 10A**
artistique [aʀtistik] künstlerisch **III 8E**
un/une **Asiatique** [ɛ̃/ynazjatik] ein Asiate/eine Asiatin **III 8D**
un **aspect** [ɛ̃naspɛ] ein Aspekt **II 4A**
une **aspirine** [ynaspiʀin] ein Aspirin **II 6A**
s'asseoir [saswaʀ] sich setzen **III 8G**
assez [ase] genug **I 5B**
une **assistance dépannage** [ynasistɑ̃sdepanaʒ] ein Reparaturdienst/Pannendienst **II 5B**
un **assistant de direction**/une **assistante de direction** [ɛ̃nasistɑ̃/ynasistɑ̃ntdədiʀɛksjɔ̃] ein Assistent/eine Assistentin der Geschäftsleitung **I 8B**
un **assistant personnel** [ɛ̃nasistɑ̃pɛʀsɔnɛl] ein PDA *(personal digital assistant)* **III 6DE**
assister à qc [asiste] etw. miterleben **II 6B**

une **association** [ynasɔsjasjõ] ein Verein **I 5B**
s'associer à qn [sasɔsje] sich mit jdm zusammenschließen **II 6A**
une **assurance** [ynasyʀɑ̃s] eine Versicherung **I 7E**
assurer qc [asyʀe] etw. versichern **III 10B**
l'**atelier** *(m.)* [latəlje] die Werkstatt; das Atelier **I 1A**
l'**athlétisme** *(m.)* [latletism] die Leichtathletik **I 3E**
atteindre qc [atɛ̃dʀ] etw. erreichen **III 4A; III 10A**
une **atteinte** [ynatɛ̃t] ein Verstoß/eine Verletzung/Beeinträchtigung **III 6E**
être une atteinte à qc [ɛtʀynatɛ̃t] gegen etw. verstoßen/etw. verletzen/beeinträchtigen **III 6E**
attendre qn/qc [atɑ̃dʀ] auf jdn/etw. warten **II 5B**
Attention ! [atɑ̃sjõ] Achtung! **I 1A**
attirer qn/qc [atiʀe] jdn/etw. anziehen **II 3A**
une **attitude** [ynatityd] eine Haltung **III 2E**
l'**attrait** *(m.)* [latʀɛ] der Reiz/die Anziehungskraft **III 7D**
attraper qc [atʀape] etw. fangen; bekommen/sich holen **II 6B**
aucun/aucune [okɛ̃/okyn] keiner/keine/keines **III 8A**
au fait [ofɛt] übrigens **I 4B**
une **augmentation** [ynɔgmɑ̃tasjõ] eine Zunahme/ein Anstieg/eine Steigerung **II 4B**
augmenter (de) [ɔgmɑ̃te] steigen/wachsen (um) **II 4A**
aujourd'hui [oʒuʀdɥi] heute **I 2A**
au moins [omwɛ̃] mindestens **III 9D**
aussi [osi] auch **I 2B**
un **auteur**/une **auteure** [ɛ̃/ynotœʀ] ein Autor/eine Autorin; ein Textschreiber/eine Textschreiberin **III 9G**
automobile [otomɔbil] Auto-/Automobil- **I 7E**
un **autoradio** [ɛ̃notoʀadjo] ein Autoradio **I 9B**
une **autorisation** [ynotoʀizasjõ] eine Genehmigung **II 8E**
une **autoroute** [ynotoʀut] eine Autobahn **I 10A**
autre [otʀ(ə)] anderer/andere/anderes **I 6A**
les **autres** *(m., pl.)* [lezotʀ] die anderen **I 2B**
un **Auvergnat**/une **Auvergnate** [ɛ̃novɛʀɲa/ynovɛʀɲat] ein Bewohner/eine Bewohnerin der Auvergne **III 8A**
avant [avɑ̃] vorher/davor **II 3A**
un **avantage** [ɛ̃navɑ̃taʒ] ein Vorteil **I 9B**
avant de faire qc [avɑ̃də] bevor man etw. tut **II 7B**
avant que *(+ Subjonctif)* [avɑ̃kə] bevor **III 9G**
avec [avɛk] mit **I 1A**
un **avenir** [ɛ̃nav(ə)niʀ] eine Zukunft **III 3B**
une **aventure** [ynavɑ̃tyʀ] ein Abenteuer **III 9F**
un **avion** [ɛ̃navjõ] ein Flugzeug **II 1E**
un **avis** [ɛ̃navi] eine Meinung **I 7B**
donner son avis sur qc [dɔnesõnavi] über etw. seine Meinung abgeben **I 7B**
à mon avis [amõnavi] meiner Meinung nach **I 8A**
changer d'avis [ʃɑ̃ʒedavi] seine Meinung ändern **I 9A**
avoir [avwaʀ] haben **I 2B**
avoir rendez-vous [avwaʀʀɑ̃devu] verabredet sein **I 2B**
en avoir marre *(fam.)* [ɑ̃navwaʀmaʀ] die Nase voll haben *(ugs.)* **I 4B**
avoir la trouille *(fam.)* [avwaʀlatʀuj] Schiss haben *(ugs.)* **I 5A**
avoir de la chance [avwaʀdəlaʃɑ̃s] Glück haben **I 7B**
avoir envie (de faire qc) [avwaʀɑ̃vi] Lust haben (etw. zu tun) **I 9A**
avoir l'air *(m.)* [avwaʀlɛʀ] aussehen **I 9B**
avoir besoin de qc [avwaʀbəswɛ̃də] etw. brauchen **I 10A**
avoir horreur de qc/qn [avwaʀɔʀœʀ] etw./jdn verabscheuen/hassen **II 1E**
avoir raison [avwaʀʀɛzõ] Recht haben **II 1B**
avoir la garde de qn [avwaʀlagaʀd] das Sorgerecht für jdn haben **II 2B**
avoir l'habitude (f.) de faire qc [avwaʀlabityd] es gewohnt sein, etw. zu tun **II 7A**
avoir du mal à faire qc [avwaʀdymal] Mühe haben, etw. zu tun **III 2C**
avoir lieu [avwaʀljø] sich ereignen/stattfinden **III 3A**
avoir conscience que *(f.)* [avwaʀkõsjɑ̃skə] sich bewusst sein, dass **III 6F**
avouer qc [avwe] etw. gestehen **III 10C**

B

le **bac** *(fam.)* *(= baccalauréat)* [ləbak(aloʀea)] das Abi *(ugs.)* **I 2A**
le bac blanc [ləbakblɑ̃] das Probeabitur **I 5A**
un bac pro(fessionnel) [ɛ̃bakpʀo(fɛsjɔnɛl)] ein Fachabitur **II 3A**
un/des **bagage(s)** [ɛ̃/debagaʒ] (ein) Gepäckstück **II 1B**
un/des bagage(s) à main [ɛ̃/debagaʒamɛ̃] (ein) Handgepäck(stück) **II 1B**
se baigner [səbeɲe] baden **I 10B**
une **baisse** [ynbɛs] ein Rückgang **II 4B**
baisser [bɛse] sinken **II 4B**
un **baladeur mp3** [ɛ̃baladœʀ ɛmpetʀwa] ein Mp3-Player **III 6DE**
la **banlieue** [labɑ̃ljø] der Vorort/Vorstadtbereich **III 1D; III 8A**
une **banque** [ynbɑ̃k] eine Bank **I 7E**
le **basket(-ball)** [ləbaskɛt(bal)] der Basketball *(als Sportart)* **I 3A**
une **bataille** [ynbataj] eine Schlacht **II 7E**
un **bateau**/des **bateaux** [ɛ̃bato/debato] ein Boot/Boote; ein Schiff/Schiffe **II 1E**
un **bâtiment** [ɛ̃batimɑ̃] ein Gebäude **III 3DE**
beau/bel/belle/beaux/belles [bo/bɛl] schön **I 9A**

beaucoup [boku] sehr **I 6B**; viel **I 8A**
beaucoup de [bokudə] viel(e) *(bei Mengen)* **I 8B**
un **beau-père**/une **belle-mère** [ɛ̃bopɛʀ/ynbɛlmɛʀ] ein Stiefvater/eine Stiefmutter; ein Schwiegervater/eine Schwiegermutter **II 2B**
un/une **bénévole** [ɛ̃/ynbenevɔl] ein Freiwilliger/eine Freiwillige **I 9B**
un **berger**/une **bergère** [ɛ̃bɛʀʒe/ynbɛʀʒɛʀ] ein Hirte/eine Hirtin **II 1A**
avoir besoin de qc [avwaʀbəswɛ̃də] etw. brauchen **I 10A**
une **bêtise** [ynbetiz] eine Dummheit **I 4A**
une **betterave sucrière** [ynbɛtʀavsykʀijɛʀ] eine Zuckerrübe **II 3E**
Beurk ! [bœʀk] Igitt! **I 8E**
le **beurre** [ləbœʀ] die Butter **I 8E**
au beurre [obœʀ] mit Butter **I 8E**
mettre du beurre dans les épinards [mɛtʀdybœʀdɑ̃lezepinaʀ] sich ein nettes Zubrot verdienen *(les épinards: der Spinat)* **II 3A**
bien [bjɛ̃] gut **I 1B**
Bien sûr ! [bjɛ̃syʀ] Na klar! **I 4A**
bientôt [bjɛ̃to] bald **III 9F**
Bienvenue ! [bjɛ̃v(ə)ny] Willkommen! **I 1E**
une **bière** [ynbjɛʀ] ein Bier **I 8E**
un **bilan** [ɛ̃bilɑ̃] eine Bilanz **I 1B**
le bilan carbone [ləbilɑ̃kaʀbɔn] die CO2-Bilanz **III 5B**
bilingue [bilɛ̃g] zweisprachig **II 8E**
un **billet** [ɛ̃bijɛ] eine Fahrkarte; ein Flugticket **II 1B**
biologique *(fam.: bio)* [bjɔlɔʒik] biologisch **II 3A**
un **bisou** [ɛ̃bizu] ein Küsschen **I 6A**
faire des bisous à qn [fɛʀdebizu] jdm Küsschen geben **II 2A**
bizarre [bizaʀ] komisch **I 4B**
une **blague** [ynblag] ein Witz **III 6D**
blanc/blanche [blɑ̃/blɑ̃ʃ] weiß **I 6B**
être blanc/blanche comme un cachet d'aspirine [ɛtʀblɑ̃/blɑ̃ʃkɔmɛ̃kaʃɛdaspiʀin] kreidebleich sein **II 6A**

le **blé** [ləble] der Weizen **II 3E**
un **blessé**/une **blessée** [ɛ̃/ynblese] ein Verletzter/eine Verletzte **II 6B**
bleu/bleue [blø] blau **I 6B**
un **blog** [ɛ̃blɔg] ein Blog **I 5E**
la **blondeur** [lablɔ̃dœʀ] die Tatsache, dass jd blond ist **III 9G**
un **bœuf** [ɛ̃bœf] ein Rind **III 5G**
Bof ! *(fam.)* [bɔf] Na ja!/Ach! *(ugs.)* **I 1B**
boire qc [bwaʀ] etw. trinken **I 8A**
une **boisson** [ynbwasɔ̃] ein Getränk **I 4B**
une **boîte** [ynbwat] eine Schachtel; eine Packung **I 8E**
une **boîte vocale** [ynbwatvɔkal] eine Mailbox; ein Voice Mail **II 5B**
bon/bonne [bɔ̃/bɔn] gut **I 6B**
Bonjour ! [bɔ̃ʒuʀ] Guten Tag!/Guten Morgen! **I 1E**
Bonsoir ! [bɔ̃swaʀ] Guten Abend. **I 3B**
un **bord** [ɛ̃bɔʀ] ein Ufer **III 7D**
une **bouche** [ynbuʃ] ein Mund **II 2A**
un **bouchon** [ɛ̃buʃɔ̃] ein Stau **I 10A**
bouger qc [buʒe] etw. bewegen **II 6B**
bouger [buʒe] sich bewegen; etw. los sein **III 1A**
un **boulanger**/une **boulangère** [ɛ̃bulɑ̃ʒe/ynbulɑ̃ʒɛʀ] ein Bäcker/eine Bäckerin **II 6B**
un **boulot** *(fam.)* [ɛ̃bulo] eine Arbeit/ein Job *(ugs.)* **III 4C**
au bout de [obudə] am Ende von **III 9F**
une **bouteille** [ynbutɛj] eine Flasche **I 7B**
une **boutique** [ynbutik] ein Laden/eine Boutique **I 6A**
un **bouton** [ɛ̃butɔ̃] ein Knopf **I 3B**
une **branche** [ynbʀɑ̃ʃ] eine Branche/ein Zweig **II 7E**
branché/branchée *(fam.)* [bʀɑ̃ʃe] angesagt *(ugs.)* **III 1A; III 7D**
un **bras** [ɛ̃bʀa] ein Arm **II 6E**
bref/brève [bʀɛf/bʀɛv] kurz/knapp **II 8B**
un **brevet de secouriste** [ɛ̃bʀəvɛd(ə)s(ə)kuʀist] ein Erste-Hilfe-Schein **II 6A**
bronzer [bʀɔ̃ze] sich bräunen **I 10B**
un **bruit** [ɛ̃bʀɥi] ein Geräusch/Lärm **II 2A**

brûler qc [bʀyle] etw. anzünden/anbrennen **III 3F**
un **BTS** (= *Brevet de Technicien Supérieur*) [ɛ̃beteɛs] *Abschluss nach einer 2-jährigen Ausbildung an einer FH* **I 5A**
un **buffet** [ɛ̃byfɛ] ein Büffet **I 8B**
buguer [bœge] abstürzen *(Computer)* **II 8B**
un **bureau** [ɛ̃byʀo] ein Büro **I 1B**
un bureau de tabac [ɛ̃byʀodətaba] *(Tabakladen, in dem u. a. Zeitschriften verkauft werden.)* **I 2B**
un **bus** [ɛ̃bys] ein Bus **I 10B**
un **business plan** [ɛ̃bisnɛsplɑ̃] ein Businessplan **II 5A**

C

ça [sa] das **I 3A**
Ça va ? [sava] Wie geht's? **I 1A**
Ça se prononce comment ? [sasəpʀɔnɔ̃s(ə)kɔmɑ̃] Wie spricht man das aus? **I 1A**
Ça veut dire… [savødiʀ] Das heißt … **I 4A**
Ça a été ? [saaete] War alles in Ordnung? **I 8A**
Ça fait … [safɛ] Das sind … /Das macht … **I 8A**
Ça se termine … [sas(ə)tɛʀmin] Es endet … **I 9E**
Ça change. [saʃɑ̃ʒ] Das ist (einmal) etwas Anderes. **I 9A**
une **cabine** [ynkabin] eine (Umkleide-)Kabine **I 9A**
un **cabinet (médical)** [ɛ̃kabinɛmedikal] eine (Arzt)Praxis **II 6E**
le **cacao** [ləkakao] der Kakao **II 4E**
se cacher [səkaʃe] sich verstecken **III 1G; III 7A**
un **cachet** [ɛ̃kaʃɛ] eine Tablette **II 6A**
être blanc/blanche comme un cachet d'aspirine [ɛtʀblɑ̃/blɑ̃ʃkɔmɛ̃kaʃɛdaspiʀin] kreidebleich sein **II 6A**
un **cadeau** [ɛ̃kado] ein Geschenk **I 8B**
un **cadre** [ɛ̃kadʀ] ein Rahmen **III 1H; III 7D**
le **café** [ləkafe] das Café **I 1E**

un café [ɛ̃kafe] ein Kaffee **I 5E**
une machine à café [ynmaʃinakafe] eine Kaffeemaschine **I 7A**
une **cafétéria** [ynkafeteʀja] eine Cafeteria **II 7E**
une **caisse** [ynkɛs] eine Kiste **II 7A**
une **calèche** [ynkalɛʃ] eine Kutsche **I 10B**
un **calendrier** [ɛ̃kalɑ̃dʀije] ein Kalender **II 4E**
calme [kalm] ruhig **II 7B**
se calmer [səkalme] sich beruhigen **I 10B**
une **calorie** [ynkalɔʀi] eine Kalorie **II 4E**
un **camembert** [ɛ̃kamɑ̃bɛʀ] ein Camembert **I 8B**
camerounais/camerounaise [kamʀunɛ/kamʀunɛz] aus Kamerun **III 8DE**
un **camion** [ɛ̃kamjɔ̃] ein Lastwagen **II 7E**
la **campagne** [lakɑ̃paɲ] das Land *(im Gegensatz zur Stadt)* **II 3A**
une **campagne électorale** [ynkɑ̃paɲelɛktɔʀal] eine Wahlkampagne **III 3B**
un **camping** [ɛ̃kɑ̃piŋ] ein Campingplatz **II 1A**
canadien/canadienne [kanadjɛ̃/kanadjɛn] kanadisch **III 8DE**
un **canal**/des **canaux** [ɛ̃kanal/dekano] ein Kanal/Kanäle **II 7E**
un **candidat**/une **candidate** [ɛ̃kɑ̃dida/ynkɑ̃didat] ein Bewerber/eine Bewerberin **I 4A**
une **candidature** [ynkɑ̃didatyʀ] eine Bewerbung **II 8E**
poser sa candidature [pozesa kɑ̃didatyʀ] sich bewerben **II 8E**
une **cantine** [ynkɑ̃tin] eine Kantine **I 5E**
le **CAP** (= *certificat d'aptitude professionnelle*) [ləseape] *berufsqualifizierender Abschluss* **II 4A**
une **capitale** [ynkapital] eine Hauptstadt **II 1E**
un **capot** [ɛ̃kapo] eine (Motor-)Haube **I 9B**
car [kaʀ] denn **II 8B**
un **caractère** [ɛ̃kaʀaktɛʀ] ein Charakter **III 1C**

une **carafe** [ynkaʀaf] eine Karaffe **I 8E**
un **carnet** [ɛ̃kaʀnɛ] ein Heftchen; ein Zehnerstreifen **I 6A**
un carnet de chèques [ɛ̃kaʀnɛ d(ə)ʃɛk] ein Scheckheft **I 9A**
une **carotte** [ynkaʀɔt] eine Karotte **I 8E**
un **carré de chocolat** [ɛ̃kaʀed(ə)ʃɔkɔla] ein Stück Schokolade **II 4E**
une **carte** [ynkaʀt] eine Karte; eine Visitenkarte **I 6B**; eine Speisekarte **I 8E**
une carte postale [ynkaʀt(ə)pɔstal] eine Postkarte **I 9E**
une carte bleue [ynkaʀtəblø] eine Kreditkarte **I 9A**
une carte d'embarquement *(m.)* [ynkaʀt(ə)dɑ̃baʀkəmɑ̃] eine Bordkarte **II 1B**
une carte vitale [ynkaʀt(ə)vital] eine Krankenversicherungskarte **II 6B**
une carte d'identité *(f.)* [ynkaʀt(ə)didɑ̃tite] ein Personalausweis **II 8E**
un **casque** [ɛ̃kask] ein Kopfhörer **I 3B**
cassé/cassée *(fam.)* [kase] fertig *(ugs.)* **I 10A**
casser qc [kase] etw. kaputt machen **III 3F**
un **catalogue** [ɛ̃katalɔg] ein Katalog **I 6B**
une **catastrophe** *(fam.: une cata)* [ynkatastʀɔf] eine Katastrophe **II 5B**
une **catégorie** [ynkategɔʀi] eine Kategorie **II 6B**
un **CD**/des **CD** [ɛ̃/desede] eine CD/CDs **I 4B**
un **CDD** *(= contrat à durée déterminée)* [ɛ̃sedede] ein befristeter Vertrag **II 8E**
un **CDI** *(= contrat à durée indéterminée)* [ɛ̃sedei] ein unbefristeter Vertrag **II 8E**
un **CDI** *(= centre de documentation et d'information)* [ɛ̃sedei] *eine Dokumentations- und Informationsstelle einer Schule* **I 5E**

ce/cet/cette/ces [sə/sɛt/sɛt/se] dieser/diese/dieses *(Demonstrativbegleiter)* **I 9E**
céder à qc [sede] einer Sache nachgeben **III 4E**
célèbre [selɛbʀ] berühmt **III 10A**
célibataire [selibatɛʀ] ledig/unverheiratet **II 2B**
celui/celle/ceux/celles [səlɥi/sɛl/sø/sɛl] jener/jene/jenes **III 1B; III 3B; III 4C; III 8A**
un **centime** [ɛ̃sɑ̃tim] ein Cent **I 2B**
une **centrale nucléaire** [ynsɑ̃tʀalnykleɛʀ] ein Kernkraftwerk **III 5DE**
un **centre** [ɛ̃sɑ̃tʀ] ein Mittelpunkt/Zentrum **II 1B**
au centre [osɑ̃tʀ] im Mittelpunkt **II 1B**
ce que [səkə] was *(Relativpronomen, Objekt)* **II 4B**
ce qui [səki] was *(Relativpronomen, Subjekt)* **II 4B**
les **céréales** *(f., pl.)* [leseʀeal] das Getreide **II 3E**
certain/certaine [sɛʀtɛ̃/sɛʀtɛn] bestimmter/bestimmte/bestimmtes **II 4A**
c'est… [sɛ] das ist … **I 1A**
C'est marrant. [sɛmaʀɑ̃] Das ist lustig. **I 2A**
C'est combien ? [sɛkɔ̃bjɛ̃] Was kostet das? **I 2B**
C'est nul ! *(fam.)* [sɛnyl] Das ist blöd! *(ugs.)* **I 2B**
C'est quoi ? [sɛkwa] Was ist (denn) das? **I 3A**
C'est grave. [sɛgʀav] Das ist schlimm. **I 4A**
C'est sûr ! [sɛsyʀ] Das ist sicher! **I 5B**
C'est galère ! *(fam.)* [sɛgalɛʀ] Das ist anstrengend! **I 10A**
c'est-à-dire [sɛtadiʀ] das heißt **II 3B**
c'est pourquoi [sɛpuʀkwa] deshalb **II 3B**
un **chai** [ɛ̃ʃɛ] ein (Wein)Lager **II 8A**
une **chaîne** [ynʃɛn] eine (Handels)Kette **II 5A**
la chaîne du froid [laʃɛndyfʀwa] die Kühlkette **II 7A**
une **chambre** [ynʃɑ̃bʀ] ein (Schlaf-)Zimmer **I 4E**

une chambre d'hôte [ynʃɑ̃bʀdot] ein Pensionszimmer **I 10B**
un **champ** [ɛ̃ʃɑ̃] ein Feld **III 5G**
la **chance** [laʃɑ̃s] das Glück **I 7B**
avoir de la chance [avwaʀdəlaʃɑ̃s] Glück haben **I 7B**
un **chancelier**/une **chancelière** [ɛ̃ʃɑ̃səlje/ynʃɑ̃səljɛʀ] ein Kanzler/eine Kanzlerin **III 7B**
changer [ʃɑ̃ʒe] sich verändern **II 3A**
On change. [ɔ̃ʃɑ̃ʒ] Wir steigen um. **I 6A**
Ça change. [saʃɑ̃ʒ] Das ist (einmal) etwas Anderes. **I 9A**
changer d'avis [ʃɑ̃ʒedavi] seine Meinung ändern **I 9A**
chanter [ʃɑ̃te] singen **I 10A**
un **chanteur**/une **chanteuse** [ɛ̃ʃɑ̃tœʀ/ynʃɑ̃tøz] ein Sänger/eine Sängerin **III 1E; III 8A**
un **chantier** [ɛ̃ʃɑ̃tje] eine Baustelle **III 8C**
la **chantilly** [laʃɑ̃tiji] die Schlagsahne **II 4E**
chaque [ʃak] jeder/jede/jedes **II 5A**
le **charbon** [ləʃaʀbɔ̃] die Kohle **III 5E**
la **charcuterie** [laʃaʀkytʀi] die Wurstwaren **I 8B**
être chargé/chargée [ɛtʀʃaʀʒe] beladen sein **II 7B**
charger (qc) [ʃaʀʒe] einladen; etw. beladen **II 7A**
la **chasse** [laʃas] die Jagd **III 2B; III 8D**
un **château**/des **châteaux** [ɛ̃ʃato/deʃato] ein Schloss/Schlösser **III 2B**
chaud/chaude [ʃo/ʃod] warm/heiß **II 1B**
un **chauffage** [ɛ̃ʃofaʒ] eine Heizung **II 3B**
un **chauffeur** [ɛ̃ʃofœʀ] ein Fahrer **II 7E**
un chauffeur-routier [ɛ̃ʃofœʀʀutje] ein Fernfahrer **II 7E**
une **chaussure** [ynʃosyʀ] ein Schuh **I 9A**
un **chef**/une **chef** [ɛ̃ʃɛf/ynʃɛf] ein Chef/eine Chefin; ein Küchenchef/eine Küchenchefin **I 1B**
un/une chef-comptable [ɛ̃/ynʃɛfkɔ̃tabl] ein Chef/eine Chefin der Buchhaltung **I 8B**
le chef des armées [ləʃɛfdezaʀme] Oberbefehlshaber über die Streitkräfte **III 3A**
le chef de l'Etat [ləʃɛfd(ə)leta] der Staatschef **III 3A**
un **chef-d'œuvre**/des **chefs-d'œuvre** [ɛ̃ʃɛfdœvʀ/deʃɛfdœvʀ] ein Meisterwerk/Meisterwerke **III 10B**
un **chemin** [ɛ̃ʃəmɛ̃] ein Weg **I 6B**
demander son chemin à qn [dəmɑ̃desɔ̃ʃəmɛ̃] jdn nach dem Weg fragen **I 6B**
un **chèque** [ɛ̃ʃɛk] ein Scheck **I 9A**
un carnet de chèques [ɛ̃kaʀnɛd(ə)ʃɛk] ein Scheckheft **I 9A**
cher/chère [ʃɛʀ/ʃɛʀ] liebe(r) **I 6B;** teuer **I 8A**
chercher qc/qn [ʃɛʀʃe] etw./jdn suchen **I 1B**
un **cheval**/des **chevaux** [ɛ̃ʃəval] ein Pferd/Pferde **I 10E**
à cheval [aʃəval] mit dem Pferd **I 10B**
monter à cheval [mɔ̃teaʃəval] reiten **I 10B**
un **cheveu**/des **cheveux** [ɛ̃ʃ(e)vø/deʃ(e)vø] ein Haar/Haare **III 8G**
une **cheville** [ynʃ(ə)vij] ein Knöchel **II 6E**
chez [ʃe] zu *(einer Person)* **I 2E;** bei **I 3A**
un **chien** [ɛ̃ʃjɛ̃] ein Hund **II 1A**
un **chiffre** [ɛ̃ʃifʀ] eine Zahl **III 9B**
un chiffre d'affaires [ɛ̃ʃifʀ(ə)dafɛʀ] ein Umsatz **I 7E**
chinois/chinoise [ʃinwa/ʃinwaz] chinesisch **II 5A**
le **chocolat** [ləʃɔkɔla] die Schokolade **II 4E**
au chocolat [oʃɔkɔla] Schokoladen- **II 4E**
une tablette de chocolat [yntablɛtd(ə)ʃɔkɔla] eine Tafel Schokolade **II 4E**
choisir qc [ʃwaziʀ] etw. wählen/aussuchen **II 4A**
un **choix** [ɛ̃ʃwa] eine Auswahl **I 9E**
le **chômage** [ləʃomaʒ] die Arbeitslosigkeit **III 4C**
une **chose** [ynʃoz] eine Sache **II 3A**
Chut ! [ʃyt] Pst! **I 3B**
la chute du mur [laʃytdymyʀ] der Mauerfall **III 7DE**
une **cible** [ynsibl] ein Ziel **III 6D**
un **cimetière** [ɛ̃simtjɛʀ] ein Friedhof **III 1C**
un **cinéma** [ɛ̃sinema] ein Kino **I 2E**
Arrête ton cinéma ! *(fam.)* [arɛtɔ̃sinema] Hör doch mit dem Theater auf! *(ugs.)* **I 4B**
circuler [siʀkyle] in Umlauf sein/kursieren **III 4E**
un **citoyen**/une **citoyenne** [ɛ̃sitwajɛ̃/ynsitwajɛn] ein (Staats)Bürger/eine (Staats)Bürgerin **II 8E**
une **classe** [ynklas] eine Klasse **I 1A**
classique [klasik] klassisch **II 4A**
une **clé** [ynkle] ein Schlüssel **I 4E**
un **client**/une **cliente** [ɛ̃klijɑ̃/ynklijɑ̃t] ein Kunde/eine Kundin **I 7E**
un **clignotant** [ɛ̃kliɲɔtɑ̃] ein Blinker **I 9B**
clignoter [kliɲɔte] blinken **II 7B**
la **clim** (= *climatisation*) [laklim(atizasjɔ̃)] die Klimaanlage **I 9B**
le **climat** [ləklima] das Klima **III 5B**
un **clown** [ɛ̃klun] ein Clown **I 4A**
un **coca(-cola)** [ɛ̃kɔkakɔla] eine Cola **I 8E**
le **cœur** [ləkœʀ] das Herz **II 6B**
qn a mal au cœur [malokœʀ] jdm ist schlecht **II 6B**
un **coffre** [ɛ̃kɔfʀ] ein Kofferraum **I 9B**
un **coiffeur**/une **coiffeuse** [ɛ̃kwafœʀ/ynkwaføz] ein Friseur/eine Friseurin **III 10C**
un **coin** [ɛ̃kwɛ̃] eine Ecke **III 9F**
être en colère [ɛtʀɑ̃kɔlɛʀ] wütend sein **I 4B**
un **collaborateur**/une **collaboratrice** [ɛ̃kɔlabɔʀatœʀ/ynkɔlabɔʀatʀis] ein Mitarbeiter/eine Mitarbeiterin **II 5A**
la **collaboration** [lakolabɔʀasjɔ̃] die Kollaboration **III 7A**
une **collection** [ynkɔlɛksjɔ̃] eine Kollektion **I 2A**
collectionner qc [kɔlɛksjɔne] etw. sammeln **III 3C**
un **collège** [ɛ̃kɔlɛʒ] *weiterführende Schule für alle 11- bis 14-Jährigen* **III 8D**

un/une **collègue** [ɛ̃/ynkɔlɛg] ein Kollege/eine Kollegin **I 7B**
un/une **coloc** *(fam.)* (= *colocataire*) [ɛ̃/ynkolɔk] ein Mitbewohner/eine Mitbewohnerin **I 4E**
une **colocation** *(fam.: une coloc)* [ynkolɔkasjõ] eine Wohngemeinschaft/WG *(ugs.)* **I 2B**
une **colonie** [ynkɔlɔni] eine Kolonie **III 9C**
une colonie de vacances [ynkɔlɔnid(ə)vakɑ̃s] ein Feriencamp/-lager **I 3B**
combien [kõbjɛ̃] wie viel **I 2B**
C'est combien ? [sɛkõbjɛ̃] Was kostet das? **I 2B**
une **comédie** [ynkɔmedi] eine Komödie **III 2B**
une **commande** [ynkɔmɑ̃d] eine Bestellung **I 7B**
commander qc [kɔmɑ̃de] etw. bestellen **I 2A**
comme [kɔm] wie *(beim Vergleich)* **I 1A**; als **I 8A**
comme ça [kɔmsa] so **I 5B**
comme prévu [kɔmpʀevy] wie geplant **I 10B**
comme [kɔm] da/weil **II 1A**
commencer [kɔmɑ̃se] anfangen **I 4A**
commencer par qc [kɔmɑ̃se] mit etw. anfangen **I 8B**
Comment ... ? [kɔmɑ̃] Wie ...? **I 4E**
Ça se prononce comment ? [sasəpʀɔnõs(ə)kɔmɑ̃] Wie spricht man das aus? **I 1A**
un **commentaire** [ɛ̃kɔmɑ̃tɛʀ] ein Kommentar **I 5A**
le **commerce** [ləkɔmɛʀs] der Handel **I 5B**; der Einzelhandel **I 7E**
le commerce équitable [ləkɔmɛʀs ekitabl] der faire Handel **I 5B**
un **commercial**/une **commerciale** [ɛ̃/ynkɔmɛʀsjal] ein kaufmännischer Angestellter/eine kaufmännische Angestellte im Vertrieb **II 7A**
commun/commune [kɔmɛ̃/kɔmyn] gemeinsam **III 7DE**; **III 8D**
une **communauté** [ynkɔmynote] eine Gemeinschaft **III 3B**
une **commune** [ynkɔmyn] eine Gemeinde **III 1D**; **III 3B**
la **communication** [lakɔmynikasjõ] die Kommunikation/das Kommunikationswesen **I 5E**
une **compagnie** [ynkõpaɲi] eine Gruppe; eine Tanzgruppe **I 3E**
comparer qc/qn à qc/qn [kõpaʀe] eine Sache/jdn mit einer anderen Sache/jdm vergleichen **II 2A**
une **compétence** [ynkõpetɑ̃s] eine Kompetenz/Kenntnis **II 8B**
complet/complète [kõplɛ/kõplɛt] vollständig/komplett **III 1A**
complètement [kõplɛtmɑ̃] völlig **III 1A**
compléter qc [kõplete] etw. vervollständigen/ergänzen **II 7E**
un **compliment** [ɛ̃kõplimɑ̃] ein Kompliment **I 6E**
compliqué/compliquée [kõplike] kompliziert **I 7B**
le **comportement** [lekõpɔʀtəmɑ̃] das Verhalten **III 5B**; **III 6C**
comprendre qc [kõpʀɑ̃dʀ] etw. verstehen **I 4A**
compris/comprise [kõpʀi/kõpʀiz] inklusiv **I 8B**
un **compromis** [ɛ̃kõpʀomi] ein Kompromiss **II 2B**
se mettre à son compte [səmɛtʀasõkõt] sich selbstständig machen **II 5A**
un **compte bancaire** [ɛ̃kõtbɑ̃kɛʀ] ein Bankkonto **II 8B**
compter qc [kõte] etw. zählen; haben **III 1D**; etw. zählen **III 4C**; **III 10A**
se concentrer sur qc [səkõsɑ̃tʀe] sich auf etw. konzentrieren **II 5A**
un **concept** [ɛ̃kõsɛpt] ein Konzept **II 5A**
concerner qn/qc [kõsɛʀne] jdn/etw. betreffen **III 1H**; **III 5E**
la **concurrence** [lakõkyʀɑ̃s] die Konkurrenz **II 4A**
une **condition** [ynkõdisjõ] eine Bedingung/Voraussetzung **II 7B**
conduire [kõdɥiʀ] (Auto) fahren **III 3E**
conduire qn [kõdɥiʀ] jdn fahren **III 9D**
une **conférence** [ynkõfeʀɑ̃s] ein Vortrag/eine Konferenz **II 5E**
la **confiance** [lakõfjɑ̃s] das Vertrauen **II 3B**
faire confiance à qn [fɛʀkõfjɑ̃s] jdm vertrauen **II 3B**
perdre confiance en qn [pɛʀdʀkõfjɑ̃s] das Vertrauen in jdn verlieren **II 5B**
confier qc à qn [kõfje] jdm etw. anvertrauen **I 7B**
une **confirmation** [ynkõfiʀmasjõ] eine Bestätigung **II 7A**
confronter qn à qc [kõfʀõte] jmd mit etw. konfrontieren **III 4E**
un **congé** [ɛ̃kõʒe] ein Urlaub **I 2A**
être en congé [ɛtʀɑ̃kõʒe] Urlaub haben **I 2A**
le congé maternité [ləkõʒe matɛʀnite] der Mutterschutz **II 6A**
faire la connaissance de qn [fɛʀlakɔnɛsɑ̃s] jdn kennen lernen **II 2A**
connaître qn [kɔnɛtʀ] jdn kennen **II 6B**
connaître un succès fou [kɔnɛtʀɛ̃syksɛfu] einen Riesenerfolg haben **III 7D**
se connecter à/sur [səkɔnɛkte] sich einloggen in **II 2E**
une **connexion Internet** [ynkɔnɛksjõɛ̃tɛʀnɛt] ein Internetanschluss/eine Internetverbindung **II 8B**
connu/connue [kɔny] bekannt **I 9E**
avoir conscience que *(f.)* [avwaʀkõsjɑ̃skə] sich bewusst sein, dass **III 6F**
un **conseil** [ɛ̃kõsɛj] ein Rat(schlag) **II 3B**
le conseil des ministres [ləkõsɛjdeministʀ] der Ministerrat **III 3A**
une **conséquence** [ynkõsekɑ̃s] eine Folge/Konsequenz **III 2D**
une **conserve** [ynkõsɛʀv] eine Dose/Konserve **I 9E**
une **consigne** [ynkõsiɲ] eine Anweisung; ein Arbeitsauftrag **I 7A**
une **console de jeux** [ynkõsɔldəʒø] eine Spielkonsole **III 6DE**
consoler qn [kõsɔle] jdn trösten **II 2A**
un **consommateur**/une **consommatrice** [ɛ̃kõsɔmatœʀ/ynkõsɔmatʀis] ein Verbraucher/eine Verbraucherin **I 9E**

la **consommation** [lakõsɔmasjõ] der Konsum/Verbrauch/Verzehr **II 4B**
consommer qc [kõsɔme] etw. verbrauchen/konsumieren **II 4E**
consommer avec modération [kõsɔmeavɛkmɔdeʀasjõ] in Maßen/maßvoll essen/trinken **II 4E**
constant/constante [kõstɑ̃/kõstɑ̃t] konstant/ständig **II 8B**
constater qc [kõstate] etw. feststellen **I 7B**
une **constitution** [ynkõstitysjõ] eine Verfassung **III 3A**
la **construction** [lakõstʀyksjõ] die Konstruktion/der Bau **II 3B**
construire qc [kõstʀɥiʀ] etw. bauen **III 1H; III 8C; III 9F**
une **consultation** [ynkõsyltasjõ] eine Sprechstunde **II 6E**
une consultation à domicile [ynkõsyltasjõadɔmisil] ein Hausbesuch **II 6A**
consulter qn [kõsylte] jdn um Rat fragen/konsultieren; (einen Arzt) aufsuchen **II 5E**
contacter qn [kõtakte] jdn kontaktieren/mit jdm Kontakt aufnehmen **I 7A**
content/contente [kõtɑ̃/kõtɑ̃t] glücklich/zufrieden **I 6A**
se contenter de faire qc [səkõtɑ̃te] sich damit zufrieden geben, etw. zu tun **III 5B**
un **continent** [ɛ̃kõtinɑ̃] ein Kontinent **I 10E**
continuer [kõtinɥe] weitermachen; weiterlaufen **I 6B**
un **contraire** [ɛ̃kõtʀɛʀ] ein Gegenteil **II 3A**
contraster avec qc [kõtʀaste] einen Kontrast/starken Gegensatz zu etw. bilden **II 1A**
un **contrat** [ɛ̃kõtʀa] ein Vertrag **I 1B**
contre [kõtʀ] gegen **II 6B**
le **contrôle technique** [ləkõtʀoltɛknik] der TÜV **I 9B**
passer le contrôle technique [paseləkõtʀoltɛknik] durch den TÜV kommen **I 9B**
cool *(fam.)* [kul] cool *(ugs.)* **I 1A**
les **coordonnées** *(f., pl.)* [lekɔɔʀdɔne] die persönlichen Angaben **I 2B**
un **copain**/une **copine** *(fam.)* [ɛ̃kɔpɛ̃/ynkɔpin] ein Freund/eine Freundin **I 2E**
un **corps** [ɛ̃kɔʀ] ein Körper **II 6E**
correct/correcte [kɔʀɛkt] korrekt **II 4A**
correspondre à qc/qn [kɔʀɛspõdʀ] etw. entsprechen/zu jdm passen **II 8B**
les **cosmétiques** *(m., pl.)* [lekɔsmetik] die Kosmetikprodukte **I 7E**
un **côté** [ɛ̃kote] eine Seite **II 8A**
à côté de [akɔtedə] neben **I 10E**
se coucher [səkuʃe] ins Bett gehen **I 10B**
une **couleur** [ynkulœʀ] eine Farbe **I 9A**
un **couloir** [ɛ̃kulwaʀ] ein Gang/Flur **II 1B**
couper qc [kupe] etw. schneiden **II 4B**
un **couple** [ɛ̃kupl] ein Paar **II 2B**
une **cour** [ynkuʀ] ein (Schul)Hof **I 5A**
courir [kuʀiʀ] laufen/rennen **III 1G; III 4C**
un **cours** [ɛ̃kuʀ] ein Kurs/eine Unterrichtsstunde **I 4B**
les **courses** *(f., pl.)* [lekuʀs] die Einkäufe **I 4B**
faire les courses [fɛʀlekuʀs] einkaufen **I 4B**
court/courte [kuʀ/kuʀt] kurz **I 9A**
le **coût de la vie** [ləkudəlavi] die Lebenshaltungskosten **III 1F**
coûter [kute] kosten **II 3A**
le **covoiturage** [ləkovwatyʀaʒ] die Fahrgemeinschaft **III 5B**
craquer *(fam.)* [kʀake] ausflippen *(ugs.)*/die Nerven verlieren **I 5A**
un **créateur**/une **créatrice d'entreprise** [ɛ̃kʀeatœʀ/ynkʀeatʀisdɑ̃tʀəpʀiz] ein Firmengründer/eine Firmengründerin **II 5E**
la **création** [lakʀeasjõ] die Gründung **III 7DE**
une **crèche** [ynkʀɛʃ] eine (Kinder)Krippe **II 2E**
un **crédit** [ɛ̃kʀedi] ein Kredit **II 3B**
prendre un crédit [pʀɑ̃dʀɛ̃kʀedi] einen Kredit aufnehmen **II 3B**
créer qc [kʀee] etw. schaffen; gründen **II 4A**
On pend la crémaillère. [õpɑ̃lakʀemajɛʀ] Wir machen eine Einweihungsparty. **I 4E**
la **crème fraîche** [lakʀɛmfʀɛʃ] die Crème fraîche **I 8E**
une **crevette** [ynkʀəvɛt] eine Garnele **II 7A**
crier [kʀije] schreien **III 1G; III 8D**
une **crise** [ynkʀiz] eine Krise **I 5A**
critiquer qc [kʀitike] etw. kritisieren **II 1B**
croire qn/qc [kʀwaʀ] jdm/etw. glauben **III 8A; III 9G**
une **cuisine** [ynkɥizin] eine Küche **I 1B**
la **culpabilité** [lakylpabilite] die Schuld **III 6C**
cultiver qc [kyltive] etw. anbauen **II 3E**
des **cultures** *(f., pl.)* [dekyltyʀ] (Gemüse)Kulturen; Felder **II 3E**
culturel/culturelle [kyltyʀɛl] kulturell **II 5A**
la **curiosité** [lakyʀjozite] die Neugierde **III 6C**
un **CV** *(= curriculum vitae)* [ɛ̃seve] ein Lebenslauf **I 3A**
cyberdépendant/cyberdépendante [sibɛʀdepɑ̃dɑ̃/sibɛʀdepɑ̃dɑ̃t] internetabhängig **III 6C**

D

d'abord [dabɔʀ] zuerst/erst **I 1B**
d'accord [dakɔʀ] einverstanden/o.k. **I 1B**
être d'accord avec qn [ɛtʀdakɔʀ] jdm zustimmen **II 3B**
dangereux/dangereuse [dɑ̃ʒ(ə)ʀø/dɑ̃ʒ(ə)ʀøz] gefährlich **III 3E; III 5F**
un **Danois**/une **Danoise** [ɛ̃danwa/yndanwaz] ein Däne/eine Dänin **I 10A**
dans [dɑ̃] in **I 1A**
dans les deux heures [dɑ̃ledøzœʀ] innerhalb von zwei Stunden **II 5B**
la **danse** [ladɑ̃s] der Tanz/das Tanzen **I 3E**
faire de la danse [fɛʀdəladɑ̃s] tanzen **I 3E**
danser [dɑ̃se] tanzen **I 4B**

d'après qn/qc [daprɛ] nach/gemäß jdm/etw. **II 4B**
une **date** [yndat] ein Datum; ein Termin **II 7A**
d'autant plus [dotɑ̃plys] um so mehr/desto **III 6F**
de/d' [də] von/aus **I 1A**
de… à… [də…a] von … bis … **I 2A**
D'où… ? [du] Woher …? **I 4A**
un **débouché** [ɛ̃debuʃe] eine Perspektive/Berufsaussicht **I 5A**
se débrouiller [sədebʀuje] zurecht kommen **I 10B**
un **début** [ɛ̃deby] ein Anfang **II 3B**
au début [odeby] am Anfang **II 3B**
décevoir qn [desəvwaʀ] jdn enttäuschen **III 6C**
décharger qc [deʃaʀʒe] etw. entladen **II 7B**
les **déchets** *(m., pl.)* [ledeʃɛ] der Müll/Abfall **II 3A**
le tri des déchets [lətʀidedeʃɛ] die Mülltrennung **II 3A**
décider (de faire qc) [deside] entscheiden (etw. zu tun) **I 9B**
se décider [sədeside] sich entscheiden **II 5A**
une **décision** [yndesisjɔ̃] eine Entscheidung **II 8A**
la **Déclaration des droits de l'homme et du citoyen** [ladeklaʀasjɔ̃dedʀwadəlɔme dysitwajɛ̃] die Erklärung der Menchen- und Bürgerrechte **III 2D**
décourager qn [dekuʀaʒe] jdn entmutigen **III 5A**
découvrir qc [dekuvʀiʀ] etw. entdecken **II 8E**
décrocher qc *(fam.)* [dekʀɔʃe] etw. kriegen/ergattern *(ugs.)* **II 5A**
déçu/déçue [desy] enttäuscht **II 5B**
dedans [dədɑ̃] hinein **II 4A**
de dos [dədo] von hinten **III 6D**
la **défaite** [ladefɛt] die Niederlage **III 7A**
un **défaut** [ɛ̃defo] ein (Charakter)Fehler **III 3C**
défendre qn/qc [defɑ̃dʀ] jdn/etw. verteidigen **III 1G; III 5H; III 7F**
un **degré** [ɛ̃dəgʀe] ein Grad **II 1B**
une **dégustation** [yndegystasjɔ̃] eine Weinprobe **II 8A**
déguster qc [degyste] etw. probieren/kosten **II 8A**
dehors [dəɔʀ] (nach) draußen **III 1G**
déjà [deʒa] schon **I 3A**
un **délai** [ɛ̃delɛ] eine Frist **II 5B**
délicieux/délicieuse [delisjø/delisjøz] köstlich **I 8E**
délocaliser qc [delɔkalize] etw. verlagern **III 9C**
demain [dəmɛ̃] morgen **I 2A**
la **demande** [lad(ə)mɑ̃d] die Nachfrage **II 5A**
demander qc à qn [d(ə)mɑ̃de] jdn etw. fragen **I 6A**
demander qc [d(ə)mɑ̃de] etw. anfordern **I 8B**
se demander [səd(ə)mɑ̃de] sich fragen **I 10B**
une **démarche** [yndemaʀʃ] ein Schritt; ein Gesuch **II 5E**
demie [d(e)mi] halb **I 4B**
un **demi-frère**/une **demi-sœur** [ɛ̃d(ə)mifʀɛʀ/ynd(ə)misœʀ] ein Halbbruder/eine Halbschwester **II 2B**
dénoncer qn/qc [denɔ̃se] jdn/etw. denunzieren; anprangern **III 6D**
une **dent** [yndɑ̃] ein Zahn **II 6E**
un/une **dentiste** [ɛ̃/yndɑ̃tist] ein Zahnarzt/eine Zahnärztin **II 6E**
un **départ** [ɛ̃depaʀ] eine Abreise **II 1E**
un **département** [ɛ̃depaʀt(ə)mɑ̃] eine Abteilung **I 7A**; *Verwaltungsbezirk in Frankreich* **II 1B**
dépasser (qc) [depase] (etw.) überschreiten; *(Frist)* ablaufen **II 1B**
se dépêcher [sədepeʃe] sich beeilen **I 10B**
dépenser (de l'argent) [depɑ̃se] (Geld) ausgeben **III 5D**
se déplacer [sədeplase] sich bewegen **I 10B**
déposer qn [depoze] jdn absetzen **I 10B**
déprimé/déprimée [depʀime] deprimiert/niedergeschlagen **II 1E**
depuis [dəpɥi] seit **I 3E**; ab *(bei Ortsangaben)*/von … aus **II 7A**
depuis que [dəpɥikə] seit(dem) **II 6B**
un **député**/une **députée** [ɛ̃/yndepyte] ein Abgeordneter/eine Abgeordnete **III 3B**
un euro-député/une euro-députée [ɛ̃/ynøʀodepyte] ein Europaabgeordneter/eine Europaabgeordnete **III 3C**
déranger qn [deʀɑ̃ʒe] jdn stören **I 6E**
dernier/dernière [dɛʀnje/dɛʀnjɛʀ] letzter/letzte/letztes **I 7B**
dernièrement [dɛʀnjɛʀmɑ̃] neulich/kürzlich **II 7A**
se dérouler [sədeʀule] sich abspielen/spielen/stattfinden **III 10C**
derrière [dɛʀjɛʀ] hinter/hinten **I 10A**
dès [dɛ] (schon) ab **III 3E;** von … an **III 8A**
descendre (à) [desɑ̃dʀ] hinuntergehen **III 2B**
descendre [desɑ̃dʀ] hinuntergehen/-fahren; aussteigen **III 5D**
descendre qc [desɑ̃dʀ] etw. hinuntergehen **III 8G**
une **description** [yndɛskʀipsjɔ̃] eine Beschreibung **III 9G**
Désolé./Désolée. [dezɔle] Tut mir Leid. **III 8F**
désormais [dezɔʀmɛ] von nun an **III 7B**
un **dessert** [ɛ̃desɛʀ] ein Dessert/Nachtisch **I 8E**
un **dessin** [ɛ̃desɛ̃] eine Zeichnung **II 1B**
un **dessinateur**/une **dessinatrice** [ɛ̃desinatœʀ/yndesinatʀis] ein Zeichner/eine Zeichnerin **II 1B**
un **détail** [ɛ̃detaj] ein Detail **I 8B**
détester qc [detɛste] etw. hassen/(überhaupt) nicht mögen **I 4B**
des **dettes** *(f.) (pl.)* [dedɛt] Schulden **III 4D**
devant [dəvɑ̃] vor *(örtlich)* **I 2B**
un **développement** [ɛ̃devlɔpmɑ̃] eine Entwicklung **II 3A**
le développement durable [lədevlɔpmɑ̃dyʀabl] die nachhaltige Entwicklung **II 3A**

développer qc [dev(ə)lɔpe] etw. entwickeln; etw. ausbauen **III 1H; III 3B**
devenir [dəv(ə)niʀ] werden **II 2E**
un **devis** [ɛ̃dəvi] ein Kostenvoranschlag **I 8B**
une **devise** [ynd(ə)viz] ein Wahlspruch **III 3DE**
un **devoir** [ɛ̃dəvwaʀ] eine Pflicht **III 3E**
les devoirs *(m., pl.)* [ledəvwaʀ] die Hausaufgaben **I 5A**
devoir faire qc [dəvwaʀfɛʀ] etw. tun müssen **I 7A**
un **diagnostic** [ɛ̃djagnɔstik] eine Diagnose **II 6A**
un **diagramme** [ɛ̃djagʀam] ein Diagramm **II 4B**
un **dialogue** [ɛ̃djalɔg] ein Dialog **I 5B**
la **diarrhée** [ladjaʀe] der Durchfall **II 6A**
un **dictionnaire** [ɛ̃diksjɔnɛʀ] ein Wörterbuch **II 8E**
une **différence** [yndifeʀɑ̃s] ein Unterschied **I 7B**
différent/différente [difeʀɑ̃/ difeʀɑ̃t] unterschiedlich/ verschieden **I 7A**
difficile [difisil] schwierig **II 3B**
diminuer (de) [diminɥe] abnehmen (um)/zurückgehen (um) **II 4B**
dîner [dine] zu Abend essen **II 8A**
diplomate [diplomat] diplomatisch **I 7B**
un **diplômé**/une **diplômée** [ɛ̃/ yndiplome] ein Hochschulabsolvent/eine Hochschulabsolventin, ein Akademiker/eine Akademikerin **III 4A**
dire qc [diʀ] etw. sagen **I 5A**
Ça veut dire… [savødiʀ] Das heißt … **I 4A**
direct/directe [diʀɛkt] direkt **I 7B**
une **direction** [yndiʀɛksjõ] eine Richtung **I 6A**; eine Geschäftsleitung **II 5B**
la direction assistée [ladiʀɛksjõasiste] die Servolenkung **I 9B**
se diriger vers [sədiʀiʒe] zugehen auf **I 10B**

un **discours** [ɛ̃diskuʀ] eine Rede **III 6D**
discriminant/discriminante [diskʀiminɑ̃/diskʀiminɑ̃t] diskriminierend **III 8F**
discuter [diskyte] diskutieren/sich unterhalten **I 2E**
discuter le prix [diskytelәpʀi] verhandeln **I 9B**
disparaître [dispaʀɛtʀ] verschwinden **III 6F**
se disputer (avec qn) [sədispyte] sich (mit jdm) streiten **II 2B**
la **distribution** [ladistʀibysjõ] die Verteilung **III 5F**
un **divorce** [ɛ̃divɔʀs] eine Scheidung **II 2B**
divorcer [divɔʀse] sich scheiden lassen **II 2B**
une **dizaine** [yndizɛn] ungefähr zehn **III 4C**
un **DJ** [ɛ̃didʒɛ] ein DJ **I 10A**
un **docteur** [ɛ̃dɔktœʀ] ein Doktor **II 6E**
un/une **documentaliste** [ɛ̃/ yndɔkymɑ̃talist] ein Schulbibliothekar/eine Schulbibliothekarin **I 5A**
un **doigt** [ɛ̃dwa] ein Finger **II 2A**
un **domaine** [ɛ̃dɔmɛn] Ländereien **II 8A**
il est dommage de faire qc [dɔmaʒ] es ist schade, dass man etw. tut **II 8A**
les **DOM-TOM** *(m., pl.) (les départements et territoires d'outre-mer)* [ledɔmtɔm] die Überseeprovinzen **II 1B**
donc [dõk] also **I 8B**
des **données** *(f., pl.)* [dedɔne] Daten/Angaben **II 4B**
donner qc à qn [dɔne] jdm etw. geben **I 3A**
donner son avis sur qc [dɔnesõnavi] über etw. seine Meinung abgeben **I 7B**
donner faim à qn [dɔnefɛ̃] jdm Hunger/Appetit machen **I 8B**
dormir [dɔʀmiʀ] schlafen **II 2E**
un **dos** [ɛ̃do] ein Rücken **II 6E**
un **dossier** [ɛ̃dɔsje] ein Dossier; die Unterlagen **I 1B**
une **douleur** [yndulœʀ] ein Schmerz **III 8A**

un **doute** [ɛ̃dut] ein Zweifel **I 5A**
doux/douce [du/dus] lieblich; süß **III 9F**
un **drapeau** [ɛ̃dʀapo] eine Fahne/ Flagge **III 1A**
un/une **DRH** (= *Directeur/-trice des ressources humaines*) [ɛ̃/ yndeɛʀaʃ] ein Personalleiter/eine Personalleiterin **I 7A**
le **droit** [lədʀwa] das Recht/die Rechtskunde **I 5E**
le droit de vote [lədʀwad(ə)vɔt] das Stimmrecht **III 3E**
un droit de l'homme [ɛ̃dʀwadəlɔm] ein Menschenrecht **III 5H**
tout droit [tudʀwa] geradeaus **I 6B**
à droite [adʀwat] (nach) rechts **I 3B**
drôle [dʀol] witzig **I 4E**
dur/dure [dyʀ] hart **I 10A**
une **durée** [yndyʀe] eine Dauer **II 8E**
durer [dyʀe] dauern **II 8A**

E

l'**eau** *(f.)* **potable** [lopɔtabl] das Trinkwasser **III 5H**
une eau minérale [ynomineʀal] ein Mineralwasser **I 8E**
un **échantillon** [ɛ̃neʃɑ̃tijõ] eine (Produkt)Probe **I 7B**
échapper à qn/qc [eʃape] jdm/ einer Sache entkommen **III 6C**
arriver à échéance [aʀiveaeʃeɑ̃s] fällig werden **II 5B**
une **école** [ynekɔl] eine Schule **II 2E**
une école maternelle [ynekɔlmatɛʀnɛl] eine Vorschule **II 2E**
une école primaire [ynekɔlpʀimɛʀ] eine Grundschule **II 2E**
écologiste *(fam.: écolo)* [ekɔlɔʒist] umweltbewusst **III 5A**
l'**e-commerce** *(m.)* [likɔmɛʀs] der E-Commerce **II 8E**
l'**économie** *(f.)* [lekɔnɔmi] die Wirtschaft **I 5E**
les **économies** *(f., pl.)* [lezekɔnɔmi] die Ersparnisse/das Sparen **II 3B**

faire des économies *(f., pl.)* [fɛʀdezekɔnɔmi] sparen **II 3B**
écouter qn [ekute] jdm zuhören **I 1B**
être à l'écoute de qn [ɛtʀalekut] für jdn da sein/ein offenes Ohr für jdn haben **II 5E**
un **écran** [ɛ̃nekʀɑ̃] ein Bildschirm **II 5A**
écraser qc [ekʀaze] etw. zerdrücken **II 4B**
écrire qc [ekʀiʀ] etw. schreiben **I 5A**
l'**écriture** *(f.)* [lekʀityʀ] die Schrift; das Schreiben **II 2A**
un **écrivain**/une **femme écrivain** [ɛ̃nekʀivɛ̃/ynfamekʀivɛ̃] ein Schriftsteller/eine Schriftstellerin **III 1E; III 10DE**
l'**éducation** *(f.)* [ledykasjɔ̃] die Erziehung; die Bildung **III 9A**
effacer qc [efase] etw. löschen **III 6F**
effectif/effective [efɛktif/efɛktiv] effektiv/wirksam **II 7B**
effectivement [efɛktivmɑ̃] tatsächlich **II 7B**
un **effet** [ɛ̃nefɛ] eine Wirkung/ein Effekt **II 4E**
en effet [ɑ̃nefɛ] tatsächlich/in der Tat **II 5A**
efficace [efikas] wirksam/effizient **III 4E; III 5E**
un **effort** [ɛ̃nefɔʀ] eine Anstrengung **III 5A**
égal/égale (à) [egal] gleich (wie) **II 4B**
également [egalmɑ̃] ebenfalls **II 7A**
l'**égalité** *(f.)* [legalite] die Gleichheit **III 3DE; III 8E**
une **église** [ynegliz] eine Kirche **III 2C**
une **élection** [ynelɛksjɔ̃] eine Wahl **III 3A**
des élections législatives *(f.)* [dezelɛksjɔ̃leʒislativ] Parlamentswahlen **III 3A**
l'**électricité** *(f.)* [lelɛktʀisite] der Strom **II 3B**
électronique [elɛktʀɔnik] elektronisch/Elektro- **II 7B**
l'**élevage** *(m.)* [lel(ə)vaʒ] die Viehzucht **II 3E**
un/une **élève** [ɛ̃nelɛv/ynelɛv] ein Schüler/eine Schülerin **I 1A**
élevé/élevée [el(ə)ve] hoch **III 1F; III 7D**
élever qn [el(ə)ve] jdn großziehen/erziehen **II 2B**
élire qn [eliʀ] jdn wählen **III 3A**
un **e-mail** [ɛ̃nimɛl] eine E-Mail **I 4A**
une adresse e-mail [ynadʀɛsimɛl] eine E-Mail-Adresse **I 4A**
un **emballage** [ɛ̃nɑ̃balaʒ] eine Verpackung **II 4A**
emballé/emballée *(fam.)* [ɑ̃bale] begeistert **I 6B**
être embêté/embêtée *(fam.)* [ɑ̃bete] verlegen sein/jdm unangenehm sein **II 6A**
un **embouteillage** [ɛ̃nɑ̃butɛjaʒ] ein Stau **III 1F; III 7D**
une **émission** [ynemisjɔ̃] eine Sendung **I 3B**
l'**émission** *(f.)* **de CO_2** [lemisjɔ̃ dəseodø] der CO_2-Ausstoß **III 5B**
emménager [ɑ̃menaʒe] einziehen **II 3B**
emmener qn à [ɑ̃m(ə)ne] jdn mitnehmen/bringen zu/in **II 2A**
un **empire** [ɛ̃nɑ̃piʀ] ein Kaiserreich **III 2A**
un **emploi** [ɛ̃nɑ̃plwa] eine Stelle/Anstellung **II 8E**
un emploi à temps partiel [ɛ̃nɑ̃plwaatɑ̃paʀsjɛl] eine Teilzeitstelle **II 8E**
un **emploi du temps** [ɛ̃nɑ̃plwadytɑ̃] ein Stundenplan **I 5E**
un **employé**/une **employée** [ɛ̃/ynɑ̃plwaje] ein Angestellter/eine Angestellte **II 1A**
un **employeur** [ɛ̃nɑ̃plwajœʀ] ein Arbeitgeber **II 8E**
en [ɑ̃] in **I 1A**
en bon état [ɑ̃bɔneta] in gutem Zustand **I 9B**
en espèces *(f., pl.)* [ɑ̃nɛspɛs] bar **I 9A**
en famille [ɑ̃famij] mit/in der Familie **II 1E**
en particulier [ɑ̃paʀtikylje] gesondert; besonders **II 3E**
en plus de qc [ɑ̃plysdə] zusätzlich zu etw./neben etw. **II 3A**
en effet [ɑ̃nefɛ] tatsächlich/in der Tat **II 5A**
en face de qc [ɑ̃fasdə] gegenüber von etw. **III 1G**
en même temps [ɑ̃mɛmtɑ̃] gleichzeitig **III 3E**
en *(Pronomen)* [ɑ̃] davon **I 8A**; daher/daraus/von dort; darüber **II 7E**
en bas [ɑ̃ba] unten **III 1G**
enceinte [ɑ̃sɛ̃t] schwanger **II 6A**
encore [ɑ̃kɔʀ] noch **I 1B**
encourager qn [ɑ̃kuʀaʒe] jdn ermutigen/jdm Mut machen **II 8B**
l'**endettement** *(m.)* [lɑ̃dɛtmɑ̃] die Verschuldung **III 4D**
un **endroit** [ɛ̃nɑ̃dʀwa] ein Ort/eine Stelle **II 4B**
l'**énergie** *(f.)* [lenɛʀʒi] die Energie **II 3A**
s'énerver [senɛʀve] sich aufregen **I 10B**
l'**enfance** *(f.)* [lɑ̃fɑ̃s] die Kindheit **III 3C**
un **enfant** [ɛ̃nɑ̃fɑ̃] ein Kind **I 3B**
l'**enfer** *(m.)* [lɑ̃fɛʀ] die Hölle **II 8B**
enfin [ɑ̃fɛ̃] endlich **I 5B**
l'**engagement** *(m.)* [lɑ̃gaʒmɑ̃] das Engagement **III 3D**
engager qn [ɑ̃gaʒe] jdn einstellen **II 5A**
s'engager pour qc/qn [sɑ̃gaʒe] sich für etw./jdn einsetzen/engagieren **III 3D; III 5A**
un **enjeu**/des **enjeux** [ɛ̃nɑ̃ʒø/dɛzɑ̃ʒø] ein Einsatz/Einsätze **III 10A**
ennuyer qn [ɑ̃nɥije] jdn langweilen **II 3A**
ennuyeux/ennuyeuse [ɑ̃nɥijø/ɑ̃nɥijøz] langweilig **II 1A**
énorme [enɔʀm] riesig/Riesen- **I 6A**
une **enquête** [ynɑ̃kɛt] eine (Meinungs)Umfrage **III 1A; III 10D**
un **enseignant**/une **enseignante** [ɛ̃nɑ̃sɛɲɑ̃/ynɑ̃sɛɲɑ̃t] ein Lehrer/eine Lehrerin **I 5E**
l'**enseignement** *(m.)* [lɑ̃sɛɲ(ə)mɑ̃] der Unterricht; das Schulwesen **III 2D**
l'enseignement obligatoire [lɑ̃sɛɲ(ə)mɑ̃ɔbligatwaʀ] die Schulpflicht **III 2D**

un **ensemble** [ɛ̃nɑ̃sɑ̃bl] ein Outfit **I 9A**
ensemble [ɑ̃sɑ̃bl] zusammen **I 1A**
ensuite [ɑ̃sɥit] danach/anschließend **II 2A**
entendre qc [ɑ̃tɑ̃dʀ] etw. hören **II 5B**
entier/entière [ɑ̃tje/ɑ̃tjɛʀ] ganz **III 6F**
entre [ɑ̃tʀ] zwischen **I 5B**
une **entrée** [ynɑ̃tʀe] eine Vorspeise **I 1B**; ein Eingang **I 4E**
un **entrepôt** [ɛ̃nɑ̃tʀəpo] eine Lagerhalle **II 7A**
une **entreprise** [ynɑ̃tʀəpʀiz] ein Unternehmen **I 2A**
entrer (dans) [ɑ̃tʀe] eintreten/betreten/hereinkommen **I 1B**
entretenir qc [ɑ̃tʀət(ə)niʀ] etw. pflegen/instand halten **III 7C**
un **entretien d'embauche** [ɛ̃nɑ̃trətjɛ̃dɑ̃boʃ] ein Vorstellungsgespräch **I 7B**
envahir qc [ɑ̃vaiʀ] einfallen in **III 7A**
avoir envie (de faire qc) [avwaʀɑ̃vi] Lust haben (etw. zu tun) **I 9A**
environ [ɑ̃viʀɔ̃] circa **I 8E**
l'**environnement** *(m.)* [lɑ̃viʀɔnmɑ̃] die Umwelt; die Umgebung **III 5A**
envoyer qc à qn [ɑ̃vwaje] jdm etw. schicken **II 5B**
une **épaule** [ynepol] eine Schulter **III 8G**
J'épèle … [ʒepɛl] Ich buchstabiere … **I 2B**
un **épi** [ɛ̃nepi] eine Ähre; *Symbol für klassifizierte Unterkünfte* **II 3B**
l'**épicerie** *(f.)* **du coin** [lepisʀidykwɛ̃] der Tante-Emma-Laden **I 9E**
une **épidémie** [ynepidemi] eine Epidemie/Seuche **II 6A**
une **époque** [ynepɔk] eine Epoche **II 1E**
à cette époque [asɛtepɔk] damals/zu der Zeit **II 1E**
équilibré/équilibrée [ekilibʀe] ausgeglichen **II 6B**
une **équipe** [ynekip] ein Team **I 1B**
faire équipe [fɛʀekip] ein Team bilden **I 10A**
équipé/équipée [ekipe] ausgestattet/ausgerüstet **II 5A**
l'**équitation** *(f.)* [lekitasjɔ̃] das Reiten **I 3A**
l'**escalade** *(f.)* [lɛskalad] das Klettern **I 3A**
un **escalier** [ɛ̃nɛskalje] eine Treppe; ein Treppenhaus **III 1G**
espagnol/espagnole [ɛspaɲɔl] spanisch **I 10A**
en espèces *(f., pl.)* [ɑ̃nɛspɛs] bar **I 9A**
un **essai** [ɛ̃nesɛ] eine Probe(aufnahme) **I 3A**
essayer qc [eseje] etw. anprobieren **I 9A**
l'**essence** *(f.)* [lesɑ̃s] das Benzin **III 5D**
l'**essor** *(m.)* [lesɔʀ] der Aufschwung **III 9A**
l'**est** *(m.)* [lɛst] der Osten **II 3E**
Est-ce que … ? [ɛskə] *(Frageformel)* **I 2B**
et [e] und **I 1E**
une **étable** [ynetabl] ein Kuhstall **II 3A**
un **étage** [ɛ̃netaʒ] ein Stockwerk/eine Etage **I 4E**
un **étang** [ɛ̃netɑ̃] ein Teich **I 10B**
une **étape** [ynetap] eine Etappe/ein Abschnitt **II 1A**
en bon état [ɑ̃bɔneta] in gutem Zustand **I 9B**
l'**Etat** *(m.)* [leta] der Staat **III 2B; III 3A; III 7A; III 9A**
l'**été** *(m.)* [lete] der Sommer **I 1A**
s'étendre [setɑ̃dʀ] sich erstrecken **III 9F**
à la belle étoile [alabɛletwal] unter freiem Himmel (*une étoile:* ein Stern) **II 1A**
étonner qn [etone] jdn erstaunen **I 7B**
à l'étranger *(m.)* [aletʀɑ̃ʒe] im Ausland **I 7E**
étranger/étrangère [etʀɑ̃ʒe/etʀɑ̃ʒɛʀ] ausländisch/Ausländer- **I 7B**
être [ɛtʀ] sein **I 1E**
être en forme [ɛtʀɑ̃fɔʀm] fit sein **I 1A**
être en retard [ɛtʀɑ̃ʀ(ə)taʀ] spät dran sein/zu spät sein **I 1A**
être en congé [ɛtʀɑ̃kɔ̃ʒe] Urlaub haben **I 2A**
être en colère [ɛtʀɑ̃kɔlɛʀ] wütend sein **I 4B**
être en hausse [ɛtʀɑ̃'os] steigen **II 4B**
être en baisse [ɛtʀɑ̃bɛs] zurückgehen/sinken **II 4B**
être à l'écoute de qn [ɛtʀalekut] für jdn da sein/ein offenes Ohr für jdn haben **II 5E**
Ça a été ? [saaete] War alles in Ordnung? **I 8A**
être en train de faire qc [ɛtʀɑ̃tʀɛ̃] gerade etw. tun/dabei sein etw. zu tun **II 3B**
une **étude de marché** [ynetyd(ə)dəmaʀʃe] eine Marktstudie **II 5A**
des **études** *(f., pl.)* [dezetyd] ein Studium **I 4A**
faire des études [fɛʀdezetyd] studieren **I 4A**
des études d'économie *(f., pl)* [dezetyd(ə)dekɔnɔmi] ein BWL-Studium **I 4A**
un **étudiant**/une **étudiante** [ɛ̃netydjɑ̃/ynetydjɑ̃t] ein Student/eine Studentin **I 7B**
un **euro** [ɛ̃nøʀo] ein Euro **I 2B**
européen/européenne [øʀɔpeɛ̃/øʀɔpeɛn] europäisch **II 1E**
s'évader de qc [sevade] einer Sache entfliehen **III 6C**
un **évènement** [ɛ̃nevɛnmɑ̃] ein Ereignis **III 2DE; III 10DE**
évidemment [evidamɑ̃] klar **III 8D**
éviter qc [evite] etw. vermeiden **II 1E**
évoluer [evɔlɥe] sich entwickeln/sich wandeln **III 1A**
exact/exacte [ɛgzakt] genau/exakt **II 8B**
un **examen** [ɛ̃nɛgzamɛ̃] eine Prüfung **I 4A**
excellent/excellente [ɛkselɑ̃/ɛkselɑ̃t] ausgezeichnet/hervorragend **II 8A**
exceptionnel/exceptionnelle [ɛksɛpsjɔnɛl] außergewöhnlich **III 7B**
Excuse-moi ! [ɛkskyzmwa] Entschuldige!/Entschuldigung! **I 1A**
Excusez-moi ! [ɛkskyzemwa] Entschuldigen Sie! **I 1B**

exister [ɛgziste] existieren/ bestehen **III 9A**
une **expérience** [ynɛkspeʀjɑ̃s] eine Erfahrung **II 3B**
expliquer qc à qn [ɛksplike] jdm etw. erklären **I 3A**
une **exploitation** [ynɛksplwatasjõ] ein (landwirtschaftlicher) Betrieb **II 3A**
exploiter qn [ɛksplwate] jdn ausbeuten **II 4A**
un **exportateur**/une **exportatrice** [ɛ̃nɛkspɔʀtatœʀ/ynɛkspɔʀtatʀis] ein Exporteur/eine Exporteurin; ein Exportland **II 4B**
l'**exportation** *(f.)* [lɛkspɔʀtasjõ] der Export **III 9C**
exporter [ɛkspɔʀte] etw. exportieren **III 9C**
un **exposant**/une **exposante** [ɛ̃nɛkspozɑ̃/ynɛkspozɑ̃t] ein Aussteller/eine Ausstellerin **II 5E**
un **exposé** [ɛ̃nɛkspoze] ein Referat **II 3E**
une **exposition** [ynɛkspozisjõ] eine Ausstellung **I 5E**
un **extrait** [ɛ̃nɛkstʀɛ] ein Auszug **III 1G**

F

la **fabrication** [lafabʀikasjõ] die Herstellung **II 4E**
fabriquer qc [fabʀike] etw. herstellen **I 7E**
la **fac** *(fam.)* (= *faculté*) [lafak(ylte)] die Uni *(ugs.)* **I 2B**
face à qc [fasa] angesichts einer Sache **III 1F; III 6D**
en face de qc [ɑ̃fasdə] gegenüber von etw. **III 1G**
se fâcher [səfɑʃe] sich ärgern **I 10B**
facile [fasil] einfach **I 2A**
une **façon** [ynfasõ] eine Art (und Weise) **II 5A**
de toute façon [dətutfasõ] sowieso **I 6A**
une **facture** [ynfaktyʀ] eine Rechnung **II 5B**
faible [fɛbl] schwach **II 4B**; gering **III 4A**
donner faim à qn [dɔnefɛ̃] jdm Hunger/Appetit machen **I 8B**
faire qc [fɛʀ] etw. machen **I 3E**
faire faire qc [fɛʀfɛʀ] etw. tun lassen **III 4E; III 5D; III 6D; III 8A; III 10DE**
faire de la danse [fɛʀdəladɑ̃s] tanzen **I 3E**
faire la fête [fɛʀlafɛt] feiern **I 3E**
faire du vélo [fɛʀdyvelo] Rad fahren **I 3A**
faire du shopping [fɛʀdyʃɔpiŋ] shoppen **I 3B**
faire des études [fɛʀdezetyd] studieren **I 4A**
faire vite [fɛʀvit] schnell machen **I 7A**
faire la plonge [fɛʀlaplõʒ] den Abwasch machen **I 8E**
Ça fait … [safɛ] Das sind … /Das macht … **I 8A**
faire le tour de qc [fɛʀlətuʀ] eine Runde um etw. machen/um etw. herumgehen **I 9B**
faire le plein [fɛʀləplɛ̃] voll tanken **I 9B**
faire la route [fɛʀlaʀut] eine Strecke fahren **I 10A**
faire équipe [fɛʀekip] ein Team bilden **I 10A**
Il fait nuit. [ilfɛnɥi] Es ist dunkel./ Es ist Nacht. **II 1A**
faire de la randonnée [fɛʀd(ə)laʀɑ̃dɔne] wandern **II 1A**
faire des grillades (f., pl.) [fɛʀdegʀijad] grillen **II 1A**
faire la connaissance de qn [fɛʀlakɔnɛsɑ̃s] jdn kennen lernen **II 2A**
faire face à qc [fɛʀfas] mit etw. fertig werden/einer Sache nachkommen **II 5A**
faire un malaise [fɛʀɛ̃malɛz] ohnmächtig werden **II 6B**
faire la navette [fɛʀlanavɛt] pendeln **III 1D**
une **famille** [ynfamij] eine Familie **II 1E**
en famille [ɑ̃famij] mit/in der Familie **II 1E**
une famille monoparentale [ynfamijmonopaʀɑ̃tal] eine Familie mit nur einem Elternteil **II 2B**
une famille recomposée [ynfamijʀ(ə)kõpoze] eine Patchworkfamilie **II 2B**
fatigué/fatiguée [fatige] müde **I 10B**
il faut qc [ilfo] man braucht etw. **I 5B**
il faut faire qc [ilfo] man muss etw. tun **I 7B**
il ne faut pas faire qc [ilnəfopafɛʀ] man darf etw. nicht tun **I 7B**
en faveur de qc/qn [ɑ̃favœʀdə] zugunsten von etw./jdm **III 2B**
favoriser qc [favɔʀize] etw. begünstigen/unterstützen **III 9A**
un **fax** [ɛ̃faks] ein Fax **II 7A**
une **femme** [ynfam] eine Frau **I 6B** ; eine (Ehe)Frau **II 2B**
une femme au foyer [ynfamofwaje] eine Hausfrau **II 5A**
une **fenêtre** [ynf(ə)nɛtʀ] ein Fenster **II 1B**
un **jour férié** [ɛ̃ʒuʀfeʀje] ein Feiertag **II 4A**
une **ferme** [ynfɛʀm] ein Bauernhof **II 3E**
fermenter [fɛʀmɑ̃te] gären **II 4B**
fermer qc [fɛʀme] etw. schließen **II 8B**
ferroviaire [feʀɔvjɛʀ] (Eisen)Bahn- **II 7E**
un **ferry** [ɛ̃feʀi] eine Fähre **II 1**
un **festival** [ɛ̃festival] ein Festival **I 9B**
une **fête** [ynfɛt] eine Party/Fete **I 3E**
faire la fête [fɛʀlafɛt] feiern **I 3E**
une **feuille** [ynfœj] ein Blatt **II 4B**
une **fève** [ynfɛv] eine (Kakao)Bohne **II 4E**
février *(m.)* [fevʀije] Februar **I 5E**
une **fiche de paie** [ynfiʃdəpɛ] eine Gehaltsabrechnung/ein Gehaltszettel **II 8B**
un **fichier** [ɛ̃fiʃje] eine Datei **II 8E**
fier/fière (de qn/qc) [fjɛʀ] stolz (auf jdn/etw.) **III 1A**
la **fièvre** [lafjɛvʀ] das Fieber **II 6A**
un **fil de fer** [ɛ̃fildəfɛʀ] ein Eisendraht **I 6E**
une **filière** [ynfiljɛʀ] ein Studiengang **III 8E**
la **fille** [lafij] das Mädchen **I 1A**
un **film** [ɛ̃film] ein Film **III 4E**
un **fils**/une **fille** [ɛ̃fis/ynfij] ein Sohn/eine Tochter **II 2B**

la **fin** [lafɛ̃] das Ende **I 4B**
finalement [finalmɑ̃] schließlich/zum Schluss/letztendlich **II 7A**
un **financement** [ɛ̃finɑ̃smɑ̃] eine Finanzierung **II 5E**
finir qc [finiʀ] etw. beenden/fertig machen; aufessen; austrinken **II 4A**
pour finir [puʀfiniʀ] zum Schluss **I 8A**
le **fioul** [ləfjul] das (Heiz)Öl **II 3B**
un **fleuve** [ɛ̃flœv] ein (großer) Fluss/Strom **II 7E**
une **fois** [ynfwa] ein Mal **I 6E**
fonctionner [fɔ̃ksjɔne] funktionieren **I 10A**
une **forêt** [ynfɔʀɛ] ein Wald **II 8A**
une **formation** [ynfɔʀmasjɔ̃] eine Ausbildung **II 2E**
une formation continue [ynfɔʀmasjɔ̃kɔ̃tiny] eine Weiterbildung **II 8E**
une formation en alternance [ynfɔʀmasjɔ̃ɑ̃naltɛʀnɑ̃s] eine duale Ausbildung **II 8E**
être en **forme** [ɛtʀɑ̃fɔʀm] fit sein **I 1A**
une **formule** [ynfɔʀmyl] eine Formel **I 8B**
un **fou**/une **folle** [ɛ̃fu/ynfɔl] ein Verrückter/eine Verrückte **I 10A**
une **foule** [ynful] eine (Menschen)Menge/Masse **III 1E**
un **four** [ɛ̃fuʀ] ein Ofen **I 10A**
des **frais** *(m., pl.)* [defʀɛ] Kosten **II 5B**
frais/fraîche [fʀɛ/fʀɛʃ] frisch **I 8E**
le **français** [ləfʀɑ̃sɛ] Französisch/die französische Sprache **I 1A**
français/française [fʀɑ̃sɛ/fʀɑ̃sɛz] französisch **I 7E**
franco-allemand/franco-allemande [fʀɑ̃koalmɑ̃/fʀɑ̃koalmɑ̃d] deutsch-französisch **III 7B**
francophone [fʀɑ̃kɔfɔn] frankophon/französischsprachig **III 9A**
la **francophonie** [lafʀɑ̃kɔfɔni] die Frankophonie **III 9A**
qc frappe qn [fʀap] etw. fällt jdm auf **I 7B**
frapper qn [fʀape] jdn schlagen **III 4E**
la **fraternité** [lafʀatɛʀnite] die Brüderlichkeit **III 3DE**
les **freins** *(m., pl.)* [lefʀɛ̃] die Bremsen **I 9B**
une **fréquence** [ynfʀekɑ̃s] eine Frequenz **I 3B**
un **frère** [ɛ̃fʀɛʀ] ein Bruder **I 4B**
des **frères et sœurs** [defʀɛʀesœʀ] Geschwister **II 2B**
un **frigo** [ɛ̃fʀigo] ein Kühlschrank **I 8E**
frigorifique [fʀigɔʀifik] Kühl- **II 7A**
des **fringues** *(f., pl.) (fam.)* [defʀɛ̃g] Klamotten *(ugs.)* **I 4E**
le **froid** [ləfʀwa] die Kälte **II 7A**
froid/froide [fʀwa/fʀwad] kalt **II 1B**
un **fromage** [ɛ̃fʀɔmaʒ] ein Käse **I 8E**
une **frontière** [ynfʀɔ̃tjɛʀ] eine Grenze **III 8G; III 9E**
un **fruit** [ɛ̃fʀɥi] eine Frucht *(des fruits = Obst)* **I 9E**
des fruits de mer [defʀɥid(ə)mɛʀ] Meeresfrüchte **II 7E**
une **fuite** [ynfɥit] eine Flucht **III 2E**

G

gagner qc [gaɲe] etw. verdienen **I 7B**
C'est galère ! *(fam.)* [sɛgalɛʀ] Das ist anstrengend! **I 10A**
une **gamme** [yngam] eine (Produkt)Palette **II 4A**
garantir qc [gaʀɑ̃tiʀ] etw. garantieren **II 4A**
un **garçon** [ɛ̃gaʀsɔ̃] ein Junge **I 1A**; ein Kellner **I 6A**
avoir la garde de qn [avwaʀlagaʀd] das Sorgerecht für jdn haben **II 2B**
un/une **garde d'enfant** [ɛ̃/yngaʀddɑ̃fɑ̃] eine Tagesmutter **III 4DE**
garder qn/qc [gaʀde] jdn/etw. behalten **II 3B**
un **gardien** [ɛ̃gaʀdjɛ̃] ein Wärter **I 6A**
une **gare** [yngaʀ] ein Bahnhof **I 2E**
une **gastroentérite** *(fam.: une gastro)* [yngastʀoɑ̃teʀit] eine Magen-Darm-Entzündung **II 6A**
un **gâteau**/des **gâteaux** [ɛ̃gato/degato] ein Kuchen/Kuchen **I 4B**
à **gauche** [agoʃ] (nach) links **I 3B**
le **gaz** [ləgaz] das (Erd)Gas **III 5E**
un **gel douche** [ɛ̃ʒɛlduʃ] ein Duschgel **I 7E**
en général [ɑ̃ʒeneʀal] im Allgemeinen **III 1D**
général/générale/généraux/générales [ʒeneʀal/ʒeneʀo] allgemein **II 3A**
un/une **généraliste** [ɛ̃/ynʒeneʀalist] ein Allgemeinarzt/eine Allgemeinärztin **II 6E**
une **génération** [ynʒeneʀasjɔ̃] eine Generation **II 8A**
un **genou**/des **genoux** [ɛ̃/deʒ(ə)nu] ein Knie/Knie **II 6E**
un **genre de ...** [ɛ̃ʒɑ̃ʀ] eine Art ... **I 9B**
les **gens** *(m., pl.)* [leʒɑ̃] die Leute **I 1A**
gentil/gentille [ʒɑ̃ti/ʒɑ̃tij] nett **II 8A**
la **géographie** [laʒeɔgʀafi] die Erdkunde **I 5E**
un **gérant**/une **gérante** [ɛ̃ʒeʀɑ̃/ynʒeʀɑ̃t] ein Geschäftsführer/eine Geschäftsführerin **II 7A**
un **geste** [ɛ̃ʒɛst] eine Geste; eine Maßnahme **III 5H**
la **gestion** [laʒɛstjɔ̃] die Betriebswirtschaftslehre **I 5E**
un **gigot d'agneau** [ɛ̃ʒigodaɲo] eine Lammkeule **I 8E**
un **gîte** [ɛ̃ʒit] eine Ferienunterkunft **II 3A**
une **glace** [ynglas] ein Eis **I 8E**
global/globale/globaux/globales [glɔbal/glɔbo] global **II 8B**
la **gloire** [laglwaʀ] der Ruhm/das Verdienst **III 2E**
une **gorge** [yngɔʀʒ] ein Hals; eine Kehle **II 6E**
être **gourmand/gourmande** [ɛtʀguʀmɑ̃/guʀmɑ̃d] eine Naschkatze sein **II 4E**
le **goût** [ləgu] der Geschmack **II 2A**
goûter qc [gute] etw. probieren **I 4B**
un **gouvernement** [ɛ̃guvɛʀnəmɑ̃] eine Regierung **III 3A; III 7A**
un **GPS** [ɛ̃ʒepeɛs] ein GPS **II 5B**
grâce à [gʀasa] dank *(Präp.)* **III 9A**
un **gramme (de)** [ɛ̃gʀam] ein Gramm **I 8E**

grand/grande [gʀɑ̃/gʀɑ̃d] groß **I 6A**
une **grand-mère** [yngʀɑ̃mɛʀ] eine Großmutter **II 2B**
un **grand-père** [ɛ̃gʀɑ̃pɛʀ] ein Großvater **II 2B**
un **graphique** [ɛ̃gʀafik] eine Graphik **II 4B**
gratuit/gratuite [gʀatɥi/gʀatɥit] kostenlos/gratis **II 5A**
C'est grave. [sɛgʀav] Das ist schlimm. **I 4A**
une **grève** [yngʀɛv] ein Streik **III 3F**
faire grève [fɛʀgʀɛv] streiken **III 3F**
un/une **gréviste** [ɛ̃/yngʀevist] ein Streikender/eine Streikende **III 3F**
faire des grillades *(f., pl.)* [fɛʀdegʀijad] grillen **II 1A**
grillé/grillée [gʀije] gegrillt **I 8E**
griller qc [gʀije] etw. rösten **II 4B**
une **grippe** [yngʀip] eine Grippe **II 6A**
gros/grosse [gʀo/gʀos] dick; groß **II 4E**
un/une **grossiste** [ɛ̃/yngʀosist] ein Großhändler/Grossist **II 7A**
une **guerre** [yngɛʀ] ein Krieg **III 2B**
un/une **guide** [ɛ̃/yngid] ein (Reise)Führer/eine (Reise)Führerin **I 6A**

H

s'habiller [sabije] sich anziehen **I 10B**
un **habitant**/une **habitante** [ɛ̃nabitɑ̃/ynabitɑ̃t] ein Einwohner/eine Einwohnerin **II 4B**
habiter [abite] wohnen **I 1B**
une **habitude** [ynabityd] eine Gewohnheit **II 7A**
avoir l'habitude (f.) de faire qc [avwaʀlabityd] es gewohnt sein, etw. zu tun **II 7A**
habituel/habituelle [abitɥɛl] üblich; gewohnt **II 7A**
s'habituer à qc [sabitɥe] sich an etw. gewöhnen **II 8B**
une **halle** [yn'al] eine (Markt)Halle **II 7B**
le **hard discount** [lə'aʀddiskunt] der Discounter **I 9E**
une **hausse** [yn'os] ein Anstieg **II 4B**
haut/haute ['o/'ot] hoch **II 1A**
un **hebdomadaire** [ɛ̃nɛbdɔmadɛʀ] eine Wochenzeitschrift **III 6D**
un **hectare** [ɛ̃nɛktaʀ] ein Hektar **II 3B**
un **héros**/une **héroïne** [ɛ̃'eʀo/yn'eʀɔin] ein Held/eine Heldin **III 10C**
hésiter [ezite] zögern **II 8B**
l'**heure** *(f.)* [lœʀ] die Uhr; die Uhrzeit **I 2A**
à l'heure [alœʀ] pünktlich **II 7B**
Il est quelle heure ? [ilɛkɛlœʀ] Wie spät ist es? **I 4B**
A quelle heure ? [akɛlœʀ] Um wie viel Uhr? **I 4B**
heureux/heureuse [øʀø/øʀøz] glücklich **II 7B**
hier [jɛʀ] gestern **I 5E**
une **histoire** [ynistwaʀ] eine Geschichte **I 4B**
l'histoire *(f.)* [listwaʀ] Geschichte *(als Fach)* **I 5E**
historique [istɔʀik] historisch **III 2DE**
l'**hiver** *(m.)* [livɛʀ] der Winter **II 1A**
un **Hollandais**/une **Hollandaise** [ɛ̃'ɔlɑ̃dɛ/yn'ɔlɑ̃dɛz] ein Holländer/eine Holländerin **II 4B**
un **homme** [ɛ̃nɔm] ein Mann **II 1A**
hongrois/hongroise [ɔ̃gʀwa/ɔ̃gʀwaz] ungarisch **I 10A**
l'**honneur** *(m.)* [lɔnœʀ] die Ehre; das Ansehen **III 8A**
un **honoraire** [ɛ̃nɔnɔʀɛʀ] ein Honorar **II 6A**
honoré/honorée [ɔnɔʀe] geehrt **III 9G**
un **hôpital**/des **hôpitaux** [ɛ̃nɔpital/dezɔpito] ein Krankenhaus/Krankenhäuser **II 6E**
des **horaires** *(m., pl.)* [dezɔʀɛʀ] ein Fahrplan; (Start)Zeiten **II 1B**
l'**horizon** *(m.)* [lɔʀizɔ̃] der Horizont **II 1A**
avoir horreur de qc/qn [avwaʀɔʀœʀ] etw./jdn verabscheuen/hassen **II 1E**
un **hôtel** [ɛ̃notɛl] ein Hotel **I 1B**
une **hotline** [yn'ɔtlajn] eine Hotline **I 5A**
une **huître** [ynɥitʀ] eine Auster **II 7A**
humain/humaine [ymɛ̃/ymɛn] menschlich **II 6E**
l'**humour** *(m.)* [lymuʀ] der Humor **III 9G**
un **hymne** [ɛ̃nimn] eine Hymne **III 7B**
un **hypermarché** [ɛ̃nipɛʀmaʀʃe] ein Supermarkt **I 9E**

I

ici [isi] hier **I 1B**
une **idée** [ynide] eine Idee **I 2A**
une **île** [ynil] eine Insel **II 1A**
illégal/illégale/illégaux/illégales [ilegal/ilego] illegal **III 6A**
il y a [ilja] vor *(zeitlich)* **II 4A**
il y a [ilja] es gibt **I 1A**
une **image** [ynimaʒ] ein Bild **I 5A**
un **immeuble** [ɛ̃nimœbl] ein Gebäude/Wohnhaus **I 2B**
l'**immigration** *(f.)* [limigʀasjɔ̃] die Einwanderung **III 8B**
un **immigré**/une **immigrée** [ɛ̃/ynimigʀe] ein Einwanderer/eine Einwanderin **III 8C**
un **imper** [ɛ̃nɛ̃pɛʀ] ein Regenmantel **I 9A**
important/importante [ɛ̃pɔʀtɑ̃/ɛ̃pɔʀtɑ̃t] wichtig **I 10E**
un **importateur**/une **importatrice** [ɛ̃nɛ̃mpɔʀtatœʀ/ynɛ̃mpɔʀtatʀis] ein Importeur/eine Importeurin; ein Importland **II 4B**
n'importe quoi [nɛ̃pɔʀtəkwa] irgendwas (Beliebiges) **III 4D**
imposer qc à qn [ɛ̃poze] jdm etw. aufzwingen/aufoktroyieren **III 2B**
impossible [ɛ̃pɔsibl] unmöglich **II 5B**
un **impôt** [ɛ̃nɛ̃po] eine Steuer **III 2C ; III 5E**
une **impression** [ynɛ̃pʀesjɔ̃] ein Eindruck **I 7E**
impressionniste [ɛ̃pʀesjɔnist] impressionistisch **III 10B**
une **imprimante** [ynɛ̃pʀimɑ̃t] ein Drucker **II 5A**
inaugurer qc [inogyʀe] etw. eröffnen/einweihen **III 10B**
un **incendie** [ɛ̃nɛ̃sɑ̃di] ein Brand **III 1G**

Incroyable ! [ɛ̃kʀwajabl] Unglaublich! **I 10A**
l'**indépendance** *(f.)* [lɛ̃depɑ̃dɑ̃s] die Unabhängigkeit **III 5F; III 9A**
indépendant/indépendante [ɛ̃depɑ̃dɑ̃/ɛ̃depɑ̃dɑ̃t] unabhängig **II 3B**
un **Indien**/une **Indienne** [ɛ̃nɛ̃djɛ̃/ynɛ̃djɛn] ein Inder/eine Inderin **II 5A**
indiquer qc [ɛ̃dike] etw. anzeigen **II 7B**
l'**industrie** *(f.)* [lɛ̃dystʀi] die Industrie **I 7E**
inédit/inédite [inedi/inedit] ganz neu **III 7B**
l'**inégalité** *(f.)* [linegalite] die Ungleichheit **III 3C**
inférieur/inférieure à [ɛ̃feʀjœʀ] niedriger/geringer als **III 7D**
un **infirmier**/une **infirmière** [ɛ̃nɛ̃fiʀmje/ynɛ̃fiʀmjɛʀ] ein Krankenpfleger/eine Krankenschwester **II 6B**
influencer qn/qc [ɛ̃flyɑ̃se] jdn/etw. beeinflussen **III 3E**
l'**information** *(f.)* [lɛ̃fɔʀmasjɔ̃] das Informationswesen **I 5E**
l'**informatique** *(f.)* [lɛ̃fɔʀmatik] die Informatik **I 2A**
informe [ɛ̃fɔʀm] formlos/ausgeleiert **I 9A**
s'inquiéter [sɛ̃kjete] sich Sorgen machen/sich beunruhigen **II 6B**
s'inscrire [sɛ̃skʀiʀ] sich einschreiben **II 1B**
une **installation** [ynɛ̃stalasjɔ̃] eine Installation **II 5A**
installer qc [ɛ̃stale] etw. aufbauen/aufstellen **I 4E**
un **instituteur**/une **institutrice** [ɛ̃nɛ̃stitytœʀ/ynɛ̃stitytʀis] ein Grundschullehrer/eine Grundschullehrerin **III 4DE**
un **instrument** [ɛ̃nɛ̃stʀymɑ̃] ein Instrument **I 10A**
une **insulte** [ynɛ̃sylt] eine Beleidigung **III 8D**
insupportable [ɛ̃sypɔʀtabl] unerträglich **III 8G**
intelligent/intelligente [ɛ̃teliʒɑ̃/ɛ̃teliʒɑ̃t] intelligent **II 2B**
interactif/interactive [ɛ̃tɛʀaktif/ɛ̃tɛʀaktiv] interaktiv **II 5E**
interdire à qn de faire qc [ɛ̃tɛʀdiʀ] jdm verbieten etw. zu tun **I 6A**
intéressant/intéressante [ɛ̃teʀesɑ̃/ɛ̃teʀesɑ̃t] interessant **I 9E**
intéresser qn [ɛ̃teʀese] jdn interessieren **I 6B**
l'**intérêt** *(m.)* [lɛ̃teʀɛ] das Interesse **III 3D**
à l'intérieur [alɛ̃teʀjœʀ] (nach) drinnen **III 8G**
un **internat** [ɛ̃nɛ̃tɛʀna] ein Internat **II 3A**
l'**internationalisation** *(f.)* [lɛ̃tɛʀnasjɔnalizasjɔ̃] die Internationalisierung **III 10A**
un/une **internaute** [ɛ̃/ynɛ̃tɛʀnot] ein Internetnutzer/eine Internetnutzerin **III 6A**
l'**Internet** *(m.)* [lɛ̃tɛʀnɛt] das Internet **I 2A**
sur Internet [syʀɛ̃tɛʀnɛt] im Internet **I 2A**
une **interro** *(fam.)* (= *interrogation*) [ynɛ̃teʀo(gasjɔ̃)] eine Klassenarbeit **I 5A**
interroger qn [ɛ̃teʀɔʒe] jdn befragen **I 7B**
une **interview** [ynɛ̃tɛʀvju] ein Interview **I 3A**
Paris intra-muros [paʀiɛ̃tʀamyʀos] das innere Stadtgebiet von Paris **III 1C**
inventer qc [ɛ̃vɑ̃te] etw. erfinden **III 2D; III 5A; III 9A**
inversement [ɛ̃vɛʀsəmɑ̃] im Gegenzug **III 7C**
investir dans qc [ɛ̃vestiʀ] in etw. investieren **II 4A**
un **investissement** [ɛ̃nɛ̃vestismɑ̃] eine Investition **II 3B**
l'**invitation** *(f.)* [lɛ̃vitasjɔ̃] die Einladung **I 1A**
inviter qn [ɛ̃vite] jdn einladen **I 10A**
inviter qn à faire qc [ɛ̃vite] jdn einladen, etw. zu tun **II 8A**
issu/issue de qc [isydə] aus etw. stammend **III 8E**
ivoirien/ivoirienne [ivwaʀjɛ̃/ivwaʀjɛn] (aus/von) der Elfenbeinküste **III 9E**

J

une **jambe** [ynʒɑ̃b] ein Bein **II 6E**
un **jardin** [ɛ̃ʒaʀdɛ̃] ein Garten **II 2E**
un jardin d'enfants [ɛ̃jaʀdɛ̃dɑ̃fɑ̃] ein Kindergarten **II 2E**
un **jean** [ɛ̃dʒin] eine Jeans **I 9A**
jeter qc [ʒ(ə)te] etw. (weg)werfen **III 5C**
un **jeu**/des **jeux** [ɛ̃ʒø/deʒø] ein Spiel/Spiele **II 1E**
jeudi *(m.)* [ʒødi] (am) Donnerstag **I 3E**
un/une **jeune** [ɛ̃/ynʒœn] ein Jugendlicher/eine Jugendliche **I 3E**
jeune [ʒœn] jung **II 2E**
un **jingle** [ɛ̃dʒingœl] ein Jingle **I 3B**
un **job** [ɛ̃dʒɔb] ein Job **I 3B**
joli/jolie [ʒɔli] hübsch **I 6B**
jouer [ʒue] spielen **I 10A**
un **jour** [ɛ̃ʒuʀ] ein Tag **I 9E**
7 jours sur 7 [sɛtʒuʀsyʀsɛt] 7 Tage die Woche **I 9E**
un jour férié [ɛ̃ʒuʀfeʀje] ein Feiertag **II 4A**
ce jour-là [səʒuʀla] an diesem Tag **II 8A**
un **journal**/des **journaux** [ɛ̃ʒuʀnal/deʒuʀno] eine Zeitung/Zeitungen **I 7B**
une **journée** [ynʒuʀne] ein Tag **I 3B**
une journée portes ouvertes [ynʒuʀnepɔʀtzuvɛʀt] ein Tag der offenen Tür **I 5E**
joyeux/joyeuse [ʒwajø/ʒwajøz] fröhlich **III 3C**
le **judo** [ləʒydo] das Judo **I 3E**
juger qc [ʒyʒe] etw. beurteilen **III 10D**
un **Juif**/une **Juive** [ɛ̃ʒɥif/ynʒɥiv] ein Jude/eine Jüdin **III 8D**
un **jumelage** [ɛ̃ʒym(ə)laʒ] eine Städte-/Schulpartnerschaft **III 7DE**
être jumelé/jumelée avec [ʒymle] Partnerstadt/-dorf sein von **II 8A**
une **jupe** [ynʒyp] ein Rock **I 9A**
jusqu'à [ʒyska] bis **II 8A**
juste [ʒyst] direkt **I 10A**
justement [ʒystəmɑ̃] genau **I 9A**

K

le **kayak** [ləkajak] das Kajakfahren **I 3A**
un **kilo (de)** [ɛ̃kilo] ein Kilo **I 8E**

L

là [la] da/dort **I 1A**
là-bas [laba] dort **I 1A**
un **laboratoire d'analyses** *(f.)* [ɛ̃labɔʀatwaʀdanaliz] ein Diagnoselabor **II 6A**
un **lac** [ɛ̃lak] ein See **III 7D; III 9F**
laisser qn/qc [lese] jdn/etw. (über)lassen/etw. geben **I 6E**
laisser qn faire qc [lesefɛʀ] jdn etw. machen lassen **III 4E; III 10DE**
le **lait** [lәlɛ] die Milch **I 8E**
laitier/laitière [letje/letjɛʀ] Milch- **II 3E**
lancer qc [lɑ̃se] etw. werfen **III 2E**
une **langue** [ynlɑ̃g] eine Sprache **II 1B**
une langue étrangère [ynlɑ̃getʀɑ̃ʒɛʀ] eine Fremdsprache **II 1B**
une langue maternelle [ynlɑ̃gmatɛʀnɛl] eine Muttersprache **III 9A**
une langue officielle [ynlɑ̃gɔfisjɛl] eine Amtssprache **III 9A**
large [laʀʒ] weit **I 9A**
une **larme** [ynlaʀm] eine Träne **II 2E**
en larmes [ɑ̃laʀm] in Tränen (aufgelöst) **II 2E**
laver qc [lave] etw. waschen/spülen **I 1B**
la **leçon** [lalәsɔ̃] die Lektion **I 1E**
les **légumes** *(m., pl.)* [legym] das Gemüse **I 1B**
le **lendemain** [lәlɑ̃d(ә)mɛ̃] am folgenden Tag/am Tag darauf **II 8A**
lent/lente [lɑ̃/lɑ̃t] langsam **II 8B**
lequel/laquelle/lesquels/lesquelles [lәkɛl/lakɛl/lekɛl/lekɛl] welcher/welche/welches *(Relativpronomen)* **III 3D**
une **lettre de motivation** [ynlɛtʀ(ә)dәmɔtivasjɔ̃] ein Bewerbungsbrief **I 3A**
une **lettre recommandée** [ynlɛtʀ(ә)ʀәkɔmɑ̃de] ein Einschreiben **II 5B**
se lever [sәl(ә)ve] aufstehen **I 10B**
lever qc [l(ә)ve] etw. heben **III 8G**
la **liberté** [libɛʀte] die Freiheit **III 3DE; III 6B; III 9E**
la liberté de la presse [labibɛʀtedәlapʀɛs] die Pressefreiheit **III 6E**
la liberté d'expression [labibɛʀtedɛkspʀesjɔ̃] die Meinungsfreiheit **III 6E**
libre [libʀ] frei **I 9A**
un **licenciement** [ɛ̃lisɑ̃simɑ̃] eine Entlassung **III 4C**
un **lien** [ɛ̃ljɛ̃] eine Verbindung **III 9A**
un **lieu**/des **lieux** [ɛ̃ljø/deljø] ein Ort/Orte **I 6A**
avoir lieu [avwaʀljø] sich ereignen/stattfinden **III 3A**
une **ligne** [ynliɲ] eine Linie **I 6A**; eine (Telefon)Leitung **II 7A**
être occupé/e sur une autre ligne [ɛtʀɔkypesyʀynotʀliɲ] auf einer anderen Leitung sprechen **II 7A**
en ligne [ɑ̃liɲ] online **II 8E**
une **limite** [ynlimit] eine Grenze **III 1D**
limiter qc [limite] etw. einschränken **II 6B**
lire qc [liʀ] etw. lesen **I 5A**
une **liste** [ynlist] eine Liste **I 4B**
un **lit** [ɛ̃li] ein Bett **I 4E**
un **litre (de)** [ɛ̃litʀ] ein Liter **I 8E**
une **livraison** [ynlivʀɛzɔ̃] eine Lieferung **II 5B**
un **livre** [ɛ̃livʀ] ein Buch **I 5A**
un livre électronique [ɛ̃livʀelɛktʀɔnik] ein E-Book **III 6DE**
livrer qc [livʀe] etw. liefern **II 5B**
local/locale/locaux/locales [lɔkal/lɔko] örtlich **II 4A**
une **loge** [ynlɔʒ] eine Loge; eine Künstlergarderobe **I 10A**
un **logement** [ɛ̃lɔʒmɑ̃] eine Wohnung/Unterkunft **II 8B**
loger qn [lɔʒe] jdn unterbringen **II 3B**
un **logiciel** [ɛ̃lɔʒisjɛl] eine Software/ein Programm **III 6D**
logistique [lɔʒistik] logistisch **II 7B**
une **loi** [ynlwa] ein Gesetz **III 3A; III 5E; III 6E**
loin [lwɛ̃] weit weg **III 6D**
loin (de) [lwɛ̃dә] weit (von) **III 1B; III 9G**
les **loisirs** *(m., pl.)* [lelwaziʀ] die Freizeit **I 3E**
long/longue [lɔ̃/lɔ̃g] lang **II 1A**
longtemps [lɔ̃tɑ̃] lange *(Adv.)* **I 4A**
lorsque [lɔʀsk(ә)] als **III 8G**
un **lot** [ɛ̃lo] ein (Waren)Posten **II 7A**
louer [lue] mieten; vermieten **I 10B**
une **loupe** [ynlup] eine Lupe **II 6B**
un **loyer** [ɛ̃lwaje] eine Miete **I 4A**
lundi *(m.)* [lɛ̃di] (am) Montag **I 1E**
lundi soir [lɛ̃diswaʀ] (am) Montagabend **I 1A**
des **lunettes** *(f., pl.)* [delynɛt] eine Brille **II 6E**
lutter contre qc [lytekɔ̃tʀ] gegen etw. kämpfen **III 3C; III 4D; III 7A**
un **lycée** [ɛ̃lise] ein Gymnasium *(nur die Sekundarstufe II)* **I 1A**
un **lycéen**/une **lycéenne** [ɛ̃liseɛ̃/ynliseɛn] ein Gymnasiast/eine Gymnasiastin *(in der Oberstufe)* **I 5E**

M

un **machin** *(fam.)* [ɛ̃maʃɛ̃] ein Ding *(ugs.)* **I 4B**
une **machine** [ynmaʃin] eine Maschine **II 4A**
une machine à café [ynmaʃinakafe] eine Kaffeemaschine **I 7A**
madame … [madam] Frau … **I 1A**
mademoiselle … [madmwazɛl] *Anrede für eine junge Frau* **I 1B**
un **magazine** [ɛ̃magazin] eine Zeitschrift **I 3A**
magnifique [maɲifik] herrlich/wunderschön **II 1B**
une **main** [ynmɛ̃] eine Hand **II 1B**
à la main [alamɛ̃] mit der Hand **II 4B**
la **main d'œuvre** [lamɛ̃dœvʀ] die Arbeitskräfte **II 4A**
maintenant [mɛ̃t(ә)nɑ̃] jetzt **I 1B**
un **maire** [ɛ̃mɛʀ] ein Bürgermeister **III 3B**
une **mairie** [ynmɛʀi] eine Stadtverwaltung; ein Rathaus **II 2E**
le **maïs** [lәmais] der Mais **II 3E**
mais [mɛ] aber **I 1A**
une **maison** [ynmɛzɔ̃] ein Haus **I 3A**
à la maison [alamɛzɔ̃] zu Hause; nach Hause **I 3A**

une maison passive [ynmɛzõpasiv] ein Passivhaus **II 3B**
une maison de disques [ynmɛzõd(ə)disk] eine Plattenfirma **III 10A**
un **maître**/une **maîtresse** [ɛ̃mɛtʀ/ynmɛtʀɛs] ein (Grundschul)Lehrer/eine (Grundschul)Lehrerin **II 2A**
un **majeur** [ɛ̃maʒœʀ] eine volljährige Person **III 3E**
la **majorité (des)** [lamaʒɔʀite] die Mehrheit (von) **II 4B**
la majorité [lamaʒɔʀite] die Volljährigkeit **III 3E**
avoir mal à la tête [avwaʀmalalatɛt] Kopfweh haben **II 6E**
qn a mal au cœur [malokœʀ] jdm ist schlecht **II 6B**
avoir du mal à faire qc [avwaʀdymal] Mühe haben, etw. zu tun **III 2C**
mal [mal] schlecht *(Adv.)* **II 2E**
être mal à l'aise [ɛtʀ(ə)malalɛz] sich unwohl/unbehaglich fühlen **III 4E**
malade [malad] krank **II 6A**
une **maladie** [ynmaladi] eine Krankheit **III 4F**
le **malaise** [lemalɛz] das Unwohlsein **II 6B**
faire un malaise [fɛʀɛ̃malɛz] ohnmächtig werden **II 6B**
maman *(f.)* [mamɑ̃] Mama/Mutti **I 2A**
manger qc [mɑ̃ʒe] etw. essen **I 8E**
un **manifestant**/une **manifestante** [ɛ̃manifɛstɑ̃/ynmanifɛstɑ̃t] ein Demonstrant/eine Demonstrantin **III 3F**
une **manifestation** [ynmanifɛstasjõ] eine Demonstration **III 3F; III 5DE;** eine Veranstaltung **III 10C**
manifester [manifɛste] demonstrieren **III 3F**
un **mannequin** [ɛ̃mankɛ̃] ein Model; eine Schaufensterpuppe **I 6E**
manquer à qn [mɑ̃ke] jdm fehlen **II 2B**
manquer qc [mɑ̃ke] etw. verpassen/versäumen **II 5E**
qn ne manque plus de rien [mɑ̃kplydəʀjɛ̃] jdm fehlt es an nichts mehr **III 9E**
un **manteau** [ɛ̃mɑ̃to] ein Mantel **I 9A**
un **marathon** [ɛ̃maʀatõ] ein Marathon **II 8E**
un **marchand**/une **marchande** [ɛ̃maʀʃɑ̃/ynmaʀʃɑ̃d] ein Händler/eine Händlerin **III 9D**
une **marchandise** [ynmaʀʃɑ̃diz] eine Ware/ein (Handels)Gut **II 7E**
un **marché** [ɛ̃maʀʃe] ein Markt **I 9E**
un marché aux puces [ɛ̃maʀʃeopys] ein Flohmarkt **III 7D; III 9D**
marcher [maʀʃe] gehen/laufen **I 4B;** funktionieren **I 5A**
mardi *(m.)* [maʀdi] (am) Dienstag **I 1A**
la **marée** [lamaʀe] Fische und Meeresfrüchte *(im Handelskontext)* **II 7B**
un **mari** [ɛ̃maʀi] ein Ehemann **II 2B**
un **mariage** [ɛ̃maʀjaʒ] eine Ehe; eine Hochzeit **II 2B**
se marier avec qn [səmaʀje] jdn heiraten **II 2B**
le **marketing** [ləmaʀketiŋ] das Marketing **I 7A**
marocain/marocaine [maʀɔkɛ̃/maʀɔkɛn] marokkanisch **III 8DE**
une **marque** [ynmaʀk] eine Marke **I 9E**
marrant/marrante [maʀɑ̃/maʀɑ̃t] lustig **I 6A**
en avoir marre *(fam.)* [ɑ̃navwaʀmaʀ] die Nase voll haben *(ugs.)* **I 4B**
un **match** [ɛ̃matʃ] ein Spiel *(beim Sport)* **I 3E**
le **matériel informatique** [ləmateʀjɛlɛ̃fɔʀmatik] die Hardewareausstattung **II 5A**
les **mathématiques** *(f., pl.)* [lematematik] Mathematik **I 5E**
une **matière** [ynmatjɛʀ] ein (Schul)Fach **III 8D**
une **matière première** [ynmatjɛʀ pʀəmjɛʀ] ein Rohstoff **II 4A**
le **matin** [ləmatɛ̃] der Morgen/morgens **I 1A**
mauvais/mauvaise [movɛ/movɛz] schlecht **II 1B**
Il fait mauvais. [ilfɛmovɛ] Es ist schlechtes Wetter. **II 1B**
un **médecin** [ɛ̃medsɛ̃] ein Arzt **II 6E**
les **médias** *(m., pl.)* [lemedja] die Medien **III 6DE**
un **médicament** [ɛ̃medikamɑ̃] ein Medikament/eine Arznei **II 6B**
le **meilleur...**/la **meilleure...** [mɛjœʀ] der/die/das beste **II 4A**
mélanger qc [melɑ̃ʒe] etw. mischen **II 4B**
un **membre** [ɛ̃mɑ̃bʀ] ein Mitglied **III 9A**
le/la **même** [lə/lamɛm] der-/die-/dasselbe **II 8B**
même [mɛm] sogar **I 5E**
même si [mɛmsi] auch wenn/selbst wenn **II 3B**
la **mémoire** [lamemwaʀ] das Gedächtnis **III 9F**
le **ménage** [ləmenaʒ] die Hausarbeit/das Putzen **I 7B**
mendier [mɑ̃dje] betteln **III 8D**
mener à [m(ə)ne] führen zu/auf **III 1G**
une **mentalité** [ynmɑ̃talite] eine Mentalität **II 8B**
mentir (à qn) [mɑ̃tiʀ] (jdn be)lügen **III 6C**
un **menu** [ɛ̃məny] ein Menü **I 8E**
la **mer** [lamɛʀ] das Meer **I 1A**
Merci ! [mɛʀsi] Danke. **I 1E**
mercredi *(m.)* [mɛʀkʀədi] (am) Mittwoch **I 2A**
une **mère** [ynmɛʀ] eine Mutter **I 4B**
mesdames *(f., pl.)* [medam] meine Damen **I 8B**
un **message** [ɛ̃mɛsaʒ] eine Nachricht **II 5B**
messieurs-dames [mesjødam] meine Damen und Herren **I 8A**
une **mesure** [ynməzyʀ] eine Maßnahme **III 2B; III 3F; III 5E; III 10D**
prendre des mesures [pʀɑ̃dʀədem(ə)zyʀ] Maßnahmen ergreifen **III 5E**
la **météo** [lameteo] der Wetterbericht; das Wetter **II 1B**
un **métier** [ɛ̃metje] ein Beruf **II 4A**
un **mètre** [ɛ̃mɛtʀ] ein Meter **II 1A**
le **métro** [ləmetʀo] die Metro/die U-Bahn **I 6A**

mettre qc [mɛtʀ] etw. anziehen; etw. legen/setzen/stellen; etw. aufgeben **I 9B**
se mettre à l'abri *(m.)* [səmɛtʀalabʀi] sich in Sicherheit bringen **III 5F**
se mettre en rang [səmɛtʀɑ̃ʀɑ̃] sich in einer Reihe aufstellen **II 2A**
mettre du beurre dans les épinards [mɛtʀdybœʀdɑ̃lezepinaʀ] sich ein nettes Zubrot verdienen **II 3A**
se mettre à son compte [səmɛtʀasɔ̃kɔ̃t] sich selbstständig machen **II 5A**
mettre qc en place [mɛtʀɑ̃plas] etw. bereitstellen **III 10B**
un **micro** *(= microphone)* [ɛ̃mikʀo] ein Mikro(fon) **I 3B**
un **micro-trottoir** [ɛ̃mikʀotʀotwaʀ] eine Umfrage auf der Straße **III 7F**
le **midi** [ləmidi] der Mittag/mittags **I 2A**
mille [mil] tausend **I 5B**
des **milliers** *(m.)* [demilje] Tausende **III 9E**
un **million** [ɛ̃miljɔ̃] eine Million **I 7E**
une **minijupe** [ynminiʒyp] ein Minirock **I 9A**
un **ministre** [ɛ̃ministʀ] ein Minister **III 3A**
la **minorité (des)** [laminɔʀite] die Minderheit (von) **II 4B**
minuit *(m.)* [minɥi] Mitternacht/12 Uhr nachts **I 4B**
une **minute** [ynminyt] eine Minute **I 2B**
une **mise en scène** [ynmizɑ̃sɛn] eine Regie; eine Inszenierung **III 6D**
une **mission** [ynmisjɔ̃] eine Mission/ein Auftrag **II 7B**
Mission accomplie ! [misjɔ̃akɔ̃pli] Auftrag ausgeführt! **II 7B**
avoir pour mission de faire qc [avwaʀpuʀmisjɔ̃] den Auftrag haben, etw. zu tun **II 8B**
mixte [mikst] gemischt **III 7D**
mobile [mɔbil] mobil/beweglich **II 8E**

la **mobilisation** [lamɔbilizasjɔ̃] die Mobilisierung **III 3F**
la **mode** [lamɔd] die Mode **I 2A**
le **mode de vie** [ləmɔddəvi] die Lebensart **III 7C**
un **modèle** [ɛ̃mɔdɛl] ein Modell **I 9A**; ein Vorbild **III 3B**
moderne [mɔdɛʀn] modern **II 7A**
moderniser qc [mɔdɛʀnize] etw. modernisieren **II 3A**
le/la **moindre** + *substantif* [lə/lamwɛ̃dʀ] der/die/das geringste + *Substantiv* **III 8D**
au moins [omwɛ̃] mindestens **III 6A**
moins [mwɛ̃] minus **I 3B**; vor *(zeitlich)* **I 4B**
un **mois** [ɛ̃mwa] ein Monat **I 4A**
la **moitié (de)** [lamwatje] die Hälfte (von) **II 4B**
un **moment** [ɛ̃mɔmɑ̃] ein Moment **I 1B**
à ce moment-là [asəmɔmɑ̃la] in dem/diesem Moment **II 8A**
une **monarchie** [ynmɔnaʀʃi] eine Monarchie **III 2A**
le **monde** [ləmɔ̃d] die Welt **I 7E**
tout le monde [tul(ə)mɔ̃d] alle **I 3B**
une **monnaie** [ynmɔnɛ] eine Währung **III 7F**
monsieur ... [məsjø] Herr ... **I 1B**
une **montagne** [ynmɔ̃taɲ] ein Berg/Gebirge **II 1A**
monter [mɔ̃te] steigen; einsteigen **I 6A**
monter qc [mɔ̃te] etw. aufstellen/aufbauen **II 1A**
monter [mɔ̃te] wachsen/sich entwickeln **II 5A**
monter qc [mɔ̃te] etw. gründen/etw. hochziehen **III 9D**
montrer qc à qn [mɔ̃tʀe] jdm etw. zeigen **I 3A**
se moquer de qn [səmɔke] jdn auslachen **I 10B**
un **morceau**/des **morceaux** [ɛ̃mɔʀso/demɔʀso] ein Stück/Stücke **III 2B; III 10A**
la **mort** [lamɔʀ] der Tod **II 6A**
moulant/moulante [mulɑ̃/mulɑ̃t] eng **I 9A**
un **moule** [ɛ̃mul] eine Form **II 4B**
un **moulin** [ɛ̃mulɛ̃] eine Mühle **II 3B**

mourir (de qc) [muʀiʀ] (an etw.) sterben **III 5H; III 10DE**
un **mouton** [ɛ̃mutɔ̃] ein Schaf **II 1A**
un **mouvement** [ɛ̃muvmɑ̃] eine Bewegung **III 3F**
un **moyen** [ɛ̃mwajɛ̃] ein Mittel **II 1E**
un moyen de transport [ɛ̃mwajɛ̃d(ə)tʀɑ̃spɔʀ] ein Verkehrsmittel **II 1E**
avoir les moyens de faire qc [avwaʀlemwajɛ̃] sich leisten können, etw. zu tun **II 6A**
moyen/moyenne [mwajɛ̃/mwajɛn] durchschnittlich **III 6A**
la **moyenne** [lamwajɛn] der Durchschnitt **II 4B**
en moyenne [ɑ̃mwajɛn] im Durchschnitt **II 4B**
un **mur** [ɛ̃myʀ] eine Mauer; eine Wand **III 1G**
un **musée** [ɛ̃myze] ein Museum **I 3E**
un **musicien**/une **musicienne** [ɛ̃myzisjɛ̃/ynmyzisjɛn] ein Musiker/eine Musikerin **I 10E**
la **musique** [lamyzik] die Musik **I 3E**
la musique classique [lamyzikklasik] die klassische Musik **III 10A**
muter qn [myte] jdn versetzen **II 5A**
une **mutuelle** [ynmytɥɛl] eine Zusatzversicherung **II 6B**

N

nager [naʒe] schwimmen **II 1A**
une **naissance** [ynnɛsɑ̃s] eine Geburt **II 2B**
naître [nɛtʀ] geboren werden/auf die Welt kommen **III 9F**
la **natation** [lanatasjɔ̃] das Schwimmen **I 3A**
une **nationalité** [ynnasjɔnalite] eine Nationalität **I 10A**
la **nature** [lanatyʀ] die Natur **I 1A**
faire la navette [fɛʀlanavɛt] pendeln **III 1D**
naviguer [navige] navigieren/surfen **III 6C**
ne... pas [nə...pa] nicht **I 2A**
ne... plus [nə...ply] nicht mehr **I 5A**

ne… pas de [nə…padə] kein/ keine I 5A
ne… plus de [nə…plydə] kein/ keine mehr I 5A
ne… pas encore [nə…pazɑ̃kɔʀ] noch nicht I 7B
ne… jamais [nə…ʒamɛ] nie I 9E
ne… ni… ni… [nə…ni…ni] weder … noch II 5B
ne… aucun/aucune [nə… okɛ̃/okyn] (überhaupt) keiner/keine/keines III 1G
Je suis né(e)… [ʒəsɥine] Ich bin geboren … I 10A
négatif/négative [negatif/negativ] negativ II 8E
un **négociant**/une **négociante** [ɛ̃negɔsjɑ̃/ynnegɔsjɑ̃t] ein Händler/eine Händlerin II 7A
négocier [negɔsje] verhandeln II 6A
Il neige. (*Infinitiv:* neiger) [ilnɛʒ] Es schneit. II 1B
net/nette [nɛt] netto III 4DE
nier qc [nje] etw. bestreiten/ leugnen III 8D
un **niveau** [ɛ̃nivo] ein Niveau I 5A
ne plus avoir le niveau [nəplyzavwaʀlənivo] nicht mehr mitkommen *(im Unterricht)* I 5A
la **noblesse** [lanɔblɛs] der Adel III 2B
Noël *(m.)* [nɔɛl] Weihnachten II 4E
noir/noire [nwaʀ] schwarz I 6B
un **Noir**/une **Noire** [ɛ̃nwaʀ/ynnwaʀ] ein Schwarzer/ein Schwarze III 8A
un **nom** [ɛ̃nɔ̃] ein Name I 2A
un **nombre** [ɛ̃nɔ̃bʀ] eine Zahl/ Nummer II 2A
nombreux/nombreuse [nɔ̃bʀø/ nɔ̃bʀøz] zahlreich III 1F; III 9C
nommer qn [nɔme] jdn ernennen III 3A
Non. [nɔ̃] Nein. I 1A
le **nord** [lənɔʀ] der Norden II 3E
une **note** [ynnɔt] eine Note I 4A
noter qc [nɔte] etw. aufschreiben/ notieren I 4A
la **nourriture** [lanuʀityʀ] die Nahrung III 2E
nouveau/nouvel/nouvelle/ nouveaux/nouvelles [nuvo/nuvɛl] neu I 9A
un **nuage** [ɛ̃nɥaʒ] eine Wolke II 1B
une **nuit** [ynnɥi] eine Nacht I 2E
Il fait nuit. [ilfɛnɥi] Es ist dunkel./ Es ist Nacht. II 1A
C'est nul ! *(fam.)* [sɛnyl] Das ist blöd! *(ugs.)* I 2B
un **numéro** [ɛ̃nymeʀo] eine Nummer I 3B

O

obéir à qn [ɔbeiʀ] jdm gehorchen/ folgen III 6B; III 7A
un **objectif** [ɛ̃nɔbʒɛktif] ein Ziel III 5B
observer qn/qc [ɔpsɛʀve] etw./jdn beobachten II 1A
obtenir qc [ɔptəniʀ] etw. bekommen/erhalten II 4B
d'occasion [dɔkazjɔ̃] Gebraucht- I 9B
être occupé/e sur une autre ligne [ɛtʀɔkypesyʀynotʀlin] auf einer anderen Leitung sprechen II 7A
s'occuper de qn/qc [sɔkype] sich um jdn/etw. kümmern I 10B
occuper qc [ɔkype] etw. einnehmen II 3E
une **odeur** [ynɔdœʀ] ein Geruch III 9F
un **œuf**/des **œufs** [ɛ̃nœf/dezø] ein Ei/Eier I 8E
une **œuvre** [ynœvʀ] ein Werk III 10B
l'**office du tourisme** *(m.)* [lɔfisdytuʀism] das Fremdenverkehrsamt I 10B
une **offre** [ynɔfʀ] ein Angebot II 1B
une offre promotionnelle [ynɔfʀpʀɔmosjɔnɛl] ein Sonderangebot II 1B
offrir qc à qn [ɔfʀiʀ] jdm etw. anbieten/schenken II 8E
un **oléoduc** [ɛ̃nɔleɔdyk] eine Pipeline/Erdölleitung II 7E
une **omelette** [ynɔmlɛt] ein Omelett I 8E
une **ONG** *(f.) (organisation non gouvernementale)* [ynoɛnʒe] eine NGO *(eine Nicht-Regierungs-Organisation)* III 5B
un **opéra** [ɛ̃nɔpeʀa] ein Opernhaus; eine Oper III 10D
une **option** [ynɔpsjɔ̃] ein Schwerpunkt *(beim Studium)* I 5E; eine Sonderausstattung *(beim Auto)* I 9B
un **orage** [ɛ̃nɔʀaʒ] ein Gewitter II 1B
orange [ɔʀɑ̃ʒ] orange II 1A
ordinaire [ɔʀdinɛʀ] gewöhnlich III 8D
un **ordinateur** [ɛ̃nɔʀdinatœʀ] ein Computer I 3E
un ordinateur portable [ɛ̃nɔʀdinatœʀpɔʀtabl] ein Notebook; ein Laptop III 6DE
une **ordonnance** [ynɔʀdɔnɑ̃s] ein Rezept II 6E
une **oreille** [ynɔʀɛj] ein Ohr II 6E
organiser qc [ɔʀganize] etw. organisieren I 8B
être originaire de [ɛtʀɔʀiʒinɛʀdə] stammen aus III 8DE
l'**origine** *(f.)* [lɔʀiʒin] der Ursprung/ die Herkunft III 3C
des origines *(f.)* [dezɔʀiʒin] Wurzeln III 8DE
d'origine algérienne [dɔʀiʒinalʒeʀjɛn] (mit) algerischer Herkunft III 3C
ou [u] oder I 2B
Où… ? [u] Wo …?; Wohin…? I 1A
où [u] wo *(Relativpronomen, Ort)* I 7E
oublier qc [ublije] etw. vergessen I 10E
l'**ouest** *(m.)* [lwɛst] der Westen II 3E
Ouf ! [uf] Uff! I 5B
Oui. [wi] Ja. I 1A
ouvert/ouverte [uvɛʀ/uvɛʀt] offen I 9E
un **ouvrier**/une **ouvrière** [ɛ̃nuvʀije/ ynuvʀijɛʀ] ein Arbeiter/eine Arbeiterin II 3B
ouvrier/ouvrière [uvʀije/uvʀijɛʀ] Arbeiter-/Arbeits- III 1B
ouvrir qc [uvʀiʀ] etw. öffnen/ aufmachen II 8E
s'ouvrir [suvʀiʀ] sich öffnen III 10A

P

se pacser [səpakse] in einem eheähnlichen Verhältnis leben II 2B
le **paiement** [ləpɛmɑ̃] die Bezahlung II 5B
la **paix** [lapɛ] der Frieden III 7F; III 8A

une **panne** [ynpan] eine Panne **II 7B**
un **panneau solaire** [ɛ̃panosɔlɛʀ] ein Solarzellenpanel **II 3B**
un **pantalon** [ɛ̃pɑ̃talɔ̃] eine Hose **I 6B**
les **papiers** *(m., pl.)* [lepapje] die Papiere/die Unterlagen **I 2B**
par [paʀ] pro **I 7B**
paralysé/paralysée [paʀalize] zusammengebrochen/lahm gelegt (*wörtl.:* gelähmt) **II 5B**
un **parc** [ɛ̃paʀk] ein Park **I 2E**
parce que [paʀs(ə)kə] weil **I 4B**
par cœur [paʀkœʀ] auswendig **III 8G**
Pardon ! [paʀdɔ̃] Entschuldigung!/Verzeihung! **I 4A**
pareil/pareille [paʀɛj] gleich **III 3A**
les **parents** *(m., pl.)* [lepaʀɑ̃] die Eltern **I 9E**
parfait/parfaite [paʀfɛ/paʀfɛt] perfekt **I 6B**
parfois [paʀfwa] manchmal **II 1A**
le **parfum** [ləpaʀfɛ̃] der Duft; das Aroma **II 4B**
un **pari** [ɛ̃paʀi] eine Wette **III 1H**
parisien/parisienne [paʀizjɛ̃/paʀizjɛn] Pariser **III 1B**
un **Parisien**/une **Parisienne** [ɛ̃paʀizjɛ̃/ynpaʀizjɛn] ein Pariser/eine Pariserin **III 1B**
un **parlement** [ɛ̃paʀləmɑ̃] ein Parlament **III 3B**
parler (à qn) [paʀle] (mit jdm) sprechen **I 3A**
parler de qc [paʀle] von etw. erzählen **I 6B**
parmi [paʀmi] unter/von *(einer Gruppe)* **III 6F; III 8D**
une **parole** [ynpaʀɔl] ein Wort **I 3B**
une **part** [ynpaʀ] ein Teil; ein Anteil **II 3E**
partager qc [paʀtaʒe] etw. teilen **I 8A**
un **partenariat** [ɛ̃paʀtənaʀja] eine Partnerschaft/Zusammenarbeit/Kooperation **I 7A**
un **parti** [ɛ̃paʀti] eine Partei **III 3B**
participer à qc [paʀtisipe] an etw. teilnehmen **I 3A**
en particulier [ɑ̃paʀtikylje] gesondert; besonders **II 3E**
une **partie** [ynpaʀti] ein Teil **II 4B**
partir [paʀtiʀ] weggehen/aufbrechen **II 2E**
à partir de [apaʀtiʀdə] ab/von … an/von … aufwärts **III 4A**
partout [paʀtu] überall **I 6A**
pas grand-chose [pagʀɑ̃ʃoz] nicht viel **II 2B**
pas mal du tout [pamaldytu] gar nicht schlecht **I 6B**
un **passant**/une **passante** [ɛ̃pasɑ̃/ynpasɑ̃t] ein Passant/eine Passantin **I 6B**
un **passeport** [ɛ̃paspɔʀ] ein (Reise)Pass **II 1B**
passer [pase] (Zeit) verbringen **I 3B**
passer qn à qn [pase] jdn mit jdm verbinden **II 6A**
passer par [pasepaʀ] fahren/fließen durch/über; abgewickelt werden über **II 7E**
passer [pase] fliehen **III 8G**
passer le contrôle technique [paselәkɔ̃tʀoltɛknik] durch den TÜV kommen **I 9B**
se passer [səpase] (ver)laufen **I 10B**
une **passion** [ynpasjɔ̃] eine Leidenschaft **II 8A**
passionner qn [pasjɔne] jdn begeistern **I 7B**
se passionner pour qc [səpasjɔne] sich für etw. begeistern **II 3A**
une **pastille** [ynpastij] eine Pastille/Lutschtablette **II 6B**
un **pâté** [ɛ̃pɑte] eine Pastete **I 8E**
les **pâtes** *(f., pl.)* [lepɑt] die Nudeln **I 9E**
un **patient**/une **patiente** [ɛ̃pasjɑ̃/ynpasjɑ̃t] ein Patient/eine Patientin **II 6E**
patient/patiente [pasjɑ̃/pasjɑ̃t] geduldig **III 4F**
la **pâtisserie** [lapɑtisʀi] die Konditorei **I 1B**
une pâtisserie [ynpɑtisʀi] ein Gebäck/Kuchen **I 8B**
un **patron**/une **patronne** [ɛ̃patʀɔ̃/ynpatʀɔn] ein Chef/eine Chefin **II 8B**
une **pause** [ynpoz] eine Pause **I 3B**
un/une **pauvre** [ɛ̃/ynpovʀ] ein Armer/eine Arme **III 8D**
pauvre [povʀ] arm **III 3D**
payer qc [peje] etw. zahlen **I 9A**
un **pays** [ɛ̃pei] ein Land **I 7E**
un pays agricole [ɛ̃peiagʀikɔl] ein Agrarland **I 7E**
un **paysage** [ɛ̃peizaʒ] eine Landschaft **II 1A**
un/une **paysagiste** [ɛ̃/ynpeizaʒist] ein Landschaftsgärtner/eine Landschaftsgärtnerin **III 4DE**
un **paysan**/une **paysanne** [ɛ̃peizɑ̃/ynpeizan] ein Bauer/eine Bäuerin **III 2C**
la **peau** [lapo] die Haut **III 8E**
la **pêche** [lapɛʃ] der Fischfang/die Fischerei; das Angeln **II 7A**
Ce n'était pas la peine ! [sənetɛpalapɛn] Das wäre doch nicht nötig gewesen! **II 6A**
un **peintre**/une **femme peintre** [ɛ̃pɛ̃tʀ/ynfampɛ̃tʀ] ein Maler/eine Malerin **III 10DE**
la **peinture** [lapɛ̃tyʀ] die Malerei; das Gemälde **III 10B**
pendant [pɑ̃dɑ̃] während **I 3B**
pendant que [pɑ̃dɑ̃kə] während *(Konjunktion)* **II 1A**
la **pensée** [lapɑ̃se] die Gedankenwelt **III 7B**
penser à qn/qc [pɑ̃se] an jdn/etw. denken **I 5A**
perdre qc [pɛʀdʀ] etw. verlieren **II 5B**
un **père** [ɛ̃pɛʀ] ein Vater **I 4B**
performant/performante [pɛʀfɔʀmɑ̃/pɛʀfɔʀmɑ̃t] leistungsstark **II 5A**
la **périphérie** [lapeʀifeʀi] der Stadtrand **I 9E**
permettre à qn de faire qc [pɛʀmɛtʀ] jdm erlauben/ermöglichen etw. zu tun **III 5D; III 8F**
un **permis de conduire** [ɛ̃pɛʀmidəkɔ̃dɥiʀ] ein Führerschein **I 9B**
passer son permis [pasesɔ̃pɛʀmi] seinen Führerschein machen **II 3A**
un **personnage** [ɛ̃pɛʀsɔnaʒ] eine Persönlichkeit/Person **III 1C**; eine Figur **III 2DE**
une **personnalité** [ynpɛʀsɔnalite] eine Persönlichkeit **III 8DE**
une **personne** [ynpɛʀsɔn] eine Person **I 8B**

personne ne... [pɛʀsɔnnə] niemand *(Subjekt)* **II 5B**
une **perte** [ynpɛʀt] ein Verlust **II 5B**
la **pétanque** [lapetɑ̃k] das Boule-Spiel **I 3A**
petit/petite [p(ə)ti] klein **I 6B**
un **petit-déjeuner** [ɛ̃p(ə)tideʒœne] ein Frühstück **I 4B**
prendre le petit-déjeuner [pʀɑ̃dʀləp(ə)tideʒœne] frühstücken **I 4B**
un **petit-fils**/une **petite-fille** [ɛ̃p(ə)tifis/ynp(ə)titfij] ein Enkel/eine Enkelin **II 6B**
des **petits fours** *(m., pl.)* [dep(ə)tifuʀ] Kleingebäck **I 8B**
le **pétrole** [ləpetʀɔl] das (Erd)Öl **II 7E**
un peu [ɛ̃pø] ein bisschen **I 2A**
un peu de [ɛ̃pødə] ein wenig/ein bisschen *(bei Mengen)* **I 8B**
peu de [pødə] wenig/wenige **I 9E**
un **peuple** [ɛ̃pœpl] ein Volk **III 8A**
avoir peur [avwaʀpœʀ] Angst haben **I 7A**
peut-être [pøtɛtʀ] vielleicht **I 2B**
un **phare** [ɛ̃faʀ] ein Scheinwerfer **I 9B**
une **pharmacie** [ynfaʀmasi] eine Apotheke **II 6E**
un **pharmacien**/une **pharmacienne** [ɛ̃faʀmasjɛ̃/ynfaʀmasjɛn] ein Apotheker/eine Apothekerin **II 6B**
une **photo** [ynfɔto] ein Foto **I 6E**
prendre une photo [pʀɑ̃dʀynfɔto] ein Foto machen **I 6E**
un/une **photographe** [ɛ̃/ynfɔtɔgʀaf] ein Fotograf/eine Fotografin **II 1B**
une **pièce** [ynpjɛs] ein Zimmer/Raum **I 4E;** ein Stück; ein Teil **II 7B**
une pièce jointe [ynpjɛsʒwɛ̃t] eine Anlage **I 7E**
à pied [apje] zu Fuß **I 10B**
la **pilule** [lapilyl] die (Antibaby)Pille **II 6E**
un **pique-nique** [ɛ̃piknik] ein Picknick **I 10B**
le **pire** [ləpiʀ] das Schlimmste **II 8B**
la **place** [laplas] der Platz **I 1E**
une place [ynplas] eine (Eintritts)Karte **III 10D**
mettre qc en place [mɛtʀɛ̃plas] etw. bereitstellen **III 10B**
placer qc [plase] etw. (hin-)stellen/(hin-)legen **I 6A**
une **plage** [ynplaʒ] ein Strand **I 3B**
une **plaie** [ynplɛ] eine Wunde **II 6B**
qc/qn plaît à qn [plɛa] etw./jd gefällt jdm **I 6A**
s'il vous plaît [silvuplɛ] bitte *(zu jdm, den man siezt)* **I 2B**
un **plaisir** [ɛ̃pleziʀ] ein Vergnügen **II 8A**
un **plan** [ɛ̃plɑ̃] ein Plan **I 6A;** eine Gliederung/ein Aufbau **II 4B**
un plan social [ɛ̃plɑ̃sɔsjal] ein Sozialplan **III 4C**
au premier plan [opʀəmjeplɑ̃] im Vordergrund **II 1B**
la **planche à voile** [laplɑ̃ʃavwal] das Surfen; das Surfbrett **I 3A**
une **planète** [ynplanɛt] ein Planet **III 5B**
planifier qc [planifje] etw. (ein)planen **I 7A**
un **plat** [ɛ̃pla] ein Gericht **I 8E**
un **plateau** [ɛ̃plato] eine Platte **I 8B**
faire le plein [fɛʀləplɛ̃] voll tanken **I 9B**
plein/pleine (de) [plɛ̃/plɛn(də)] voll (von/mit) **II 6A**
en pleine santé [ɑ̃plɛnsɑ̃te] kerngesund **III 4A**
pleurer [plœʀe] weinen **II 2A**
Il pleut. (*Infinitiv:* pleuvoir) [ilplø] Es regnet. **II 1B**
faire la plonge [fɛʀlaplɔ̃ʒ] den Abwasch machen **I 8E**
la **pluie** [laplɥi] der Regen **II 1B**
la **plupart des** [laplypaʀde] die meisten **II 4B**
plus de... que [plysdə...kə] mehr als **II 4B**
plusieurs [plyzjœʀ] mehrere **II 5A**
plutôt [plyto] eher/lieber **I 4B**
une **PME** *(= une petite et moyenne entreprise)* [ynpeɛmø] ein mittelständisches Unternehmen **II 5A**
une **poche** [ynpɔʃ] eine (Hosen-)Tasche **I 4E**
un **poète** [ɛ̃pɔɛt] ein Dichter **III 9F**
un **poids** [ɛ̃pwa] ein Gewicht **II 1B**
le poids autorisé [ləpwaotɔʀize] das zulässige Gewicht **II 1B**
un poids lourd [ɛ̃pwaluʀ] ein LKW **III 8G**
un **point fort** [ɛ̃pwɛ̃fɔʀ] eine Stärke **III 9C**
le **poisson** [ləpwasɔ̃] der Fisch **I 8A**
poli/polie [pɔli] höflich **II 8A**
la **police** [lapɔlis] die Polizei **III 3F**
la **politique** [lapɔlitik] die Politik **III 3B**
politique [pɔlitik] politisch **III 3DE**
la **pollution** [lapɔlysjɔ̃] die Umweltverschmutzung **II 3B**
un **Polonais**/une **Polonaise** [ɛ̃pɔlɔnɛ/ynpɔlɔnɛz] ein Pole/eine Polin **III 8B**
une **pomme** [ynpɔm] ein Apfel **II 4E**
une pomme de terre [ynpɔmdətɛʀ] eine Kartoffel **III 5G**
un **pompier** [ɛ̃pɔ̃pje] ein Feuerwehrmann **II 6B**
les pompiers [lepɔ̃pje] die Feuerwehr **II 6B**
populaire [pɔpylɛʀ] beliebt/populär **III 10A**
une **population** [ynpɔpylasjɔ̃] eine Bevölkerung **II 3E**
la population active [lapɔpylasjɔ̃aktiv] die Erwerbstätigen/Berufstätigen **II 3E**
un **port** [ɛ̃pɔʀ] ein Hafen **II 7A**
un **portable** [ɛ̃pɔʀtabl] ein Handy **I 2B**
porter qc [pɔʀte] etw. tragen **I 6B**
un **Portugais**/une **Portugaise** [ɛ̃pɔʀtygɛ/ynpɔʀtygɛz] ein Portugiese/eine Portugiesin **I 10A**
poser qc [poze] etw. (hin)stellen/(hin)/legen **III 8G**
poser une question [pozeynkɛstjɔ̃] eine Frage stellen **I 2B**
poser sa candidature [pozesakɑ̃didatyʀ] sich bewerben **II 8E**
positif/positive [pozitif/pozitiv] positiv **II 4E**
posséder qc [pɔsede] etw. besitzen **III 6DE**
un **poste de travail** [ɛ̃pɔstdətʀavaj] ein Arbeitsplatz **II 5A**
un **pot** [ɛ̃po] ein Becher **I 8E**
un pot d'adieu [ɛ̃podadjø] ein Abschiedsumtrunk **I 8B**

un **pote** *(fam.)* [ɛ̃pɔt] ein Kumpel *(ugs.)* **III 8D**
un **pouce** [ɛ̃pus] ein Daumen; ein Zoll *(Maßeinheit)* **II 5A**
pour [puʀ] für **I 1A**
pour finir [puʀfiniʀ] zum Schluss **I 8A**
pour faire qc [puʀfɛʀ] um etw. zu tun **II 1A**
un **pourboire** [ɛ̃puʀbwaʀ] ein Trinkgeld **I 8A**
un **pour cent** [ɛ̃puʀsɑ̃] ein Prozent **II 3E**
un **pourcentage** [ɛ̃puʀsɑ̃taʒ] ein Prozentsatz **II 4B**
pour que *(+Subjonctif)* [puʀkə] damit **III 4D; III 5B**
Pourquoi . . . ? [puʀkwa] Warum . . .? **I 2A**
pourri/pourrie *(fam.)* [puʀi] mies *(ugs.)* **II 1E**
poursuivre qn/qc [puʀsɥivʀ] jdn/etw. verfolgen **III 7A**
poursuivre qc [puʀsɥivʀ] etw. fortsetzen **III 9F**
pourtant [puʀtɑ̃] dennoch/trotzdem **II 5B**
pousser qn/qc [puse] etw. schieben/drücken; jdn drängen **III 1G**
le **pouvoir** [ləpuvwaʀ] die Macht; die Befugnis **III 3A**
pouvoir qc [puvwaʀ] etw. können **I 7A**
pouvoir faire qc [puvwaʀfɛʀ] etw. tun können **I 7A**
précaire [pʀekɛʀ] ungewiss/unsicher **III 4B**
la **précarité** [lapʀekaʀite] die Unsicherheit **III 6D**
préférer qc [pʀefeʀe] etw. vorziehen/lieber mögen **I 9E**
un **préjugé** [ɛ̃pʀeʒyʒe] ein Vorurteil **III 8D**
la **première** [lapʀəmjɛʀ] *(frz. Klassenstufe entspricht ungefähr der 11. Klasse)* **I 1A**
la Première Guerre mondiale [lapʀəmjɛʀgɛʀmɔ̃djal] der erste Weltkrieg **III 7DE**
prendre qc [pʀɑ̃dʀ] etw. nehmen **I 4B**
prendre le petit-déjeuner [pʀɑ̃dʀləp(ə)tideʒœne] frühstücken **I 4B**
prendre une photo [pʀɑ̃dʀyn foto] ein Foto machen **I 6E**
prendre sa retraite [pʀɑ̃dʀ saʀ(ə)tʀɛt] in Rente gehen **I 8B**
un **prénom** [ɛ̃pʀenɔ̃] ein Vorname **I 7A**
les **préparatifs** *(m., pl.)* [lepʀepaʀatif] die Vorbereitungen **I 8B**
préparer qc [pʀepaʀe] etw. vorbereiten/zubereiten **I 1B**
près de [pʀɛdə] bei/in der Nähe von **III 5A**
être présent/présente [ɛtʀpʀezɑ̃/pʀezɑ̃t] anwesend/vertreten sein **II 5E**
une **présentation** [ynpʀezɑ̃tasjɔ̃] eine Vorstellung/Präsentation **I 6E**
présenter qn/qc à qn [pʀezɑ̃te] jdm jdn/etw. vorstellen **I 7A**
se présenter [səpʀezɑ̃te] sich vorstellen **I 10B**
un **président**/une **présidente** [ɛ̃pʀezidɑ̃/ynpʀezidɑ̃t] ein Präsident/eine Präsidentin **III 3A**
presque [pʀɛsk] fast/beinahe **II 1A**
être pressé/pressée [ɛtʀpʀese] es eilig haben/in Eile sein **II 7A**
pressentir qc [pʀesɑ̃tiʀ] etw. vorausahnen **III 6D**
le **prêt** [ləpʀɛ] das Ausleihen/Verleihen **III 10B**
prêt/prête [pʀɛ/pʀɛt] bereit **I 7B**
être prêt/e à faire [ɛtʀ(ə)pʀɛ/pʀɛt] bereit sein, etw. zu tun **I 7B**
prêter qc à qn [pʀete] jdm etw. leihen **I 8E**
prévenir qn [pʀev(ə)niʀ] jdn benachrichtigen **II 7B**
prévoir de faire qc [pʀevwaʀ] beabsichtigen, etw. zu tun **III 1H**
comme prévu [kɔmpʀevy] wie geplant **I 10B**
principal/principale/principaux/principales [pʀɛ̃sipal/pʀɛ̃sipo] Haupt-/wichtigste(r, s) **II 4B**
principalement [pʀɛ̃nsipalmɑ̃] hauptsächlich/vor allem **II 7A**
une **priorité** [ynpʀijɔʀite] eine Priorität **III 3F**
la **prise de conscience** [lapʀizdəkɔ̃sjɑ̃s] das Bewusstwerden **III 6D**
une **prise de vue** [ynpʀizdəvy] eine Bildaufnahme; ein Fotoshooting **I 6E**
une **prison** [ynpʀizɔ̃] ein Gefängnis **III 2C; III 3E**
un **prix** [ɛ̃pʀi] ein Preis **I 9E**
un **problème** [ɛ̃pʀɔblɛm] ein Problem **I 1A**
un **producteur**/une **productrice** [ɛ̃pʀɔdyktœʀ/ynpʀɔdyktʀis] ein Erzeuger/eine Erzeugerin; ein Hersteller/eine Herstellerin **II 3E**
la **production** [lapʀɔdyksjɔ̃] die Produktion **II 4E**
un **produit** [ɛ̃pʀɔdɥi] ein Produkt **I 5B**
un produit de beauté [ɛ̃pʀɔdɥi dəbote] ein Kosmetikprodukt **I 5B**
un/une **prof** *(fam.)* (= *professeur*) [ɛ̃/ynpʀɔf(esœʀ)] ein Lehrer/eine Lehrerin **I 1A**
un/une prof de français [ɛ̃/ynpʀɔfdəfʀɑ̃sɛ] ein Französischlehrer/eine Französischlehrerin **I 1A**
un professeur principal [ɛ̃pʀɔfesœʀpʀɛ̃sipal] ein Klassenlehrer **I 5E**
un **professionnel**/une **professionnelle** [ɛ̃/ynpʀɔfesjɔnɛl] ein Fachmann/eine Fachfrau; ein Großverbraucher **II 7A**
professionnel/professionnelle [pʀɔfɛsjɔnɛl] beruflich **I 5A**
un **profil** [ɛ̃pʀɔfil] ein Profil **II 7E**
profiter de qc [pʀɔfite] von etw. profitieren/etw. ausnutzen **II 7B**
profond/profonde [pʀɔfɔ̃/pʀɔfɔ̃d] tief; stark **III 1E**
profondément [pʀɔfɔ̃demɑ̃] tief; stark *(Adv.)*; tief im Innersten **III 1E**
un **programme** [ɛ̃pʀɔgʀam] ein Programm **III 3C**
progresser [pʀɔgʀese] sich entwickeln/Fortschritte machen **III 10A**
un **projet** [ɛ̃pʀɔʒɛ] ein Projekt; ein Plan **I 5A**
une **promenade** [ynpʀɔm(ə)nad] ein Spaziergang **III 2B**
promettre à qn de faire qc [pʀɔmɛtʀ] jdm versprechen, etw. zu tun **II 5B**
proposer qc [pʀɔpoze] etw. anbieten/vorschlagen **I 8B**

une **proposition** [ynpʀɔpozisjɔ̃] ein Vorschlag **III 3A**
propre [pʀɔpʀ] sauber **III 5E;** eigen **III 9D; III 10A**
un/une **propriétaire** [ɛ̃/ynpʀɔpʀijetɛʀ] ein Vermieter/eine Vermieterin; ein Eigentümer/eine Eigentümerin **I 2B**
une **propriété** [ynpʀɔpʀijete] ein Anwesen/Besitz(tum)/Gut **II 8A**
prospecter le marché [pʀɔspɛktel(ə)maʀʃe] den Markt erkunden **II 8B**
un **prospectus** [ɛ̃pʀɔspɛktys] ein Prospekt **II 1B**
la **protection** [lapʀɔtɛksjɔ̃] der Schutz **II 1B**
protéger qn [pʀɔteʒe] jdn (be)schützen **II 6B**
la **provenance** [lapʀɔv(ə)nɑ̃s] die Herkunft **II 4A**
la **province** [lapʀɔvɛ̃s] die Provinz **III 1D**
le **public** [ləpyblik] das Publikum **I 10A**
une **publicité** [ynpyblisite] eine Werbung; ein Werbespot **III 3D**
publier qc [pyblije] etw. veröffentlichen **III 6F**
public/publique [pyblik] öffentlich **III 8G**
puer [pɥe] stinken **I 7B**
une **puéricultrice** [ynpɥeʀikyltʀis] eine Kinderpflegerin **II 2E**
puis [pɥi] nachher; übrigens **I 4B**
un **pull** [ɛ̃pyl] ein Pulli **I 6B**
punir qn [pyniʀ] jdn bestrafen **III 6E**

Q

un **quai** [ɛ̃kɛ] ein Bahnsteig; ein Kai **II 7B**
un quai de déchargement [ɛ̃kɛdədeʃaʀʒ(ə)mɑ̃] eine Verladerampe **II 7B**
une **qualité** [ynkalite] eine Qualität **II 7B**
quand [kɑ̃] wenn **I 7B**
Quand ... ? [kɑ̃] Wann ...? **I 4A**
quand même [kɑ̃mɛm] trotzdem/doch **I 4A**
une **quantité** [ynkɑ̃tite] eine Menge **II 2A**
un **quart** [ɛ̃kaʀ] ein Viertel **I 4B**
un quart d'heure [ɛ̃kaʀdœʀ] eine Viertelstunde **II 2A**
un **quartier** [ɛ̃kaʀtje] ein (Stadt)Viertel **II 6B**
le **quatrième**/la **quatrième** [ləkatʀijɛm/lakatʀijɛm] der vierte/die vierte/das vierte **I 6B**
que/qu' [kə] den/die/das *(Relativpronomen, Objekt)* **I 7E**
québécois/québécoise [kebekwa/kebekwaz] aus Quebec **III 9G**
quel/quels/quelle/quelles [kɛl] welcher/welche/welches *(Fragebegleiter)* **I 9B**
Il est quelle heure ? [ilɛkɛlœʀ] Wie spät ist es? **I 4B**
A quelle heure ? [akɛlœʀ] Um wie viel Uhr? **I 4B**
Quel ... ! [kɛl] Was für ein ... ! **I 9B**
quelque part [kɛlkəpaʀ] irgendwo **II 6B**
quelques [kɛlkə] einige/ein paar **II 5B**
Qu'est-ce que... ? [kɛskə] Was ...? **I 3E**
Qu'est-ce qui... ? [kɛski] Was ... ? *(Frage nach Sachen, die Subjekt sind)* **II 8B**
une **question** [ynkɛstjɔ̃] eine Frage **I 2B**
poser une question [pozeynkɛstjɔ̃] eine Frage stellen **I 2B**
pas question de faire qc [pakɛstjɔ̃] es kommt überhaupt nicht in Frage, etw. zu tun **II 2B**
une **queue** [ynkø] eine (Menschen)Schlange **II 6B**
qui [ki] der/die/das *(Relativpronomen, Subjekt)* **I 7E**
Qui est-ce ? [kiɛs] Wer ist das? **I 1A**
quitter qc/qn [kite] etw./jdn verlassen **II 7A**
Ne quittez pas. [nəkitepa] Bleiben Sie am Apparat. **II 7A**
quotidien/quotidienne [kɔtidjɛ̃/kɔtidjɛn] (all)täglich **III 6C; III 9E**

R

le **racisme** [ləʀasism] der Rassismus **III 8D**
raciste [ʀasist] rassistisch **III 8D**
raconter qc à qn [ʀakɔ̃te] jdm etw. erzählen **I 5E**
une **radio** [ynʀadjo] ein Radio/Radiosender **I 3A**
radioactif/radioactive [ʀadjoaktif/ʀadjoaktiv] radioaktiv **III 5F**
une **raison** [ynʀɛzɔ̃] ein Grund **II 6A**
avoir raison [avwaʀʀɛzɔ̃] Recht haben **II 1B**
ramener qc de qc [ʀamne] etw. zurückbringen (von); etw. mitbringen (von) **II 7E**
une **randonnée** [ynʀɑ̃dɔne] eine Wanderung **II 1A**
faire de la randonnée [fɛʀd(ə)laʀɑ̃dɔne] wandern **II 1A**
un **rang** [ɛ̃ʀɑ̃] eine Reihe/ein Rang **II 2A**
se mettre en rang [səmɛtʀɑ̃ʀɑ̃] sich in einer Reihe aufstellen **II 2A**
ranger qc [ʀɑ̃ʒe] etw. aufräumen **I 7B**
le **rap** [ləʀap] der Rap **III 8A**
rapide [ʀapid] schnell **II 7B**
rappeler qc à qn [ʀap(ə)le] jdn an etw. erinnern **II 3B**
rappeler qn [ʀap(ə)le] jdn noch einmal anrufen; zurückrufen **II 5B**
se rappeler (qc) [səʀap(ə)le] sich (an etw.) erinnern **II 8A**
un **rapport** [ɛ̃ʀapɔʀ] ein Zusammenhang; ein Verhältnis **II 8B**
un rapport qualité-prix [ɛ̃ʀapɔʀkaliteprʀi] ein Preis-Leistungs-Verhältnis **II 8B**
un rapport de stage [ɛ̃ʀapɔʀdəstaʒ] ein Praktikumsbericht **I 5A**
une **ratatouille** [ynʀatatuj] ein Ratatouille **I 9A**
rater qc [ʀate] etw. verpassen **I 3B**
réagir [ʀeaʒiʀ] reagieren **II 8B**
la **réalité** [laʀealite] die Wirklichkeit **III 7C**
réapparaître [ʀeapaʀɛtʀ] wieder auftauchen/wieder erscheinen **III 6F**
récent/récente [ʀesɑ̃/ʀesɑ̃t] jüngste; neu **III 6F**
un **réceptionniste**/une **réceptionniste** [ɛ̃/ynʀesɛpsjɔnist] ein Empfangsherr/eine Empfangsdame **III 4DE**

une **recette** [ynʀ(ə)sɛt] ein Rezept **I 4B**
recevoir qc/qn [ʀəsəvwaʀ] etw. bekommen/erhalten; jdn empfangen **II 5B**
le **réchauffement** [ləʀeʃofmɑ̃] die Erwärmung **III 5B**
la **recherche** [laʀ(ə)ʃɛʀʃ] die Forschung **I 7A**
une recherche [ynʀ(ə)ʃɛʀʃ] eine Recherche/Suche **II 8E**
une **réclamation** [ynʀeklamasjɔ̃] eine Beschwerde/Reklamation **II 5B**
récolter qc [ʀekɔlte] etw. ernten **II 4B**
recommander qc à qn [ʀ(ə)kɔmɑ̃de] jdm etw. empfehlen **I 8A**
recommencer à faire qc [ʀ(ə)kɔmɑ̃se] wieder anfangen, etw. zu tun **II 2B**
la **réconciliation** [laʀekɔ̃siljasɔ̃] die Versöhnung **III 7B**
reconnaître qc/qn [ʀ(ə)kɔnɛtʀ] etw./jdn (wieder)erkennen **II 6B**
une **reconstitution** [ynʀ(ə)kɔ̃stitysjɔ̃] eine Rekonstruktion **III 2E**
une reconstitution historique [ynʀ(ə)kɔ̃stitysjɔ̃istɔʀik] ein historisches Live-Rollenspiel **III 2E**
reconstruire qc [ʀ(ə)kɔ̃stʀɥiʀ] etw. wieder aufbauen **III 8B**
une **récréation** (*fam.:* une **récré**) [ynʀekʀeasjɔ̃] eine Pause *(in der Schule/im Kindergarten)* **II 2A**
recruter qn [ʀəkʀyte] jdn anwerben **III 8B**
redoubler [ʀ(ə)duble] sitzen bleiben **I 5A**
une **réduction** [ynʀedyksjɔ̃] eine Ermäßigung **III 10D**
réduire qc [ʀedɥiʀ] etw. verringern/reduzieren/senken **III 5E**
le **réel** [ləʀeɛl] die Wirklichkeit/Realität **III 6DE**
une **référence** [ynʀefeʀɑ̃s] ein (Buchungs)Zeichen/eine (Kunden)Nummer **II 7A**
un **référendum** [ɛ̃ʀefeʀɛ̃dɔm] eine Volksabstimmung **III 3A**
réfléchir (à qc) [ʀefleʃiʀ] überlegen/(über etw.) nachdenken **II 4A**
une **réforme** [ynʀefɔʀm] eine Reform **III 3F**
refroidir qc [ʀ(ə)fʀwadiʀ] etw. abkühlen (lassen) **II 4B**
un **refuge** [ɛ̃ʀ(ə)fyʒ] eine Schutzhütte/Wanderhütte **II 1A**
se réfugier [səʀefyʒje] fliehen/flüchten **III 7A**
refuser qc [ʀ(ə)fyze] etw. ablehnen **II 3B**
regarder qc [ʀ(ə)gaʀde] etw. (an)sehen/anschauen/betrachten **I 1B**
se regarder [səʀ(ə)gaʀde] sich anschauen **I 10B**
regarder la télévision [ʀ(ə)gaʀdelatelevizjɔ̃] fernsehen **I 3A**
un **régime** [ɛ̃ʀeʒim] ein (politisches) System **III 2D**
une **région** [ynʀeʒjɔ̃] eine Region **I 4B**
régler qc [ʀegle] etw. regeln/klären **I 7A**; etw. begleichen **II 6A**
un **règne** [ɛ̃ʀɛɲ] eine Herrschaft/Regentschaft **III 2B**
regretter qc [ʀ(ə)gʀete] etw. bedauern **III 4A; III 6D**
régulier/régulière [ʀegylje/ʀegyljɛʀ] regelmäßig **II 7A**
rejoindre qc [ʀ(ə)ʒwɛ̃dʀ] an einen Ort zurückkehren; etw. einnehmen **III 7D**
une **relation** [ynʀ(ə)lasjɔ̃] eine Beziehung/ein Verhältnis **II 8B**
se remarier (avec qn) [səʀ(ə)maʀje] jdn wieder heiraten **II 2B**
rembourser qc [ʀɑ̃buʀse] etw. erstatten/ersetzen **II 5B**
remercier qn [ʀ(ə)mɛʀsje] jdm danken/sich bei jdm bedanken **II 6A**
une **remise en question** [ynʀ(ə)mizɑ̃kɛstjɔ̃] eine erneute Infragestellung **III 6D**
remplacer qc [ʀɑ̃plase] etw. ersetzen **II 4A**
la **rencontre** [laʀɑ̃kɔ̃tʀ] das Treffen/die Begegnung **I 1A**
rencontrer qn [ʀɑ̃kɔ̃tʀe] jdn treffen **I 2A**
un **rendez-vous** [ɛ̃ʀɑ̃devu] eine Verabredung/ein Treffen **I 2B**
avoir rendez-vous [avwaʀʀɑ̃devu] verabredet sein **I 2B**
prendre rendez-vous [pʀɑ̃dʀ(ə)ʀɑ̃devu] einen Termin ausmachen (bei/mit jdm) **I 8B**
renouvelable [ʀ(ə)nuv(ə)labl] erneuerbar **II 3A**
un **renseignement** [ɛ̃ʀɑ̃sɛɲmɑ̃] eine Auskunft **III 7A**
se renseigner [səʀɑ̃seɲe] sich erkundigen **I 10B**
rentable [ʀɑ̃tabl] rentabel/Gewinn bringend **II 3B**
la **rentrée** [laʀɑ̃tʀe] der Schuljahresbeginn **III 7DE**
rentrer [ʀɑ̃tʀe] zurückgehen/zurückfahren **I 10B**
rentrer dans qc/qn [ʀɑ̃tʀe] jdn/etw. anfahren/anrempeln *(ugs.)* **II 6B**
renvoyer qn [ʀɑ̃vwaje] jdn entlassen **III 2C**
une **réparation** [ynʀepaʀasjɔ̃] eine Reparatur **II 5B**
réparer qc [ʀepaʀe] etw. reparieren **II 3B**
répartir qc [ʀepaʀtiʀ] etw. aufteilen/verteilen **III 2B**
un **repas** [ɛ̃ʀ(ə)pa] ein Essen/eine Mahlzeit **I 5B**
répéter qc [ʀepete] etw. wiederholen **II 7A**
répondre à qn [ʀepɔ̃dʀ] jdm antworten **II 5B**
une **réponse** [ynʀepɔ̃s] eine Antwort **II 2A**
un **reporter**/une **reporter** [ɛ̃/ynʀ(ə)pɔʀtɛʀ] ein Reporter/eine Reporterin **I 7B**
le **repos** [ləʀ(ə)po] die Ruhe **I 10A**
se reposer [səʀ(ə)poze] sich ausruhen **I 10B**
reprendre qc [ʀ(ə)pʀɑ̃dʀ] etw. übernehmen **II 3A**
un **représentant**/une **représentante** [ɛ̃ʀəpʀezɑ̃tɑ̃/ynʀəpʀezɑ̃tɑ̃t] ein Vertreter/eine Vertreterin **III 2C**
représenter qc [ʀ(ə)pʀezɑ̃te] etw. darstellen; etw. ausmachen **I 7E**
une **réputation** [ynʀepytasjɔ̃] ein Ruf **III 1B**

le **RER** *(= Réseau Express Régional)* [ləɛʀøɛʀ] *das Schnellbahnnetz für Paris und seine Umgebung* **I 6A**
un **réseau** [ɛ̃ʀezo] ein Netz(werk) **II 5B**
réserver qc [ʀezɛʀve] etw. reservieren **I 10B**
la **Résistance** [laʀesistɑ̃s] Widerstandbewegung im 2. Weltkrieg **III 7A**
la Résistance intérieure [laʀesistɑ̃sɛ̃teʀjœʀ] die Widerstandsbewegung innerhalb von Frankreich **III 7A**
un **résistant**/une **résistante** [ɛ̃ʀezistɑ̃/ynʀezistɑ̃t] ein Widerstandskämpfer/eine Widerstandskämpferin **III 7A**
le **respect** [ləʀɛspɛ] der Respekt; die Einhaltung **III 3A; III 9A**
la **responsabilité** [laʀɛspɔ̃sabilite] die Verantwortung **III 3B**
prendre des responsabilités [pʀɑ̃dʀdeʀɛspɔ̃sabilite] Verantwortung übernehmen **III 3B**
responsable [ʀɛspɔ̃sabl] verantwortlich **I 7E**
un/une responsable [ɛ̃/ynʀɛspɔ̃sabl] ein Verantwortlicher/eine Verantwortliche **I 7A**
ressembler à qc/qn [ʀ(ə)sɑ̃ble] etw./jdm ähneln **II 2A**
un **restaurant** [ɛ̃ʀɛstɔʀɑ̃] ein Restaurant **I 8E**
un **restaurateur**/une **restauratrice** [ɛ̃ʀɛstɔʀatœʀ/ynʀɛstɔʀatʀis] ein Gastronom/eine Gastronomin; ein Gastwirt/eine Gastwirtin **II 7A**
rester [ʀɛste] bleiben **I 3B**
une **restructuration** [ynʀəstʀyktyʀasjɔ̃] eine Umstrukturierung **III 4C**
un **résultat** [ɛ̃ʀezylta] ein Ergebnis **I 6A**
un **résumé** [ɛ̃ʀezyme] eine Zusammenfassung **I 5B**
être en retard [ɛtʀɑ̃ʀ(ə)taʀ] spät dran sein/zu spät sein **I 1A**
retenir qn/qc [ʀət(ə)niʀ] jdn/etw. (fest)halten **III 6B**
le **retour** [ləʀ(ə)tuʀ] die Rückkehr **II 3A**
au retour [oʀ(ə)tuʀ] auf der Rückfahrt **I 10B**
retourner [ʀ(ə)tuʀne] zurückkehren **I 2B**
prendre sa retraite [pʀɑ̃dʀsaʀ(ə)tʀɛt] in Rente gehen **I 8B**
retrouver qn [ʀ(ə)tʀuve] jdn treffen; wieder sehen **II 1A**
se retrouver [səʀ(ə)tʀuve] sich treffen **II 2B**
un **rétroviseur** [ɛ̃ʀetʀɔvizœʀ] ein Rückspiegel/Seitenspiegel **I 9B**
la **réunification** [laʀeynifikasjɔ̃] die Wiedervereinigung **III 7D**
une **réunion** [ynʀeynjɔ̃] eine Besprechung **I 7A**
réunir qn [ʀeyniʀ] jdn versammeln/zusammenbringen **III 9A**
se réunir [səʀeyniʀ] sich versammeln **III 2C**
réussir [ʀeysiʀ] Erfolg haben **II 5A**
un **rêve** [ɛ̃ʀɛv] ein Traum **II 1B**
réveiller qn [ʀeveje] jdn (auf)wecken **II 1E**
révéler qc [ʀevele] etw. aufdecken/enthüllen **III 6D**
revenir [ʀəvəniʀ] zurückkommen **I 9B**
un **revenu** [ɛ̃ʀəv(ə)ny] ein Einkommen **III 4DE**
rêver de faire qc [ʀɛve] davon träumen, etw. zu tun **II 3A**
Au revoir ! [ɔʀ(ə)vwaʀ] Auf Wiedersehen! **I 1A**
une **révolution** [ynʀevɔlysjɔ̃] eine Revolution **III 2DE**
un **rhume** [ɛ̃ʀym] eine Erkältung; ein Schnupfen **II 6E**
le rhume des foins [ləʀymdefwɛ̃] der Heuschnupfen **II 6E**
riche (en) [ʀiʃ] reich (an) **II 4E**
la **richesse** [laʀiʃɛs] der Reichtum **III 8A**
rien ne… [ʀjɛ̃nə] nichts *(Subjekt)* **II 5B**
rien du tout [ʀjɛ̃dytu] überhaupt nichts **II 6B**
rigoler [ʀigɔle] lachen **I 4B**
rire [ʀiʀ] lachen **III 9F**
risqué/risquée [ʀiske] riskant **II 3B**
risquer de faire qc [ʀiske] Gefahr laufen, etw. zu tun/es besteht die Gefahr, dass etw. passiert **II 7B**
un **rituel** [ɛ̃ʀitɥɛl] ein Ritual **II 2A**
rivaliser avec qc/qn [ʀivalize] sich mit etw./jdm messen können **II 8A**
une **rivière** [ynʀivjɛʀ] ein Fluss **III 9F**
le **riz** [ləʀi] der Reis **I 8E**
une **robe** [ynʀɔb] ein Kleid **I 6B**
un **roi**/une **reine** [ɛ̃ʀwa/ynʀɛn] ein König/eine Königin **III 2B; III 9D**
un **rôle** [ɛ̃ʀol] eine Rolle **II 3E**
le **roller** [ləʀɔlœʀ] das Rollschuhlaufen/Rollerskaten **I 3E**
ronfler [ʀɔ̃fle] schnarchen **II 1A**
une **roue** [ynʀu] ein Rad **III 8G**
rouge [ʀuʒ] rot **I 6B**
rouler [ʀule] fahren **I 9B**
une **route** [ynʀut] eine Straße; eine Fahrt **II 1E**
en route pour… [ɑ̃ʀutpuʀ] auf dem Weg nach … /auf nach … **I 6E**
faire la route [fɛʀlaʀut] eine Strecke fahren **I 10A**
routier/routière [ʀutje/ʀutjɛʀ] Straßen- **II 7E**
la **RTT** *(= la réduction du temps de travail)* [laɛʀtete] der Überstundenabbau **II 1B**
prendre ses RTT [pʀɑ̃dʀseɛʀtete] seine Überstunden abbauen **II 1B**
la **rue** [laʀy] die Straße **I 1A**
le **rugby** [ləʀygbi] das Rugby **I 3E**

S

le **sable** [ləsabl] der Sand **I 10B**
un **sac** [ɛ̃sak] eine Tasche **I 4E;** ein Sack **II 7A**
un sac à dos [ɛ̃sakado] ein Rucksack **I 4E**
sain/saine [sɛ̃/sɛn] gesund **II 4E**
une **salade** [ynsalad] ein Salat **I 4B**
un **salaire** [ɛ̃salɛʀ] ein Lohn/Gehalt **I 7B**
le salaire minimum [ləsalɛʀminimɔm] der Mindestlohn **III 9D**
un **salarié**/une **salariée** [ɛ̃/ynsalaʀje] ein Arbeitnehmer/eine Arbeitnehmerin **III 4A**
sale [sal] schmutzig **III 1A**
salé/salée [sale] salzig **I 8B**
une **salle** [ynsal] ein Saal/Raum **I 5E**

une salle d'attente [ynsaldatɑ̃t] ein Wartezimmer (*l'attente (f.): das Warten*) **II 6A**
une salle de bains [ynsaldəbɛ̃] ein Badezimmer **I 4E**
un **salon** [ɛ̃salɔ̃] ein Wohnzimmer **I 4E**; eine Messe **II 4E**
Salut ! *(fam.)* [saly] Hallo! *(ugs.)* **I 1E**
samedi *(m.)* [samdi] (am) Samstag **I 4E**
le **SAMU** *(= Service d'aide médicale d'urgence)* [ləsamy] der Notarzt/Rettungsdienst **II 6B**
un **sandwich** [ɛ̃sɑ̃dwitʃ] ein Sandwich **I 2A**
sans [sɑ̃] ohne **I 5B**
sans faire qc [sɑ̃fɛʀ] ohne etw. zu tun **II 7B**
sans arrêt [sɑ̃zaʀɛ] ständig/unaufhörlich **III 8D**
sans doute [sɑ̃dut] wahrscheinlich **II 3A**
la **santé** [lasɑ̃te] die Gesundheit **II 1**
en pleine santé [ɑ̃plɛnsɑ̃te] kerngesund **III 4A**
une **SARL** *(= société à responsabilité limitée)* [ynɛsaɛʀɛl] eine GmbH **II 4A**
satisfaire qn [satisfɛʀ] jdn. zufrieden stellen **II 5A**
satisfait/satisfaite [satisfɛ/satisfɛt] zufrieden **II 5B**
sauf [sof] außer **I 4B**
un **saumon** [ɛ̃somɔ̃] ein Lachs **I 8E**
sauvage [sovaʒ] wild **I 10B**
sauver qn/qc [sove] jdn/etw. retten **III 3C; III 5E**
savoir [savwaʀ] wissen; kennen **II 2A**
savoir faire qc [savwaʀfɛʀ] etw. tun können *(wissen, wie es geht)* **II 2A**
un **saxophone** [ɛ̃saksɔfɔn] ein Saxofon **I 10A**
une **scène** [ynsɛn] eine Bühne **I 10A**
un **scooter** [ɛ̃skutœʀ] ein Roller **II 1E**
une **sculpture** [ynskyltyʀ] eine Skulptur **III 10DE**
sec/sèche [sɛk/sɛʃ] trocken **II 4B**
la **seconde** [lasəgɔ̃d] die 10. Klasse *(die 1. Klasse auf dem Lycée)* **I 5A**
la Seconde Guerre mondiale [las(ə)gɔ̃dgɛʀmɔ̃djal] der zweite Weltkrieg **III 7DE**
un/une **secrétaire** [ɛ̃/yns(ə)kʀetɛʀ] ein Sekretär/eine Sekretärin **II 7A**
une secrétaire médicale [yns(ə)kʀetɛʀmedikal] *Angestellte in einer Arztpraxis* **II 6A**
un **secteur** [ɛ̃sɛktœʀ] ein Bereich **I 7E**
la **sécu** *(fam.) (= sécurité sociale)* [laseky] die Sozialversicherung **II 8B**
la **sécurité** [lasekyʀite] die Sicherheit **III 4A**
séduire qn [sedɥiʀ] jdn verführen **III 9G**
un **séjour** [ɛ̃seʒuʀ] ein Aufenthalt **II 8E**
selon qn/qc [s(ə)lɔ̃] jdm/einer Sache zufolge **III 3F**
une **semaine** [yns(ə)mɛn] eine Woche **I 3A**
qn semble faire qc [sɑ̃bl] jd scheint etw. zu tun **III 9G**
se mobiliser [səmɔbilize] aktiv werden **III 4C**
se sentir [səsɑ̃tiʀ] sich fühlen **II 6B**
une **séparation** [ynsepaʀasjɔ̃] eine Trennung **II 2B**
se séparer [səsepaʀe] sich trennen **II 2B**
une **série** [ynseʀi] eine Serie **I 7B**
sérieux/sérieuse [seʀjø/seʀjøz] ernst **III 7E**
un **serveur** [ɛ̃sɛʀvœʀ] ein Server **II 5A**
un **service** [ɛ̃sɛʀvis] eine Abteilung **I 2A**
les services *(m., pl.)* [lesɛʀvis] die Dienstleistungen **I 7E**
un service informatique [ɛ̃sɛʀvisɛ̃fɔʀmatik] eine EDV-Abteilung **I 2A**
le service après-vente (SAV) [ləsɛʀvisapʀɛvɑ̃t] der Kundendienst **II 5B**
A votre service. [avɔtʀəsɛʀvis] Was kann ich für Sie tun? **II 7A**
servir qc à qn [sɛʀviʀ] jdm etw. servieren **III 3D**
servir à qc [sɛʀviʀ] zu etw. nützen/nützlich sein/dienen **III 7F**
seul/seule [sœl] allein **II 1A**
seulement [sœlmɑ̃] nur **I 2B**
un **shampoing** [ɛ̃ʃɑ̃pwɛ̃] ein Shampoo **I 7E**
le **shopping** [ləʃɔpiŋ] das Shoppen **I 3B**
faire du shopping [fɛʀdyʃɔpiŋ] shoppen **I 3B**
si [si] wenn; falls **I 7A**
un **siècle** [ɛ̃sjɛkl] ein Jahrhundert **II 4B**
siéger [sjeʒe] einen Sitz haben/sitzen **III 3C**
une **signature** [ynsiɲatyʀ] eine Unterschrift **III 3A**
un **signe** [ɛ̃siɲ] ein Zeichen **I 4A**
signer qc [siɲe] etw. unterschreiben **III 3A**
signifier qc [siɲifje] etw. bedeuten/heißen **II 4B**
Silence total. [silɑ̃stotal] Totale Stille. **I 7B**
simple [sɛ̃mpl] einfach **I 6B**
sinon [sinɔ̃] ansonsten/sonst **I 9A**
un **sirop** [ɛ̃siʀo] ein Sirup/Saft **II 6B**
un **site** [ɛ̃sit] eine Website **I 4A**
une **situation** [ynsitɥasjɔ̃] eine Situation **II 2B**
le **ski** [ləski] das Skifahren **I 3A**
le **SMIC** *(salaire minimum interprofessionnel de croissance)* [ləsmik] der gesetzliche Mindestlohn **III 4A**
un **SMS** [ɛ̃nɛsɛmɛs] eine SMS **I 5B**
une **société** [ynsɔsjete] eine Gesellschaft; ein Unternehmen **II 5B**
une société informatique [ynsɔsjeteɛ̃fɔʀmatik] ein Computerdienstleister **II 5B**
une **sœur** [ynsœʀ] eine Schwester **I 2A**
soigner qn [swaɲe] jdn behandeln; pflegen **II 6B**
le **soir** [ləswaʀ] der Abend/abends **I 1A**
un soir [ɛ̃swaʀ] eines Abends **I 4A**
ce soir-là [səswaʀla] an diesem Abend **II 8A**
une **soirée** [ynswaʀe] ein Abend **II 2B**
solaire [sɔlɛʀ] Sonnen-/Solar- **II 3B**

les **soldes** *(f., pl.)* [lesɔld] der Schlussverkauf **I 9A**
le **soleil** [ləsɔlɛj] die Sonne **I 1A**
solidaire [sɔlidɛʀ] solidarisch **III 4C**
la **solitude** [lasɔlityd] die Einsamkeit **III 6C**
une **somme** [ynsɔm] eine Summe/ein Betrag **III 4A**
un **sondage** [ɛ̃sõdaʒ] eine Umfrage **II 8B**
sonner [sɔne] klingeln **I 2B**
sortir (de qc) [sɔʀtiʀ] (aus etw.) hinausgehen/kommen; ausgehen **II 2E**
Pas de souci ! [pad(ə)susi] Keine Sorge/Kein Problem! **I 10B**
souhaiter qc [swete] etw. wünschen **II 5E**
souhaiter faire qc [swete] wünschen, etw. zu tun **II 5E**
sourire (à qn) [suʀiʀ] (jdm zu)lächeln **III 1G**
sous [su] unter **I 9B**
soutenir qc [sut(ə)niʀ] etw. unterstützen/sich für etw. einsetzen **II 4A**
un **soutien** [ɛ̃sutjɛ̃] eine Unterstützung **II 5E**
souvent [suvɑ̃] oft **I 5A**
des **spaghettis** [despageti] Spaghetti **I 8E**
spécialisé/spécialisée (dans qc) [spesjalize] (auf etw.) spezialisiert **I 7E**
une **spécialité** [ynspesjalite] eine Spezialität **I 4B**
un **spectacle** [ɛ̃spɛktakl] eine Aufführung **I 3E**
un **spectateur**/une **spectatrice** [ɛ̃spɛktatœʀ/ynspɛktatʀis] ein Zuschauer/eine Zuschauerin **I 10E**
spontané/spontanée [spõtane] spontan **II 8A**
le **sport** [ləspɔʀ] der Sport **I 3E**
stable [stabl] stabil **II 3B**
un **stage** [ɛ̃staʒ] ein Praktikum **I 2A**
un rapport de stage [ɛ̃ʀapɔʀdəstaʒ] ein Praktikumsbericht **I 5A**
un/une **stagiaire** [ɛ̃/ynstaʒjɛʀ] ein Praktikant/eine Praktikantin **I 6B**
un **stand** [ɛ̃stɑ̃d] ein Stand **II 5E**
un **standard** [ɛ̃stɑ̃daʀ] eine (Telefon)Zentrale **II 5B**
un/une **standardiste** [ɛ̃/ynstɑ̃daʀdist] ein Angestellter/eine Angestellte in einer Telefonzentrale **II 5B**
une **station** [ynstasjõ] eine (U-Bahn-)Haltestelle **I 6A**
une **station-service** [ynstasjõsɛʀvis] eine Tankstelle **I 9E**
une **statistique** [ynstatistik] eine Statistik **II 4B**
un **stéréotype** [ɛ̃steʀeɔtip] ein Stereotyp **III 7E**
STG *(= Sciences et Technologies de la Gestion)* [ɛsteʒe] *Fachabitur am Wirtschaftsgymnasium* **I 5E**
stocker qc [stɔke] etw. lagern **II 4B**
le **stress** [ləstʀɛs] der Stress **I 5B**
stressé/stressée [stʀese] gestresst **I 7A**
stresser qn [stʀese] jdn stressen **I 5A**
un **studio** [ɛ̃stydjo] ein Studio **I 3B**; eine Einzimmerwohnung **II 8B**
un/une **styliste** [ɛ̃/ynstilist] ein (Mode-)Designer/eine (Mode-)Designerin **I 6B**
un **succès** [ɛ̃syksɛ] ein Erfolg **I 4B**
connaître un succès fou [kɔnɛtʀɛ̃syksɛfu] einen Riesenerfolg haben **III 7D**
le **sucre** [ləsykʀ] der Zucker **II 3E**
sucré/sucrée [sykʀe] süß **I 8B**
le **sud** [ləsyd] der Süden **II 3E**
Ça suffit. [sasyfi] Das reicht. **III 4D**
il suffit de [ilsyfidə] man braucht nur **III 5D**
il suffit de faire qc [ilsyfi] man muss nur etw. tun **III 7D**
le **suffrage universel direct** [ləsyfʀaʒynivɛʀsɛldiʀɛkt] das allgemeine direkte Wahlrecht **III 3A**
suivant/suivante [sɥivɑ̃/sɥivɑ̃t] folgender/folgende/folgendes **II 6E**
suivre qn [sɥivʀ] jdm folgen **III 2C**
un **sujet** [ɛ̃syʒɛ] ein Thema **I 3B**
super [sypɛʀ] super/toll **I 1A**
un **supermarché** [ɛ̃sypɛʀmaʀʃe] ein Supermarkt **I 2A**
supplémentaire [syplemɑ̃tɛʀ] zusätzlich **III 5G**
supporter qn/qc [sypɔʀte] jdn/etw. ertragen **I 7B**
la **suppression** [lasypʀesjõ] der Abbau/die Streichung **III 3F**
C'est sûr ! [sɛsyʀ] Das ist sicher! **I 5B**
sûr/sûre [syʀ] sicher **I 9A**
sur [syʀ] auf **I 1E**; über **I 3A**
6 sur 20 [sissyʀvɛ̃] *6 von 20 Punkten* **I 5A**
le **surendettement** [ləsyʀɑ̃dɛtmɑ̃] die Überschuldung **III 4D**
une **surface** [ynsyʀfas] eine (Ober)Fläche **II 3E**
surfer [sœʀfe] surfen **III 6B**
surprenant/surprenante [syʀpʀənɑ̃/syʀpʀənɑ̃t] überraschend **III 6D; III 10D**
une **surprise** [ynsyʀpʀiz] eine Überraschung **II 5B**
surtout [syʀtu] vor allem **I 1B**
surveiller qn [syʀveje] jdn überwachen **III 7A**
un **symbole** [ɛ̃sɛ̃bɔl] ein Symbol **III 3C; III 7B**
sympa *(fam.)* (= *sympathique*) [sɛ̃pa(tik)] nett **I 1A**
un **symptôme** [ɛ̃sɛ̃ptom] ein Symptom/Anzeichen **II 6A**
un **système** [ɛ̃sistɛm] ein System **II 2E**

T

une **table** [yntabl] ein Tisch **I 4B**
A table ! [atabl(ə)] Zu Tisch! **I 8E**
un **tableau**/des **tableaux** [ɛ̃/detablo] eine Tafel/Tafeln; eine Tabelle/Tabellen **II 4B**; ein Gemälde/Gemälde **III 10DE**
un tableau de bord [ɛ̃tablod(ə)bɔʀ] ein Armaturenbrett **II 7B**
une **tablette de chocolat** [yntablɛtd(ə)ʃɔkɔla] eine Tafel Schokolade **II 4E**
une **taille** [yntaj] eine Größe **I 9A**
tard *(Adv.)* [taʀ] spät **II 1A**
plus tard [plytaʀ] später **I 3A**
une **tarte** [yntaʀt] ein Kuchen **I 4B**
un tas de [ɛ̃tadə] eine Menge (an) **III 8A**
un **tatouage** [ɛ̃tatwaʒ] eine Tätowierung **III 9G**
un **taureau**/des **taureaux** [ɛ̃tɔʀo] ein Stier/Stiere **I 10B**

un **taux** [ɛ̃to] eine Quote **III 3D;** ein (Prozent)Satz **III 10A**
une **taxe** [yntaks] eine Gebühr **III 5E**
la taxe carbone [lataks(ə)kaʀbɔn] die CO2-Steuer **III 5E**
taxer qn [takse] jdn besteuern **III 8A**
un **technicien**/une **technicienne** [ɛ̃tɛknisjɛ̃/yntɛknisjɛn] ein Techniker/eine Technikerin **I 3B**
technologique [tɛknɔlɔʒik] technisch **II 3E**
le **téléchargement** [ləteleʃaʀʒəmɑ̃] das Herunterladen/Download **Iil 6A**
un **téléconseiller**/une **téléconseillère** [ɛ̃telekɔ̃seje/ yntelekɔ̃sejɛʀ] ein Angestellter/ eine Angestellte in einem Callcenter **III 4DE**
un **téléphone** [ɛ̃telefɔn] ein Telefon **I 3A**
téléphoner [telefɔne] anrufen/ telefonieren **I 3E**
téléphonique [telefɔnik] telefonisch/Telefon- **II 7B**
la **télévision** [latelevizjɔ̃] das Fernsehen **I 3A**
regarder la télévision [ʀ(ə)gaʀdelatelevizjɔ̃] fernsehen **I 3A**
une **température** [yntɑ̃peʀatyʀ] eine Temperatur **II 1B**
le **temps** [lətɑ̃] die Zeit **I 4B;** das Wetter **II 1B**
tout le temps [tul(ə)tɑ̃] die ganze Zeit **I 4A**
une **tendance** [yntɑ̃dɑ̃s] ein Trend **I 9A**
tenir conseil [təniʀkɔ̃sɛj] sich beraten **III 2B**
une **tente** [yntɑ̃t] ein Zelt **II 1A**
à court/long terme [akuʀ/lɔ̃tɛʀm] kurzfristig/langfristig **II 3B**
la **terminale** [latɛʀminal] die Abschlussklasse *(entspricht der 12. Klasse)* **I 5A**
terminer [tɛʀmine] fertig sein **I 8A**
Ça se termine … [sas(ə)tɛʀmin] Es endet … **I 9E**
la **terre** [latɛʀ] die Erde **III 9F**
un **territoire** [ɛ̃teʀitwaʀ] ein Territorium/(Staats)Gebiet **II 3E**
tester qc [tɛste] etw. testen **I 8E**
une **tête** [yntɛt] ein Kopf **II 6E**
avoir mal à la tête [avwaʀmalalatɛt] Kopfweh haben **II 6E**
le **texte** [lətɛkst] der Text **I 1A**
un **texto** [ɛ̃tɛksto] eine SMS **III 6B**
un **TGV** *(= Train à Grande Vitesse)* [ɛ̃teʒeve] *frz. Hochgeschwindigkeitszug* **I 6A**
un **théâtre** [ɛ̃teɑtʀ] ein Theater **I 10A**
un **thème** [ɛ̃tɛm] ein Thema **II 4B**
un **ticket** [ɛ̃tikɛ] ein Fahrschein **I 6A**
Tiens ! [tjɛ̃] Sieh mal da! **I 1A**
un **tiers** [ɛ̃tjɛʀ] ein Drittel **II 4B**
un **timbre** [ɛ̃tɛ̃bʀ] eine Briefmarke **III 2D**
un **tissu** [ɛ̃tisy] ein Stoff **III 2B; III 9D**
un **titre** [ɛ̃titʀ] ein Titel **II 4B**
un titre de séjour [ɛ̃titʀdəseʒuʀ] eine Aufenthaltsgenehmigung **II 8E**
les **toilettes** *(f., pl.)* [letwalɛt] die Toilette **II 2A**
un **toit** [twa] ein Dach **I 10A**
une **tomate** [yntɔmat] eine Tomate **I 8E**
tomber [tɔ̃be] fallen **II 2A**
une **tonne** [yntɔn] eine Tonne **II 4B**
top *(fam.)* [tɔp] top *(ugs.)* **I 10A**
une **tortue** [yntɔʀty] eine Schildkröte **II 1B**
tôt *(Adv.)* [to] früh **II 1E**
total/totale [tɔtal] Gesamt- **II 3E**
C'est la totale ! *(fam.)* [sɛlatɔtal] Das ist der Gipfel! **I 5A**
toujours [tuʒuʀ] immer **I 5A;** immer noch **I 7A**
un **tour** [ɛ̃tuʀ] eine Tour **I 9B**
faire le tour de qc [fɛʀlətuʀ] eine Runde um etw. machen/um etw. herumgehen **I 9B**
un tour du monde [ɛ̃tuʀdymɔ̃d] eine Weltreise **II 1E**
C'est au tour de qn de faire qc. [sɛtotuʀ] Jd ist an der Reihe, etw. zu tun. **II 2B**
le **tourisme** [ləturism] der Tourismus/der Fremdenverkehr **I 7E**
l'office du tourisme *(m.)* [lɔfisdytuʀism] das Fremdenverkehrsamt **I 10B**
un **touriste**/une **touriste** [ɛ̃tuʀist/ yntuʀist] ein Tourist/eine Touristin **I 6A**
tourner [tuʀne] abbiegen **I 6B**
tourner autour du pot [tuʀneotuʀdypo] um den heißen Brei herumreden **I 7B**
tous [tus] alle **I 9E**
tousser [tuse] husten **II 6A**
tout/toute/tous/toutes [tu/tut/tus] alle *(+ Nomen)*/ganz *(+ Nomen)* **I 8B**
tout le monde [tul(ə)mɔ̃d] alle **I 3B**
tout le temps [tul(ə)tɑ̃] die ganze Zeit **I 4A**
tous les jours [tuleʒuʀ] jeden Tag **I 7B**
tout [tu] alles **I 2A**
tout à coup [tutaku] plötzlich **I 2B**
tout à l'heure [tutalœʀ] vorhin/ eben **II 6A**
tout au long de l'année [tutolɔ̃d(ə)lane] das ganze Jahr lang/über **II 4E**
tout de suite [tud(ə)sɥit] sofort **I 10B**
tout droit [tudʀwa] geradeaus **I 6B**
de toute façon [dətutfasɔ̃] sowieso **I 6A**
tout juste [tuʒyst] gerade **II 2E**
un **tracteur** [ɛ̃tʀaktœʀ] ein Traktor **II 3A**
traditionnel/traditionnelle [tʀadisjɔnɛl] traditionell **II 2B**
un **train** [ɛ̃tʀɛ̃] ein Zug **II 1E**
être en train de faire qc [ɛtʀɑ̃tʀɛ̃] gerade etw. tun/dabei sein etw. zu tun **II 3B**
un **traité** [ɛ̃tʀɛte] ein Vertrag **III 7DE**
traiter qc [tʀete] etw. bearbeiten **II 5B**
traiter qn de [tʀete] jdn behandeln als/wie **III 8A**
un **traiteur** [ɛ̃tʀɛtœʀ] ein Feinkostladen; Catering-Service **I 8B**
un **trajet** [ɛ̃tʀaʒɛ] eine Strecke **I 6A**
tranquille [tʀɑ̃kil] ruhig **III 8G**
un **transparent** [ɛ̃tʀɑ̃spaʀɑ̃] eine Folie **II 4B**

les **transports** *(m., pl.)* [letrɑ̃spɔʀ] das Transportwesen/ Transportgewerbe **II 7E**
un moyen de transport [ɛ̃mwajɛ̃d(ə)trɑ̃spɔʀ] ein Verkehrsmittel **II 1E**
transporter qc [tʀɑ̃spɔʀte] etw. transportieren **I 4E**
un **transporteur** [ɛ̃tʀɑ̃spɔʀtœʀ] ein Transportunternehmen/ Spediteur **II 7A**
un **travail**/des **travaux** [ɛ̃tʀavaj/ detʀavo] eine Arbeit **I 1B**
Au travail ! [otʀavaj] An die Arbeit! **I 1B**
travailler [tʀavaje] arbeiten **I 1B**
travailler à plein temps [tʀavajeaplɛ̃tɑ̃] ganztags/Vollzeit arbeiten **II 2B**
un **travailleur**/une **travailleuse** [ɛ̃tʀavajœʀ/yntʀavajøz] ein Arbeiter/eine Arbeiterin **II 5A**
traverser qc [tʀavɛʀse] etw. überqueren **I 6B**
très [tʀɛ] sehr **I 1A**
tricher [tʀiʃe] schummeln *(fam.)*/ betrügen **III 8G**
le **tri des déchets** [lətʀidedeʃɛ] die Mülltrennung **II 3A**
à trois [atʀwa] zu dritt **I 2B**
trop [tʀo] zu *(Adv.)* **I 2A**
Trop bien ! *(fam.)* [trobjɛ̃] Super! *(ugs.)* **I 5B**
trop de [tʀodə] zu viel **I 8A**
un **trou** [ɛ̃tʀu] ein Loch **III 1G**
avoir la trouille *(fam.)* [avwaʀ latʀuj] Schiss haben *(ugs.)* **I 5A**
trouver qc [tʀuve] etw. finden **I 2A**
se trouver [sətʀuve] sich befinden **I 10B**
truqué/truquée [tʀyke] gefälscht **III 6D**
un **t-shirt** [ɛ̃tiʃœʀt] ein T-Shirt **I 9A**
tunisien/tunisienne [tynizjɛ̃/ tynizjɛn] tunesisch **III 9C**

U

l'**Union européenne** *(f.)* [lynjõøʀɔpeɛn] die Europäische Union **I 7E**
l'**union monétaire** *(f.)* [lynjõmɔnetɛʀ] die Währungsunion **III 7DE**
urbain/urbaine [yʀbɛ̃/yʀbɛn] städtisch **III 1E**
les **urgences** *(f., pl.)* [lezyʀʒɑ̃s] eine Notaufnahme/Unfallstation **II 6E**
une urgence [ynyʀʒɑ̃s] ein Notfall **II 6A**
une **usine** [ynyzin] eine Fabrik **II 4B**
l'**utilisation** *(f.)* [lytilizasjõ] die (Be)Nutzung/der Gebrauch **III 6A**
utiliser qc [ytilize] etw. benutzen **III 5D**

V

les **vacances** *(f., pl.)* [levakɑ̃s] die Ferien **I 9B**
un **vaccin** [ɛ̃vaksɛ̃] eine Impfung **II 6E**
une **vache** [ynvaʃ] eine Kuh **II 3A**
une **vague** [ynvag] eine Welle **III 8B**
une **valeur** [ynvalœʀ] ein Wert **III 3B; III 8A; III 9A**
une **valise** [ynvaliz] ein Koffer **II 1E**
valoir pour qn [valwaʀ] für jdn gelten **III 8C**
une **variété** [ynvaʀjete] eine Vielfalt **III 10B**
il vaut mieux faire qc [ilvomjøfɛʀ] es ist besser, etw. zu tun **II 6B**
un **véhicule** [ɛ̃veikyl] ein Fahrzeug **II 7A**
la **veille** [lavɛj] am Vortag/tags zuvor **II 8A**
le **vélo** [ləvelo] das Fahrrad; das Radfahren **I 3A**
faire du vélo [fɛʀdyvelo] Rad fahren **I 3A**
un **vendeur**/une **vendeuse** [ɛ̃vɑ̃dœr/ynvɑ̃døz] ein Verkäufer/ eine Verkäuferin **I 2B**
vendre qc à qn [vɑ̃dʀ] jdm etw. verkaufen **II 7A**
vendredi *(m.)* [vɑ̃dʀədi] (am) Freitag **I 2A**
venir [vəniʀ] kommen **I 8B**
venir chercher qn [vəniʀʃɛʀʃe] jdn abholen **II 2E**
venir de faire qc [vəniʀdəfɛʀ] gerade etw. getan haben **II 3A**
le **vent** [ləvɑ̃] der Wind **II 1B**
une **vente** [ynvɑ̃t] ein Verkauf **II 4A**
un **ventre** [ɛ̃vɑ̃tʀ] ein Bauch **II 6E**
véritable [veʀitabl] wirklich/echt **III 5B; III 7A**
un **verre** [ɛ̃vɛʀ] ein Glas **I 8A**
vers [vɛʀ] gegen *(zeitlich)* **I 4B**
vers qn [vɛʀ] auf jdn zu **I 10B**
vert/verte [vɛʀ/vɛʀt] grün **I 6B**
une **veste** [ynvɛst] eine Jacke **I 6B**
des **vêtements** *(m., pl.)* [devɛtmɑ̃] Kleider/Kleidung **I 9A**
la **viande** [lavjɑ̃d] das Fleisch **I 8A**
la viande hachée [lavjɑ̃d'aʃe] das Hackfleisch **I 8E**
une **victime** [ynviktim] ein Opfer **III 4E**
vide [vid] leer **III 2C; III 8C**
une **vie** [ynvi] ein Leben **II 3A**
vieux/vieil/vieille/vieux/vieilles [vjø/vjɛj] alt **I 9A**
une **vigne** [ynviɲ] ein Weinstock **II 3E**
des vignes [deviɲ] ein Weinberg **II 3E**
un **village** [ɛ̃vilaʒ] ein Dorf **II 8A**
une **ville** [ynvil] eine Stadt **I 6B**
le **vin** [ləvɛ̃] der Wein **I 8E**
le vin rouge [ləvɛ̃ʀuʒ] der Rotwein **I 8E**
le vin blanc [ləvɛ̃blɑ̃] der Weißwein **I 8E**
le vin rosé [ləvɛ̃ʀoze] der Rosé(wein) **I 8E**
une **vingtaine** [ynvɛ̃tɛn] ungefähr 20 **III 4A**
la **violence** [lavjɔlɑ̃s] die Gewalt **III 4E**
le **virtuel** [ləviʀtɥɛl] das Virtuelle/ die virtuelle Welt **III 6DE**
virtuel/virtuelle [viʀtɥɛl] virtuell **III 5G**
un **virus** [ɛ̃viʀys] ein Virus **I 5A**
un **visa** [ɛ̃viza] ein Visum **III 9E**
un **visage** [ɛ̃vizaʒ] ein Gesicht **III 2B**
une **visite** [ynvizit] eine Besichtigung; ein Besuch **I 3E**
visiter qc [vizite] etw. besichtigen/ besuchen **I 2B**
un **visiteur** [ɛ̃vizitœʀ] ein Besucher **I 5E**
vite [vit] schnell *(Adv.)* **I 3B**
faire vite [fɛʀvit] schnell machen **I 7A**
viticole [vitikɔl] Wein- **II 8A**

un **viticulteur**/une **viticultrice** [ɛ̃vitikyltœʀ/ynvitikyltʀis] ein Winzer/eine Winzerin **II 8A**
une **vitrine** [ynvitʀin] ein Schaufenster **I 8B**
Vivement demain ! [vivmɑ̃dəmɛ̃] Ich freue mich auf morgen! **I 10A**
vivre [vivʀ] leben **III 1G; III 2B; III 4DE; III 8C; III 9F**
une **voie** [ynvwa] ein Weg **II 7E**
une voie navigable [ynvwanavigabl] ein Schifffahrtsweg/Wasserweg **II 7E**
voilà… [vwala] da(s) ist/sind … **I 1E**
la **voile** [lavwal] das Segeln **I 3B**
voir qn/qc [vwaʀ] jdn/etw. sehen **I 7B**
Ça n'a rien à voir avec… [sanaʀjɛ̃avwaʀavɛk] Das hat nichts zu tun mit … **II 4A**
un **voisin**/une **voisine** [ɛ̃vwazɛ̃/ynvwazin] ein Nachbar/eine Nachbarin **III 1G**
voisin/voisine [vwazɛ̃/vwazin] Nachbar- **I 10E**
une **voiture** [ynvwatyʀ] ein Auto **I 4E**
une/des **voix** [yn/devwa] eine Stimme/Stimmen **II 1A**
un **vol** [ɛ̃vɔl] ein Flug **II 1B**
un **volant** [ɛ̃vɔlɑ̃] ein Lenkrad/Steuer(rad) **II 7B**
au volant [ovɔlɑ̃] am Steuer **II 7B**
un **volet** [ɛ̃vɔlɛ] ein Fensterladen **II 8A**
un **voleur**/une **voleuse** [ɛ̃vɔlœʀ/ynvɔlœz] ein Dieb/eine Diebin **III 8D**
vomir [vɔmiʀ] sich übergeben **II 6B**
un **vote** [ɛ̃vɔt] eine Stimme; eine Wahl **III 3D**
voter [vɔte] wählen/seine Stimme abgeben **III 3D; III 7E**
vouloir qc [vulwaʀ] etw. wollen **I 7A**
vouloir faire qc [vulwaʀfɛʀ] etw. tun wollen **I 7A**
Je voudrais … [ʒəvudʀɛ] Ich möchte … **I 2B**
un **voyage** [ɛ̃vwajaʒ] eine Reise **I 2B**
un **voyageur**/une **voyageuse** [ɛ̃vwajaʒœʀ/ynvwajaʒøz] ein Reisender/eine Reisende **I 6A**
un **voyant** [ɛ̃vwajɑ̃] eine Kontrolllampe **II 7B**
en vrac [ɛ̃vʀak] lose/nicht abgepackt **II 7A**
vrai/vraie [vʀɛ] echt/wahr **I 6A**
vraiment [vʀɛmɑ̃] wirklich **II 8A**
le **VTT** *(= vélo tout-terrain)* [ləvetete] das Mountainbiken; das Mountainbike **I 3A**
une **vue** [ynvy] eine Aussicht **II 1B**

W

Waouh ! [wau] Wow! **I 3B**
les **W.-C.** *(m., pl.)* [levese] die Toilette/das WC **I 4E**
un **webmaster** [ɛ̃wɛbmastəʀ] ein Webmaster **II 8E**
un **week-end** [ɛ̃wikɛnd] ein Wochenende **I 3B**

Y

y [i] dort/dorthin; darüber **II 7E**
les **yeux** (*sg.:* un **œil**) [lezjø (ɛ̃nœj)] die Augen **II 6E**

Z

zapper [zape] zappen **III 6B**
la **zone libre** [lazonlibʀ] *das nichtbesetzte Südfrankreich* **III 7A**
la **zone occupée** [lazonɔkype] *das besetzte Nordfrankreich* **III 7A**
un **zoom** [ɛ̃zum] ein Zoom **I 1B**
Zut ! *(fam.)* [zyt] Mist!/Verflixt! *(ugs.)* **I 2A**

Prénoms masculins

Baptiste [batist] **III 4DE**
Benoît [bənwa] **III 4F**
Charles-Edouard [ʃaʀledwaʀ] **III 3E**
Denis [dəni] **III 9DE**
Hugo [ygo] **III 9DE**
Jean-Pierre [ʒɑ̃pjɛʀ] **III 4D**
Juan [ʀwan] **III 4DE**
Kenny [keni] **III 3E**
Mounir [muniʀ] **III 4F**
Moussa [musa] **III 10C**
Yannick [janik] **III 4A**
Yoann [joan] **III 4F**

Prénoms féminins

Adjoua [adʒua] **III 10C**
Bintou [bintu] **III 10C**
Coralie [kɔʀali] **III 9DE**
Delphine [dɛlfin] **III 4DE**
Hasina [azina] **III 9DE**
Laura [lɔʀa] **III 3E**
Noémie [noemi] **III 4DE**
Sandrine [sɑ̃dʀin] **III 9DE**
Sophia [sɔfia] **III 4DE**
Véronique [veʀɔnik] **III 4C**

Noms de famille

Chauvin [ʃovɛ̃] **III 6D**
Hubert [ybɛʀ] **III 6D**
Magnin [maɲɛ̃] **III 4F**
Miel [mjɛl] **III 4A**

Noms de villes

Agnetz [aɲɛts] *Gemeinde im Département Oise* **III 3B**
Angoulême [ɑ̃gulɛm] *Hauptstadt des Départements Charente* **III 10C**
Armentières [aʀmɑ̃tjɛʀ] *frz. Gemeinde in der Region Nord-Pas-de-Calais* **III 8DE**
Bizerte [bizɛʀt] *tunesische Hafenstadt* **III 9D**
Bourges [buʀʒ] *Stadt in der Region Centre* **III 9G**
Grasse [gʀas] *Stadt in Südfrankreich* **III 5A**
Mâcon [makõ] *Stadt in der Bourgogne, nördlich von Lyon* **III 4DE**
Montbéliard [mõbeljaʀ] *Stadt im Osten von Frankreich* **III 7DE**
Montmédy [mõmedi] *Gemeinde in Lothringen* **III 2E**
Montoire (Loir-et-Cher) [mõtwaʀ(lwaʀeʃɛʀ)] *Gemeinde in der Region Centre* **III 7A**
Nancy [nɑ̃si] *Stadt in Lothringen* **III 4DE**
Nantes [nɑ̃t] *Stadt im Nordwesten Frankreichs* **III 4DE**
Nicosie [nikozi] Nikosia **III 8A**
l'**Oise** [lwaz] *frz. Département im Norden Frankreichs* **III 3B**
Rome [ʀɔm] Rom **III 7DE**
Saint-Ouen [sɛ̃twɛ̃] *Stadt in der nördlichen Pariser Banlieue* **III 9D**

Saint-Vulbas [sɛ̃vylba] *Gemeinde im Département Ain* **III 5F**
Sedan [sedɑ̃] *Stadt im Nordosten Frankreichs* **III 8DE**
Tourcoing [tuʀkwɛ̃] *Stadt in Nordfrankreich* **III 3C**
Varennes [vaʀɛn] *Gemeinde in Lothringen* **III 2E**
Verdun [vɛʀdɛ̃] *Stadt im Nordosten Frankreichs* **III 7A**
Versailles [vɛʀsaj] *Vorort von Paris und Sitz des berühmten Schlosses* **III 3B**
Vichy [viʃi] *Stadt in der Auvergne; einst Sitz des Vichy-Regimes* **III 7A**

Noms géographiques

l'**Algérie** *(f.)* [lalʒeʀi] Algerien **III 8DE**
l'**Amérique** *(f.)* [lameʀik] Amerika **III 7D**
Andorre [ɑ̃dɔʀ] Andorra **III 9B**
la **Belgique** [labɛlʒik] Belgien **III 9DE**
Bugey [byʒe] *Landschaft in der Region Rhône-Alpes* **III 5F**
le **Canada** [ləkanada] Kanada **III 9DE**
le **Caucase** [ləkokaz] der Kaukasus **III 8G**
Chypre [ʃipʀ] Zypern **III 8A**
le **détroit de Gibraltar** [lədetʀwadəʒibʀaltaʀ] die Straße von Gibraltar **III 9E**
les **Hauts-de-Seine** [le'od(ə)sɛn] *Département in der Region Ile-de-France* **III 1D**
l'**Ile-de-France** *(f.)* [lild(ə)fʀɑ̃s] *Region in Nordfrankreich (zum größten Teil identisch mit dem Ballungsraum Paris)* **III 1D**
l'**Iran** *(m.)* [liʀɑ̃] Iran **III 8D**
Madagascar [madagaskaʀ] Madagaskar **III 9DE**
le **Maghreb** [ləmagʀɛb] der Maghreb **III 8B**
la **RDA** *(= la République démocratique allemande)* [laɛʀdea] die DDR **III 7D**
le **Royaume-Uni** [ləʀwajomyni] das Vereinigte Königreich **III 10A**

Noms divers

Alcatel [alkatɛl] *frz. Unternehmen im Bereich der Telekommunikation* **III 4C**
ARTE [aʀte] *dt.-frz. Fernsehsender* **III 7DE**
l'Assemblée nationale *(f.)* [lasɑ̃blenasjɔnal] *französisches Parlament* **III 2DE**
Barbès [baʀbɛs] *afrikanisches Viertel im 18. Arrondissement* **III 1B**
Belleville [bɛlvil] *Viertel im 20. Arrondissement* **III 1B**
Boléro [bɔleʀo] *Musikstück von Maurice Ravel* **III 10**
Bordeaux IV [bɔʀdokatʀ] *Name einer Universität in Bordeaux* **III 4A**
le **boulevard des Invalides** [ləbulvaʀdezɛ̃valid] *Boulevard in Paris* **III 3F**
les **Champs-Elysées** [leʃɑ̃zelize] *große Prachtstraße in Paris* **III 8G**
Charonne [ʃaʀɔn] *Viertel im 20. Arrondissement* **III 1B**
la **Comédie-Française** [lakɔmedifʀɑ̃sɛz] *Nationaltheater in Paris* **III 10D**
l'**école du Louvre** [lekɔldyluvʀ] *Hochschule in Paris* **III 8E**
l'école supérieure des Arts décoratifs de Strasbourg *(f.)* [lekɔlsypeʀjœʀdezaʀdekɔʀatif dəstʀasbuʀ] *Name einer Kunsthochschule* **III 6D**
l'**Edit de Nantes** [ledidənɑ̃t] das Edikt von Nantes *(Gesetz, das den Protestanten in Frankreich freie Religionsausübung und volle Bürgerrechte gewährte)* **III 2B**
les Etats généraux [lezetaʒeneʀo] die Generalstände *(Versammlung von Vertretern der drei Stände)* **III 2C**
Europe-Ecologie [øʀɔpekɔlɔʒi] *frz. Parteienbündnis aus Grünen und regionalistischen Kleinparteien* **III 3C**
le **festival de Cannes** [ləfɛstivaldəkan] *Filmfest in Cannes* **III 10**
la France libre [lafʀɑ̃slibʀ] *das im 2. Weltkrieg nicht von Deutschland besetzte Frankreich* **III 7A**
les **Galeries Lafayette** [legalʀilafajɛt] *französische Kaufhauskette* **III 8G**
la **gare de l'Est** [lagaʀdəlɛst] *großer Bahnhof in Paris* **III 1B**
la **gare du nord** [lagaʀdynɔʀ] *großer Bahnhof in Paris* **III 1C**
la **Grande guerre** [lagʀɑ̃dgɛʀ] *Bezeichnung für den 1. Weltkrieg* **III 7B**
Icare [ikaʀ] Ikarus *(Name eines Gemäldes von Matisse)* **III 10**
le **Jardin du Luxembourg** [ləʒaʀdɛ̃dylyksɑ̃buʀ] *Parkanlage des Palais du Luxembourg* **III 3F**
la **JOC** *(Jeunesse Ouvrière Chrétienne)* [laʒiose] katholische Arbeiterjugend **III 10D**
la **loi Hadopi** [lalwaadopi] *frz. Internetgesetz gegen Raubkopierer* **III 6E**
la **Marseillaise** [lamaʀsɛjɛz] *frz. Nationalhymne* **III 2D**
Ménilmontant [menilmɔ̃tɑ̃] *Name des 20. Arrondissement* **III 1B**
Montmartre *(m.)* [mɔ̃maʀtʀ] *Viertel des 18. Arrondissement* **III 8G**
le **musée d'Orsay** [ləmuzedɔʀsɛ] *Kunstmuseum in Paris* **III 10B**
Notre-Dame [nɔtʀedam] *Kathedrale in Paris* **III 1B**
Oberkampf [obɛʀkɑ̃pf] *Viertel im 11. Arrondissement* **III 1B**
l'**Opéra de Paris** [lɔpeʀad(ə)paʀi] *Pariser Oper* **III 10D**
l'**ossuaire de Douaumont** *(m.)* [lɔsɥɛʀdəduomɔ̃] das Beinhaus von Douaumont **III 7B**
le **palais de L'Elysée** [ləpalɛd(ə)lelize] *Amtssitz des französischen Staatspräsidenten* **III 3DE**
le **palais du Luxembourg** [ləpalɛdylyksɑ̃buʀ] *Sitz des französischen Senats* **III 3DE**
Paris Match [paʀimatʃ] *frz. Wochenzeitschrift* **III 6D**
Le Penseur [ləpɑ̃sœʀ] Der Denker *(Skulptur von Rodin)* **III 10**
Le petit Nicolas [ləp(ə)tinikɔla] *frz. Kinderbuchfigur* **III 10**
Le Petit Prince [ləp(ə)tipʀɛ̃s] *Roman von Saint-Exupéry* **III 10**

le **Printemps** [ləpʀɛ̃tɑ̃] *frz. Kaufhauskette* **III 9G**
Reporters Sans Frontières [ʀ(ə)pɔʀtɛʀsɑ̃fʀɔ̃tjɛʀ] Reporter ohne Grenzen **III 6E**
le **Sacré-Cœur** [ləsakʀekœʀ] *Basilika in Montmartre* **III 1B**
Saint-Germain-des-Prés [sɛ̃ʒɛʀmɛ̃depʀe] *mittelalterliche Kirche im 6. Arrondissement* **III 1B**
la **Sorbonne** [lasɔʀbɔn] *Universität in Paris* **III 6D**
le **Stade de France** [lestaddəfʀɑ̃s] *größtes Stadion Frankreichs im Norden von Paris* **III 1C**
l'**UMP** [lyɛmpe] *Name einer frz. Partei* **III 3B**
une **ZEP** *(une Zone d'Education Prioritaire)* [ynzɛp] *Schule in einem sozial problematischen Gebiet* **III 8E**

Noms de personnes connues

l'**Abbé Pierre** [labepjɛʀ] *Gründer von Emmaüs (1912–2007)* **III 8A**
Marguerite Abouet [maʀgəʀitabuɛ] *Comicschreiberin aus der Elfenbeinküste* **III 10C**
Charles Baudelaire [ʃaʀlbodlɛʀ] *frz. Dichter (1821–1867)* **III 8G**
Pierre Bonnard [pjɛʀbɔnaʀ] *frz. Maler (1867–1947)* **III 10B**
Camille [kamij] *frz. Sängerin* **III 10A**
Coco Chanel [kokoʃanɛl] *frz. Modeschöpferin (1883–1971)* **III 8G**
Cœur de Pirate [kœʀdəpiʀat] *kanadische Sängerin* **III 9G**
Marion Cotillard [maʀjɔ̃kɔtijaʀ] *frz. Schauspielerin* **III 10**
Edouard Courtial [edwaʀkuʀtjal] *frz. Abgeordneter der UMP* **III 3B**
Jamel Debbouzze [dʒamɛldəbuz] *frz. Schauspieler und Komiker marokkanischer Herkunft* **III 8A**
Karima Delli [kaʀimadeli] *frz. Europaabgeordnete* **III 3C**
Diam's [djams] *frz. Rap-Sängerin* **III 8A**
Robert Doisneau [ʀɔbɛʀdwano] *frz. Fotograf* **III 10**
Serge Gainsbourg [sɛʀʒgɛ̃zbuʀ] *frz. Sänger (1928–1991)* **III 2D**
Paul Gauguin [pɔlgogɛ̃] *frz. Maler (1848–1903)* **III 10B**
Jean-Paul Gaultier [ʒɑ̃pɔlgotje] *frz. Modeschöpfer* **III 10**
le **général de Gaulle** [ləʒeneʀal dəgol] *französischer Staatspräsident (von 1958–1969)* **III 7A**
Karkwa [kaʀkwa] *kanadische Band* **III 9G**
Pierre Lapointe [pjɛʀlapwɛ̃t] *kanadischer Sänger* **III 9G**
Jean-Marie Le Clézio [ʒɑ̃maʀiləklezjo] *frz. Schriftsteller* **III 10**
Malajube [malaʒyb] *kanadische Band* **III 9G**
Henri Matisse [ɑ̃ʀimatis] *frz. Maler (1869–1954)* **III 10**
Yaël Naïm [jaɛlnaim] *frz.-israelische Sängerin* **III 10A**
Jacques Necker [ʒaknekɛʀ] *Finanzminister unter Ludwig XVI.* **III 2C**
Neïmo [neimo] *frz. Band* **III 10A**
Nelson [nɛlsɔn] *frz. Sänger* **III 10A**
Clément Oubrerie [klemɑ̃ubʀəʀi] *frz. Comiczeichner* **III 10C**
Philippe Pétain [filippetɛ̃] *Staatschef im Vichy-Regime* **III 7A**
Maurice Ravel [mɔʀisʀavɛl] *frz. Komponist (1875–1937)* **III 10**
Auguste Renoir [ogystʀənwaʀ] *frz. Maler (1841–1919)* **III 10**
Jean-Baptiste Réveillon [ʒɑ̃batistʀevɛjɔ̃] *Fabrikant (1725–1811)* **III 2E**
Auguste Rodin [ogystʀɔdɛ̃] *frz. Bildhauer (1840–1917)* **III 10**
Nicolas Sarkozy [nikɔlasaʀkozi] *frz. Präsident* **III 3B**
Georges Seurat [ʒɔʀʒsœʀa] *frz. Maler (1859–1891)* **III 10B**
Joann Sfar [ʒoansfaʀ] *frz. Comiczeichner* **III 10**
Sœur Emmanuelle [sœʀemanɥɛl] *berühmte Ordensschwester (1908–2008)* **III 8A**
Sébastien Tellier [sebastjɛ̃telje] *frz. Sänger* **III 10A**
The Shoes [zəʃuz] *frz. Band* **III 10A**
Alexis de Tocqueville [alɛksidətɔkvil] *frz. Politiker und Historiker (1805–1859)* **III 5A**
Tryo [tʀio] *frz. Band* **III 5B**
Vincent van Gogh [vɛ̃sɑ̃vɑ̃gɔg] *niederländischer Maler (1853–1890)* **III 10B**
Wellington [wɛliŋton] *britischer Feldmarschall (1769–1852)* **III 2E**
Zombie Zombie [zɔ̃bizɔ̃bi] *frz. Band* **III 10A**

A

ab *(bei Ortsangaben)* depuis **II 7A**
(schon) ab dès **III 3E**
ab à partir de **III 4A**
der Abbau la suppression **III 3F**
abbiegen tourner **I 6B**
der Abend/abends le soir **I 1A**
eines Abends un soir **I 4A**
ein Abend une soirée **II 2B**
an diesem Abend ce soir-là **II 8A**
ein Abenteuer une aventure **III 9F**
aber mais **I 1A**
der Abfall les déchets *(m., pl.)* **II 3A**
ein Abgeordneter/eine Abgeordnete un député/une députée **III 3B**
ein Europaabgeordneter/eine Europaabgeordnete un euro-député/une euro-députée **III 3C**
jdn abholen venir chercher qn **II 2E**
das Abi *(ugs.)* le bac *(fam.)* (= *baccalauréat)* **I 2A**
das Probeabitur le bac blanc **I 5A**
ein Fachabitur un bac pro(fessionnel) **II 3A**
etw. abkühlen (lassen) refroidir qc **II 4B**
(Frist) **ablaufen** dépasser (qc) **II 1B**
etw. ablehnen refuser qc **II 3B**
abnehmen (um) diminuer (de) **II 4B**
eine Abreise un départ **II 1E**
ein Abschiedsumtrunk un pot d'adieu **I 8B**
die Abschlussklasse la terminale **I 5A**
ein Abschnitt une étape **II 1A**
jdn absetzen déposer qn **I 10B**
absolut absolu/absolue **II 8A**
sich abspielen se dérouler **III 10C**
abstürzen *(Computer)* buguer **II 8B**
eine Abteilung un service **I 2A**; un département **I 7A**
den Abwasch machen faire la plonge **I 8E**
abwesend absent/absente **II 7A**
Achtung! Attention ! **I 1A**
der Adel la noblesse **III 2B**
eine Adresse une adresse **I 1B**
afrikanisch africain/africaine **I 10A**
ein Agrarland un pays agricole **I 7E**
etw./jdm ähneln ressembler à qc/qn **II 2A**
eine Ähre un épi **II 3B**
ein Airbag un airbag **I 9B**
ein Akademiker/eine Akademikerin un diplômé/une diplômée **III 4A**
eine Aktivität une activité **II 2A**
aktiv werden se mobiliser **III 4C**
ein Akzent un accent **I 4A**
jdn/etw. akzeptieren/annehmen accepter qn/qc **II 2B**
ein Album un album **III 10C**
algerisch algérien/algérienne **III 3C**; **III 8DE**
alle *(+ Nomen)* tout/toute/tous/toutes **I 8B**
alle tous **I 9E**
alle tout le monde **I 3B**
allein seul/seule **II 1A**
alles tout **I 2A**
allgemein général/générale/généraux/générales **II 3A**
ein Allgemeinarzt/eine Allgemeinärztin un/une généraliste **II 6E**
im Allgemeinen en général **III 1D**
die Alliierten les Alliés *(m.)* **III 7A**
als comme **I 8A**
als lorsque **III 8G**
also alors **I 1A**; donc **I 8B**
Wie alt bist du? Tu as quel âge ? **I 2B**
alt vieux/vieil/vieille/vieux/vieilles **I 9A**
... Jahre alt âgé/âgée de ... ans **II 2A**
alt ancien/ancienne **II 7E**
im Alter von ... Jahren âgé/âgée de ... ans **II 2A**
eine Ambition une ambition **III 8C**
eine Amtssprache une langue officielle **III 9A**
etw. analysieren analyser qc **III 10D**
etw. anbauen cultiver qc **II 3E**
etw. anbieten proposer qc **I 8B**
jdm etw. anbieten offrir qc à qn **II 8E**
die anderen les autres *(m., pl.)* **I 2B**
anderer/andere/anderes autre **I 6A**
jdn/etw. anfahren rentrer dans qc/qn **II 6B**
ein Anfang un début **II 3B**
am Anfang au début **II 3B**
anfangen commencer **I 4A**
mit etw. anfangen commencer par qc **I 8B**
etw. anfordern demander qc **I 8B**
Angaben des données *(f., pl.)* **II 4B**
die persönlichen Angaben les coordonnées *(f., pl.)* **I 2B**
ein Angebot une offre **II 1B**
das Angeln la pêche **II 7A**
angesagt *(ugs.)* branché/branchée *(fam.)* **III 1A**; **III 7D**
angesichts einer Sache face à qc **III 1F**; **III 6D**
ein Angestellter/eine Angestellte un employé/une employée **II 1A**
ein Angestellter/eine Angestellte in einem Callcenter un téléconseiller/une téléconseillère **III 4DE**
Angst haben avoir peur **I 7A**
anhalten s'arrêter **I 10B**
etw. ankündigen annoncer qc **II 4B**
eine Ankunft une arrivée **II 4E**
eine Anlage une pièce jointe **I 7E**
etw. anmachen allumer qc **I 9B**
anonym anonyme **III 8F**
jdn/etw. anprangern dénoncer qn/qc **III 6D**
etw. anprobieren essayer qc **I 9A**
jdn anrempeln *(ugs.)* rentrer dans qc/qn **II 6B**
ein Anruf un appel **I 3B**
anrufen téléphoner **I 3E**
jdn (an)rufen appeler qn **I 9B**
jdn noch einmal anrufen rappeler qn **II 5B**
etw. anschauen regarder qc **I 1B**
sich anschauen se regarder **I 10B**
anschließend ensuite **II 2A**
ansonsten sinon **I 9A**
ein Anstieg une hausse **II 4B**; une augmentation **II 4B**
Das ist anstrengend! C'est galère ! *(fam.)* **I 10A**
eine Anstrengung un effort **III 5A**
Antik- antique **I 10A**
eine Antwort une réponse **II 2A**
jdm antworten répondre à qn **II 5B**
jdm etw. anvertrauen confier qc à qn **I 7B**
eine Anweisung une consigne **I 7A**
jdn anwerben recruter qn **III 8B**
ein Anwesen une propriété **II 8A**

anwesend être présent/présente **II 5E**
ein Anzeichen un symptôme **II 6A**
eine Anzeige une annonce **I 3A**
etw. anzeigen indiquer qc **II 7B**
etw. anziehen mettre qc **I 9B**
sich anziehen s'habiller **I 10B**
jdn/etw. anziehen attirer qn/qc **II 3A**
etw. anzünden/anbrennen brûler qc **III 3F**
ein Aperitif un apéritif **I 8A**
ein Apfel une pomme **II 4E**
eine Apotheke une pharmacie **II 6E**
ein Apotheker/eine Apothekerin un pharmacien/une pharmacienne **II 6B**
ein Apparat un appareil **III 6DE**
am Apparat à l'appareil *(m.)* **II 5B**
jdm Appetit machen donner faim à qn **I 8B**
ein Araber/eine Araberin un/une Arabe **III 8A**
Arabisch l'arabe *(m.)* **III 9C**
eine Arbeit un travail/des travaux **I 1B**; un boulot *(fam.)* **III 4C**
arbeiten travailler **I 1B**
ein Arbeiter/eine Arbeiterin un ouvrier/une ouvrière **II 3B**; un travailleur/une travailleuse **II 5A**
Arbeiter-/Arbeits- ouvrier/ouvrière **III 1B**
ein Arbeitgeber un employeur **II 8E**
ein Arbeitnehmer/eine Arbeitnehmerin un salarié/une salariée **III 4A**
ein Arbeitsauftrag une consigne **I 7A**
die Arbeitskräfte la main d'œuvre **II 4A**
die Arbeitslosigkeit le chômage **III 4C**
ein Arbeitsplatz un poste de travail **II 5A**
sich ärgern se fâcher **I 10B**
ein Argument un argument **II 3B**
arm pauvre **III 3D**
ein Arm un bras **II 6E**
ein Armaturenbrett un tableau de bord **II 7B**
eine Armee une armée **III 3A**
ein Armer/eine Arme un/une pauvre **III 8D**
das Aroma le parfum **II 4B**
eine Art ... un genre de... **I 9B**
eine Art (und Weise) une façon **II 5A**
ein Arzt un médecin **II 6E**
ein Asiate/eine Asiatin un/une Asiatique **III 8D**
ein Aspekt un aspect **II 4A**
ein Aspirin une aspirine **II 6A**
ein Assistent/eine Assistentin der Geschäftsleitung un assistant de direction/une assistante de direction **I 8B**
das Atelier l'atelier *(m.)* **I 1A**
eine Atmosphäre une ambiance **I 1A**
auch aussi **I 2B**
auch wenn même si **II 3B**
auf sur **I 1E**
etw. aufbauen installer qc **I 4E**
aufbrechen partir **II 2E**
etw. aufdecken révéler qc **III 6D**
ein Aufenthalt un séjour **II 8E**
eine Aufenthaltsgenehmigung un titre de séjour **II 8E**
etw. aufessen; austrinken finir qc **II 4A**
eine Aufführung un spectacle **I 3E**
etw. aufgeben mettre qc **I 9B**
mit etw. aufhören arrêter qc **I 4A**
aufhören s'arrêter **II 2B**
auf jdn zu vers qn **I 10B**
etw. aufmachen ouvrir qc **II 8E**
jdn aufnehmen accueillir qn **III 1A**
etw. aufräumen ranger qc **I 7B**
sich aufregen s'énerver **I 10B**
etw. aufschreiben noter qc **I 4A**
der Aufschwung l'essor *(m.)* **III 9A**
aufstehen se lever **I 10B**
etw. aufstellen/aufbauen monter qc **II 1A**
(einen Arzt) aufsuchen consulter qn **II 5E**
auftauchen apparaître **III 8F**
etw. aufteilen répartir qc **III 2B**
ein Auftrag une mission **II 7B**
Auftrag ausgeführt! Mission accomplie ! **II 7B**
den Auftrag haben, etw. zu tun avoir pour mission de faire qc **II 8B**
Auf Wiedersehen! Au revoir ! **I 1A**
jdm etw. aufzwingen/aufoktroyieren imposer qc à qn **III 2B**
die Augen les yeux *(sg.: un œil)* **II 6E**
jdn ausbeuten exploiter qn **II 4A**
eine Ausbildung une formation **II 2E**
eine duale Ausbildung une formation en alternance **II 8E**
ausflippen *(ugs.)* craquer *(fam.)* **I 5A**
(Geld) ausgeben dépenser (de l'argent) **III 5D**
ausgeglichen équilibré/équilibrée **II 6B**
ausgehen sortir (de qc) **II 2E**
ausgeleiert informe **I 9A**
ausgestattet/ausgerüstet équipé/équipée **II 5A**
ausgezeichnet excellent/excellente **II 8A**
eine Auskunft un renseignement **III 7A**
jdn auslachen se moquer de qn **I 10B**
im Ausland à l'étranger *(m.)* **I 7E**
ausländisch/Ausländer- étranger/étrangère **I 7B**
das Ausleihen le prêt **III 10B**
etw. ausmachen représenter qc **I 7E**
etw. ausnutzen profiter de qc **II 7B**
sich ausruhen se reposer **I 10B**
aussehen avoir l'air *(m.)* **I 9B**
außer sauf **I 4B**
außergewöhnlich exceptionnel/exceptionnelle **III 7B**
eine Aussicht une vue **II 1B**
aussteigen descendre **III 5D**
eine Ausstellung une exposition **I 5E**
etw. aussuchen choisir qc **II 4A**
ein Aussteller/eine Ausstellerin un exposant/une exposante **II 5E**
eine Auster une huître **II 7A**
eine Auswahl un choix **I 9E**
auswendig par cœur **III 8G**
ein Auszubildender/eine Auszubildende un apprenti/une apprentie **I 1B**
ein Auszug un extrait **III 1G**
ein Auto une voiture **I 4E**
Auto-/Automobil- automobile **I 7E**
eine Autobahn une autoroute **I 10A**
ein Autor/eine Autorin un auteur/une auteure **III 9G**
ein Autoradio un autoradio **I 9B**

B

ein Bäcker/eine Bäckerin un boulanger/une boulangère **II 6B**
baden se baigner **I 10B**
ein Badezimmer une salle de bains **I 4E**
(Eisen)Bahn- ferroviaire **II 7E**
ein Bahnhof une gare **I 2E**
ein Bahnsteig un quai **II 7B**
bald bientôt **III 9F**
ein Ballungsraum une agglomération **III 1D**
eine Bank une banque **I 7E**
ein Bankkonto un compte bancaire **II 8B**
bar en espèces *(f., pl.)* **I 9A**
der Bau la construction **II 3B**
ein Bauch un ventre **II 6E**
etw. bauen construire qc **III 1H; III 8C; III 9F**
ein Bauer/eine Bäuerin un paysan/une paysanne **III 2C**
ein Bauernhof une ferme **II 3E**
ein Baujahr une année de construction **I 9B**
ein Baum un arbre **II 4B**
eine Baustelle un chantier **III 8C**
beabsichtigen, etw. zu tun prévoir de faire qc **III 1H**
etw. bearbeiten traiter qc **II 5B**
ein Becher un pot **I 8E**
sich bei jdm bedanken remercier qn **II 6A**
etw. bedauern regretter qc **III 4A; III 6D**
etw. bedeuten signifier qc **II 4B**
eine Bedingung une condition **II 7B**
sich beeilen se dépêcher **I 10B**
jdn/etw. beeinflussen influencer qn/qc **III 3E**
etw. beenden finir qc **II 4A**
sich befinden se trouver **I 10B**
jdn befragen interroger qn **I 7B**
die Befugnis le pouvoir **III 3A**
die Begegnung la rencontre **I 1A**
jdn begeistern passionner qn **I 7B**
sich für etw. begeistern se passionner pour qc **II 3A**
begeistert emballé/emballée *(fam.)* **I 6B**
etw. begleichen régler qc **II 6A**
jdn begleiten accompagner qn **I 6E**
etw. begünstigen favoriser qc **III 9A**
jdn/etw. behalten garder qn/qc **II 3B**
jdn behandeln soigner qn **II 6B**
jdn behandeln als/wie traiter qn de **III 8A**
bei chez **I 3A;** près de **III 5A**
ein Bein une jambe **II 6E**
beinahe presque **II 1A**
bekannt connu/connue **I 9E**
etw. bekommen obtenir qc **II 4B;** recevoir qc/qn **II 5B**
etw. beladen charger (qc) **II 7A**
beladen sein être chargé/chargée **II 7B**
sich beleben s'animer **III 7D**
eine Beleidigung une insulte **III 8D**
beliebt populaire **III 10A**
jdn benachrichtigen prévenir qn **II 7B**
etw. benutzen utiliser qc **III 5D**
die (Be)Nutzung l'utilisation *(f.)* **III 6A**
das Benzin l'essence *(f.)* **III 5D**
etw./jdn beobachten observer qn/qc **II 1A**
sich beraten tenir conseil **III 2B**
ein Bereich un secteur **I 7E**
bereit prêt/prête **I 7B**
bereit sein, etw. zu tun être prêt/e à faire **I 7B**
etw. bereitstellen mettre qc en place **III 10B**
ein Berg une montagne **II 1A**
ein Beruf un métier **II 4A**
beruflich professionnel/professionnelle **I 5A**
eine Berufsaussicht un débouché **I 5A**
die Berufstätigen la population active **II 3E**
sich beruhigen se calmer **I 10B**
berühmt célèbre **III 10A**
eine Beschreibung une description **III 9G**
eine Beschwerde une réclamation **II 5B**
etw. besichtigen/besuchen visiter qc **I 2B**
eine Besichtigung une visite **I 3E**
ein Besitz(tum) une propriété **II 8A**
etw. besitzen posséder qc **III 6DE**
besonders en particulier **II 3E**
eine Besprechung une réunion **I 7A**
es ist besser, etw. zu tun il vaut mieux faire qc **II 6B**
eine Bestätigung une confirmation **II 7A**
bestehen exister **III 9A**
etw. bestellen commander qc **I 2A**
eine Bestellung une commande **I 7B**
der/die/das beste le meilleur…/la meilleure… **II 4A**
jdn besteuern taxer qn **III 8A**
bestimmter/bestimmte/bestimmtes certain/certaine **II 4A**
jdn bestrafen punir qn **III 6E**
etw. bestreiten nier qc **III 8D**
ein Besuch une visite **I 3E**
jdn besuchen aller voir qn **II 2A**
ein Besucher un visiteur **I 5E**
ein Betrag une somme **III 4A**
jdn/etw. betreffen concerner qn/qc **III 1H; III 5E**
betreten entrer (dans) **I 1B**
ein (landwirtschaftlicher) Betrieb une exploitation **II 3A**
die Betriebswirtschaftslehre la gestion **I 5E**
ein Bett un lit **I 4E**
ins Bett gehen se coucher **I 10B**
betteln mendier **III 8D**
sich beunruhigen s'inquiéter **II 6B**
etw. beurteilen juger qc **III 10D**
eine Bevölkerung une population **II 3E**
bevor avant que *(+ Subjonctif)* **III 9G**
sich bewegen se déplacer **I 10B;** bouger **III 1A**
etw. bewegen bouger qc **II 6B**
beweglich mobile **II 8E**
eine Bewegung un mouvement **III 3F**
sich bewerben poser sa candidature **II 8E**
ein Bewerber/eine Bewerberin un candidat/une candidate **I 4A**
eine Bewerbung une candidature **II 8E**
sich bewusst sein, dass avoir conscience que *(f.)* **III 6F**
das Bewusstwerden la prise de conscience **III 6D**
die Bezahlung le paiement **II 5B**
eine Beziehung une relation **II 8B**

ein Bier une bière **I 8E**
eine Bilanz un bilan **I 1B**
ein Bild une image **I 5A**
ein Bildschirm un écran **II 5A**
die Bildung l'éducation *(f.)* **III 9A**
biologisch biologique *(fam.: bio)* **II 3A**
bis jusqu'à **II 8A**
Bis dann!/Bis später! A plus ! *(fam.)* (= *A plus tard !*) **I 4B**
ein bisschen un peu **I 2A**
bitte *(zu jdm, den man siezt)* s'il vous plaît **I 2B**
ein Blatt une feuille **II 4B**
blau bleu/bleue **I 6B**
bleiben rester **I 3B**
blinken clignoter **II 7B**
ein Blinker un clignotant **I 9B**
ein Blog un blog **I 5E**
eine (Kakao)Bohne une fève **II 4E**
ein Boot/Boote un bateau/des bateaux **II 1E**
eine Bordkarte une carte d'embarquement *(m.)* **II 1B**
das Boule-Spiel la pétanque **I 3A**
eine Boutique une boutique **I 6A**
eine Branche une branche **II 7E**
ein Brand un incendie **III 1G**
man braucht nur il suffit de **III 5D**
man braucht etw. il faut qc **I 5B**
etw. brauchen avoir besoin de qc **I 10A**
sich bräunen bronzer **I 10B**
die Bremsen les freins *(m., pl.)* **I 9B**
eine Briefmarke un timbre **III 2D**
eine Brille des lunettes *(f., pl.)* **II 6E**
etw. (mit)bringen apporter qc **I 4B**
jdn bringen zu/in amener qn à/chez **II 2A**; emmener qn à **II 2A**
ein Bruder un frère **I 4B**
die Brüderlichkeit la fraternité **III 3DE**
ein Buch un livre **I 5A**
Ich buchstabiere ... J'épèle ... **I 2B**
ein Büffet un buffet **I 8B**
eine Bühne une scène **I 10A**
ein (Staats)Bürger/eine (Staats)Bürgerin un citoyen/une citoyenne **II 8E**
ein Bürgermeister un maire **III 3B**
ein Büro un bureau **I 1B**
ein Bus un bus **I 10B**
ein Businessplan un business plan **II 5A**

die Butter le beurre **I 8E**
ein BWL-Studium des études d'économie *(f., pl)* **I 4A**

C

das Café le café **I 1E**
eine Cafeteria une cafétéria **II 7E**
ein Camembert un camembert **I 8B**
ein Campingplatz un camping **II 1A**
ein Catering-Service un traiteur **I 8B**
eine CD/CDs un CD/des CD **I 4B**
ein Cent un centime **I 2B**
ein Charakter un caractère **III 1C**
ein Chef/eine Chefin un chef/une chef **I 1B**; un patron/une patronne **II 8B**
chinesisch chinois/chinoise **II 5A**
circa environ **I 8E**
ein Clown un clown **I 4A**
eine Cola un coca(-cola) **I 8E**
ein Comicband un album **III 10C**
ein Computer un ordinateur **I 3E**
ein Computerdienstleister une société informatique **II 5B**
cool *(ugs.)* cool *(fam.)* **I 1A**
der CO2-Ausstoß l'émission *(f.)* de CO2 **III 5B**
die CO2-Bilanz le bilan carbone **III 5B**
die CO2-Steuer la taxe carbone **III 5E**
die Crème fraîche la crème fraîche **I 8E**

D

da là **I 1A**
für jdn da sein être à l'écoute de qn **II 5E**
da(s) ist/sind ... voilà... **I 1E**
ein Dach un toit **I 10A**
daher en *(Pronomen)* **II 7E**
damals à cette époque **II 1E**
meine Damen mesdames *(f., pl.)* **I 8B**
meine Damen und Herren messieurs-dames **I 8A**
damit pour que *(+Subjonctif)* **III 4D; III 5B**
danach après **I 1B**; ensuite **II 2A**
dank *(Präp.)* grâce à **III 9A**

Danke. Merci ! **I 1E**
jdm danken remercier qn **II 6A**
etw. darstellen représenter qc **I 7E**
darüber en *(Pronomen)* **II 7E**
eine Datei un fichier **II 8E**
Daten des données *(f., pl.)* **II 4B**
ein Datum une date **II 7A**
eine Dauer une durée **II 8E**
dauern durer **II 8A**
ein Daumen un pouce **II 5A**
davon en *(Pronomen)* **I 8A**
ein Demonstrant/eine Demonstrantin un manifestant/une manifestante **III 3F**
eine Demonstration une manifestation **III 3F; III 5DE**
demonstrieren manifester **III 3F**
an jdn/etw. denken penser à qn/qc **I 5A**
denn car **II 8B**
dennoch pourtant **II 5B**
jdn/etw. denunzieren dénoncer qn/qc **III 6D**
deprimiert déprimé/déprimée **II 1E**
der-/die-/dasselbe le/la même **II 8B**
deshalb c'est pourquoi **II 3B**
ein Designer/eine Designerin un/une styliste **I 6B**
ein Dessert un dessert **I 8E**
ein Detail un détail **I 8B**
Deutsch/die deutsche Sprache l'allemand *(m.)* **I 5E**
deutsch allemand/allemande **I 6A**
deutsch-französisch franco-allemand/franco-allemande **III 7B**
eine Diagnose un diagnostic **II 6A**
ein Diagnoselabor un laboratoire d'analyses *(f.)* **II 6A**
ein Diagramm un diagramme **II 4B**
ein Dialog un dialogue **I 5B**
ein Dichter un poète **III 9F**
dick gros/grosse **II 4E**
ein Dieb un voleur **III 8D**
zu etw. dienen servir à qc **III 7F**
(am) Dienstag mardi *(m.)* **I 1A**
die Dienstleistungen les services *(m., pl.)* **I 7E**
dieser/diese/dieses *(Demonstrativbegleiter)* ce/cet/cette/ces **I 9E**
eine Digitalkamera un appareil photo numérique **III 6DE**
ein Ding *(ugs.)* un machin *(fam.)* **I 4B**

diplomatisch diplomate **I 7B**
direkt direct/directe **I 7B;** juste **I 10A**
der Discounter le hard discount **I 9E**
diskriminierend discriminant/discriminante **III 8F**
diskutieren discuter **I 2E**
ein DJ un DJ **I 10A**
doch quand même **I 4A**
ein Doktor un docteur **II 6E**
(am) Donnerstag jeudi *(m.)* **I 3E**
ein Dorf un village **II 8A**
dort là-bas **I 1A**
dort/dorthin; darüber y **II 7E**
eine Dose une conserve **I 9E**
ein Dossier un dossier **I 1B**
jnd drängen/etw. drücken pousser qn/qc **III 1G**
(nach) draußen dehors **III 1G**
(nach) drinnen à l'intérieur **III 8G**
ein Drittel un tiers **II 4B**
ein Drucker une imprimante **II 5A**
der Duft le parfum **II 4B**
eine Dummheit une bêtise **I 4A**
Es ist dunkel. Il fait nuit. **II 1A**
der Durchfall la diarrhée **II 6A**
der Durchschnitt la moyenne **II 4B**
im Durchschnitt en moyenne **II 4B**
durchschnittlich moyen/moyenne **III 6A**
man darf etw. nicht tun il ne faut pas faire qc **I 7B**
ein Duschgel un gel douche **I 7E**

E

eben tout à l'heure **II 6A**
ebenfalls également **II 7A**
ein E-Book un livre électronique **III 6DE**
echt vrai/vraie **I 6A;** véritable **III 5B; III 7A**
eine Ecke un coin **III 9F**
der E-Commerce l'e-commerce *(m.)* **II 8E**
eine EDV-Abteilung service informatique **I 2A**
effektiv effectif/effective **II 7B**
eine Ehe un mariage **II 2B**
eine (Ehe)Frau une femme **II 2B**
ehemalig ancien/ancienne **II 7E**
ein Ehemann un mari **II 2B**
eher plutôt **I 4B**
die Ehre l'honneur *(m.)* **III 8A**
ein Ei/Eier un œuf/des œufs **I 8E**
eigen propre **III 9D; III 10A**
ein Eigentümer/eine Eigentümerin un/une propriétaire **I 2B**
es eilig haben être pressé/pressée **II 7A**
ein Eindruck une impression **I 7E**
einfach facile **I 2A;** simple **I 6B**
einfallen in envahir qc **III 7A**
ein Eingang une entrée **I 4E**
einige quelques **II 5B**
die Einkäufe les courses *(f., pl.)* **I 4B**
einkaufen faire les courses **I 4B**
ein Einkommen un revenu **III 4DE**
jdn einladen inviter qn **I 10A**
jdn einladen, etw. zu tun inviter qn à faire qc **II 8A**
die Einladung l'invitation *(f.)* **I 1A**
sich einloggen in se connecter à/sur **II 2E**
etw. einnehmen occuper qc **II 3E**
die Einsamkeit la solitude **III 6C**
ein Einsatz un enjeu **III 10A**
etw. einschränken limiter qc **II 6B**
sich einschreiben s'inscrire **II 1B**
ein Einschreiben une lettre recommandée **II 5B**
sich für etw. einsetzen soutenir qc **II 4A**
sich für etw./jdn einsetzen/engagieren s'engager pour qc/qn **III 3D; III 5A**
einsteigen monter **I 6A**
jdn einstellen engager qn **II 5A**
der Einstieg l'accueil *(m.)* **I 1E**
eintreten entrer (dans) **I 1B**
eine (Eintritts)Karte une place **III 10D**
einverstanden d'accord **I 1B**
ein Einwanderer/eine Einwanderin un immigré/une immigrée **III 8C**
die Einwanderung l'immigration *(f.)* **III 8B**
ein Einwohner/eine Einwohnerin un habitant/une habitante **II 4B**
der Einzelhandel le commerce **I 7E**
einziehen emménager **II 3B**
eine Einzimmerwohnung un studio **II 8B**
ein Eis une glace **I 8E**
ein Eisendraht un fil de fer **I 6E**
elektronisch/Elektro- électronique **II 7B**
(aus/von) der Elfenbeinküste ivoirien/ivoirienne **III 9E**
die Eltern les parents *(m., pl.)* **I 9E**
eine E-Mail un e-mail **I 4A**
eine E-Mail-Adresse une adresse e-mail **I 4A**
der Empfang l'accueil *(m.)* **I 1E**
jdn empfangen recevoir qc/qn **II 5B;** accueillir qn **III 1A**
ein Empfangsherr/eine Empfangsdame un réceptionniste/une réceptionniste **III 4DE**
jdm etw. empfehlen recommander qc à qn **I 8A**
das Ende la fin **I 4B**
am Ende von au bout de **III 9F**
Es endet ... Ça se termine ... **I 9E**
endlich enfin **I 5B**
die Energie l'énergie *(f.)* **II 3A**
eng moulant/moulante **I 9A**
das Engagement l'engagement *(m.)* **III 3D**
Englisch/die englische Sprache l'anglais *(m.)* **I 5E**
englischsprachig anglophone **III 9A**
ein Enkel/eine Enkelin un petit-fils/une petite-fille **II 6B**
etw. entdecken découvrir qc **II 8E**
einer Sache entfliehen s'évader de qc **III 6C**
etw. enthüllen révéler qc **III 6D**
jdm/einer Sache entkommen échapper à qn/qc **III 6C**
etw. entladen décharger qc **II 7B**
jdn entlassen renvoyer qn **III 2C**
eine Entlassung un licenciement **III 4C**
jdn entmutigen décourager qn **III 5A**
entscheiden (etw. zu tun) décider (de faire qc) **I 9B**
sich entscheiden se décider **II 5A**
eine Entscheidung une décision **II 8A**
Entschuldige!/Entschuldigung! Excuse-moi ! **I 1A**
Entschuldigen Sie! Excusez-moi ! **I 1B**
Entschuldigung! Pardon ! **I 4A**

etw. entsprechen correspondre à qc/qn **II 8B**
jdn enttäuschen décevoir qn **III 6C**
enttäuscht déçu/déçue **II 5B**
etw. entwickeln développer qc **III 1H; III 3B**
sich entwickeln évoluer **III 1A;** progresser **III 10A**
eine Entwicklung un développement **II 3A**
die nachhaltige Entwicklung le développement durable **II 3A**
eine Epidemie une épidémie **II 6A**
eine Epoche une époque **II 1E**
die Erde la terre **III 9F**
die Erdkunde la géographie **I 5E**
sich ereignen avoir lieu **III 3A**
ein Ereignis un évènement **III 2DE; III 10DE**
eine Erfahrung une expérience **II 3B**
etw. erfinden inventer qc **III 2D; III 5A; III 9A**
ein Erfolg un succès **I 4B**
Erfolg haben réussir **II 5A**
Riesenerfolg haben connaître un succès fou **III 7D**
etw. ergänzen compléter qc **II 7E**
etw. ergattern *(ugs.)* décrocher qc *(fam.)* **II 5A**
ein Ergebnis un résultat **I 6A**
etw. erhalten obtenir qc **II 4B;** recevoir qc/qn **II 5B**
jdn an etw. erinnern rappeler qc à qn **II 3B**
sich (an etw.) erinnern se rappeler (qc) **II 8A**
eine Erkältung un rhume **II 6E**
etw./jdn (wieder)erkennen reconnaître qc/qn **II 6B**
jdm etw. erklären expliquer qc à qn **I 3A**
die Erklärung der Menchen- und Bürgerrechte la Déclaration des droits de l'homme et du citoyen **III 2D**
sich erkundigen se renseigner **I 10B**
jdm erlauben/ermöglichen etw. zu tun permettre à qn de faire qc **III 5D; III 8F**
eine Ermäßigung une réduction **III 10D**
jdn ermutigen encourager qn **II 8B**
die Ernährung l'alimentation *(f.)* **II 6B**
jdn ernennen nommer qn **III 3A**
erneuerbar renouvelable **II 3A**
ernst sérieux/sérieuse **III 7E**
etw. ernten récolter qc **II 4B**
etw. eröffnen/einweihen inaugurer qc **III 10B**
etw. erreichen atteindre qc **III 4A; III 10A**
erscheinen apparaître **III 8F**
erschwinglich abordable **III 7D**
etw. ersetzen remplacer qc **II 4A**
die Ersparnisse les économies *(f., pl.)* **II 3B**
etw. erstatten/ersetzen rembourser qc **II 5B**
jdn erstaunen étonner qn **I 7B**
ein Erste-Hilfe-Schein un brevet de secouriste **II 6A**
sich erstrecken s'étendre **III 9F**
jdn/etw. ertragen supporter qn/qc **I 7B**
ein Erwachsener/eine Erwachsene un/une adulte **II 4B**
die Erwärmung le réchauffement **III 5B**
die Erwerbstätigen la population active **II 3E**
jdm etw. erzählen raconter qc à qn **I 5E**
von etw. erzählen parler de qc **I 6B**
ein Erzeuger/eine Erzeugerin un producteur/une productrice **II 3E**
jdn erziehen élever qn **II 2B**
die Erziehung l'éducation *(f.)* **III 9A**
etw. essen manger qc **I 8E**
zu Abend essen dîner **II 8A**
ein Essen un repas **I 5B**
eine Etage un étage **I 4E**
eine Etappe une étape **II 1A**
ein Euro un euro **I 2B**
europäisch européen/européenne **II 1E**
die Europäische Union l'Union européenne *(f.)* **I 7E**
exakt exact/exacte **II 8B**
existieren exister **III 9A**
der Export l'exportation *(f.)* **III 9C**
ein Exporteur/eine Exporteurin un exportateur/une exportatrice **II 4B**
etw. exportieren exporter **III 9C**

F

eine Fabrik une usine **II 4B**
ein (Schul)Fach une matière **III 8D**
ein Fachabitur un bac pro(fessionnel) **II 3A**
ein Fachmann/eine Fachfrau un professionnel/une professionnelle **II 7A**
eine Fahne/Flagge un drapeau **III 1A**
eine Fähre un ferry **II 1**
fahren aller **I 2E;** rouler **I 9B**
fahren/fließen durch/über passer par **II 7E**
(Auto) fahren conduire **III 3E**
jdn fahren conduire qn **III 9D**
ein Fahrer un chauffeur **II 7E**
die Fahrgemeinschaft le covoiturage **III 5B**
eine Fahrkarte un billet **II 1B**
ein Fahrplan des horaires *(m., pl.)* **II 1B**
das Fahrrad le vélo **I 3A**
ein Fahrschein un ticket **I 6A**
ein Fahrzeug un véhicule **II 7A**
fallen tomber **II 2A**
fällig werden arriver à échéance **II 5B**
falls si **I 7A**
etw. fällt jdm auf qc frappe qn **I 7B**
eine Familie une famille **II 1E**
etw. fangen attraper qc **II 6B**
eine Farbe une couleur **I 9A**
fast presque **II 1A**
ein Fax un fax **II 7A**
jdm fehlen manquer à qn **II 2B**
jdm fehlt es an nichts mehr qn ne manque plus de rien **III 9E**
ein (Charakter)Fehler un défaut **III 3C**
feiern faire la fête **I 3E**
ein Feiertag un jour férié **II 4A**
Felder des cultures *(f., pl.)* **II 3E**
ein Feld un champ **III 5G**
ein Fenster une fenêtre **II 1B**
ein Fensterladen un volet **II 8A**
die Ferien les vacances *(f., pl.)* **I 9B**
ein Feriencamp/-lager une colonie de vacances **I 3B**
eine Ferienunterkunft un gîte **II 3A**
ein Fernfahrer un chauffeur-routier **II 7E**
fernsehen regarder la télévision **I 3A**

das Fernsehen la télévision **I 3A**
fertig sein terminer **I 8A**
etw. fertig machen finir qc **II 4A**
mit etw. fertig werden faire face à qc **II 5A**
ein Festival un festival **I 9B**
jdn festnehmen arrêter qn **III 3F**
etw. feststellen constater qc **I 7B**
die Feuerwehr les pompiers **II 6B**
ein Feuerwehrmann un pompier **II 6B**
das Fieber la fièvre **II 6A**
eine Figur un personnage **III 2DE**
ein Film un film **III 4E**
eine Finanzierung un financement **II 5E**
etw. finden trouver qc **I 2A**
ein Finger un doigt **II 2A**
der Fisch le poisson **I 8A**
der Fischfang la pêche **II 7A**
fit sein être en forme **I 1A**
eine (Ober)Fläche une surface **II 3E**
eine Flasche une bouteille **I 7B**
das Fleisch la viande **I 8A**
fliehen/flüchten se réfugier **III 7A**
fliehen passer **III 8G**
ein Flohmarkt un marché aux puces **III 7D; III 9D**
eine Flucht une fuite **III 2E**
ein Flug un vol **II 1B**
ein Flughafen un aéroport **II 1B**
ein Flugticket un billet **II 1B**
ein Flugzeug un avion **II 1E**
ein Flur un couloir **II 1B**
ein (großer) Fluss un fleuve **II 7E**
ein Fluss une rivière **III 9F**
eine Folge une conséquence **III 2D**
jdm folgen suivre qn **III 2C**
folgender/folgende/folgendes suivant/suivante **II 6E**
eine Folie un transparent **II 4B**
eine Form un moule **II 4B**
eine Formel une formule **I 8B**
formlos informe **I 9A**
die Forschung la recherche **I 7A**
Fortschritte machen progresser **III 10A**
etw. fortsetzen poursuivre qc **III 9F**
ein Foto une photo **I 6E**
ein Foto machen prendre une photo **I 6E**
ein Fotograf/eine Fotografin un/une photographe **II 1B**
ein Fotoshooting une prise de vue **I 6E**
eine Frage une question **I 2B**
eine Frage stellen poser une question **I 2B**
es kommt überhaupt nicht in Frage, etw. zu tun pas question de faire qc **II 2B**
jdn etw. fragen demander qc à qn **I 6A**
sich fragen se demander **I 10B**
frankophon/französischsprachig francophone **III 9A**
die Frankophonie la francophonie **III 9A**
französisch français/française **I 7E**
Französisch/die französische Sprache le français **I 1A**
Frau ... madame... **I 1A**
eine Frau une femme **I 6B**
frei libre **I 9A**
die Freiheit la liberté **III 3DE; III 6B; III 9E**
(am) Freitag vendredi *(m.)* **I 2A**
ein Freiwilliger/eine Freiwillige un/une bénévole **I 9B**
die Freizeit les loisirs *(m., pl.)* **I 3E**
der Fremdenverkehr le tourisme **I 7E**
das Fremdenverkehrsamt l'office du tourisme *(m.)* **I 10B**
eine Fremdsprache une langue étrangère **II 1B**
eine Frequenz une fréquence **I 3B**
ein Freund/eine Freundin un copain/une copine *(fam.)* **I 2E**; un ami/une amie **I 7B**
eine Freundschaft une amitié **III 7B**
der Frieden la paix **III 7F; III 8A**
ein Friedhof un cimetière **III 1C**
frisch frais/fraîche **I 8E**
ein Friseur/eine Friseurin un coiffeur/une coiffeuse **III 10C**
eine Frist un délai **II 5B**
fröhlich joyeux/joyeuse **III 3C**
eine Frucht un fruit **I 9E**
früh tôt *(Adv.)* **II 1E**
ein Frühstück un petit-déjeuner **I 4B**
frühstücken prendre le petit-déjeuner **I 4B**
sich fühlen se sentir **II 6B**
führen zu/auf mener à **III 1G**
ein Führerschein un permis de conduire **I 9B**
seinen Führerschein machen passer son permis **II 3A**
funktionieren marcher **I 5A**; fonctionner **I 10A**
für pour **I 1A**

G

ein Gang un couloir **II 1B**
ganz *(Adj.)* entier/entière **III 6F**
ganz neu inédit/inédite **III 7B**
ganztags arbeiten travailler à plein temps **II 2B**
etw. garantieren garantir qc **II 4A**
gären fermenter **II 4B**
eine Garnele une crevette **II 7A**
ein Garten un jardin **II 2E**
das (Erd)Gas le gaz **III 5E**
ein Gastronom/eine Gastronomin un restaurateur/une restauratrice **II 7A**
ein Gebäck une pâtisserie **I 8B**
ein Gebäude un immeuble **I 2B**; un bâtiment **III 3DE**
jdm etw. geben donner qc à qn **I 3A**
es gibt il y a **I 1A**
ein Gebirge une montagne **II 1A**
Ich bin geboren ... Je suis né(e) ... **I 10A**
geboren werden naître **III 9F**
der Gebrauch l'utilisation *(f.)* **III 6A**
Gebraucht- d'occasion **I 9B**
eine Gebühr une taxe **III 5E**
eine Geburt une naissance **II 2B**
ein Geburtstag un anniversaire **I 9A**
das Gedächtnis la mémoire **III 9F**
die Gedankenwelt la pensée **III 7B**
geduldig patient/patiente **III 4F**
geehrt honoré/honorée **III 9G**
Gefahr laufen, etw. zu tun/es besteht die Gefahr, dass etw. passiert risquer de faire qc **II 7B**
gefährlich dangereux/dangereuse **III 3E; III 5F**
etw./jd gefällt jdm qc/qn plaît à qn **I 6A**
gefälscht truqué/truquée **III 6D**
ein Gefängnis une prison **III 2C; III 3E**
gegen *(zeitlich)* vers **I 4B**

gegen contre **I 6B**
ein Gegenteil un contraire **II 3A**
gegenüber von etw. en face de qc **III 1G**
im Gegenzug inversement **III 7C**
gegrillt grillé/grillée **I 8E**
ein Gehalt un salaire **I 7B**
eine Gehaltsabrechnung une fiche de paie **II 8B**
gehen aller **I 2E**
jdm gehorchen obéir à qn **III 6B; III 7A**
das Geld l'argent *(m.)* **I 5B**
für jdn gelten valoir pour qn **III 8C**
ein Gemälde/Gemälde un tableau/des tableaux **III 10DE**
gemäß jdm/etw. d'après qn/qc **II 4B**
eine Gemeinde une commune **III 1D; III 3B**
gemeinsam commun/commune **III 7DE; III 8D**
eine Gemeinschaft une communauté **III 3B**
gemischt mixte **III 7D**
das Gemüse les légumes *(m., pl.)* **I 1B**
genau exact/exacte **II 8B**
genau justement **I 9A**
eine Genehmigung une autorisation **II 8E**
eine Generation une génération **II 8A**
genug assez **I 5B**
(ein) Gepäckstück un/des bagage(s) **II 1B**
wie geplant comme prévu **I 10B**
gerade tout juste **II 2E**
geradeaus tout droit **I 6B**
gerade etw. getan haben venir de faire qc **II 3A**
gerade etw. tun être en train de faire qc **II 3B**
ein Gerät un appareil **III 6DE**
ein Geräusch un bruit **II 2A**
ein Gericht un plat **I 8E**
gering faible **III 4A**
geringer als inférieur/inférieure à **III 7D**
der/die/das geringste *+ substantif* le/la moindre *+ Substantiv* **III 8D**
ein Geruch une odeur **III 9F**
Gesamt- total/totale **II 3E**
ein Geschäft une affaire **III 4D**
ein Geschäftsführer/eine Geschäftsführerin un gérant/une gérante **II 7A**
eine Geschäftsleitung une direction **II 5B**
ein Geschenk un cadeau **I 8B**
eine Geschichte une histoire **I 4B**
Geschichte (als Fach) l'histoire *(f.)* **I 5E**
der Geschmack le goût **II 2A**
Geschwister des frères et sœurs **II 2B**
eine Gesellschaft une société **II 5B**
ein Gesetz une loi **III 3A; III 5E; III 6E**
der gesetzliche Mindestlohn le SMIC *(salaire minimum interprofessionnel de croissance)* **III 4A**
ein Gesicht un visage **III 2B**
gesondert en particulier **II 3E**
eine Geste un geste **III 5H**
etw. gestehen avouer qc **III 10C**
gestern hier **I 5E**
gestresst stressé/stressée **I 7A**
ein Gesuch une démarche **II 5E**
gesund sain/saine **II 4E**
die Gesundheit la santé **II 1**
ein Getränk une boisson **I 4B**
das Getreide les céréales *(f., pl.)* **II 3E**
die Gewalt la violence **III 4E**
ein Gewicht un poids **II 1B**
das zulässige Gewicht le poids autorisé **II 1B**
ein Gewitter un orage **II 1B**
sich an etw. gewöhnen s'habituer à qc **II 8B**
eine Gewohnheit une habitude **II 7A**
gewöhnlich ordinaire **III 8D**
es gewohnt sein, etw. zu tun avoir l'habitude *(f.) de faire qc* **II 7A**
ein Glas un verre **I 8A**
jdm/etw. glauben croire qn/qc **III 8A; III 9G**
gleich (wie) égal/égale (à) **II 4B**
gleich pareil/pareille **III 3A**
die Gleichheit l'égalité *(f.)* **III 3DE; III 8E**
gleichzeitig en même temps **III 3E**
eine Gliederung un plan **II 4B**
global global/globale/globaux/globales **II 8B**
das Glück la chance **I 7B**
Glück haben avoir de la chance **I 7B**
glücklich content/contente **I 6A;** heureux/heureuse **II 7B**
eine GmbH une SARL *(= société à responsabilité limitée)* **II 4A**
ein GPS un GPS **II 5B**
ein Grad un degré **II 1B**
ein Gramm un gramme (de) **I 8E**
eine Grafik un graphique **II 4B**
gratis gratuit/gratuite **II 5A**
eine Grenze une limite **III 1D;** une frontière **III 8G; III 9E**
grillen faire des grillades *(f., pl.)* **II 1A**
eine Grippe une grippe **II 6A**
groß grand/grande **I 6A**
eine Größe une taille **I 9A**
ein Großhändler/Grossist un/une grossiste **II 7A**
eine Großmutter une grand-mère **II 2B**
ein Großvater un grand-père **II 2B**
jdn großziehen élever qn **II 2B**
grün vert/verte **I 6B**
ein Grund une raison **II 6A**
etw. gründen monter qc **III 9D**
eine Grundschule une école primaire **II 2E**
ein Grundschullehrer/eine Grundschullehrerin un instituteur/une institutrice **III 4DE**
die Gründung la création **III 7DE**
eine Gruppe une compagnie **I 3E**
etw. gründen créer qc **II 4A**
gut bien **I 1B;** bon/bonne **I 6B**
ein Gut une propriété **II 8A**
Guten Abend. Bonsoir ! **I 3B**
Guten Tag! Bonjour ! **I 1E**
ein Gymnasiast/eine Gymnasiastin *(in der Oberstufe)* un lycéen/une lycéenne **I 5E**
ein Gymnasium *(nur die Sekundarstufe II)* un lycée **I 1A**

H

ein Haar/Haare un cheveu/des cheveux **III 8G**
haben avoir **I 2B**
das Hackfleisch la viande hachée **I 8E**
ein Hafen un port **II 7A**
halb demie **I 4B**

ein Halbbruder/eine Halbschwester un demi-frère/une demi-sœur **II 2B**
die Hälfte (von) la moitié (de) **II 4B**
eine (Markt)Halle une halle **II 7B**
Hallo! *(ugs.)* Salut ! *(fam.)* **I 1E**
ein Hals une gorge **II 6E**
jdn/etw. (fest)halten retenir qn/qc **III 6B**
eine (U-Bahn-)Haltestelle une station **I 6A**
eine Haltung une attitude **III 2E**
eine Hand une main **II 1B**
mit der Hand à la main **II 4B**
der Handel le commerce **I 5B**
der faire Handel le commerce équitable **I 5B**
handeln agir **III 5DE**
es handelt sich darum, dass il s'agit que + *subjonctif* **III 3B**
es handelt sich um etw. il s'agit de qc **III 5E**
(ein) Handgepäck(stück) un/des bagage(s) à main **II 1B**
ein Händler/eine Händlerin un négociant/une négociante **II 7A**; un marchand/une marchande **III 9D**
ein Handy un portable **I 2B**
die Hardewareausstattung le matériel informatique **II 5A**
hart dur/dure **I 10A**
etw. hassen détester qc **I 4B**
Haupt- principal/principale/principaux/principales **II 4B**
hauptsächlich principalement **II 7A**
eine Hauptstadt une capitale **II 1E**
ein Haus une maison **I 3A**
zu Hause à la maison **I 3A**
die Hausarbeit le ménage **I 7B**
die Hausaufgaben les devoirs *(m., pl.)* **I 5A**
ein Hausbesuch une consultation à domicile **II 6A**
eine Hausfrau une femme au foyer **II 5A**
die Haut la peau **III 8E**
etw. heben lever qc **III 8G**
ein Heftchen un carnet **I 6A**
jdn heiraten se marier avec qn **II 2B**
heiß chaud/chaude **II 1B**
heißen s'appeler **II 2A**
das heißt c'est-à-dire **II 3B**
eine Heizung un chauffage **II 3B**
ein Hektar un hectare **II 3B**
ein Held/eine Heldin un héros/une héroïne **III 10C**
jdm helfen aider qn **I 8B**
die Herkunft la provenance **II 4A**; l'origine *(f.)* **III 3C**
Herr … monsieur … **I 1B**
herrlich magnifique **II 1B**
eine Herrschaft un règne **III 2B**
etw. herstellen fabriquer qc **I 7E**
ein Hersteller/eine Herstellerin un producteur/une productrice **II 3E**
die Herstellung la fabrication **II 4E**
um etw. herumgehen faire le tour de qc **I 9B**
das Herunterladen le téléchargement **III 6A**
hervorragend excellent/excellente **II 8A**
das Herz le cœur **II 6B**
der Heuschnupfen le rhume des foins **II 6E**
heute aujourd'hui **I 2A**
hier ici **I 1B**
eine Hilfe une aide **III 1G**
unter freiem Himmel à la belle étoile **II 1A**
(aus etw.) hinausgehen sortir (de qc) **II 2E**
hinein dedans **II 4A**
hinter/hinten derrière **I 10A**
im Hintergrund à l'arrière-plan *(m.)* **II 1B**
eine Hin-und Rückfahrt; ein Hin- und Rückflug un aller-retour **II 1B**
hinuntergehen descendre (à) **III 2B; III 5D**
etw. hinuntergehen descendre qc **III 8G**
ein Hirte/eine Hirtin un berger/une bergère **II 1A**
historisch historique **III 2DE**
hoch haut/haute **II 1A**; élevé/élevée **III 1F; III 7D**
ein Hochschulabsolvent/eine Hochschulabsolventin un diplômé/une diplômée **III 4A**
eine Hochzeit un mariage **II 2B**
ein (Schul)Hof une cour **I 5A**
höflich poli/polie **II 8A**
die Hölle l'enfer *(m.)* **II 8B**
ein Honorar un honoraire **II 6A**
etw. hören entendre qc **II 5B**
der Horizont l'horizon *(m.)* **II 1A**
eine Hose un pantalon **I 6B**
ein Hotel un hôtel **I 1B**
eine Hotline une hotline **I 5A**
hübsch joli/jolie **I 6B**
der Humor l'humour *(m.)* **III 9G**
ein Hund un chien **II 1A**
jdm Hunger machen donner faim à qn **I 8B**
husten tousser **II 6A**
eine Hymne un hymne **III 7B**

I

eine Idee une idée **I 2A**
Igitt! Beurk ! **I 8E**
illegal illégal/illégale/illégaux/illégales **III 6A**
immer toujours **I 5A**
immer noch toujours **I 7A**
ein Immobilienmakler une agence immobilière **II 8B**
eine Impfung un vaccin **II 6E**
ein Importeur/eine Importeurin; ein Importland un importateur/une importatrice **II 4B**
impressionistisch impressionniste **III 10B**
in à **I 1E**; dans **I 1A**; en **I 1A**
die Industrie l'industrie *(f.)* **I 7E**
die Informatik l'informatique *(f.)* **I 2A**
das Informationswesen l'information *(f.)* **I 5E**
inklusive compris/comprise **I 8B**
innerhalb von zwei Stunden dans les deux heures **II 5B**
eine Insel une île **II 1A**
eine Installation une installation **II 5A**
etw. instand halten entretenir qc **III 7C**
ein Instrument un instrument **I 10A**
eine Inszenierung une mise en scène **III 6D**
intelligent intelligent/intelligente **II 2B**
interaktiv interactif/interactive **II 5E**
interessant intéressant/intéressante **I 9E**

das Interesse l'intérêt *(m.)* **III 3D**
jdn interessieren intéresser qn **I 6B**
ein Internat un internat **II 3A**
die Internationalisierung l'internationalisation *(f.)* **III 10A**
das Internet l'Internet *(m.)* **I 2A**
im Internet sur Internet **I 2A**
internetabhängig cyberdépendant/cyberdépendante **III 6C**
ein Internetanschluss/eine Internetverbindung une connexion Internet **II 8B**
ein Internetnutzer/eine Internetnutzerin un/une internaute **III 6A**
der Internetzugang l'accès à Internet *(m.)* **III 6E**
ein Interview une interview **I 3A**
in etw. investieren investir dans qc **II 4A**
eine Investition un investissement **II 3B**
irgendwas (Beliebiges) n'importe quoi **III 4D**
irgendwo quelque part **II 6B**

J

Ja. Oui. **I 1A**
eine Jacke une veste **I 6B**
die Jagd la chasse **III 2B; III 8D**
ein Jahr un an **I 2A;** une année **I 4B**
das ganze Jahr lang/über tout au long de l'année **II 4E**
ein Jahrhundert un siècle **II 4B**
jährlich/Jahres- annuel/annuelle **II 8B**
eine Jeans un jean **I 9A**
jeder/jede/jedes *(+Nomen)* chaque **II 5A**
jener/jene/jenes celui/celle/ceux/celles **III 1B; III 3B; III 4C; III 8A**
jetzt maintenant **I 1B**
ein Jingle un jingle **I 3B**
ein Job un job **I 3B;** un boulot *(fam.)* **III 4C**
ein Jude/eine Jüdin un Juif/une Juive **III 8D**
das Judo le judo **I 3E**
die Jugend l'adolescence *(f.)* **III 9G**
ein Jugendlicher/eine Jugendliche un/une jeune **I 3E**
jung jeune **II 2E**
ein Junge un garçon **I 1A**
jüngste récent/récente **III 6F**

K

eine Kabine une cabine **I 9A**
ein Kaffee un café **I 5E**
eine Kaffeemaschine une machine à café **I 7A**
ein Kai un quai **II 7B**
ein Kaiserreich un empire **III 2A**
das Kajakfahren le kayak **I 3A**
der Kakao le cacao **II 4E**
ein Kalender un calendrier **II 4E**
eine Kalorie une calorie **II 4E**
kalt froid/froide **II 1B**
die Kälte le froid **II 7A**
aus Kamerun camerounais/camerounaise **III 8DE**
gegen etw. kämpfen lutter contre qc **III 3C; III 4D; III 7A**
kanadisch canadien/canadienne **III 8DE**
ein Kanal/Kanäle un canal/des canaux **II 7E**
eine Kantine une cantine **I 5E**
ein Kanzler/eine Kanzlerin un chancelier/une chancelière **III 7B**
etw. kaputt machen casser qc **III 3F**
eine Karaffe une carafe **I 8E**
eine Karotte une carotte **I 8E**
eine Karte une carte **I 6B**
eine Kartoffel une pomme de terre **III 5G**
ein Käse un fromage **I 8E**
ein Katalog un catalogue **I 6B**
eine Kategorie une catégorie **II 6B**
etw. kaufen acheter qc **I 9B**
ein kaufmännischer Angestellter/eine kaufmännische Angestellte un commercial/une commerciale **II 7A**
eine Kehle une gorge **II 6E**
kein/keine ne… pas de **I 5A**
kein/keine mehr ne… plus de **I 5A**
(überhaupt) keiner/keine/keines ne… aucun/aucune **III 1G**
keiner/keine/keines aucun/aucune **III 8A**
ein Kellner un garçon **I 6A**
jdn kennen connaître qn **II 6B**
kennen savoir **II 2A**
jdn kennen lernen faire la connaissance de qn **II 2A**
eine Kenntnis une compétence **II 8B**
kerngesund en pleine santé **III 4A**
ein Kernkraftwerk une centrale nucléaire **III 5DE**
eine (Handels)Kette une chaîne **II 5A**
ein Kilo un kilo (de) **I 8E**
ein Kind un enfant **I 3B**
ein Kindergarten un jardin d'enfants **II 2E**
eine Kinderpflegerin une puéricultrice **II 2E**
die Kindheit l'enfance *(f.)* **III 3C**
ein Kino un cinéma **I 2E**
eine Kirche une église **III 2C**
eine Kiste une caisse **II 7A**
Klamotten *(ugs.)* des fringues *(f., pl.) (fam.)* **I 4E**
klar évidemment **III 8D**
etw. klären régler qc **I 7A**
eine Klasse une classe **I 1A**
eine Klassenarbeit une interro *(fam.)* (= *interrogation)* **I 5A**
ein Klassenlehrer un professeur principal **I 5E**
klassisch classique **II 4A**
die klassische Musik la musique classique **III 10A**
ein Kleid une robe **I 6B**
Kleider/Kleidung des vêtements *(m., pl.)* **I 9A**
klein petit/petite **I 6B**
das Klettern l'escalade *(f.)* **I 3A**
das Klima le climat **III 5B**
die Klimaanlage la clim (= *climatisation)* **I 9B**
klingeln sonner **I 2B**
ein Knie/Knie un genou/des genoux **II 6E**
ein Knöchel une cheville **II 6E**
ein Knopf un bouton **I 3B**
ein Koffer une valise **II 1E**
ein Kofferraum un coffre **I 9B**
die Kohle le charbon **III 5E**
die Kollaboration la collaboration **III 7A**
ein Kollege/eine Kollegin un/une collègue **I 7B**
eine Kollektion une collection **I 2A**
eine Kolonie une colonie **III 9C**

komisch bizarre **I 4B**
kommen venir **I 8B**
(an)kommen arriver **I 1B**
ein Kommentar un commentaire **I 5A**
die Kommunikation/das Kommunikationswesen la communication **I 5E**
eine Komödie une comédie **III 2B**
eine Kompetenz une compétence **II 8B**
komplett complet/complète **III 1A**
ein Kompliment un compliment **I 6E**
kompliziert compliqué/compliquée **I 7B**
ein Kompromiss un compromis **II 2B**
die Konditorei la pâtisserie **I 1B**
eine Konferenz une conférence **II 5E**
jmd mit etw. konfrontieren confronter qn à qc **III 4E**
ein König/eine Königin un roi/une reine **III 2B; III 9D**
die Konkurrenz la concurrence **II 4A**
etw. können pouvoir qc **I 7A**
etw. tun können *(wissen, wie es geht)* savoir faire qc **II 2A**
eine Konsequenz une conséquence **III 2D**
eine Konserve une conserve **I 9E**
konstant constant/constante **II 8B**
die Konstruktion la construction **II 3B**
der Konsum la consommation **II 4B**
etw. konsumieren consommer qc **II 4E**
jdn kontaktieren contacter qn **I 7A**
ein Kontinent un continent **I 10E**
einen Kontrast zu etw. bilden contraster avec qc **II 1A**
eine Kontrolllampe un voyant **II 7B**
sich auf etw. konzentrieren se concentrer sur qc **II 5A**
ein Konzept un concept **II 5A**
ein Kopf une tête **II 6E**
ein Kopfhörer un casque **I 3B**
Kopfweh haben avoir mal à la tête **II 6E**
ein Körper un corps **II 6E**
korrekt correct/correcte **II 4A**
die Kosmetikprodukte les cosmétiques *(m., pl.)* **I 7E**
ein Kosmetikprodukt un produit de beauté **I 5B**
kosten coûter **II 3A**
Was kostet das? C'est combien ? **I 2B**
etw. kosten déguster qc **II 8A**
Kosten des frais *(m., pl.)* **II 5B**
kostenlos gratuit/gratuite **II 5A**
ein Kostenvoranschlag un devis **I 8B**
köstlich délicieux/délicieuse **I 8E**
krank malade **II 6A**
ein Krankenhaus/Krankenhäuser un hôpital/des hôpitaux **II 6E**
ein Krankenpfleger/eine Krankenschwester un infirmier/une infirmière **II 6B**
eine Krankenversicherungskarte une carte vitale **II 6B**
ein Krankenwagen une ambulance **II 6E**
eine Krankheit une maladie **III 4F**
ein Kredit un crédit **II 3B**
einen Kredit aufnehmen prendre un crédit **II 3B**
eine Kreditkarte une carte bleue **I 9A**
kreidebleich sein être blanc/blanche comme un cachet d'aspirine **II 6A**
ein Krieg une guerre **III 2B**
etw. kriegen *(ugs.)* décrocher qc *(fam.)* **II 5A**
eine (Kinder)Krippe une crèche **II 2E**
eine Krise une crise **I 5A**
etw. kritisieren critiquer qc **II 1B**
eine Küche une cuisine **I 1B**
ein Kuchen/Kuchen un gâteau/des gâteaux **I 4B**
ein Kuchen une tarte **I 4B**
eine Kuh une vache **II 3A**
Kühl- frigorifique **II 7A**
die Kühlkette la chaîne du froid **II 7A**
ein Kühlschrank un frigo **I 8E**
ein Kuhstall une étable **II 3A**
(Gemüse)Kulturen des cultures *(f., pl.)* **II 3E**
kulturell culturel/culturelle **II 5A**
sich um jdn/etw. kümmern s'occuper de qn/qc **I 10B**
ein Kumpel *(ugs.)* un pote *(fam.)* **III 8D**
ein Kunde/eine Kundin un client/une cliente **I 7E**
der Kundendienst le service après-vente (SAV) **II 5B**
die Kunst l'art *(m.)* **III 8E; III 10DE**
ein Künstler/eine Künstlerin un/une artiste **I 10A**
künstlerisch artistique **III 8E**
ein Kurs un cours **I 4B**
kursieren circuler **III 4E**
kurz court/courte **I 9A**
kurz/knapp bref/brève **II 8B**
kurzfristig/langfristig à court/long terme **II 3B**
kürzlich dernièrement **II 7A**
ein Küsschen un bisou **I 6A**
jdm Küsschen geben faire des bisous à qn **II 2A**
eine Kutsche une calèche **I 10B**

L

(jdm zu)lächeln sourire (à qn) **III 1G**
lachen rigoler **I 4B**; rire **III 9F**
ein Lachs un saumon **I 8E**
ein Laden une boutique **I 6A**
eine Lagerhalle un entrepôt **II 7A**
etw. lagern stocker qc **II 4B**
eine Lammkeule un gigot d'agneau **I 8E**
ein Land un pays **I 7E**
das Land *(im Gegensatz zur Stadt)* la campagne **II 3A**
Ländereien un domaine **II 8A**
eine Landschaft un paysage **II 1A**
ein Landschaftsgärtner/eine Landschaftsgärtnerin un/une paysagiste **III 4DE**
ein Landwirt/eine Landwirtin un agriculteur/une agricultrice **II 3E**
die Landwirtschaft l'agriculture *(f.)* **I 7E**
landwirtschaftlich agricole **I 7E**
lang long/longue **II 1A**
lange *(Adv.)* longtemps **I 4A**
langsam lent/lente **II 8B**
jdn langweilen ennuyer qn **II 3A**
langweilig ennuyeux/ennuyeuse **II 1A**
ein Laptop un ordinateur portable **III 6DE**
ein Lärm un bruit **II 2A**

jdn/etw. (über)lassen laisser qn/qc **I 6E**
etw. tun lassen faire faire qc **III 4E; III 5D; III 6D; III 8A; III 10DE**
ein Lastwagen un camion **II 7E**
laufen marcher **I 4B;** courir **III 1G; III 4C**
leben vivre **III 1G; III 2B; III 4DE; III 8C; III 9F**
ein Leben une vie **II 3A**
die Lebensart le mode de vie **III 7C**
die Lebenshaltungskosten le coût de la vie **III 1F**
ledig célibataire **II 2B**
leer vide **III 2C; III 8C**
etw. legen mettre qc **I 9B**
etw. (hin)legen poser qc **III 8G**
ein Lehrer/eine Lehrerin un/une prof *(fam.)* (= *professeur)* **I 1A;** un enseignant/une enseignante **I 5E**
ein (Grundschul)Lehrer/eine (Grundschul)Lehrerin un maître/une maîtresse **II 2A**
die Leichtathletik l'athlétisme *(m.)* **I 3E**
eine Leidenschaft une passion **II 8A**
jdm etw. leihen prêter qc à qn **I 8E**
sich leisten können, etw. zu tun avoir les moyens de faire qc **II 6A**
leistungsstark performant/performante **II 5A**
eine (Telefon)Leitung une ligne **II 7A**
auf einer anderen Leitung sprechen être occupé/e sur une autre ligne **II 7A**
die Lektion la leçon **I 1E**
ein Lenkrad un volant **II 7B**
etw. lernen apprendre qc **I 7B**
etw. lesen lire qc **I 5A**
letzter/letzte/letztes dernier/dernière **I 7B**
etw. leugnen nier qc **III 8D**
die Leute les gens *(m., pl.)* **I 1A**
liebe(r) cher/chère **I 6B**
eine Liebe un amour **I 6E**
jdn/etw. lieben aimer qn/qc **I 1B**
etw. lieben adorer qc **I 3A**
lieber plutôt **I 4B**
etw. lieber mögen préférer qc **I 9E**
ein Liebhaber/eine Liebhaberin von etw. un amateur/une amatrice de qc **II 4A**
lieblich doux/douce **III 9F**
etw. liefern livrer qc **II 5B**
eine Lieferung une livraison **II 5B**
eine Linie une ligne **I 6A**
(nach) links à gauche **I 3B**
eine Liste une liste **I 4B**
ein Liter un litre (de) **I 8E**
ein LKW un poids lourd **III 8G**
ein Loch un trou **III 1G**
eine Loge une loge **I 10A**
logistisch logistique **II 7B**
ein Lohn un salaire **I 7B**
Los! Allez ! **I 1A**
etw. löschen effacer qc **III 6F**
lose en vrac **II 7A**
etw. ist mit jdm los qc arrive à qn **II 8B**
die Luft l'air *(m.)* **III 8C**
(jdn be)lügen mentir (à qn) **III 6C**
eine Lupe une loupe **II 6B**
Lust haben avoir envie (de faire qc) **I 9A**
lustig marrant/marrante **I 6A**

M

etw. machen faire qc **I 3E**
jdn etw. machen lassen laisser qn faire qc **III 4E; III 10DE**
die Macht le pouvoir **III 3A**
das Mädchen la fille **I 1A**
eine Magen-Darm-Entzündung une gastroentérite *(fam.: une gastro)* **II 6A**
eine Mahlzeit un repas **I 5B**
eine Mailbox une boîte vocale **II 5B**
der Mais le maïs **II 3E**
ein Mal une fois **I 6E**
ein Maler/eine Malerin un peintre/une femme peintre **III 10DE**
die Malerei la peinture **III 10B**
manchmal parfois **II 1A**
ein Mann un homme **II 1A**
ein Mantel un manteau **I 9A**
ein Marathon un marathon **II 8E**
eine Marke une marque **I 9E**
das Marketing le marketing **I 7A**
ein Markt un marché **I 9E**
den Markt erkunden prospecter le marché **II 8B**
eine Marktstudie une étude de marché **II 5A**
marokkanisch marocain/marocaine **III 8DE**
eine Maschine une machine **II 4A**
in Maßen/maßvoll essen/trinken consommer avec modération **II 4E**
eine Maßnahme une mesure **III 2B; III 3F; III 5E; III 10D**
Maßnahmen ergreifen prendre des mesures **III 5E**
Mathematik les mathématiques *(f., pl.)* **I 5E**
eine Mauer un mur **III 1G**
der Mauerfall la chute du mur **III 7DE**
die Medien les médias *(m., pl.)* **III 6DE**
ein Medikament un médicament **II 6B**
das Meer la mer **I 1A**
Meeresfrüchte des fruits de mer **II 7E**
mehr als plus de… que **II 4B**
mehrere plusieurs **II 5A**
die Mehrheit (von) la majorité (des) **II 4B**
eine Meinung un avis **I 7B**
über etw. seine Meinung abgeben donner son avis sur qc **I 7B**
meiner Meinung nach à mon avis **I 8A**
seine Meinung ändern changer d'avis **I 9A**
die Meinungsfreiheit la liberté d'expression **III 6E**
eine (Meinungs)Umfrage une enquête **III 1A; III 10D**
die meisten la plupart des **II 4B**
ein Meisterwerk un chef-d'œuvre **III 10B**
eine Menge une quantité **II 2A**
eine (Menschen)Menge une foule **III 1E**
eine Menge (an) un tas de **III 8A**
ein Menschenrecht un droit de l'homme **III 5H**
menschlich humain/humaine **II 6E**
eine Mentalität une mentalité **II 8B**
ein Menü un menu **I 8E**
eine Messe un salon **II 4E**
sich mit etw./jdm messen können rivaliser avec qc/qn **II 8A**
ein Meter un mètre **II 1A**

die Metro le métro **I 6A**
mies *(ugs.)* pourri/pourrie *(fam.)* **II 1E**
eine Miete un loyer **I 4A**
mieten louer **I 10B**
ein Mikro(fon) un micro *(= microphone)* **I 3B**
die Milch le lait **I 8E**
Milch- laitier/laitière **II 3E**
eine Million un million **I 7E**
die Minderheit (von) la minorité (des) **II 4B**
mindestens au moins **III 9D; III 6A**
der Mindestlohn le salaire minimum **III 9D**
ein Mineralwasser une eau minérale **I 8E**
ein Minirock une minijupe **I 9A**
ein Minister un ministre **III 3A**
der Ministerrat le conseil des ministres **III 3A**
minus moins **I 3B**
eine Minute une minute **I 2B**
etw. mischen mélanger qc **II 4B**
eine Mission une mission **II 7B**
Mist! *(ugs.)* Zut ! *(fam.)* **I 2A**
mit avec **I 1A**
mit 23 Jahren à 23 ans **II 7E**
ein Mitarbeiter/eine Mitarbeiterin un collaborateur/une collaboratrice **II 5A**
ein Mitbewohner/eine Mitbewohnerin un/une coloc *(fam.)* (= *colocataire)* **I 4E**
etw. mitbringen (von) ramener qc de qc **II 7E**
etw. miterleben assister à qc **II 6B**
ein Mitglied un membre **III 9A**
nicht mehr mitkommen *(im Unterricht)* ne pas avoir le niveau **I 5A**
jdn mitnehmen zu/in emmener qn à **II 2A**
der Mittag/mittags le midi **I 2A**
ein Mittel un moyen **II 1E**
ein Mittelpunkt un centre **II 1B**
im Mittelpunkt au centre **II 1B**
ein mittelständisches Unternehmen une PME *(= une petite et moyenne entreprise)* **II 5A**
Mitternacht minuit *(m.)* **I 4B**
(am) Mittwoch mercredi *(m.)* **I 2A**
mobil mobile **II 8E**
die Mobilisierung la mobilisation **III 3F**
die Mode la mode **I 2A**
ein Modell un modèle **I 9A**
ein Moderator/eine Moderatorin un animateur/une animatrice **I 3A**
modern moderne **II 7A**
etw. modernisieren moderniser qc **II 3A**
jdn/etw. (gerne) mögen aimer qn/qc **I 1B**
etw. nicht mögen détester qc **I 4B**
ein Moment un moment **I 1B**
in dem/diesem Moment à ce moment-là **II 8A**
eine Monarchie une monarchie **III 2A**
ein Monat un mois **I 4A**
(am) Montag lundi *(m.)* **I 1E**
(am) Montagabend lundi soir **I 1A**
der Morgen/morgens le matin **I 1A**
morgen demain **I 2A**
eine Motorhaube un capot **I 9B**
das Mountainbiken; das Mountainbike le VTT *(= vélo tout-terrain)* **I 3A**
ein Mp3-Player un baladeur mp3 **III 6DE**
müde fatigué/fatiguée **I 10B**
Mühe haben, etw. zu tun avoir du mal à faire qc **III 2C**
eine Mühle un moulin **II 3B**
der Müll les déchets *(m., pl.)* **II 3A**
die Mülltrennung le tri des déchets **II 3A**
ein Mund une bouche **II 2A**
ein Museum un musée **I 3E**
die Musik la musique **I 3E**
ein Musiker/eine Musikerin un musicien/une musicienne **I 10E**
etw. tun müssen devoir faire qc **I 7A**
man muss etw. tun il faut faire qc **I 7B**
man muss nur etw. tun il suffit de faire qc **III 7D**
eine Mutter une mère **I 4B**
der Mutterschutz le congé maternité **II 6A**
eine Muttersprache une langue maternelle **III 9A**

N

nach après **I 3B**
nach jdm/etw. d'après qn/qc **II 4B**
Nachbar- voisin/voisine **I 10E**
ein Nachbar/eine Nachbarin un voisin/une voisine **III 1G**
(über etw.) nachdenken réfléchir (à qc) **II 4A**
die Nachfrage la demande **II 5A**
einer Sache nachgeben céder à qc **III 4E**
nachher puis **I 4B**
einer Sache nachkommen faire face à qc **II 5A**
der Nachmittag/nachmittags l'après-midi *(m. oder f.)* **I 1E**
eine Nachricht un message **II 5B**
eine Nacht une nuit **I 2E**
ein Nachtisch un dessert **I 8E**
in der Nähe von près de **III 5A**
die Nahrung la nourriture **III 2E**
ein Nahrungsmittel un aliment **II 6B**
Na klar! Bien sûr ! **I 4A**
ein Name un nom **I 2A**
eine Naschkatze sein être gourmand/gourmande **II 4E**
die Nase voll haben *(ugs.)* en avoir marre *(fam.)* **I 4B**
eine Nationalität une nationalité **I 10A**
die Natur la nature **I 1A**
navigieren naviguer **III 6C**
neben à côté de **I 10E**
negativ négatif/négative **II 8E**
etw. nehmen prendre qc **I 4B**
die Nerven verlieren craquer *(fam.)* **I 5A**
nett sympa *(fam.)* (= *sympathique)* **I 1A**; gentil/gentille **II 8A**
netto net/nette **III 4DE**
ein Netz(werk) un réseau **II 5B**
neu nouveau/nouvel/nouvelle/nouveaux/nouvelles **I 9A**
die Neugierde la curiosité **III 6C**
neulich dernièrement **II 7A**
eine NGO une ONG *(f.)* **III 5B**
nicht ne… pas **I 2A**
nicht mehr ne … plus **I 5A**
nichts *(Subjekt)* rien ne… **II 5B**
nicht viel pas grand-chose **II 2B**
nie ne… jamais **I 9E**
niedergeschlagen déprimé/déprimée **II 1E**

die Niederlage la défaite **III 7A**
niedriger als inférieur/inférieure à **III 7D**
niemand *(Subjekt)* personne ne… **II 5B**
ein Niveau un niveau **I 5A**
noch encore **I 1B**
noch nicht ne… pas encore **I 7B**
der Norden le nord **II 3E**
der Notarzt le SAMU *(= Service d'aide médicale d'urgence)* **II 6B**
eine Notaufnahme les urgences *(f., pl.)* **II 6E**
eine Note une note **I 4A**
ein Notebook un ordinateur portable **III 6DE**
ein Notfall une urgence **II 6A**
etw. notieren noter qc **I 4A**
die Nudeln les pâtes *(f., pl.)* **I 9E**
eine Nummer un numéro **I 3B**; un nombre **II 2A**
eine (Kunden)Nummer une référence **II 7A**
nur seulement **I 2B**
zu etw. nützen/nützlich sein servir à qc **III 7F**

O

Oberbefehlshaber über die Streitkräfte le chef des armées **III 3A**
oder ou **I 2B**
… oder? …, hein ? *(fam.)* **I 3A**
ein Ofen un four **I 10A**
offen ouvert/ouverte **I 9E**
öffentlich public/publique **III 8G**
sich öffnen s'ouvrir **III 10A**
etw. öffnen ouvrir qc **II 8E**
oft souvent **I 5A**
ohne sans **I 5B**
ohne etw. zu tun sans faire qc **II 7B**
ohnmächtig werden faire un malaise **II 6B**
ein Ohr une oreille **II 6E**
o.k. d'accord **I 1B**
das (Heiz)Öl le fioul **II 3B**
das (Erd)Öl le pétrole **II 7E**
ein Omelett une omelette **I 8E**
online en ligne **II 8E**
eine Oper un opéra **III 10D**
ein Opernhaus un opéra **III 10D**
ein Opfer une victime **III 4E**
orange orange **II 1A**
etw. organisieren organiser qc **I 8B**
ein Ort/Orte un lieu/des lieux **I 6A**
ein Ort un endroit **II 4B**
örtlich local/locale/locaux/locales **II 4A**
der Osten l'est *(m.)* **II 3E**
ein Outfit un ensemble **I 9A**

P

ein Paar un couple **II 2B**
eine Packung une boîte **I 8E**
eine (Produkt)Palette une gamme **II 4A**
eine Panne une panne **II 7B**
die Papiere les papiers *(m., pl.)* **I 2B**
ein Pariser/eine Pariserin un Parisien/une Parisienne **III 1B**
Pariser parisien/parisienne **III 1B**
ein Park un parc **I 2E**
ein Parlament un parlement **III 3B**
Parlamentswahlen des élections législatives *(f.)* **III 3A**
eine Partei un parti **III 3B**
eine Partnerschaft un partenariat **I 7A**
Partnerstadt/-dorf sein von être jumelé/jumelée avec **II 8A**
eine Party une fête **I 3E**
ein (Reise)Pass un passeport **II 1B**
ein Passant/eine Passantin un passant/une passante **I 6B**
zu jdm passen correspondre à qc/qn **II 8B**
etw. passiert jdm qc arrive à qn **II 8B**
ein Passivhaus une maison passive **II 3B**
eine Pastete un pâté **I 8E**
eine Pastille une pastille **II 6B**
eine Patchworkfamilie une famille recomposée **II 2B**
ein Patient/eine Patientin un patient/une patiente **II 6E**
eine Pause une pause **I 3B**; une récréation *(fam.: une récré)* **II 2A**
ein PDA un assistant personnel **III 6DE**
pendeln faire la navette **III 1D**
ein Pensionszimmer une chambre d'hôte **I 10B**
perfekt parfait/parfaite **I 6B**
eine Person une personne **I 8B**
ein Personalausweis une carte d'identité *(f.)* **II 8E**
ein Personalleiter/eine Personalleiterin un/une DRH (= *Directeur/-trice des ressources humaines)* **I 7A**
eine Persönlichkeit/Person un personnage **III 1C; III 2DE;** une personnalité **III 8DE**
eine Perspektive un débouché **I 5A**
ein Pferd/Pferde un cheval/des chevaux **I 10E**
mit dem Pferd à cheval **I 10B**
jdn pflegen soigner qn **II 6B**
etw. pflegen entretenir qc **III 7C**
eine Pflicht un devoir **III 3E**
ein Picknick un pique-nique **I 10B**
die (Antibaby)Pille la pilule **II 6E**
eine Pipeline un oléoduc **II 7E**
ein Plakat une affiche **II 4B**
ein Plan un plan **I 6A**
etw. (ein)planen planifier qc **I 7A**
ein Planet une planète **III 5B**
eine Platte un plateau **I 8B**
eine Plattenfirma une maison de disques **III 10A**
der Platz la place **I 1E**
plötzlich tout à coup **I 2B**
ein Pole/eine Polin un Polonais/une Polonaise **III 8B**
die Politik la politique **III 3B**
politisch politique **III 3DE**
die Polizei la police **III 3F**
ein Polizist/Polizeibeamter un agent de police **II 1A**
ein Portugiese/eine Portugiesin un Portugais/une Portugaise **I 10A**
positiv positif/positive **II 4E**
ein (Waren)Posten un lot **II 7A**
ein Poster une affiche **II 4B**
eine Postkarte une carte postale **I 9E**
ein Praktikant/eine Praktikantin un/une stagiaire **I 6B**
ein Praktikum un stage **I 2A**
ein Praktikumsbericht un rapport de stage **I 5A**
eine Präsentation une présentation **I 6E**
ein Präsident/eine Präsidentin un président/une présidente **III 3A**
eine (Arzt)Praxis un cabinet (médical) **II 6E**
ein Preis un prix **I 9E**

ein Preis-Leistungs-Verhältnis un rapport qualité-prix **II 8B**
die Pressefreiheit la liberté de la presse **III 6E**
eine Priorität une priorité **III 3F**
pro par **I 7B**
eine Probe(aufnahme) un essai **I 3A**
eine (Produkt)Probe un échantillon **I 7B**
das Probeabitur le bac blanc **I 5A**
etw. probieren goûter qc **I 4B;** déguster qc **II 8A**
ein Problem un problème **I 1A**
Kein Problem! Pas de souci ! **I 10B**
ein Produkt un produit **I 5B**
die Produktion la production **II 4E**
ein Profil un profil **II 7E**
von etw. profitieren profiter de qc **II 7B**
ein Programm un programme **III 3C**
ein Projekt un projet **I 5A**
ein Prospekt un prospectus **II 1B**
die Provinz la province **III 1D**
ein Prozent un pour cent **II 3E**
ein Prozentsatz un pourcentage **II 4B;** un taux **III 10A**
eine Prüfung un examen **I 4A**
Pst! Chut ! **I 3B**
das Publikum le public **I 10A**
ein Pulli un pull **I 6B**
pünktlich à l'heure **II 7B**

Q

eine Qualität une qualité **II 7B**
eine Quote un taux **III 3D**

R

ein Rad une roue **III 8G**
Rad fahren faire du vélo **I 3A**
das Radfahren le vélo **I 3A**
ein Radio/Radiosender une radio **I 3A**
radioaktiv radioactif/radioactive **III 5F**
ein Rahmen un cadre **III 1H; III 7D**
der Rassismus le racisme **III 8D**
rassistisch raciste **III 8D**
ein Rat(schlag) un conseil **II 3B**
jdn um Rat fragen consulter qn **II 5E**
ein Rathaus une mairie **II 2E**
ein Raum une salle **I 5E**
reagieren réagir **II 8B**
die Realität le réel **III 6DE**
eine Recherche une recherche **II 8E**
eine Rechnung *(im Restaurant)* une addition **I 8A**
eine Rechnung une facture **II 5B**
das Recht/die Rechtskunde le droit **I 5E**
Recht haben avoir raison **II 1B**
(nach) rechts à droite **I 3B**
eine Rede un discours **III 6D**
etw. reduzieren réduire qc **III 5E**
ein Referat un exposé **II 3E**
eine Reform une réforme **III 3F**
regelmäßig régulier/régulière **II 7A**
etw. regeln régler qc **I 7A**
der Regen la pluie **II 1B**
ein Regenmantel un imper **I 9A**
eine Regierung un gouvernement **III 3A; III 7A**
eine Region une région **I 4B**
Es regnet. Il pleut. (*Infinitiv: pleuvoir)* **II 1B**
reich (an) riche (en) **II 4E**
Das reicht. Ça suffit. **III 4D**
der Reichtum la richesse **III 8A**
eine Reihe un rang **II 2A**
sich in einer Reihe aufstellen se mettre en rang **II 2A**
Jd ist an der Reihe, etw. zu tun. C'est au tour de qn de faire qc. **II 2B**
der Reis le riz **I 8E**
eine Reise un voyage **I 2B**
ein Reisebüro une agence de voyages **I 2B**
ein Reisender/eine Reisende un voyageur/une voyageuse **I 6A**
reiten monter à cheval **I 10B**
das Reiten l'équitation *(f.)* **I 3A**
der Reiz l'attrait *(m.)* **III 7D**
eine Reklamation une réclamation **II 5B**
eine Rekonstruktion une reconstitution **III 2E**
rentabel rentable **II 3B**
in Rente gehen prendre sa retraite **I 8B**
eine Reparatur une réparation **II 5B**
ein Reparaturdienst une assistance dépannage **II 5B**
etw. reparieren réparer qc **II 3B**
ein Reporter/eine Reporterin un reporter/une reporter **I 7B**
etw. reservieren réserver qc **I 10B**
der Respekt le respect **III 3A; III 9A**
ein Restaurant un restaurant **I 8E**
jdn/etw. retten sauver qn/qc **III 3C; III 5E**
der Rettungsdienst le SAMU *(= Service d'aide médicale d'urgence)* **II 6B**
eine Revolution une révolution **III 2DE**
ein Rezept une recette **I 4B;** une ordonnance **II 6E**
eine Richtung une direction **I 6A**
riesig/Riesen- énorme **I 6A**
ein Rind un bœuf **III 5G**
riskant risqué/risquée **II 3B**
ein Ritual un rituel **II 2A**
ein Rock une jupe **I 9A**
ein Rohstoff une matière première **II 4A**
eine Rolle un rôle **II 3E**
ein Roller un scooter **II 1E**
das Rollerskaten le roller **I 3E**
etw. rösten griller qc **II 4B**
rot rouge **I 6B**
ein Rücken un dos **II 6E**
auf der Rückfahrt au retour **I 10B**
ein Rückgang une baisse **II 4B**
die Rückkehr le retour **II 3A**
ein Rucksack un sac à dos **I 4E**
ein Rückspiegel un rétroviseur **I 9B**
ein Ruf une réputation **III 1B**
die Ruhe le repos **I 10A**
ruhig calme **II 7B;** tranquille **III 8G**
Ruhig bleiben! On se calme ! *(fam.)* **I 10B**
der Ruhm la gloire **III 2E**
eine Runde um etw. machen faire le tour de qc **I 9B**

S

ein Saal une salle **I 5E**
eine Sache une chose **II 3A**
die Sachen les affaires *(f., pl.)* **I 4E**
ein Sack un sac **II 7A**
etw. sagen dire qc **I 5A**
ein Salat une salade **I 4B**
salzig salé/salée **I 8B**
etw. sammeln collectionner qc **III 3C**
(am) Samstag samedi *(m.)* **I 4E**

der Sand le sable **I 10B**
ein Sandwich un sandwich **I 2A**
ein Sänger/eine Sängerin un chanteur/une chanteuse **III 1E; III 8A**
sauber propre **III 5E**
ein Saxofon un saxophone **I 10A**
eine Schachtel une boîte **I 8E**
es ist schade, dass man etw. tut il est dommage de faire qc **II 8A**
ein Schaf un mouton **II 1A**
es schaffen, etw. zu tun arriver à faire qc **II 2B**
ein Schatz *(Kosewort)* un amour **I 6E**
ein Schaufenster une vitrine **I 8B**
eine Schaufensterpuppe un mannequin **I 6E**
ein Schauspieler/eine Schauspielerin un acteur/une actrice **III 1E; III 10DE**
ein Scheck un chèque **I 9A**
ein Scheckheft un carnet de chèques **I 9A**
sich scheiden lassen divorcer **II 2B**
eine Scheidung un divorce **II 2B**
scheinbar en apparence **III 7D**
jd scheint etw. zu tun qn semble faire qc **III 9G**
ein Scheinwerfer un phare **I 9B**
jdm etw. schenken offrir qc à qn **II 8E**
jdm etw. schicken envoyer qc à qn **II 5B**
jdn/etw. schieben pousser qn/qc **III 1G**
ein Schiff/Schiffe un bateau/des bateaux **II 1E**
ein Schifffahrtsweg une voie navigable **II 7E**
eine Schildkröte une tortue **II 1B**
Schiss haben *(ugs.)* avoir la trouille *(fam.)* **I 5A**
eine Schlacht une bataille **II 7E**
schlafen dormir **II 2E**
jdn schlagen frapper qn **III 4E**
die Schlagsahne la chantilly **II 4E**
eine (Menschen)Schlange une queue **II 6B**
schlecht mauvais/mauvaise **II 1B**
Es ist schlechtes Wetter. Il fait mauvais. **II 1B**
jdm ist schlecht qn a mal au cœur **II 6B**
etw. schließen fermer qc **II 8B**
schließlich finalement **II 7A**
das Schlimmste le pire **II 8B**
Das ist schlimm. C'est grave. **I 4A**
ein Schloss/Schlösser un château/des châteaux **III 2B**
zum Schluss pour finir **I 8A**; finalement **II 7A**
ein Schlüssel une clé **I 4E**
der Schlussverkauf les soldes *(f., pl.)* **I 9A**
ein Schmerz une douleur **III 8A**
schmutzig sale **III 1A**
schnarchen ronfler **II 1A**
etw. schneiden couper qc **II 4B**
Es schneit. Il neige. (*Infinitiv:* neiger) **II 1B**
schnell rapide **II 7B**
schnell *(Adv.)* vite **I 3B**
schnell machen faire vite **I 7A**
ein Schnupfen un rhume **II 6E**
die Schokolade le chocolat **II 4E**
Schokoladen- au chocolat **II 4E**
ein Stück Schokolade un carré de chocolat **II 4E**
eine Tafel Schokolade une tablette de chocolat **II 4E**
schön beau/bel/belle/beaux/belles **I 9A**
schon déjà **I 3A**
etw. schreiben écrire qc **I 5A**
schreien crier **III 1G; III 8D**
die Schrift l'écriture *(f.)* **II 2A**
ein Schriftsteller/eine Schriftstellerin un écrivain/une femme écrivain **III 1E; III 10DE**
ein Schritt une démarche **II 5E**
ein Schuh une chaussure **I 9A**
ein Schulbibliothekar/eine Schulbibliothekarin un/une documentaliste **I 5A**
die Schuld la culpabilité **III 6C**
Schulden des dettes *(f.) (pl.)* **III 4D**
eine Schule une école **II 2E**
ein Schüler/eine Schülerin un/une élève **I 1A**
ein (Schul)Hof une cour **I 5A**
der Schuljahresbeginn la rentrée **III 7DE**
die Schulpflicht l'enseignement *(m.)* obligatoire **III 2D**
eine Schulter une épaule **III 8G**
das Schulwesen l'enseignement *(m.)* **III 2D**
schummeln *(fam.)* tricher **III 8G**
der Schutz la protection **II 1B**
jdn (be)schützen protéger qc/qn **II 6B**
eine Schutzhütte un refuge **II 1A**
schwach faible **II 4B**
schwanger enceinte **II 6A**
schwarz noir/noire **I 6B**
ein Schwarzer/ein Schwarze un Noir/une Noire **III 8A**
ein Schwerpunkt *(beim Studium)* une option **I 5E**
eine Schwester une sœur **I 2A**
ein Schwiegervater/eine Schwiegermutter un beau-père/une belle-mère **II 2B**
schwierig difficile **II 3B**
schwimmen nager **II 1A**
das Schwimmen la natation **I 3A**
eine Seele une âme **III 8A**
das Segeln la voile **I 3B**
jdn/etw. sehen voir qn/qc **I 7B**
sehr très **I 1A**; beaucoup **I 6B**
sein être **I 1E**
seit(dem) depuis que **II 6B**
seit depuis **I 3E**
eine Seite un côté **II 8A**
ein Seitenspiegel un rétroviseur **I 9B**
ein Sekretär/eine Sekretärin un/une secrétaire **II 7A**
sich selbstständig machen se mettre à son compte **II 5A**
eine Sendung une émission **I 3B**
eine Serie une série **I 7B**
ein Server un serveur **II 5A**
jdm etw. servieren servir qc à qn **III 3D**
die Servolenkung la direction assistée **I 9B**
sich setzen s'asseoir **III 8G**
eine Seuche une épidémie **II 6A**
ein Shampoo un shampoing **I 7E**
shoppen faire du shopping **I 3B**
das Shoppen le shopping **I 3B**
sicher sûr/sûre **I 9A**
die Sicherheit la sécurité **III 4A**
sich in Sicherheit bringen se mettre à l'abri *(m.)* **III 5F**
singen chanter **I 10A**
sinken baisser **II 4B**
ein Sirup un sirop **II 6B**
eine Situation une situation **II 2B**
einen Sitz haben siéger **III 3C**

sitzen bleiben redoubler **I 5A**
das Skifahren le ski **I 3A**
eine Skulptur une sculpture **III 10DE**
eine SMS un SMS **I 5B**; un texto **III 6B**
so ainsi **III 1F; III 3A; III 9D**
so comme ça **I 5B**
sofort tout de suite **I 10B**
eine Software un logiciel **III 6D**
sogar même **I 5E**
ein Sohn/eine Tochter un fils/une fille **II 2B**
ein Solarzellenpanel un panneau solaire **II 3B**
solidarisch solidaire **III 4C**
der Sommer l'été *(m.)* **I 1A**
ein Sonderangebot une offre promotionnelle **II 1B**
eine Sonderausstattung *(beim Auto)* une option **I 9B**
die Sonne le soleil **I 1A**
Sonnen-/Solar- solaire **II 3B**
sonst sinon **I 9A**
Keine Sorge! Pas de souci ! **I 10B**
sich Sorgen machen s'inquiéter **II 6B**
das Sorgerecht für jdn haben avoir la garde de qn **II 2B**
sowieso de toute façon **I 6A**
ein Sozialplan un plan social **III 4C**
die Sozialversicherung la sécu *(fam.) (= sécurité sociale)* **II 8B**
Spaghetti des spaghettis **I 8E**
spanisch espagnol/espagnole **I 10A**
sparen faire des économies *(f., pl.)* **II 3B**
das Sparen les économies *(f., pl.)* **II 3B**
Spaß haben s'amuser **I 10B**
spät tard *(Adv.)* **II 1A**
Wie spät ist es? Il est quelle heure ? **I 4B**
spät dran sein être en retard **I 1A**
später plus tard **I 3A**
ein Spaziergang une promenade **III 2B**
ein Spediteur un transporteur **II 7A**
eine Speisekarte une carte **I 8E**
(auf etw.) spezialisiert spécialisé/spécialisée (dans qc) **I 7E**
eine Spezialität une spécialité **I 4B**
ein Spiel *(beim Sport)* un match **I 3E**
ein Spiel/Spiele un jeu/des jeux **II 1E**
spielen jouer **I 10A**
eine Spielkonsole une console de jeux **III 6DE**
spontan spontané/spontanée **II 8A**
der Sport le sport **I 3E**
eine Sprache une langue **II 1B**
(mit jdm) sprechen parler (à qn) **I 3A**
eine Sprechstunde une consultation **II 6E**
der Staat l'Etat *(m.)* **III 2B; III 3A; III 7A; III 9A**
der Staatschef le chef de l'Etat **III 3A**
stabil stable **II 3B**
eine Stadt une ville **I 6B**
eine Städte-/Schulpartnerschaft un jumelage **III 7DE**
städtisch urbain/urbaine **III 1E**
der Stadtrand la périphérie **I 9E**
eine Stadtverwaltung une mairie **II 2E**
ein (Stadt)Viertel un quartier **II 6B**
stammen aus être originaire de **III 8DE**
aus etw. stammend issu/issue de qc **III 8E**
ein Stand un stand **II 5E**
ständig constant/constante **II 8B**
ständig *(Adv.)* sans arrêt **III 8D**
stark profond/profonde **III 1E**
stark *(Adv.)* profondément **III 1E**
eine Stärke un point fort **III 9C**
eine Statistik une statistique **II 4B**
stattfinden se dérouler **III 10C**; avoir lieu **III 3A**
ein Stau un bouchon **I 10A**; un embouteillage **III 1F; III 7D**
jdm stehen aller à qn **I 9A**
steigen monter **I 6A**
steigen (um) augmenter (de) **II 4A**
steigen être en hausse **II 4B**
eine Stelle un endroit **II 4B**; un emploi **II 8E**
etw. (hin-)stellen placer qc **I 6A**; poser qc **III 8G**
etw. stellen mettre qc **I 9B**
(an etw.) sterben mourir (de qc) **III 5H; III 10DE**
ein Stereotyp un stéréotype **III 7E**
eine Steuer un impôt **III 2C; III 5E**
Steuerrad un volant **II 7B**
am Steuer au volant **II 7B**
ein Stiefvater/eine Stiefmutter un beau-père/une belle-mère **II 2B**
ein Stier/Stiere un taureau/des taureaux **I 10B**
Totale Stille. Silence total. **I 7B**
eine Stimme/Stimmen une/des voix **II 1A**
eine Stimme un vote **III 3D**
die Stimmenthaltung l'abstention *(f.)* **III 3D**
das Stimmrecht le droit de vote **III 3E**
eine Stimmung une ambiance **I 1A**
stinken puer **I 7B**
ein Stockwerk un étage **I 4E**
ein Stoff un tissu **III 2B; III 9D**
stolz (auf jdn/etw.) fier/fière (de qn/qc) **III 1A**
jdn stören déranger qn **I 6E**
ein Strand une plage **I 3B**
die Straße la rue **I 1A**
eine Straße une route **II 1E**
Straßen- routier/routière **II 7E**
eine Strecke un trajet **I 6A**
eine Strecke fahren faire la route **I 10A**
die Streichung la suppression **III 3F**
ein Streik une grève **III 3F**
streiken faire grève **III 3F**
ein Streikender/eine Streikende un/une gréviste **III 3F**
sich (mit jdm) streiten se disputer (avec qn) **II 2B**
der Stress le stress **I 5B**
jdn stressen stresser qn **I 5A**
der Strom l'électricité *(f.)* **II 3B**
ein Strom un fleuve **II 7E**
ein Stück une pièce **II 7B**
ein Stück/Stücke un morceau/des morceaux **III 2B; III 10A**
ein Student/eine Studentin un étudiant/une étudiante **I 7B**
ein Studiengang une filière **III 8E**
studieren faire des études **I 4A**
ein Studio un studio **I 3B**
ein Studium des études *(f., pl.)* **I 4A**
ein Stundenplan un emploi du temps **I 5E**
eine Suche une recherche **II 8E**
etw./jdn suchen chercher qc/qn **I 1B**
süchtig (nach etw.) accro (à qc) **III 6B**

der Süden le sud **II 3E**
eine Summe une somme **III 4A**
super super **I 1A**
ein Supermarkt un supermarché **I 2A;** un hypermarché **I 9E**
das Surfen; das Surfbrett la planche à voile **I 3A**
surfen surfer **III 6B**
süß sucré/sucrée **I 8B**
ein Symbol un symbole **III 3C; III 7B**
ein Symptom un symptôme **II 6A**
ein System un système **II 2E**
ein (politisches) System un régime **III 2D**

T

eine Tabelle/Tabellen un tableau/des tableaux **II 4B**
eine Tablette un cachet **II 6A**
eine Tafel/Tafeln un tableau/des tableaux **II 4B**
eine Tafel Schokolade une tablette de chocolat **II 4E**
ein Tag une journée **I 3B**
ein Tag der offenen Tür une journée portes ouvertes **I 5E**
ein Tag un jour **I 9E**
an diesem Tag ce jour-là **II 8A**
am folgenden Tag/am Tag darauf le lendemain **II 8A**
jeden Tag tous les jours **I 7B**
eine Tagesmutter un/une garde d'enfant **III 4DE**
(all)täglich quotidien/quotidienne **III 6C; III 9E**
voll tanken faire le plein **I 9B**
eine Tankstelle une station-service **I 9E**
der Tante-Emma-Laden l'épicerie *(f.) du coin* **I 9E**
der Tanz/das Tanzen la danse **I 3E**
tanzen danser **I 4B;** faire de la danse **I 3E**
eine (Hosen-)Tasche une poche **I 4E**
eine Tasche un sac **I 4E**
eine Tätigkeit une activité **II 2A**
eine Tätowierung un tatouage **III 9G**
tatsächlich effectivement **II 7B;** en effet **II 5A**
tausend mille **I 5B**
Tausende des milliers *(m.)* **III 9E**
ein Team une équipe **I 1B**
ein Team bilden faire équipe **I 10A**
ein Techniker/eine Technikerin un technicien/une technicienne **I 3B**
technisch technologique **II 3E**
ein Teich un étang **I 10B**
ein Teil une part **II 3E;** une partie **II 4B;** une pièce **II 7B**
etw. teilen partager qc **I 8A**
an etw. teilnehmen participer à qc **I 3A**
eine Teilzeitstelle un emploi à temps partiel **II 8E**
ein Telefon un téléphone **I 3A**
telefonieren téléphoner **I 3E**
telefonisch/Telefon- téléphonique **II 7B**
eine (Telefon)Zentrale un standard **II 5B**
ein Angestellter/eine Angestellte in einer Telefonzentrale un/une standardiste **II 5B**
eine Temperatur une température **II 1B**
ein Tendenz une tendance **I 9A**
einen Termin ausmachen (bei/mit jdm) prendre rendez-vous (chez/avec qn) **I 8B**
ein Territorium un territoire **II 3E**
etw. testen tester qc **I 8E**
teuer cher/chère **I 8A**
der Text le texte **I 1A**
ein Textschreiber/eine Textschreiberin un auteur/une auteure **III 9G**
ein TGV un TGV *(= Train à Grande Vitesse)* **I 6A**
ein Theater un théâtre **I 10A**
ein Thema un sujet **I 3B;** un thème **II 4B**
tief profond/profonde **III 1E**
tief *(Adv.)* profondément **III 1E**
ein Tisch une table **I 4B**
Zu Tisch! A table ! **I 8E**
ein Titel un titre **II 4B**
der Tod la mort **II 6A**
die Toilette les W.-C. *(m., pl.)* **I 4E;** les toilettes *(f., pl.)* **II 2A**
eine Tomate une tomate **I 8E**
eine Tonne une tonne **II 4B**
top *(ugs.)* top *(fam.)* **I 10A**
eine Tour un tour **I 9B**
der Tourismus le tourisme **I 7E**
ein Tourist/eine Touristin un touriste/une touriste **I 6A**
traditionell traditionnel/traditionnelle **II 2B**
etw. tragen porter qc **I 6B**
ein Traktor un tracteur **II 3A**
eine Träne une larme **II 2E**
in Tränen (aufgelöst) en larmes **II 2E**
etw. transportieren transporter qc **I 4E**
ein Transportunternehmen un transporteur **II 7A**
das Transportwesen/Transportgewerbe les transports *(m., pl.)* **II 7E**
ein Traum un rêve **II 1B**
davon träumen, etw. zu tun rêver de faire qc **II 3A**
jdn treffen rencontrer qn **I 2A;** retrouver qn **II 1A**
sich treffen se retrouver **II 2B**
das Treffen la rencontre **I 1A**
ein Trend une tendance **I 9A**
sich trennen se séparer **II 2B**
eine Trennung une séparation **II 2B**
eine Treppe un escalier **III 1G**
etw. trinken boire qc **I 8A**
ein Trinkgeld un pourboire **I 8A**
das Trinkwasser l'eau *(f.)* potable **III 5H**
trocken sec/sèche **II 4B**
jdn trösten consoler qn **II 2A**
trotzdem pourtant **II 5B;** quand même **I 4A**
ein T-Shirt un t-shirt **I 9A**
tunesisch tunisien/tunisienne **III 9C**
etw. tun können pouvoir faire qc **I 7A**
etw. tun wollen vouloir faire qc **I 7A**
der TÜV le contrôle technique **I 9B**
durch den TÜV kommen passer le contrôle technique **I 9B**

U

die U-Bahn le métro **I 6A**
über sur **I 3A**
überall partout **I 6A**
sich übergeben vomir **II 6B**
überhaupt nichts rien du tout **II 6B**
überlegen réfléchir (à qc) **II 4A**

etw. übernehmen reprendre qc **II 3A**
etw. überqueren traverser qc **I 6B**
überraschend surprenant/surprenante **III 6D; III 10D**
eine Überraschung une surprise **II 5B**
(etw.) überschreiten dépasser (qc) **II 1B**
die Überschuldung le surendettement **III 4D**
die Überseeprovinzen les DOM-TOM *(m., pl.) (les départements et territoires d'outre-mer)* **II 1B**
der Überstundenabbau la RTT *(= la réduction du temps de travail)* **II 1B**
seine Überstunden abbauen prendre ses RTT **II 1B**
jdn überwachen surveiller qn **III 7A**
üblich habituel/habituelle **II 7A**
übrigens au fait **I 4B;** puis **I 4B**
ein Ufer un bord **III 7D**
die Uhr; die Uhrzeit l'heure *(f.)* **I 2A**
Um wie viel Uhr? A quelle heure ? **I 4B**
um etw. zu tun pour faire qc **II 1A**
eine Umfrage un sondage **II 8B**
eine (Meinungs)Umfrage une enquête **III 1A; III 10D**
eine Umfrage auf der Straße un micro-trottoir **III 7F**
die Umgebung l'environnement *(m.)* **III 5A**
eine (Umkleide-)Kabine une cabine **I 9A**
in Umlauf sein circuler **III 4E**
ein Umsatz un chiffre d'affaires **I 7E**
um so mehr d'autant plus **III 6F**
Wir steigen um. On change. **I 6A**
eine Umstrukturierung une restructuration **III 4C**
die Umwelt l'environnement *(m.)* **III 5A**
umweltbewusst écologiste *(fam.: écolo)* **III 5A**
die Umweltverschmutzung la pollution **II 3B**
unabhängig indépendant/indépendante **II 3B**
die Unabhängigkeit l'indépendance *(f.)* **III 5F; III 9A**
und et **I 1E**
unerträglich insupportable **III 8G**
ein Unfall un accident **II 6B**
eine Unfallstation les urgences *(f., pl.)* **II 6E**
ungarisch hongrois/hongroise **I 10A**
ungefähr zehn une dizaine **III 4C**
ungefähr 20 une vingtaine **III 4A**
ungewiss/unsicher précaire **III 4B**
Unglaublich! Incroyable ! **I 10A**
die Ungleichheit l'inégalité *(f.)* **III 3C**
die Uni *(ugs.)* la fac *(fam.)* (= *faculté)* **I 2B**
unmöglich impossible **II 5B**
die Unsicherheit la précarité **III 6D**
unten en bas **III 1G**
unter sous **I 9B;** parmi **III 6F; III 8D**
jdn unterbringen loger qn **II 3B**
sich unterhalten discuter **I 2E**
eine Unterkunft un logement **II 8B**
die Unterlagen les papiers *(m., pl.)* **I 2B**
ein Unternehmen une entreprise **I 2A**
der Unterricht l'enseignement *(m.)* **III 2D**
eine Unterrichtsstunde un cours **I 4B**
ein Unterschied une différence **I 7B**
unterschiedlich différent/différente **I 7A**
etw. unterschreiben signer qc **III 3A**
eine Unterschrift une signature **III 3A**
etw. unterstützen soutenir qc **II 4A**
eine Unterstützung un soutien **II 5E;** une aide **III 1G**
unverheiratet célibataire **II 2B**
sich unwohl/unbehaglich fühlen être mal à l'aise **III 4E**
das Unwohlsein le malaise **II 6B**
ein Urlaub un congé **I 2A**
Urlaub haben être en congé **I 2A**
der Ursprung l'origine *(f.)* **III 3C**

V

ein Vater un père **I 4B**
verabredet sein avoir rendez-vous **I 2B**
eine Verabredung un rendez-vous **I 2B**
etw./jdn verabscheuen avoir horreur de qc/qn **II 1E**
sich verändern changer **II 3A**
eine Veranstaltung une manifestation **III 10C**
verantwortlich responsable **I 7E**
ein Verantwortlicher/eine Verantwortliche un/une responsable **I 7A**
die Verantwortung la responsabilité **III 3B**
Verantwortung übernehmen prendre des responsabilités **III 3B**
etw. verbessern améliorer qc **I 7B**
jdm verbieten etw. zu tun interdire à qn de faire qc **I 6A**
jdn mit jdm verbinden passer qn à qn **II 6A**
eine Verbindung un lien **III 9A**
etw. verbrauchen consommer qc **II 4E**
ein Verbraucher/eine Verbraucherin un consommateur/une consommatrice **I 9E**
(Zeit) verbringen passer **I 3B**
etw. verdienen gagner qc **I 7B**
ein Verein une association **I 5B**
eine Verfassung une constitution **III 3A**
jdn/etw. verfolgen poursuivre qn/qc **III 7A**
jdn verführen séduire qn **III 9G**
etw. vergessen oublier qc **I 10E**
eine Sache/jdn mit einer anderen Sache/jdm vergleichen comparer qc/qn à qc/qn **II 2A**
ein Vergnügen un plaisir **II 8A**
etw. vergrößern agrandir qc **II 5A**
jdn verhaften arrêter qn **III 3F**
das Verhalten le comportement **III 5B; III 6C**
ein Verhältnis un rapport **II 8B;** une relation **II 8B**
verhandeln discuter le prix **I 9B;** négocier **II 6A**
ein Verkauf une vente **II 4A**
jdm etw. verkaufen vendre qc à qn **II 7A**
ein Verkäufer/eine Verkäuferin un vendeur/une vendeuse **I 2B**
ein Verkehrsmittel un moyen de transport **II 1E**
eine Verladerampe un quai de déchargement **II 7B**

etw. verlagern délocaliser qc **III 9C**
etw./jdn verlassen quitter qc/qn **II 7A**
(ver)laufen se passer **I 10B**
verlegen sein être embêté/embêtée *(fam.)* **II 6A**
ein Verletzter/eine Verletzte un blessé/une blessée **II 6B**
verliebt (in jdn) amoureux/amoureuse (de qn) **III 4E; III 7D**
etw. verlieren perdre qc **II 5B**
ein Verlust une perte **II 5B**
etw. vermeiden éviter qc **II 1E**
vermieten louer **I 10B**
ein Vermieter/eine Vermieterin un/une propriétaire **I 2B**
etw. veröffentlichen publier qc **III 6F**
eine Verpackung un emballage **II 4A**
etw. verpassen rater qc **I 3B;** manquer qc **II 5E**
etw. verringern réduire qc **III 5E**
ein Verrückter/eine Verrückte un fou/une folle **I 10A**
jdn versammeln réunir qn **III 9A**
sich versammeln se réunir **III 2C**
verschieden différent/différente **I 7A**
die Verschuldung l'endettement *(m.)* **III 4D**
verschwinden disparaître **III 6F**
jdn versetzen muter qn **II 5A**
etw. versichern assurer qc **III 10B**
eine Versicherung une assurance **I 7E**
die Versöhnung la réconciliation **III 7B**
jdm versprechen, etw. zu tun promettre à qn de faire qc **II 5B**
sich verstecken se cacher **III 1G; III 7A**
etw. verstehen comprendre qc **I 4A**
ein Verstoß une atteinte **III 6E**
gegen etw. verstoßen être une atteinte à qc **III 6E**
jdn/etw. verteidigen défendre qn/qc **III 1G; III 5H; III 7F**
etw. verteilen répartir qc **III 2B**
die Verteilung la distribution **III 5F**
ein Vertrag un contrat **I 1B;** un traité **III 7DE**
ein befristeter Vertrag un CDD *(= contrat à durée déterminée)* **II 8E**
ein unbefristeter Vertrag un CDI *(= contrat à durée indéterminée)* **II 8E**
jdm vertrauen faire confiance à qn **II 3B**
das Vertrauen la confiance **II 3B**
das Vertrauen in jdn verlieren perdre confiance en qn **II 5B**
ein Vertreter/eine Vertreterin un représentant/une représentante **III 2C**
etw. vervollständigen compléter qc **II 7E**
Verzeihung! Pardon ! **I 4A**
die Viehzucht l'élevage *(m.)* **II 3E**
viel beaucoup **I 8A**
viel(e) *(bei Mengen)* beaucoup de **I 8B**
eine Vielfalt une variété **III 10B**
vielleicht peut-être **I 2B**
ein Viertel un quart **I 4B**
eine Viertelstunde un quart d'heure **II 2A**
der vierte/die vierte/das vierte le quatrième/la quatrième **I 6B**
vierzehn quatorze **I 2A**
virtuell virtuel/virtuelle **III 5G**
das Virtuelle/die virtuelle Welt le virtuel **III 6DE**
ein Virus un virus **I 5A**
ein Visum un visa **III 9E**
ein Voice Mail une boîte vocale **II 5B**
ein Volk un peuple **III 8A**
eine Volksabstimmung un référendum **III 3A**
voll (von/mit) plein/pleine (de) **II 6A**
völlig complètement **III 1A**
eine volljährige Person un majeur **III 3E**
die Volljährigkeit la majorité **III 3E**
vollständig complet/complète **III 1A**
voll tanken faire le plein **I 9B**
Vollzeit arbeiten travailler à plein temps **II 2B**
von/aus de/d' **I 1A**
von ... an dès **III 8A**
von ... bis ... de... à... **I 2A**
von hinten de dos **III 6D**
von nun an désormais **III 7B**
vor *(zeitlich)* il y a **II 4A**
vor *(örtlich)* devant **I 2B**
vor allem surtout **I 1B**
etw. vorausahnen pressentir qc **III 6D**
eine Voraussetzung une condition **II 7B**
etw. vorbereiten préparer qc **I 1B**
die Vorbereitungen les préparatifs *(m., pl.)* **I 8B**
ein Vorbild un modèle **III 3B**
im Vordergrund au premier plan **II 1B**
vorher avant **II 3A**
vorhin tout à l'heure **II 6A**
ein Vorname un prénom **I 7A**
der Vorort la banlieue **III 1D; III 8A**
ein Vorschlag une proposition **III 3A**
etw. vorschlagen proposer qc **I 8B**
eine Vorschule une école maternelle **II 2E**
eine Vorspeise une entrée **I 1B**
jdm jdn/etw. vorstellen présenter qn/qc à qn **I 7A**
sich vorstellen se présenter **I 10B**
eine Vorstellung une présentation **I 6E**
ein Vorstellungsgespräch un entretien d'embauche **I 7B**
am Vortag la veille **II 8A**
ein Vorteil un avantage **I 9B**
ein Vortrag une conférence **II 5E**
ein Vorurteil un préjugé **III 8D**
etw. vorziehen préférer qc **I 9E**

W

wachsen monter **II 5A**
wachsen (um) augmenter (de) **II 4A**
eine Waffe une arme **III 2E**
der Waffenstillstand l'armistice *(m.)* **III 7B**
eine Wahl un vote **III 3D;** une élection **III 3A**
etw. wählen choisir qc **II 4A**
jdn wählen élire qn **III 3A**
Haben Sie (schon) gewählt? Vous avez choisi ? **I 8A**
wählen voter **III 3D; III 7E**
eine Wahlkampagne une campagne électorale **III 3B**
das allgemeine direkte Wahlrecht le suffrage universel direct **III 3A**
ein Wahlspruch une devise **III 3DE**

wahr vrai/vraie **I 6A**
während pendant **I 3B**
während *(Konjunktion)* pendant que **II 1A**
wahrscheinlich sans doute **II 3A**
eine Währung une monnaie **III 7F**
die Währungsunion l'union monétaire *(f.)* **III 7DE**
ein Wald une forêt **II 8A**
eine Wand un mur **III 1G**
sich wandeln évoluer **III 1A**
wandern faire de la randonnée **II 1A**
eine Wanderung une randonnée **II 1A**
Wann ...? Quand ... ? **I 4A**
eine Ware une marchandise **II 7E**
warm chaud/chaude **II 1B**
auf jdn/etw. warten attendre qn/qc **II 5B**
ein Wärter un gardien **I 6A**
ein Wartezimmer une salle d'attente **II 6A**
Warum ...? Pourquoi... ? **I 2A**
Was ...? Qu'est-ce que... ? **I 3E**
waschen laver qc **I 1B**
Was für ein ... ! Quel... ! **I 9B**
ein (Mineral)Wasser une eau minérale **I 8E**
ein Wasserweg une voie navigable **II 7E**
das WC les W.-C. *(m., pl.)* **I 4E**
ein Webmaster un webmaster **II 8E**
eine Website un site **I 4A**
jdn (auf)wecken réveiller qn **II 1E**
weder ... noch ne... ni... ni **II 5B**
ein Weg un chemin **I 6B**; une voie **II 7E**
auf dem Weg nach ... en route pour ... **I 6E**
jdn nach dem Weg fragen demander son chemin à qn **I 6B**
weggehen partir **II 2E**; s'en aller **III 4C**
Weihnachten Noël *(m.)* **II 4E**
weil parce que **I 4B**; comme **II 1A**
der Wein le vin **I 8E**
Wein- viticole **II 8A**
ein Weinberg des vignes **II 3E**
weinen pleurer **II 2A**
ein (Wein)Lager un chai **II 8A**
eine Weinprobe une dégustation **II 8A**
ein Weinstock une vigne **II 3E**
weiß blanc/blanche **I 6B**
der Weißwein le vin blanc **I 8E**
weit large **I 9A**
weit (von) loin (de) **III 1B; III 9G**
weit weg loin **III 6D**
eine Weiterbildung une formation continue **II 8E**
weiterlaufen continuer **I 6B**
weitermachen continuer **I 6B**
der Weizen le blé **II 3E**
welcher/welche/welches *(Fragebegleiter)* quel/quels/quelle/quelles **I 9B**
welcher/welche/welches *(Relativpronomen)* lequel/laquelle/lesquels/lesquelles **III 3D**
eine Welle une vague **III 8B**
die Welt le monde **I 7E**
der erste Weltkrieg la Première Guerre mondiale **III 7DE**
der zweite Weltkrieg la Seconde Guerre mondiale **III 7DE**
eine Weltreise un tour du monde **II 1E**
wenig/wenige peu de **I 9E**
ein wenig un peu de **I 8B**
wenn si **I 7A**; quand **I 7B**
eine Werbung; ein Werbespot une publicité **III 3D**
werden devenir **II 2E**
etw. werfen lancer qc **III 2E**
etw. (weg)werfen jeter qc **III 5C**
Wer ist das? Qui est-ce ? **I 1A**
ein Werk une œuvre **III 10B**
die Werkstatt l'atelier *(m.)* **I 1A**
ein Wert une valeur **III 3B; III 8A; III 9A**
der Westen l'ouest *(m.)* **II 3E**
eine Wette un pari **III 1H**
das Wetter le temps **II 1B**
der Wetterbericht la météo **II 1B**
wichtig important/importante **I 10E**
Widerstandbewegung im 2. Weltkrieg la Résistance **III 7A**
die Widerstandsbewegung innerhalb von Frankreich la Résistance intérieure **III 7A**
ein Widerstandskämpfer/eine Widerstandskämpferin un résistant/une résistante **III 7A**
Wie ...? Comment... ? **I 4E**
wie *(beim Vergleich)* comme **I 1A**
wieder anfangen, etw. zu tun recommencer à faire qc **II 2B**
etw. wieder aufbauen reconstruire qc **III 8B**
wieder auftauchen réapparaître **III 6F**
jdn wieder heiraten se remarier (avec qn) **II 2B**
etw. wiederholen répéter qc **II 7A**
jdn wieder sehen retrouver qn **II 1A**
die Wiedervereinigung la réunification **III 7D**
wie viel combien **I 2B**
wild sauvage **I 10B**
Willkommen! Bienvenue ! **I 1E**
der Wind le vent **II 1B**
der Winter l'hiver *(m.)* **II 1A**
ein Winzer/eine Winzerin un viticulteur/une viticultrice **II 8A**
wirklich véritable **III 5B; III 7A**
wirklich vraiment **II 8A**
die Wirklichkeit le réel **III 6DE**; la réalité **III 7C**
wirksam effectif/effective **II 7B**; efficace **III 4E; III 5E**
eine Wirkung un effet **II 4E**
die Wirtschaft l'économie *(f.)* **I 5E**
wissen savoir **II 2A**
ein Witz une blague **III 6D**
witzig drôle **I 4E**
Wo ...? Où... ? **I 1A**
wo *(Relativpronomen, Ort)* où **I 7E**
woanders (hin) ailleurs **I 6A**
eine Woche une semaine **I 3A**
ein Wochenende un week-end **I 3B**
eine Wochenzeitschrift un hebdomadaire **III 6D**
Woher ...? D'où... ? **I 4A**
Wohin...? Où... ? **I 1A**
wohnen habiter **I 1B**
eine Wohngemeinschaft/WG *(ugs.)* une colocation *(fam.: une coloc)* **I 2B**
ein Wohnhaus un immeuble **I 2B**
eine Wohnung un appartement **I 2B**; un logement **II 8B**
ein Wohnzimmer un salon **I 4E**
eine Wolke un nuage **II 1B**
etw. wollen vouloir qc **I 7A**
ein Wort une parole **I 3B**
ein Wörterbuch un dictionnaire **II 8E**
eine Wunde une plaie **II 6B**

etw. wünschen souhaiter qc **II 5E**
wünschen, etw. zu tun souhaiter faire qc **II 5E**
die Wurstwaren la charcuterie **I 8B**
Wurzeln des origines *(f.)* **III 8DE**
wütend sein être en colère **I 4B**

Z

eine Zahl un nombre **II 2A;** un chiffre **III 9B**
etw. zahlen payer qc **I 9A**
etw. zählen compter qc **III 1D; III 4C; III 10A**
zahlreich nombreux/nombreuse **III 1F; III 9C**
ein Zahn une dent **II 6E**
ein Zahnarzt/eine Zahnärztin un/une dentiste **II 6E**
eine Zahnspange un appareil dentaire **II 6E**
zappen zapper **III 6B**
ein Zeichen un signe **I 4A**
ein (Buchungs)Zeichen une référence **II 7A**
ein Zeichner/eine Zeichnerin un dessinateur/une dessinatrice **II 1B**
jdm etw. zeigen montrer qc à qn **I 3A**
die Zeit le temps **I 4B**
die ganze Zeit tout le temps **I 4A**
eine Zeitschrift un magazine **I 3A**
eine Zeitung/Zeitungen un journal/des journaux **I 7B**
ein Zelt une tente **II 1A**
ein Zentrum un centre **II 1B**
etw. zerdrücken écraser qc **II 4B**
ein Ziel un objectif **III 5B;** une cible **III 6D**
ein (Schlaf-)Zimmer une chambre **I 4E**
ein Zimmer une pièce **I 4E**
zögern hésiter **II 8B**
ein Zoll *(Maßeinheit)* un pouce **II 5A**
ein Zoom un zoom **I 1B**
zu *(Adv.)* trop **I 2A**
zu *(einer Person)* chez **I 2E**
zu dritt à trois **I 2B**
zu Hause à la maison **I 3A**
zu 15.-€ à 15 € **I 8A**
zu Fuß à pied **I 10B**
etw. zubereiten préparer qc **I 1B**
der Zucker le sucre **II 3E**
eine Zuckerrübe une betterave sucrière **II 3E**
zuerst d'abord **I 1B**
jdm/einer Sache zufolge selon qn/qc **III 3F**
zufrieden content/contente **I 6A;** satisfait/satisfaite **II 5B**
sich damit zufrieden geben, etw. zu tun se contenter de faire qc **III 5B**
jdn. zufrieden stellen satisfaire qn **II 5A**
ein Zug un train **II 1E**
ein Zugang un accès **III 6E**
zugehen auf se diriger vers **I 10B**
zugunsten von etw./jdm en faveur de qc/qn **III 2B**
jdm zuhören écouter qn **I 1B**
eine Zukunft un avenir **III 3B**
eine Zunahme une augmentation **II 4B**
zurecht kommen se débrouiller **I 10B**
etw. zurückbringen (von) ramener qc de qc **II 7E**
zurückfahren rentrer **I 10B**
zurückgehen rentrer **I 10B;** être en baisse **II 4B**
zurückgehen (um) diminuer (de) **II 4B**
zurückkehren retourner **I 2B**
an einen Ort zurückkehren rejoindre qc **III 7D**
zurückkommen revenir **I 9B**
jdn zurückrufen rappeler qn **II 5B**
zusammen ensemble **I 1A**
eine Zusammenarbeit un partenariat **I 7A**
jdn zusammenbringen réunir qn **III 9A**
eine Zusammenfassung un résumé **I 5B**
zusammengebrochen paralysé/paralysée **II 5B**
ein Zusammenhang un rapport **II 8B**
sich mit jdm zusammenschließen s'associer à qn **II 6A**
zusätzlich supplémentaire **III 5G**
zusätzlich zu etw. en plus de qc **II 3A**
eine Zusatzversicherung une mutuelle **II 6B**
ein Zuschauer/eine Zuschauerin un spectateur/une spectatrice **I 10E**
in gutem Zustand en bon état **I 9B**
jdm zustimmen être d'accord avec qn **II 3B;** approuver qn **II 8A**
zu viel trop de **I 8A**
ein Zweifel un doute **I 5A**
ein Zweig une branche **II 7E**
zweimal deux fois **I 9E**
zwischen entre **I 5B**

Révisions – Paris à l'affiche

1 Paris, c'est aussi beau que...

a) La vie à Paris est **plus chère que** la vie en province.
b) La tour Montparnasse est **moins haute que** la tour Eiffel.
c) L'appartement dans le 3e arrondissement est **plus petit que** l'appartement en banlieue.
d) Le métro à Londres est **aussi cher que** le métro à Paris.
e) L'avenue de Wagram est **moins longue que** les Champs-Elysées.
f) Belleville est **aussi sympa que** Montmartre.

2 La plus belle ville du monde !

a) 1. Patrick est le guide **le plus sympa**.
2. La région parisienne est **la plus grande** agglomération de France.
3. L'hôtel Rimbaud est le logement touristique **le moins joli** de Paris.
4. *Chez Pierre* est **le meilleur restaurant** du quartier.
5. Ce film est **le plus mauvais** du festival.
6. Paris est la ville **la moins verte** d'Ile-de-France.

b) 1. Paris est **la plus grande** ville de France.
2. A Paris, il y a les expositions **les plus intéressantes**.
3. Notre-Dame est **le lieu le plus visité** de la ville.
4. A Paris habitent les gens **les plus beaux**.
5. Le guide nous montre les musées **les plus importants**.
6. Même sur **les plus petites** places, il y a des cafés.

3 Il était une fois...

a) Comme chaque année, Marie et Serge **passaient** quelques jours à Paris.
b) D'habitude, ils logeaient à l'hôtel Renoir, mais cette année, ils **ont choisi** l'hôtel Pasteur parce qu'il **n'y avait plus** de place dans leur hôtel préféré.
c) Comme tous les touristes, ils **voulaient** prendre le métro.
d) Mais, quand ils **sont descendus** dans la station de métro, ils **ont lu** une affiche : *Grève dans les transports publics !* Que faire ?
e) Ils **sont retournés** à leur hôtel pour demander des informations.
f) Là, on leur **a dit** de prendre un taxi.
g) Alors, ils **ont téléphoné**, mais sans succès.
h) **C'était** occupé tout le temps.
i) Puis ils **ont demandé** de nouveau de l'aide à la réception de l'hôtel.
j) L'employé **a répondu** : « Retournez à la station de métro, il va y avoir quelques métros. »
k) Marie et Serge **sont retournés** à la station.
l) Là, **il y avait** déjà beaucoup de monde qui **attendait**.
m) Enfin, un **métro est arrivé**.
n) Marie et Serge **se sont dit** : « La prochaine fois, on s'informera avant le voyage ! »

Révisions – Regards sur l'Histoire

1 L'affaire Réveillon

a) **Au printemps** 1789, trois mois avant la prise de la Bastille **le 14 juillet**, il y a déjà eu une révolte populaire **contre** deux riches familles de Paris.
b) **En France**, on l'appelle l'affaire Réveillon **d'après** le fabricant Jean-Baptiste Réveillon, né **en 1725** et mort **en 1811**.
c) **Du 24 avril au 28 avril**, sa manufacture de papiers peints a été le lieu d'affrontements violents **entre** 300 ouvriers et les troupes royales.
d) Les ouvriers qui avaient peur **d'**une baisse importante de leurs salaires **pendant** la grande crise **en** 1789 sont entrés dans sa belle maison.
e) **Le matin** du 14 juillet, ils ont commencé à lancer des meubles **depuis** le toit.
f) **A midi**, les soldats ont attaqué les ouvriers : **Le soir**, on a compté plus de 200 morts et plus de 300 blessés.
g) **A la veille** de la Révolution, monsieur Réveillon a quitté la France pour l'Angleterre.

2 La fuite à Varennes

a) **Après avoir** longuement **réfléchi** à un bon plan, Louis XVI et sa famille quittent Paris le 21 juin 1791.
b) **Avant de prendre** la décision de partir, Louis XVI s'est renseigné sur les possibiltés d'une fuite.
c) Ils sont partis à minuit **pour ne pas être vus**.
d) Ils prennent la route à Montmédy **sans savoir** ce qui les attend.
e) A Sainte-Menehould, ils s'arrêtent **pour changer** de chevaux.
f) **Après avoir regardé** par la fenêtre de la voiture, un jeune homme reconnaît le roi.
g) Le jeune homme prend le meilleur cheval **pour aller** à Varennes.
h) **Après y être arrivé** avant le roi, le jeune homme informe ses amis révolutionnaires.
i) **Avant d'arrêter** le roi, ils ont barricadé la route. / **Après avoir barricadé** la route, ils arrêtent le roi.
j) La famille royale descend de la voiture **sans hésiter** une seconde.
k) **Après avoir répondu** aux questions des révolutionnaires, le roi doit reprendre la route de Paris.

Révisions – La vie politique en France

1 Si je deviens Président...

a) Si mon parti **gagne** les élections, nous **encouragerons** le développement durable.
b) Si vous **votez** pour nous, la situation économique **s'améliorera**.
c) Si vous **aimez** mes propositions, vous me **donnerez** votre voix.
d) Si les électeurs **trouvent** mes idées intéressantes, ils **pourront** les soutenir.
e) Si nous **perdons** les élections, ce **sera** une catastrophe pour la France.
f) Si on m'**écoute**, les jeunes Français **auront** le droit de vote à seize ans.

2 Il a dit que...

a) Edouard Courtial a expliqué que les parents **étaient** responsables de leurs enfants.
b) Edouard Courtial a raconté que son modèle **était** son père.
c) Un député a voulu savoir **s'il s'intéressait**/**s'ils s'intéressaient** à la politique.
d) Les jeunes manifestants ont expliqué que leur éducation n'**était** pas au service du fric.
e) Les jeunes manifestants ont voulu savoir si le gouvernement **donnerait** la priorité à l'éducation.
f) Un élève a demandé quand les prochaines élections **auraient** lieu.
g) Laura a raconté qu'elle **dirait** oui au droit de vote à 16 ans.
h) Laura trouvait que certains majeurs ne **s'informaient** pas assez sur les programmes.
i) Kenny a expliqué qu'au nom de l'égalité, le droit de vote à 16 ans **serait** légitime.
j) Un jeune a demandé pourquoi il y **aurait** un référendum.

3 Il faut la moderniser...

a) Le conseil des ministres **y** a lieu le mercredi.
b) Le Premier ministre ne **les** nomme pas.
c) Le Président peut **la** dissoudre.
d) On **en** a besoin pour chaque décision politique importante.
f) C'est son père qui **lui** a servi de modèle.
g) Il dit : « Il faut **les** moderniser. »
h) Il dit : « Les familles doivent **leur** expliquer les règles de notre société. »
i) En 2005, Karima Delli **y** a pris sa carte.
j) Elle **en** est le symbole.
k) L'élection ne va pas **la** changer.
l) Elle **l'**a gardé.

Révisions – Problèmes de société

1 Valérie parle aux enfants.

a) Valérie a décidé d'aider **(–)** des enfants en difficulté.
b) Elle apprend **aux** enfants à faire des exercices de maths.
c) Ensemble, ils commencent **à** calculer.
d) Quelquefois, les enfants demandent une explication **à** Valérie.
e) Après une heure ou deux, il faut **(–)** s'arrêter.
f) Mais le soir, Valérie n'arrête pas de penser **aux** enfants.
g) Elle parle souvent **d'**eux.
h) Les enfants aiment **(–)** travailler avec Valérie mais ils préfèrent **(–)** jouer.
i) Les parents interdisent **à** leurs enfants de jouer s'ils n'ont pas fait leurs devoirs.
j) Les enfants profitent beaucoup **de** l'aide de Valérie.
k) Valérie est très contente **de** son travail avec les enfants.
l) Et elle le recommande **à** ses amis.

2 Monsieur F. a perdu son travail.

a) Monsieur F. a perdu **son** travail. **Son** entreprise a ouvert une nouvelle usine au Maroc.
b) Donc monsieur F. et beaucoup de ses collègues ont perdu **leur** travail.
c) Après plusieurs mois, on propose à monsieur F. un nouveau poste, mais il devra quitter Limoges où il habite avec **sa** femme et **ses** enfants et partir à Lyon.
d) Monsieur F. en parle à **sa** famille.
e) **Ses** enfants ne veulent pas aller dans une autre ville, ils veulent rester avec **leurs** copains.
f) Madame F. n'est pas très contente : elle a **son** travail à Limoges !
g) Finalement, madame F. va rester à Limoges avec **sa** fille et **son** fils et monsieur F. va rentrer seulement le week-end.
h) Mais les F. vont bientôt regretter **leur** décision : **leur** vie de famille n'est plus la même.

3 La violence qui fait peur...

La violence est un sujet important **qui** intéresse beaucoup les journalistes.
La violence a beaucoup de formes **qu'**il faut différencier.
Il y a la violence psychologique **qui** est souvent très subtile.
Il y a la violence verbale **que** tout le monde connaît.
Il y a la violence physique **qui** existe même chez des couples.
Un problème dans les écoles, ce sont les vidéos pornographiques **qu'**on a tourn**ées** clandestinement.
Dans les médias, on parle beaucoup des jeunes **qui** sont violents.
A la télé, on peut voir des reportages sur la violence conjugale **que** beaucoup de gens ne connaissent pas.

Révisions – Le défi vert : comment agir ?

1 Si Tryo donne un concert dans ma ville, j'irai l'écouter.

Si tu **viens** avec moi, je **serai** content.
Si les tickets **sont** chers, les parents les **paieront**.
Si Tryo **organise** le covoiturage, le déplacement **sera** facile.
Si la musique **ne te plaît pas**, tu **resteras** à la maison.
Si tu **ne connais pas encore** le nouvel album, tu **entendras** les nouvelles chansons.
Si on **trouve** un hôtel, on **pourra** rester tout le week-end.
Si le concert **se passe** dehors, nous **aurons** peut-être froid.

2 Les lycéens de Grasse donnent une interview.

a) **Qu'est-ce qui** vous intéresse ?
b) **Est-ce que** vous trouvez les questions écolos importantes ?
c) **Qu'est-ce que** vous voulez montrer ?
d) **Quel** est votre objectif ?
e) **A qui est-ce que** vous vous adressez ?
f) **Combien d'élèves est-ce que** vous êtes à Grasse ?
g) **Pourquoi est-ce que** vous avez inventé le label vert ?
h) **Qu'est-ce que** vous ferez après le bac ?
i) **Qu'est-ce que** vous aimez comme musique ? / **Quelle** musique est-ce que vous aimez ?
j) **Quand est-ce que** vous vous rencontrerez la prochaine fois ?

3 Le journaliste a dit que…

a) Le journaliste veut savoir…
1. ce qui les intéresse.
2. s'ils trouvent les questions écolos importantes.
3. ce qu'ils veulent montrer.
4. quel est leur objectif.
5. à qui ils s'adressent.
6. combien d'élèves ils sont à Grasse.
7. pourquoi ils ont inventé le label vert.
8. ce qu'ils feront après le bac.
9. ce qu'ils aiment comme musique.
10. quand ils se rencontreront la prochaine fois.

b) Le journaliste a voulu savoir…
1. ce qui les intéressait.
2. s'ils trouvaient les questions écolos importantes.
3. ce qu'ils voulaient montrer.
4. quel était leur objectif.
5. à qui ils s'adressaient.
6. combien d'élèves ils étaient à Grasse.
7. pourquoi ils avaient inventé le label vert.
8. ce qu'ils feraient après le bac.
9. ce qu'ils aimaient comme musique.
10. quand ils se rencontreraient la prochaine fois.

4 Faire plus que les autres pour la planète

a) L'avion pollue plus **que** le train.
b) Nina a donc pris le train **quand** elle est allée voir sa sœur à Londres.
c) Et finalement, le trajet en train n'a pas duré beaucoup plus longtemps **qu'**en avion.
d) **Quand** Tryo a vu le bilan carbone d'une tournée, il a proposé à ses fans de faire du covoiturage.
e) A Grasse, les lycéens ont mis plus **de** trois mois à créer le club développement durable.

Révisions – Médias : entre virtuel et réel

1 Questions à un internaute

a) Comment t'appelles-tu ?
b) Quel âge as-tu ?
c) Où habites-tu ?
d) Pourquoi y habites-tu ? / Pourquoi est-ce que tu y habites ?
e) Depuis quand est-ce que Marc a une connexion Internet ?
f) Comment passes-tu la journée à la maison ?
g) Combien de textos envoies-tu par jour ?
h) Quand te lèves-tu ?
i) Avec qui sors-tu ?
j) Où est-ce que vont les jeunes ?
k) Qui rencontrez-vous ?
l) Sur quel réseau est ta copine ?
m) Est-ce que tes parents ont peur des risques qu'il y a sur ces réseaux ?
n) Comment trouves-tu la loi Hadopi ?

2 Une mauvaise surprise

a) **Ce matin**, je me suis levé **tôt**.
b) **A 8 heures**, j'ai ouvert le magasin.
c) **Malheureusement**, il n'y avait pas beaucoup de monde. C'était **vraiment** la cata.
d) **A midi**, un homme est entré dans la boutique. / Un homme est entré la boutique **à midi**.
e) Je crois que je l'avais **déjà** vu dans la rue.
f) Il m'a demandé **poliment**/Il m'a **poliment** demandé de lui montrer les ordinateurs les plus performants.
g) Quelle chance : **Finalement**, il en a pris cinq ! J'étais super content !
h) On les a mis **ensemble** dans sa voiture et il est **vite** parti… sans payer !
i) J'ai **tout de suite** appelé la police.

3 Je fais un rêve.

a) Vous êtes cyberdépendant ? Vous ne pouvez plus vivre **sans** connexion Internet ?
b) Vous voulez **(–)** changer votre vie ?
c) Vous détestez **(–)** être dépendant et vous rêvez **de** dire au revoir au monde virtuel ?
d) Je vous recommande **de** ne plus allumer votre ordinateur pendant une semaine.
e) Commencez sans attendre ! Arrêtez tout de suite **de** naviguer sur Internet.
f) Et n'oubliez pas **d'**arrêter votre portable.
g) Il faut recommencer **à** lire des livres et réapprendre **à** écrire des lettres.
h) Puis vous aurez envie **de** sortir plus souvent.
i) Je vous invite **à** découvrir des endroits de votre ville oubliés depuis longtemps comme la poste.

Révisions – France, Allemagne, Europe

1 A la gare de Strasbourg

Dessin 1 : Nous arrivons **de** Stuttgart, nous allons **à** Barcelone **en** Espagne.
Dessin 2 : Moi, je vais **au** Luxembourg et après **au** Portugal.
Dessin 3 : Nous habitons **à** Amsterdam **aux** Pays-Bas.
Dessin 4 : Moi, j'habite à Kehl **en** Allemagne et je travaille **en** France.
Dessin 5 : Moi, je vais **à** Copenhague. Ma copine fait des études **au** Danemark.
Dessin 6 : Nous venons **d'**Afrique, nous habitons **au** Maroc.
Dessin 7 : Moi, je vais passer mes vacances **aux** Etats-Unis.
Dessin 8 : Nous partons **en** Angleterre, nous passons un an **à** Londres comme filles au pair.

2 Berlin, mon amour

a) Sandra : Lara pense souvent à son séjour à Berlin ? Elle **en** avait rêvé pendant si longtemps.
b) Naïma : Oui, je crois qu'elle **y** pense encore souvent.
c) Sandra : Elle va **y** retourner ?
Naïma : Je ne sais pas. Elle n'aime pas parler de son séjour à Berlin.
d) Sandra : Mais pourquoi est-ce qu'elle n'aime pas **en** parler ? C'est une belle ville. Elle **y** a beaucoup d'amis !
e) Naïma : Oui, elle **en** a vraiment beaucoup. Mais je pense qu'elle n'aime pas **en** parler parce qu'elle a des problèmes avec son copain. Elle a quitté Berlin, Nicolas, lui **y** est resté. Elle lui a envoyé mille SMS. Mais lui n'**y** a jamais répondu.
Sandra : Pas possible ! Elle a besoin d'aide ?
f) Naïma : Moi, je trouve qu'elle **en** a besoin.
g) Sandra : Je vais l'inviter à mon anniversaire. Qu'est-ce que tu **en** penses ?
Naïma : Je ne sais pas si…
h) Sandra : Ecoute, tu **y** seras aussi invitée…

Révisions – Une France multiculturelle

1 Discriminations insupportables

a)
1. Rama est une **jeune** femme **africaine** qui aime porter les vêtements **traditionnels** de son pays.
2. Elle est la **meilleure** styliste d'une **grande** entreprise **française**.
3. Depuis de **longs** moins, elle cherche un **nouvel** appartement.
4. C'est pourquoi elle lit les **petites** annonces immobilières.
5. Mais quand elle répond au téléphone aux **différentes** offres, quelques propriétaires **racistes** refusent de prendre rendez-vous avec elle.
6. Et tout cela parce qu'elle a un accent **africain**.

b)
1. Ossane est un **bon** citoyen **français** qui a toujours la tête **pleine** d'idées **spontanées**.
2. Ce garçon **sympa** travaille pour Radio France.
3. Le soir, il fait de la danse **moderne** dans un **petit** théâtre.
4. Il aime la **bonne** cuisine **française** et les films **drôles**.
5. On peut penser qu'il a une vie **normale**.
6. Une **seule** chose l'énerve : ce sont **certains** agents de police qui contrôlent ses papiers seulement parce qu'il a la peau **noire**.

2 Un stage ?

a) Le père : Qu'est-ce que vous **aimeriez** faire après vos examens ?
b) Paul : Moi, je **voudrais** faire un stage.
c) Marion : Moi, je **préférerais** passer une année à l'étranger.
d) Le père : Et qu'est-ce qui te **plairait**, Paul ?
e) Paul : Ce qui **m'intéresserait** vraiment, ce **serait** de travailler avec d'autres jeunes de toutes les couleurs.
f) Marion : Alors ça, ça me **plairait** aussi ! Tu sais quoi, Paul ? Nous **pourrions** travailler dans une association par exemple.
g) Le père : Oui, ce **serait** une bonne expérience pour vous. A votre place, j'**irais** en banlieue, dans le 93 par exemple. Vous **comprendriez** peut-être mieux la situation là-bas. Et vous **feriez** des rencontres intéressantes.
h) Paul : Tu as raison. Les gens nous **parleraient** de leur quotidien, de leurs problèmes.
i) Le père : Tu sais ce que moi, je **ferais** ? Je **chercherais** une association qui lutte contre le racisme. On **pourrait** contacter SOS racisme. Qu'en penses-tu ?

Révisions – Parlez-vous français ?

1 Les produits tunisiens

a) La Belgique achète **moins** de produits **que** les Pays-Bas.
b) L'Italie est un **meilleur** client **que** l'Allemagne.
c) La France est **le meilleur** client.
d) Elle achète **le plus**.
e) Les exportations de jeans sont **aussi importantes que** les exportations de chemises.
f) L'Espagne est un **aussi bon** client **que** la Belgique.
g) La Belgique et l'Espagne achètent **le moins**.

2 La francophonie

a) 1. Le mot francophonie **qui** existe depuis 1860 est une expression **qu'**un géographe a inventée.
2. Un pays francophone **qui** m'intéresse beaucoup, c'est le Canada.
3. Ce **qui** m'intéresse surtout, c'est le grand nombre de jeunes artistes.
4. Il y a par exemple Coeur de Pirate **qui** a beaucoup de succès.
5. Ce **que** j'aime beaucoup, c'est sa voix enfantine.
6. Elle contraste avec les tatouages **qu'**elle porte.
7. Un autre représentant de la francophonie **qui** chante, c'est Tiken Jah Fakoly.
8. C'est un artiste **que** je trouve fascinant.

b) 1. Tu connais la chanson **que** nous venons d'entendre ?
2. Tu trouves tout **ce qui** te plaît au marché aux puces.
3. **Ce que** tu as acheté vient de Tunisie.
4. La famille **qui** habite ici depuis une semaine vient de la Martinique.

3 Voyage en francophonie

a) Les parents de Sandrine voyagent beaucoup pour leur travail. Sandrine est née **à** Madagascar et est allée à l'école **en** Inde.
b) Aujourd'hui, Sandrine fait ses études **en** France.
c) Ses parents sont actuellement **en** Malaisie, mais déménagent dans trois mois **au** Japon.
d) Alain, le copain de Sandrine, vient **du** Canada, plus exactement **du** Québec.
e) Cet été, Sandrine et Alain veulent partir avec des copains en vacances, mais ils ne savent pas encore où aller.
f) Marie et Paul voudraient aller **en** Afrique, d'abord **au** Maroc et **en** Tunisie, puis passer encore quelques jours **en** Côte d'Ivoire.
g) Sandrine, elle, préférerait partir **aux** Etats-Unis, **à** New York ou **à** San Francisco par exemple.
h) Et Alain rêve de partir **en** Asie.
i) Finalement, ils vont rester **en** Europe.

Révisions – L'art sous toutes les coutures

1 Au musée

a) Non, je les **enverrai** cet après-midi.
b) Nous les **finirons** lundi.
c) Nous le **compterons** après la fermeture.
d) Il les **distribuera** demain.
e) Ils y **iront** le week-end prochain.
f) Je le **verrai** après-demain.

2 Le voyage culturel de Camille et Nina

a) Vendredi soir, nous **sommes arrivées** à Paris. *einmalige Handlung*
b) Nous **sommes allées** directement de la gare du Nord à notre hôtel où nous **sommes restées** quatre jours. *zeitlich begrenzte Handlung*
c) Nous **avions** des jolies chambres. On **était** très bien. *Begleitumstände*
d) Pendant notre séjour, nous **avons vu** beaucoup de choses. *einmalige, zeitlich begrenzte Handlung*
e) Chaque jour, nous **faisions** des kilomètres pour découvrir la ville. *Begleitumstände*
f) **On a visité** les musées les plus célèbres comme le Louvre, le musée d'Orsay, le musée Rodin… *einmalige, zeitlich begrenzte Handlung*
g) **Il a fait** beau tous les jours. *Fortführung der Handlungskette*
h) Samedi, nous **avons participé** à une balade architecturale dans Paris. *einmalige Handlung*
i) C'**était** chouette ! *Begleitumstände*

3 La vie d'artiste

a) Le journaliste : Dites-moi, comment **se passent** vos journées ?
b) Rosa : Le matin, nous **ne nous levons pas** avant 11 heures : moi, je **me réveille** souvent avant, mais j'aime bien rester au lit.
c) Alban : Moi, je **me couche** très tard parce que je peins souvent pendant la nuit.
d) Le journaliste : Et vous allez à des expositions ? Vous **vous intéressez** au travail d'autres peintres ?
e) Rosa : Je **me suis toujours intéressée** au travail des autres, j'aime les expos.
f) Le journaliste : Et comment voyez-vous votre avenir ?
g) Pierre : Tu **te souviens**, quand on était jeunes ?
h) Rosa : Ah oui… On rêvait de devenir célèbres ! Aujourd'hui, on est réalistes…
i) Pierre : Moi, j'ai fait plein de petits boulots. J'ai par exemple travaillé dans un musée où je **me suis occupé** des tableaux abîmés.
j) Rosa : La vie de peintre, c'est dur, mais on **se débrouille**.

Escale

La Marseillaise et l'identité nationale

1 a) La République française a trois symboles officiels : la Marseillaise, le drapeau tricolore (le drapeau bleu blanc rouge) et la devise « Liberté, Egalité, Fraternité ».
b) On peut encore nommer les éléments suivants : les droits de l'Homme, la gastronomie, la campagne, le bon vin, un certain art de vivre. L'identité nationale, ce sont aussi toutes les traditions et les cultures des gens qui se sont installés en France.

2 Mögliche Antworten: Pour moi, être allemand, ça veut dire : la devise *Einigkeit und Recht und Freiheit*, la capitale Berlin, la langue, les différentes régions…

Africain à Paris

1 Individuelle Antworten

2

Paroles du refrain en anglais :	Paroles du refrain en français :
I'm an alien I'm a legal alien I'm an Englishman in New York	Un peu en exil Etranger dans votre ville Je suis africain à Paris
I don't drink coffee I take tea my dear I like my toast done on one side And you can hear it in my accent when I talk I'm an Englishman in New York	On vit là tous ensemble, on survit On ne manque presque de rien. C'est pas l'enfer ni le paradis D'être un Africain à Paris.

Résumé : Dans le texte anglais, Sting chante qu'il a le droit (par la loi) d'être à New York, mais qu'il ne s'y sent pas à sa place *(I'm an alien)*. Dans le texte français, Tiken Jah Fakoly parle de quelqu'un qui est en exil, mais qui reste étranger. Il raconte la situation d'un Africain à Paris qui a encore des fortes liaisons avec l'Afrique.

3 Individuelle Antworten
Non, je ne me sentirais pas seul(e). Je pense que je suis très ouvert(e) et que je trouverais facilement des amis./
Oui, je pense que je me sentirais seul(e). Je suis sûr(e) que ma famille et mes ami(e)s me manqueraient.

Jeunesse et chômage

1 a) 1 b) 1 c) 1 d) 2 e) 2 f) 1 und 2 g) 1 h) 1 i) 2

2 a) Dans dix ans, Magali aura fait de la création de bijoux son métier. Je pense qu'elle va rester à Montmartre et qu'elle va essayer d'ouvrir une petite boutique pour ses bijoux. A Montmartre, il y a toujours beaucoup de touristes. Magali aura alors assez de clients qui achèteront ses bijoux.
b) Je m'appelle Magali, j'ai dix-huit ans et… je viens de passer mon bac. Alors c'est le moment de choisir une profession. Je m'intéresse beaucoup à l'art. Dans mon temps libre, je dessine beaucoup, je fais même des bijoux. Mais faire de ma passion une profession, ça va être difficile. Alors il faut être réaliste. Tout le monde (surtout mes parents !) me dit que l'informatique est un secteur où il y aura toujours du travail. Les ordinateurs, ce n'est pas ma grande passion, mais il faut bien gagner sa vie…

La télé et moi

1 Mögliche Antworten: J'aimerais bien regarder Dr House sur TF1 parce que la série existe aussi en Allemagne. /
Je voudrais voir le film 4 garçons dans la nuit sur France 2 : je trouve le résumé du film intéressant. /
Moi, je vais regarder Arte : il y a toujours de bonnes émissions.

2 Mögliche Antwort: En Allemagne comme en France, le journal télévisé commence la plupart du temps à 20 heures. Mais les informations françaises durent plus longtemps que les informations allemandes.
En France, les films commencent plus tard qu'en Allemagne (à 20h35 ou à 20h45).
On retrouve certaines émissions dans les deux pays, comme par exemple la série Dr. House.

3 Individuelle Antworten

Au musée du Louvre

1 b) **2** a) **3** b) **4** b) **5** b) **6** a) **7** a) **8** b) **9** b) **10** a)

Les spectacles au château de Versailles

1 a) 1 b) 1 c) 1 und 2 d) 1 e) 1 f) 1 g) 1 h) 1 und 3

2 Mögliche Antwort: Heute können wir vier Aufführungen besuchen. Da ist einmal Händel: Von ihm wird die Wassermusik aufgeführt. Von Vivaldi gibt es die Vier Jahreszeiten. Aber dabei gibt es etwas ganz Besonderes, heute Abend gibt es eine Gemeinschaftsaufführung der Akademie für Alte Musik Berlin und der Tanzgruppe Sasha Waltz.
Hier hört man also nicht nur eines der schönsten barocken Musikstücke, sondern erlebt auch eine Ballettaufführung, die die Musik nachempfindet. Und wie wäre es mit Bach, aufgeführt in Versailles? Marc Minkowski dirigiert heute die Musiciens du Louvre-Grenoble. Sie führen die Brandenburgischen Konzerte auf. Das Besondere an dem Konzert ist, dass es anspruchsvolle Soloeinlagen gibt. Das Konzert wird im Programm als *must* bezeichnet. Und dann gibt es noch ein Tanzevent: DECA DANCE aus Israel. Die Gruppe Batsheva ist eine sehr bekannte zeitgenössische Tanzformation. Sie führt ihr größtes Stück als Freiluftaufführung auf. Inhalt des Balletts sind zeitgenössische Fragen, die Lebenssituation in Israel, die Beziehung Mann-Frau.

Frankreichs beliebtester Arbeitgeber

1 Mögliche Antwort: Décathlon est une entreprise française qui vend des vêtements et des articles de sport.
On trouve Décathlon en Europe, en Asie et en Amérique du sud, en France, il y a plus de 230 magasins Décathlon.
L'entreprise emploie 35000 personnes dans le monde, dont 65% en France et 35% hors de France.

2 Mögliche Antwort:

Stephanie Schmidt
Nietzschestrasse 27
D-66100 Sarrebruck
Allemagne

Décathlon
Sarrebruck, le 24 juillet 2010

Madame, Monsieur,
Après avoir consulté votre site Internet, je suis très motivée pour travailler dans votre entreprise.
Je viens d'obtenir mon bac dans le domaine de la vente et suis très sportive : faire un stage dans votre entreprise me permettrait de gagner de l'expérience dans le domaine de la vente et je travaillerais dans un secteur qui me plaît vraiment beaucoup. Je serais disponible pendant six mois (à partir du 1er septembre). Dans l'attente de votre réponse, je vous prie d'agréer, Madame, Monsieur, l'expression de mes sentiments les meilleurs.
Stephanie Schmidt
P.J. : Curriculum vitae

Contre le racisme

L'affiche montre un groupe de vingt personnages. Ils portent tous des vêtements différents et ont une couleur de peau différente. Le dessinateur veut nous montrer qu'ils viennent du monde entier. Chaque personnage montre du doigt son voisin. Par là, le dessinateur nous donne le message suivant : personne ne se considère comme raciste, tout le monde croit que les racistes, ce sont les autres.

Présentation

1 Mögliche Antwort: Moi, je viens du Palatinat et je m'intéresse… à la Princesse Palatine. C'est un nom qu'on a donné à Charlotte-Elisabeth de Bavière. Tout le monde l'appelait Liselotte. Elle était mariée au frère du Roi Soleil. Toute sa vie, elle a écrit des lettres, on en a retrouvé 60000 ! Dans la plupart de ses lettres, elle décrit la cour de Versailles. Elle nous a laissé des descriptions très amusantes du roi, de sa famille, de la cour, des fêtes à Versailles, etc. Liselotte n'aimait ni la cour ni l'étiquette. Cela la rend très sympa.

2 Mögliche Antwort: Mon peintre préféré, c'est une artiste mexicaine, Frida Kahlo, qui a vécu de 1907 à 1954. Elle a eu une vie très difficile. Après un accident, elle a dû rester au lit pendant des mois. C'est comme ça qu'elle a commencé à peindre. J'adore sa façon d'utiliser des couleurs vives. J'aime sûrtout ses autoportraits. En automne, je vais certainement essayer d'aller voir l'exposition des ses tableaux à Berlin ou Vienne.

Entretien dirigé

1 Mögliche Antwort: Je m'appelle X, j'habite à X et je vais au lycée X.
Dans ma région, il y a beaucoup de monuments et châteaux. Il y a des châteaux privés qu'on ne peut pas visiter. Mais on dit que, très souvent, les propriétaires n'ont pas assez d'argent pour les conserver. Mais les communes non plus, elles ne font pas assez. Je vous donne un exemple : la forteresse de X. Depuis deux ans, on ne peut plus y entrer parce que c'est trop dangereux. Ou l'église baroque de X. Elle est très belle, mais est elle fermée au public depuis cinq ans. Même l'Eglise n'a plus les moyens de prendre des mesures pour la conservation de ses monuments.

2 Mögliche Antwort: Je m'appelle X, j'habite à X et je vais au lycée X.
Moi, je pense que la politique ne prend pas assez de mesures contre la pollution. Le tri des déchets fonctionne plutôt bien en Allemagne. Mais je suis sûr(e) que la politique pourrait faire beaucoup plus de choses pour lutter contre la pollution : par exemple, investir dans la recherche sur les énergies renouvelables, encourager les gens à utiliser les transports en commun, augmenter les impôts sur le pétrole et les émissions de CO_2, etc. Et les politiciens pourraient donner de bons exemples : prendre le train et non l'avion, utiliser le vélo pour aller au Reichstag, consommer des produits bio, acheter des voitures électriques…

Ma famille est plutôt bio : ma mère achète tous les légumes et le lait chez un agriculteur du village. Comme ça, on évite les transports. Moi, je ne mange plus de viande. Pour aller au lycée, je prend le bus ou mon vélo. Depuis deux ans, je commande parfois des vêtements en coton bio.

3 Mögliche Antwort: Je m'appelle X, j'habite à X et je vais au lycée X.
Avec mes copains, je vais parfois au ciné. Mais je n'aime pas trop aller à des expositions ou au musée. Les musées ne m'intéressent vraiment pas, ils m'ennuient. Je pense que c'est plûtot pour les gens plus âgés ou pour des gens qui veulent être cultivés. En plus, cela coûte cher, un billet de ciné coûte entre 6 et 10 euros.

Exercices en interaction

1 Mögliche Antwort:
Arguments pour :
Dans une démocratie, c'est le devoir de tout le monde de s'engager politiquement. Sinon, cela devient dangereux pour la démocratie. Quand on veut changer les choses, il faut adhérer à un parti.

Arguments contre :
Le système des partis politiques ne fonctionne plus, c'est ce que montre le taux d'abstension aux élections. En plus, les partis ont perdu de l'importance. On peut s'engager d'une autre manière, pas seulement en politique. La politique d'aujourd'hui manque de valeurs, d'une vraie éthique.

2 Mögliche Antwort:
Arguments pour :
Le journal permet de lire les informations tranquillement. Pour rester au courant de l'actualité, il faut lire le journal chaque jour. On peut garder des articles intéressants. Comme ça, on peut relire des articles quand on en a envie. On peut lire un journal dans beaucoup d'endroits : au café, dans le bus, …

Arguments contre :
Lire un journal, cela prend trop de temps, regarder de temps en temps sur Internet, ça suffit. En plus, on consomme beaucoup de papier pour faire les journaux, ce n'est pas bon pour l'environnement. On lit seulement une partie du journal, et puis on jette le reste. Lire les informations sur Internet, c'est plus moderne et ça va plus vite.

3 Mögliche Antwort:
Arguments pour :
Dans un petit village, la vie est plus calme et meilleure pour la santé. Le soir, on peut faire du vélo, se promener, prendre l'air. On a facilement des contacts avec les voisins. C'est moins difficile qu'en ville de trouver un appartement pas trop cher (… ou même une petite maison !)

Arguments contre :
Aller au travail ou faire les courses est plus difficile qu'en ville. Il faut absolument avoir/acheter une voiture ou passer des heures sur la route ou dans les bus (s'il y en a !) Aller spontanément au ciné ou au théâtre est impossible.

Expression d'un point de vue

1 Mögliche Antwort: Pour moi aussi, Paris est la plus belle ville du monde. Se promener sur les Champs-Elysées, passer une soirée dans le Quartier Latin, visiter le Louvre et y voir la Joconde, s'installer sur les marches devant le Sacré-Cœur et regarder la ville – c'est super ! Et tous ces monuments ! J'ai l'impression que Paris est la ville du monde avec le plus grand nombre de musées, monuments historiques, églises… Mais tout ça, c'est pour les touristes, pour les gens qui visitent Paris. Je peux comprendre les gens qui quittent la ville. Je ne peux pas imaginer vivre à Paris tous les jours. Les Parisiens passent des heures dans le métro, il y a tout le temps des bouchons, du bruit. En plus, la vie est chère à Paris.

2 Mögliche Antwort: Je pense que de Gaulle a bien défini les deux mots. Le patriotisme, c'est aimer sa ville, sa langue, la région où l'on vit. Je pense qu'on montre du patriotisme quand on s'engage par exemple pour la protection de l'environnement dans sa région, quand on s'investit dans la vie politique locale, etc.
Le nationalisme, c'est autre chose, c'est une chose dangereuse. Le nationalisme est l'expression d'une attitude qu'on ne peut pas accepter, il y a toujours un côté agressif dans ce mot. Pour moi, le nationalisme existe encore dans le monde. Il y a des conflits qui sont le résultat du nationalisme, très souvent en Asie, en Afrique. En Europe, il y a malheureusement des partis qui ont des slogans plus ou moins nationalistes. Dans l'histoire allemande, on a fait des expériences terribles. C'est pourquoi j'essaie d'éviter les deux.

Umfrage: Die Franzosen stehen zur Frankophonie.

Le texte donne des informations sur les Français et leur avis sur la francophonie. D'abord quelques chiffres : 91% des Français se sentent francophones, 55% des Français sont solidaires avec les pays francophones et 90% des Français sont convaincus que l'idée de la francophonie est actuelle. Pour eux, la francophonie symbolise la grande importance de la langue française.
55% pensent que le français est une langue importante, mais 71% disent que l'anglais est la langue la plus importante. Pour 82% des jeunes, l'anglais est la langue la plus importante.
C'est pourquoi 26% des Français sont d'avis qu'il faudrait offrir plus de cours de français dans le monde. Il faudrait aussi mettre l'accent sur les échanges universitaires des étudiants de pays francophones et non-francophones.
La francophonie, ça veut dire pour beaucoup de gens : la culture française, la démocratie, les Droits de l'Homme.
Pour 73% des interrogés, c'est la tâche de l'OIF de représenter ces idées dans le monde.

Reisebericht: « Paris comme il faut »

Mögliche Antwort:
Salut Jean,
Merci pour ton message et les informations.
Je suis super content de venir à Paris.
Stefan a noté des choses vraiment intéressantes pour ma visite à Paris. Il a écrit où il y a des meilleurs points de vue (par exemple le toit des Galeries Lafayette, le Centre Pompidou ou bien le Sacré-Cœur).
Ses endroits préférés pour sortir le soir sont par exemple la Place de la Bastille ou le Quartier Latin, mais il dit d'éviter la place du Tertre. Tu connais encore d'autres endroits sympas ? Son restaurant préféré, c'est Hippopotamus, tu connais ?
Pour faire du shopping – ce n'est pas vraiment ce qui m'intéresse, mais bon… – il recommande les Halles ou la rue de Rivoli. Et pour avoir un peu de calme, il est allé au cimetière du Père Lachaise !
D'après Stefan, il ne faut pas manquer Notre-Dame, la Sainte Chapelle, le Louvre, le musée d'Orsay et St. Denis.
Tu es d'accord avec lui ? Il recommande des promenades sur les grands boulevards, par exemple de l'Opéra à la Place de la République, dans le Marais et à la place des Vosges !
Ah oui, il m'a dit aussi qu'il serait bien d'acheter un carnet de tickets de métro, il a raison ?
Voilà ! A vendredi !
Matthias

La femme allemande, un paradoxe ?

Es handelt sich bei diesem Text um die Frage, ob eine Frau Karriere und Familie verbinden kann. Der internationale Frauentag am 8. März war Anlass, dieses Problem in Berlin zu diskutieren. Warum findet eine Frau mit einem Universitätsabschluss z. B. schlechter einen Partner? Obwohl die Hälfte aller Studienabgänger Frauen seien, gebe es viel weniger im Berufsleben (hier im juristischen Bereich). Frauen halten sich bei der Familiengründung zurück, um ihre Karriere nicht zu gefährden. Es gibt dabei aber Unterschiede zwischen Ost und West. Bei allen genannten Problemen sei Deutschland aber doch ein Modell für französische Frauenrechtlerinnen, denn 30% der Abgeordneten sind Frauen und mehr als 60% der Frauen sind berufstätig. Dabei arbeiten die meisten allerdings in Teilzeit und nur 15% der Universitätslehrstühle werden von Frauen besetzt.

Pour faire les exercices du livre

Accordez...	Gleichen Sie ... an.
une affiche	ein Plakat
à l'aide de...	mithilfe von...
Qu'est-ce que vous associez à... ?	Was verbinden Sie mit ...?
à votre avis	Ihrer Meinung nach
un champ lexical	ein Wortfeld
Changez de rôle.	Tauschen Sie die Rollen.
Choisissez...	Wählen Sie ... aus.
ci-dessous	hierunten
Classez...	Sortieren Sie ...
Cochez...	Kreuzen Sie an ...
une colonne	eine Spalte
Comparez...	Vergleichen Sie ...
Complétez avec les formes...	Füllen Sie mit den Formen ... aus.
Vous connaissez...	Sie kennen ...
Continuez.	Machen Sie weiter.
une conversation	ein Gespräch
... correspond à...	... passt zu ...
correspondant,e	entsprechend
un correspondant/ une correspondante	ein Austauschpartner/ eine Austauschpartnerin
Corrigez.	Verbessern Sie.
un dé	ein Würfel
Décrivez.	Beschreiben Sie.
un dessin	eine Zeichnung
un dialogue	ein Dialog
un dictionnaire	ein Wörterbuch
une discussion	ein Gespräch
Première/Deuxième/ Troisième écoute	Erstes/Zweites/Drittes Hören
Ecoutez...	Hören Sie ...
Ecrivez...	Schreiben Sie ...
un exemple	ein Beispiel
Expliquez...	Erklären Sie ...
un exposé	ein Referat
Faites au moins XX phrases par scène/ image/verbe.	Schreiben Sie mindestens XX Sätze pro Szene/Bild/Verb.
Faites des recherches.	Suchen Sie.
une faute	ein Fehler
un filet de mots	ein Wortnetz
une grille	eine Tabelle
une image	ein Bild
Imaginez...	Denken Sie sich ... aus.
Indiquez...	Geben Sie ... an.
un jeu (de rôles)	ein (Rollen)Spiel
Jouez...	Spielen Sie ...
jouer les interprètes	dolmetschen
Lisez le texte page...	Lesen Sie den Text auf Seite ...
Lisez à haute voix.	Lesen Sie laut vor.
une locution	eine Redewendung
un mot	ein Wort
avec vos propres mots	mit Ihren eigenen Worten
un mot-clé	ein Schlüsselwort
un narrateur	ein Erzähler
Dans quel ordre... ?	In welcher Reihenfolge ...?
entre parenthèses	in Klammern
une partie	ein Teil
au passé	in der Vergangenheit
une phrase	ein Satz
poser des questions	Fragen stellen
Prenez des notes.	Machen Sie sich Notizen.
Préparez...	Bereiten Sie ... vor.
Présentez...	Stellen Sie ... vor.
une question	eine Frage
Racontez...	Erzählen Sie ...
Regardez...	Schauen Sie sich ... an.
Qu'est-ce que vous remarquez ?	Was fällt Ihnen auf?
Remplacez...	Ersetzen Sie ...
Répétez.	Wiederholen Sie.
Répondez aux questions suivantes.	Beantworten Sie folgende Fragen.
une réponse	eine Antwort
un résumé	ein Resümee
Quel est le bon résumé ?	Welches Resümee ist richtig?
Résumez...	Fassen Sie zusammen ...
rimer avec qc	sich auf etwas reimen
si nécessaire	wenn nötig
un sondage	eine Umfrage
une statistique	eine Statistik
une stratégie	eine Strategie
un sujet	ein Thema
un témoignage	ein Statement
au temps qui convient	in der entsprechenden Zeit
un (court) texte	ein (kurzer) Text
un thème	ein Thema
un titre	ein Titel
une traduction	eine Übersetzung
Traduisez...	Übersetzen Sie ...
Trouvez dans le texte...	Finden Sie im Text ...
Utilisez...	Benutzen Sie ...
un verbe	ein Verb
Vérifiez...	Überprüfen Sie ...
Vrai ou faux ?	Richtig oder falsch?

Aya de Yopougon ▸ Art

Personnage d'une BD écrite par Marguerite Abouet (dessins de Clément Oubrerie). Dès le premier livre en 2005, les histoires d'Aya, jeune fille qui habite à Abidjan, capitale de la Côte d'Ivoire, rencontrent un gros succès. *Aya de Yopougon* gagne même un grand prix de BD dès la première année ! Depuis, plusieurs livres racontent la vie d'Aya, de sa famille, de ses amis, et ils ont tous de plus en plus de fans.

Barbès ▸ Paris

Le quartier de Barbès se trouve dans le 18e arrondissement de Paris, au pied de Montmartre. C'est le quartier le plus exotique de Paris, car il y a beaucoup d'Africains, de Maghrébins et d'Asiatiques qui y vivent. C'est pour cela qu'à Barbès, au marché ou dans les magasins, on peut trouver du tissu, des objets ou de la nourriture des continents africain et asiatique. Sur le boulevard Barbès, il y a aussi plusieurs grands magasins, dont le plus célèbre, Tati, est celui que tous les Français connaissent parce qu'il est rose et pas cher !

Belleville ▸ Paris

Autre quartier parisien (20e arrondissement). C'est un quartier populaire, que beaucoup de chanteurs et d'écrivains aiment bien. On y trouve des endroits célèbres, comme le cimetière du Père Lachaise, le parc des Buttes Chaumont, ou la maison de l'air, un musée qui parle… de l'air !

Yves Beauchemin ▸ Francophonie

Ecrivain québécois dont le roman *Le matou* (1981) a connu un grand succès et a reçu de nombreux prix. Depuis, Yves Beauchemin n'a jamais arrêté d'écrire, et tous ses livres ou presque ont reçu au moins un prix ! Le Canadien écrit pour les jeunes et pour les adultes.

Bizerte ▸ Francophonie

Ville au nord de la Tunisie, au bord de la mer, où vivent environ 120 000 personnes. Longtemps centre militaire, Bizerte vit aujourd'hui surtout du tourisme et du commerce, grâce à son port.

Anne-Laure Bondoux ▸ Société multiculturelle

Née en 1971 à Bois-Colombes, Anne-Laure Bondoux décide, *« vers 15–16 ans »*, de devenir écrivain. Après des études littéraires, elle trouve du travail dans la presse, et découvre la littérature pour enfants et jeunes. Elle écrit d'abord des petits textes pour des magazines pour enfants, puis son premier « vrai » roman en 2000. Ses lecteurs ont entre 7 et 70 ans, car les adultes aiment eux aussi ses histoires !

Cœur de Pirate ▸ Francophonie

Cœur de Pirate, de son vrai nom Béatrice Martin, est née au Québec le 22 septembre 1989. C'est sa mère, une pianiste professionnelle, qui lui apprend la musique. Son premier album sort en 2008 au Québec, en avril 2009 en France, et reçoit tout de suite des prix importants. C'est un énorme succès, ce qui est rare pour des chansons dont les textes sont écrits en français. Elle fait partie des nouvelles artistes pour qui Internet et les blogs ont été une grande aide pour se faire connaître.

Isabelle Collombat ▸ Art

Auteur français qui écrit pour les enfants et les jeunes. Née en 1970, Isabelle Collombat fait d'abord des études de journalisme, puis travaille pour une radio humanitaire. Elle s'intéresse beaucoup à l'Afrique et à la guerre du Rwanda, dont elle parle dans un de ses romans (*Bienvenue à Goma*).

Marion Cotillard ▸ Art

Actrice française née en 1975 à Paris, Marion Cotillard devient célèbre dans le monde entier en 2008 grâce au film *La môme*, dans lequel elle joue la célèbre chanteuse française Edith Piaf. La même année, elle gagne un Oscar pour ce rôle, mais aussi d'autres prix importants du cinéma international. Marion Cotillard est une des rares actrices françaises qui travaille beaucoup aux Etats-Unis.

Diam's ▸ Société multiculturelle

C'est en 1999 que Diam's, dont le vrai nom est Mélanie Georgiades, sort son premier CD, qui n'a eu aucun succès. Par contre, *Brut de femme* (2003) et *Dans ma bulle* (2006) ont fait de Diam's une des chanteuses les plus vendues en France.

Née à Chypre en 1980, Diam's arrive en France à quatre ans et grandit dans la banlieue parisienne. Chez ses nombreux fans, la rappeuse est connu surtout pour ses textes courageux et engagés. Son CD *S.O.S.* (2009), plus autobiographique, connaît lui aussi un grand succès. Depuis peu, Diam's est critiquée pour son choix de porter le foulard islamique (Kopftuch).

Robert Doisneau (1912–1994) ▸ Art

Photographe français, célèbre surtout pour ses photos de Parisiens. Les gens que Doisneau photographie sont souvent des enfants, des amoureux, des gens pauvres, ni connus ni célèbres. On dit que Doisneau aime les gens et qu'il les montre avec beaucoup d'humour. Sa photo la plus célèbre montre deux personnes qui s'embrassent (sich küssen) à Paris.

Le festival de Cannes ▸ Art

Festival international de cinéma qui a lieu tous les ans en mai à Cannes, depuis son début en 1946. Pendant les douze jours du festival, c'est aussi le moment pour les professionnels du cinéma de vendre ou d'acheter des films, de trouver de l'argent et des équipes pour des projets, ou pour des jeunes acteurs de se faire connaître. Le film qui gagne un prix à Cannes devient célèbre du jour au lendemain.

Serge Gainsbourg (1928–1991) ▸ Histoire

Célèbre chanteur français, Serge Gainsbourg est un artiste culte en France. Il est connu pour ses textes et sa musique, son travail avec des actrices célèbres, et son comportement parfois très provocateur. Gainsbourg, qu'on appelle aussi Gainsbarre, a également joué dans plusieurs films et en a réalisé d'autres. Il est le père de l'actrice et chanteuse Charlotte Gainsbourg.

Jean-Paul Gaultier ▸ Art

Styliste français né en banlieue parisienne, Jean-Paul Gaultier crée sa société en 1976, à l'âge de 24 ans. Mais c'est à partir des années 80 qu'il aura du succès, et que des stars internationales comme Madonna ou Kylie Minogue lui demanderont des vêtements. Gaultier fait également des costumes pour le cinéma ou le théâtre, a plusieurs parfums qui portent son nom, et présente, de temps en temps, des émissions à la télé, comme le Concours eurovision de la chanson en 2008.

Charles de Gaulle (1890–1970) ▸ France…

Militaire professionnel, c'est lui qui a mené la Résistance française contre le nazisme pendant la 2e Guerre mondiale. Nommé « chef des Français libres » par Churchill en 1940, il devra accepter que l'Assemblée nationale préfère Pétain. Le 18 juin 1940, le général de Gaulle lance depuis Londres un Appel à la Résistance à tous les Français (c'est l'Appel du 18 juin). Après la guerre, le général de Gaulle devient d'abord président du premier gouvernement d'après-guerre, puis démissionne en 1946. Il crée un nouveau parti, et est élu président en 1958 (début de la 5e République française). Il le restera jusqu'en 1969.

Le droit de grève ▸ Histoire

En 1791, le nouveau parlement de la jeune République française interdit aux travailleurs et ouvriers de se réunir et de manifester. Ce n'est qu'en 1864 que les grèves seront autorisées, mais sous certaines conditions. En 1941, le gouvernement de Vichy interdit de nouveau les grèves. Après la guerre, en 1946, nouvelle loi : le droit de grève entre dans la constitution. Depuis, la France est le pays d'Europe où il y a le plus de grèves par an, et pour beaucoup de Français, c'est le seul moyen de défendre les droits sociaux.

Jean-Marie Gustave Le Clézio ▸ Art

Ecrivain français né en 1940 à Nice, prix Nobel de littérature 2008. Le Clézio est un écrivain qui voyage beaucoup. Ses livres parlent de ses expériences faites grâce aux voyages. Le Clézio s'intéresse à la protection de la planète, aux Indiens d'Amérique, et s'engage contre l'intolérance. Ses livres les plus connus sont *Désert* (1980) ou encore *La quarantaine* (1995). En 1994, Le Clézio a été élu « plus grand écrivain vivant de langue française ».

La ligne de démarcation ▸ France, Allemagne…

Frontière entre la zone libre et la zone occupée par les Nazis. Elle traverse la France d'ouest en est et coupe le pays à peu près à sa moitié. Les Nazis occupant la moitié nord, ce sont eux qui avaient l'acier (der Stahl), le sucre et le charbon, alors que la zone libre restait pauvre. Pour aller d'une partie à l'autre, il fallait montrer ses papiers. La ligne et le gouvernement de Vichy on disparu de France en 1943.

Marianne

Né pendant la Révolution française, Marianne est le personnage féminin qui représente les valeurs de la République : liberté, égalité, fraternité. Depuis la fin du 19e siècle, on trouve des statues de Marianne dans presque toutes les mairies de France. C'est aussi elle qu'on voit sur les pièces d'euros françaises, ou encore sur les timbres.

Matisse, Henri (1869–1954) ▸ Art

Peintre, dessinateur et sculpteur français. Jeune homme, Matisse apprend d'abord le droit. Mais à 20 ans, il tombe très malade et doit rester pendant des mois au lit. Pour qu'il ne s'ennuie pas, sa mère lui offre une boîte de peinture. Le jeune Matisse adore peindre ! Après sa maladie, il arrête d'étudier le droit et va dans une célèbre école des Beaux-Arts parisienne. Il fait sa première exposition en 1898 et commence à rencontrer d'autres artistes déjà plus ou moins connus. Matisse devient célèbre surtout à cause de ses couleurs. Un critique dit un jour que les tableaux de Matisse font penser à une « cage aux fauves » (ein Käfig voller Wildkatzen). C'est de là que vient l'expression « fauvisme ».

Le petit Nicolas : le film ▸ Art

Film réalisé en 2009 par Laurent Tirard. C'est le très célèbre livre de l'écrivain Goscinny et du dessinateur Sempé qui est à l'origine du film. Il raconte l'histoire du petit Nicolas qui a une vie très agréable entre ses parents, les copains, l'école…

Le petit Nicolas a eu beaucoup de succès en France, la chanson du film, « On n'est pas à une bêtise prêt » (auf eine Dummheit mehr oder weniger kommt's nicht an) chantée par Renan Luce, est devenue elle aussi un vrai hit !

Oberkampf ▸ Paris

Station de métro parisienne. Il y a aussi une rue Oberkampf, dans le 11ᵉ arrondissement, où on trouve des ateliers d'architectes et de designers, et de nombreux bars. Entretemps, c'est un quartier très apprécié des Parisiens pour sortir !

Le grand Pari(s) ▸ Paris

Aujourd'hui, quand on parle de Paris, on pense à la capitale française et ses deux millions d'habitants. C'est ce qu'on appelle Paris intra-muros, Paris entre les murs. Mais il y a aussi le grand Paris, 396 petites villes et villages à côté ou pas loin du centre, et presque 10 millions de gens qui y vivent. Le problème, c'est que le « grand Paris » n'est pas très bien organisé. Pour régler tous ces problèmes, les mairies travaillent depuis plusieurs années sur un projet appelé « le grand Paris » qui doit mieux organiser et partager transports, emplois, parcs et logements sur tout le territoire.

Paris Match ▸ Médias

Grand magazine hebdomadaire français créé en 1949. Paris Match est devenu célèbre surtout avec ses reportages photos et son slogan : « le poids des mots, le choc des photos ». Aujourd'hui, le magazine est surtout un magazine people !

Philippe Pétain (1856–1951) ▸ France…

Héros de la Première guerre mondiale, il devient maréchal de France en 1918. Le 22 juin 1940, Pétain déclare que la France a perdu la guerre contre l'Allemagne : il installe le gouvernement à Vichy et devient l'homme le plus important de France. Le nouveau régime de Vichy est un régime autoritaire, « Travail, famille, patrie » (Arbeit, Familie, Vaterland) sont au centre de son idéologie. Pétain va alors collaborer avec les nazis pendant l'occupation de la France par les armées du IIIᵉ Reich. Après la Seconde guerre mondiale, Pétain sera emprisonné jusqu'à sa mort.

Le Québec ▸ Francophonie

En 1534, Jacques Cartier, un représentant du roi français François Ier, arrive dans la partie nord de l'Amérique. En 1608, un autre Français, Samuel de Champlain, crée la ville de Québec, et en 1609, la région découverte est appelée Nouvelle-France. C'est la naissance officielle du Canada français. Mais en 1756, une guerre entre la France et l'Angleterre commence, et les deux pays se battent pour le Québec et Montréal, les deux grandes villes de cette province. La France perd et « donne » le Canada aux Anglais en 1763. Mais presque trois siècles plus tard, les 7,5 millions de Québécois se sentent toujours plus proches de la culture française que de la culture anglaise, et la langue officielle est toujours le français !

Auguste Renoir (1841–1919) ▸ Art

Célèbre peintre français. Renoir entre à l'école des Beaux-Arts de Paris en 1862, et y rencontre d'autres peintres qui deviendront célèbres eux aussi. Certains de ses tableaux ont beaucoup de succès, mais en 1880, Renoir n'arrive plus à vendre son travail, et se retrouve très pauvre. Il quitte le groupe des impressionnistes et fait des portraits sur commande, avec beaucoup de succès. En 1892, il termine *Les jeunes filles au piano* que l'Etat français achète et met au célèbre musée du Luxembourg. C'est le début du succès et de la richesse pour Renoir.

Reporters sans frontières ▸ Médias

Organisation non gouvernementale créée en 1985 et qui défend la liberté de la presse et les droits des journalistes dans le monde entier.

Auguste Rodin (1840-1917) ▸ Art

Célèbre sculpteur français du 19e siècle. A 17 ans, il décide d'entrer à la célèbre Ecole des Beaux-Arts de Paris, mais il n'est pas accepté, car on trouve que son style n'est pas assez classique. Après un voyage en Italie en 1875, Rodin réalise une sculpture , *l'Age d'airain*, tellement belle que beaucoup de gens pensent qu'il a triché (geschummelt). C'est son premier succès. Pendant 40 ans, Rodin sera un sculpteur très demandé, qui changera la façon de faire des sculptures. Rodin vivra aussi une histoire d'amour difficile avec Camille Claudel, elle aussi une grande artiste.

Saint-Germain-des-Prés ▸ Paris

Quartier parisien très célèbre. Dès le 17e siècle, les auteurs, artistes et acteurs parisiens se retrouvaient dans les cafés de Saint-Germain. Au 19e siècle, des artistes et écrivains célèbres y ont vécu. Plus tard, au 20e siècle, Picasso, Jacques Brel et d'autres viennent souvent y discuter, écouter des grands musiciens de jazz américains, ou voir des pièces de théâtre moderne. Les trois grands cafés du quartier (Le Flore, Les Deux Magots, le Lipp) sont presque aussi connus que Notre-Dame !

Joann Sfar ▸ Art

Né en 1971 à Nice, Joann Sfar, dessinateur de BD, devient très célèbre en 2010 grâce au film sur le chanteur français Serge Gainsbourg, qu'il a écrit et réalisé. Mais même avant le film, Joann Sfar était connu par les fans de BD, et avait déjà gagné plusieurs prix pour son travail.

Yves Simon ▸ Paris

Yves Simon est devenu célèbre comme chanteur et écrivain. Grand voyageur, il a connu le succès dès son premier livre (1971) et son premier disque (1973) en France et à l'étranger. Yves Simon a écrit, composé et chanté 14 disques, et écrit dix romans dont le plus connu, *La dérive des sentiments* (1991) a été un best-seller international et a reçu le prix Médicis, un grand prix littéraire français.

Murielle Szac ▸ Paris

Journaliste et écrivain de livres pour enfants et jeunes. Née en 1964 à Lyon, Murielle Szac a été aussi responsable de trois magazines pour enfants. Elle écrit souvent sur des sujets politiques, comme les problèmes des étrangers ou des gens pauvres en France.

Sylvie Testud ▸ Paris

Actrice française née en 1971 à Lyon. A 18 ans, elle part vivre à Paris et prend des cours de théâtre. Elle connaît son premier succès avec un film allemand, *Jenseits der Stille*, de la réalisatrice Caroline Link. Pour ce film, elle obtient même un prix, le *Deutscher Filmpreis* en 1997. Depuis, elle a gagné plusieurs prix en France, et est devenue une des actrices préférées des Français. Depuis 2003, Sylvie Testud est aussi écrivain.

Tiken Jah Fakoly ▸ Francophonie

Chanteur de reggae né en 1968 en Côte d'Ivoire. Très engagé politiquement, Tiken Jah Fakoly n'a pas beaucoup d'amis parmi les hommes politiques. On lui a interdit d'aller au Sénégal, et même dans son propre pays, il a des problèmes. Le musicien a beaucoup de succès en France, où il a gagné, en 2003, un prix de musique célèbre (Victoire de la musique) ainsi que de nombreux disques d'or.

Tryo ▸ Environnement

Groupe de reggae français créé en 1995. Très aimés pour leurs textes et leur engagement politique, les quatre membres de Tryo (Guizmo, Manu, Mali et Daniel) invitent aussi régulièrement des artistes d'autres continents à chanter avec eux et font découvrir de nouvelles musiques à leurs fans.

La Tunisie ▸ Francophonie

Pays d'Afrique du Nord, la Tunisie fait partie du « petit Maghreb », avec l'Algérie et le Maroc. Entourée par la mer Méditerranée au nord et à l'est, voisine de l'Algérie et de la Libye, on trouve aussi le Sahara au sud. En tout, il y a 10 millions d'habitants, dont presque un million qui vivent à Tunis, la capitale du pays. Colonie française jusqu'en 1956, la Tunisie est une république dont le président, Zine el-Abidine Ben Ali, est au pouvoir depuis 1989.

Le château de Versailles ▸ Histoire

Sous Louis XIII, le château de Versailles était seulement un petit château où la cour se retrouvait pour chasser. Mais à partir de 1670, Louis XIV décide de faire de Versailles un lieu qui représenterait le pouvoir absolu. Sous les différents rois de France, Versailles sera aussi un lieu de rendez-vous amoureux. A partir de 1789 et la Révolution française, Versailles n'est plus un lieu de pouvoir. Presque un siècle plus tard, à partir de 1830, le château devient Musée de l'histoire de France. Célèbre aussi pour ses jardins, le château de Versailles est classé au patrimoine mondial de l'Humanité (Weltkulturerbe) de l'Unesco.

PARIS

La Défense
Bois de Boulogne
Parc de Princes
17e
16e
15e
14e
Stade de France
18e
Montmartre
Sacré-Cœur
Barbès
Parc de la Villette
19e
Gare du Nord
10e
Gare de l'Est
Gare Saint-Lazare
9e
Arc de triomphe
Avenue des Champs-Elysées
8e
Palais de l'Elysée
1er
2e
Belleville
20e
Cimetière du Père Lachaise
Musée du Louvre, Pyramide
Jardin des Tuileries
La Seine
Place du Trocadéro
Tour Eiffel
Champs de Mars
Musée d'Orsay
Forum des Halles
3e
Centre Pompidou
Ober-kampf
11e
Ménilmontant
Charonne
Hôtel de Ville
4e
Notre Dame
Saint-Germain-des-Prés
7e
Opéra Bastille
Rue du Faubourg St-Antoine
Tour Mont-parnasse
6e
Panthéon
5e
Musée du Jardin des Plantes
Gare d'Austerlitz
Gare de Lyon
12e
Gare Mont-parnasse
13e
Bibliothèque Nationale de France François Mitterrand

La Marseillaise

1
Allons enfants de la Patrie
Le jour de gloire est arrivé !
Contre nous de la tyrannie
L'étendard sanglant est levé
Entendez-vous dans nos campagnes
Mugir ces féroces soldats ?
Ils viennent jusque dans vos bras.
Egorger vos fils, vos compagnes !

Refrain
Aux armes citoyens
Formez vos bataillons
Marchons, marchons
Qu'un sang impur
Abreuve nos sillons

2
Que veut cette horde d'esclaves
De traîtres, de rois conjurés ?
Pour qui ces ignobles entraves
Ces fers dès longtemps préparés ?
Français, pour nous, ah ! quel outrage
Quels transports il doit exciter ?
C'est nous qu'on ose méditer
De rendre à l'antique esclavage !

Refrain

3
Quoi ces cohortes étrangères !
Feraient la loi dans nos foyers !
Quoi! Ces phalanges mercenaires
Terrasseraient nos fils guerriers !
Grand Dieu ! Par des mains enchaînées
Nos fronts sous le joug se ploieraient
De vils despotes deviendraient
Les maîtres des destinées.

Refrain

4
Tremblez, tyrans et vous perfides
L'opprobre de tous les partis
Tremblez ! vos projets parricides
Vont enfin recevoir leurs prix !
Tout est soldat pour vous combattre
S'ils tombent, nos jeunes héros
La France en produit de nouveaux,
Contre vous tout prêts à se battre.

Refrain

5
Français, en guerriers magnanimes
Portez ou retenez vos coups!
Epargnez ces tristes victimes
A regret s'armant contre nous
Mais ces despotes sanguinaires
Mais ces complices de Bouillé
Tous ces tigres qui, sans pitié
Déchirent le sein de leur mère !

Refrain

6
Amour sacré de la Patrie
Conduis, soutiens nos bras vengeurs !
Liberté ! Liberté chérie,
Combats avec tes défenseurs !
Sous nos drapeaux que la Victoire
Accoure à tes mâles accents !
Que tes ennemis expirants
Voient ton triomphe et notre gloire !

Refrain

Couplet des enfants
Nous entrerons dans la carrière
Quand nos aînés n'y seront plus
Nous y trouverons leur poussière
Et la trace de leurs vertus
Bien moins jaloux de leur survivre
Que de partager leur cercueil
Nous aurons le sublime orgueil
De les venger ou de les suivre !

La Marseillaise (Übersetzung)

1
Auf, Kinder des Vaterlands!
Der Tag des Ruhms ist da.
Gegen uns wurde der Tyrannei
Blutiges Banner erhoben.
Hört ihr im Land
Das Brüllen der grausamen Krieger?
Sie rücken uns auf den Leib,
Eure Söhne, Eure Ehefrauen zu köpfen!

Refrain
Zu den Waffen, Bürger!
Schließt die Reihen,
Vorwärts, marschieren wir!
Das unreine Blut
tränke unserer Äcker Furchen!

2
Was will diese Horde von Sklaven,
Von Verrätern, von verschwörerischen Königen?
Für wen diese gemeinen Fesseln,
Diese seit langem vorbereiteten Eisen?
Franzosen, für uns, ach! welche Schmach,
Welchen Zorn muss dies hervorrufen!
Man wagt es, daran zu denken,
Uns in die alte Knechtschaft zu führen!

Refrain

3
Was! Ausländische Kohorten
Würden über unsere Heime gebieten!
Was! Diese Söldnerscharen würden
Unsere stolzen Krieger niedermachen!
Großer Gott! Mit Ketten an den Händen
Würden sich unsere Häupter dem Joch beugen.
Niederträchtige Despoten würden
Über unser Schicksal bestimmen!

Refrain

4
Zittert, Tyrannen und Ihr Niederträchtigen
Schande aller Parteien,
Zittert! Eure verruchten Pläne
Werden Euch endlich heimgezahlt!
Jeder ist Soldat, um Euch zu bekämpfen,
Wenn sie fallen, unsere jungen Helden,
Zeugt die Erde neue,
Die bereit sind, gegen Euch zu kämpfen

Refrain

5
Franzosen, Ihr edlen Krieger,
Versetzt Eure Schläge oder haltet sie zurück!
Verschont diese traurigen Opfer,
Die sich widerwillig gegen uns bewaffnen.
Aber diese blutrünstigen Despoten,
Aber diese Komplizen von Bouillé,
Alle diese Tiger, die erbarmungslos
Die Brust ihrer Mutter zerfleischen!

Refrain

6
Heilige Liebe zum Vaterland,
Führe, stütze unsere rächenden Arme.
Freiheit, geliebte Freiheit,
Kämpfe mit Deinen Verteidigern!
Unter unseren Flaggen, damit der Sieg
Den Klängen der kräftigen Männer zu Hilfe eilt,
Damit Deine sterbenden Feinde
Deinen Sieg und unseren Ruhm sehen!

Refrain

Strophe der Kinder
Wir werden des Lebens Weg weiter beschreiten,
Wenn die Älteren nicht mehr da sein werden,
Wir werden dort ihren Staub
Und ihrer Tugenden Spur finden.
Eher ihren Sarg teilen
Als sie überleben wollen,
Werden wir mit erhabenem Stolz
Sie rächen oder ihnen folgen.

Source : Wikipedia

Les centrales nucléaires en France

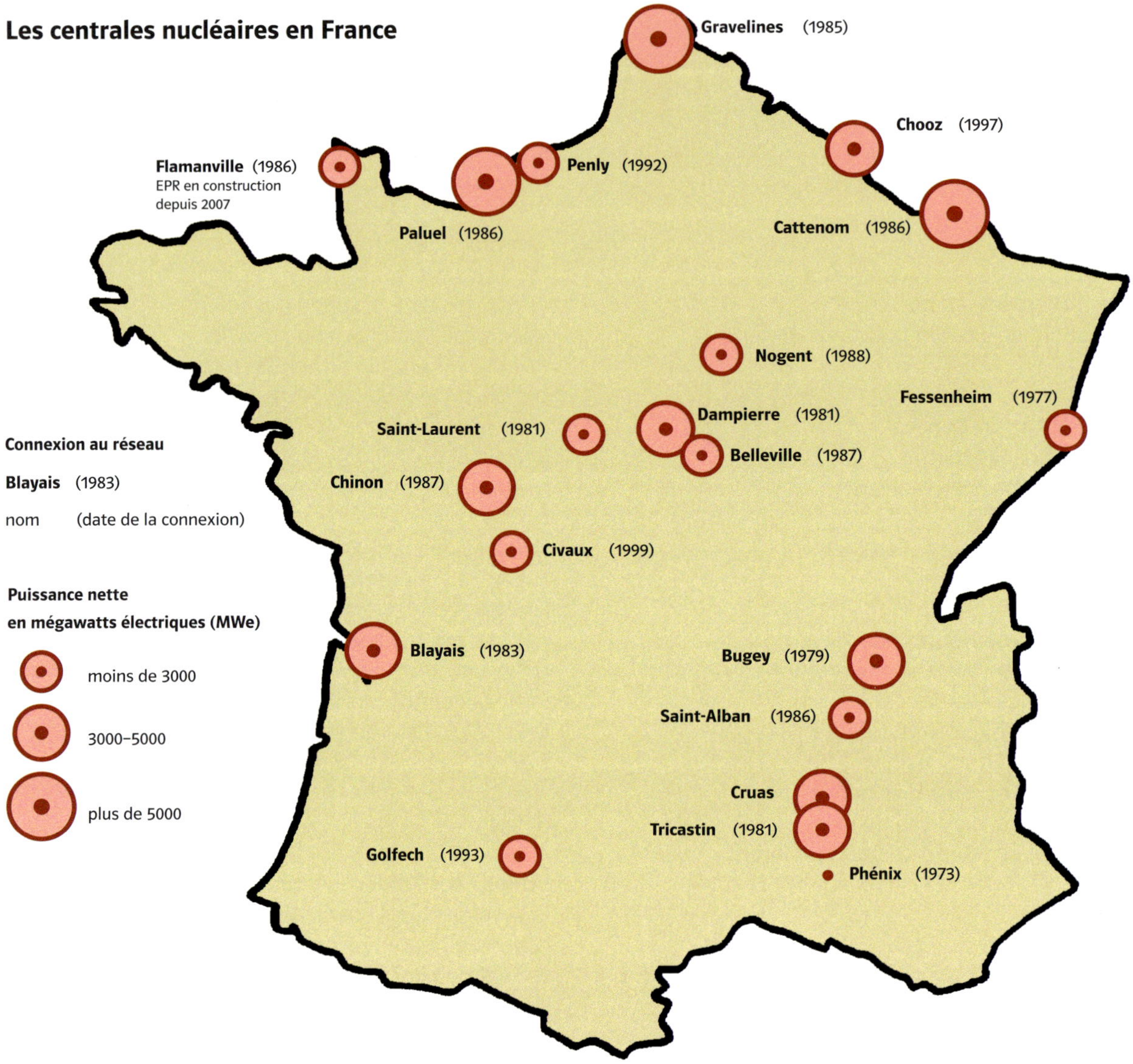

QUEBEC
CANADA
ETATS-UNIS
NEWFOUNDLAND
Feuilles
Caniapiscau
Baie d'Hudson
Grande Rivière
Fort George
Monts Otish
QUÉBEC
Péribonca
Golfe
du
Saint-Laurent
St.-Laurent
Mont
Jacques-Cartier
Tadoussac
CANADA
NEW
BRUNSWICK
NOVA SCOTIA
St.-Tite
Parc de la
Mauricie
Québec
ONTARIO
Ottawa
Trois-Rivières
Laval
Montréal
Gatineau
Longueuil
Ottawa
Océan
Atlantique
ETATS-UNIS

Bildquellennachweis

Umschlag: Avenue Images GmbH, Hamburg: (imageshop) **U4.7**; Corbis, Düsseldorf: (Emely) **U4.4**; f1 online digitale Bildagentur (Imagesource-Black), Frankfurt: **U1.2**; FOCUS (Picturetank), Hamburg: **U1.10**; Fotolia LLC, New York: (Bernard 63) **U4.5**, (Dominique Vernier) **U4.10**, (Giane) **U4.6**, (harmonie57) **U4.12**, (N. Parneix) **U4.2**; Getty Images, München: **U1.14**, (EyesWideOpen) **U4.9**; iStockphoto, Calgary, Alberta: (Chris Brink) **U4.1**, (dirkr) **U1.1**, (I. Wiederoder) **U4.11**, (naturaledge) **U1.12**, (Thomas Voss) **U1.11**; MEV Verlag GmbH, Augsburg: **U1.6**; Picture-Alliance, Frankfurt: **U1.8**; Pressebüro Franz Roth (Ralf Gosch), Nürnberg: **U1.4**; shutterstock, New York, NY: (Girish Menon) **U1.3**, (Knud Nielsen) **U4.8**, (Natalia Bratslavsky) **U1.5**, (Seleznev Oleg) **U1.13**, (Stefano Tiraboschi) **U4.3**, (yvon52) **U4.9**; Ullstein Bild GmbH, Berlin: (Imagebroker.net) **U1.7**

Ascète/www.ascete.com, Paris: **11.2**; A. Baral/www.gestes-environnement.fr: **69.2**; Acrila, Pessac: **11.1**; Agence BIO, Montreuil-sous-Bois: **108.1**; Agence PTC, Rouen: **75.1**; Succession H. Matisse/VG Bild-Kunst, Bonn 2010: **162.2**; Alamy Images (Peter Horree), Abingdon, Oxon: **154.1**; ARTE, Strasbourg Cedex: **177.1**; Association EXTRA-MUROS Festival CinéBanlieue, Villetaneuse: **10.4**; Association Les Vieilles Charrues, Carhaix Cedex: **173.1**; Autorité de sûreté nucléaire, ministères chargés de l'Intérieur et de la Santé, EDF: **65.1**; Avenue Images GmbH, Hamburg: (Image Source) **150.1**; Bado, Ottawa: **182.1**; Images Doc, Bayard Jeunesse, 2006: **25.1**, **26.1**; Lois, La trilogie Louis XIV, Castermann, 2009: **24.1**; Central Film Verleih GmbH, Berlin: **22.3**; Chauvin, Guillaume & Hubert, Rémi, Strasbourg: **119.1**; Cité de l´architecture et du patrimoine, Paris: **18.1**; Comexposium (Renaud Corlouër), Paris La Défense Cedex: **10.3**; Conseil général des Alpes de Haute-Provence (Céline Gugliero), Digne-les-Bains: **57.2**; Région Île-de-France: campagne d'incitation au vote – Crédit photo: Marc Bardi – Réalisation: Publicis Consultants: **39.1**; Corbis, Düsseldorf: **58.1**, (Cat's Collection) **176.7**, (Edimédia) **162.5**, (Eric Fougere/VIP Images) **254.2**, (Hill Street Studios/Blend Images) **47.1**, (Hulton-Deutsch Collection) **128.2**, (Nancy Honey/Cultura) **58.4**, (Reuters) **27.1**; David Adémas, Rennes **53.1**; ddp images GmbH, Hamburg: **177.3**; Desmarteau, Claudine, Paris: **48.1**; Deutsche Bahn AG (Bartlomiej Banaszak), Berlin: **127.3**; Éditions Actes Sud, Arles: **169.1**; Éditions Dupuis, Marcinelle: **125.1**; Marguerite Abouet, Clément Oubrerie, Aya de Yopougon, Éditions Gallimard: **167.1**; Éditions Gallimard, Paris: **140.1**, **163.5**; Editions Montparnasse, Paris: **57.1**; Éditions Nathan, Paris: **133.1**; Fondation Danielle Mitterrand France Libertés, Paris: **66.1**; Fotolia LLC, New York: (Alcel Vision) **33.1**, (Araraadt) **30.3**, (Fer737ng) **156.2**, (Gérard Lemaire) **177.2**, (Ghost) **51.1**, (Giane) **34.4**, (Jan Will) **69.1**, (Ludovic Lan) **30.1**, (M Schuckart) **127.1**, (N. Parneix) **34.3**, (ParisPhoto) **34.1**, **179.1**, (Pascal Kwakman) **156.1**, (Pascal Martin) **34.2**, (Soft) **28.1**, (Zvonimir Santek) **162.1**; France Télévision Distribution Beta Film GmbH: **22.4**; France2 (Jacques Morell), Paris Cedex 15: **176.5**; Getty Images, München: **29.2**, (Attila Kisbenedek/AFP) **161.2**, (Cyril Folliot/AFP) **47.2**, (Eric Feferberg/AFP) **129.3**, (Fethi Belaid/AFP) **154.3**, (Frank Perry/AFP) **41.4**, (Gérard Cercles/AFP) **151.2**, (Michael Buckner) **164.1**, (Miguel Medina/AFP) **149.1**, (Stan Honda/AFP) **138.3**; Greenpeace France, Paris: **60.1**; Agence Wag, taken from Zoom sur les médias © Hachette Libre, 2002: **114.1**; Iconovox, Paris: (Jiho) **116.1**, (PANCHO) **144.1**, (Rémi MalinGrëy) **120.1**, **132.1**; Idé, Paris: **63.1**; Iglesias, François (© Faz/Phosphore), Paris: **168.1**; images.de digital photo GmbH (Wild Bunch/Kobal Collection), Berlin: **256.1**; Imageshop (Imageshop), Düsseldorf: **150.2**; Imago, Berlin: **14.1**, **37.1**, (PanoramiC) **138.4**, (UPI Photo) **138.2**; Interfoto, München: **177.6**, (Lebrecht Music Collection) **29.1**, (NG Collection) **254.1**; iStockphoto, Calgary, Alberta: **126.1**, (Blade Kostas) **41.2**, (Edward Grajeda) **121.1**, (Pastorscott) **58.2**, (Studio-R) **28.2**; Klett-Archiv, Stuttgart: **127.2**, **127.4**, (Edouard Hannoteaux) **46.1**, **46.2**, **46.3**, **46.4**, **46.5**, **46.6**, (Gerlind Becker) **163.2**, (Laurent Jouvet) **126.2**; La Roue Verte, Grenoble: **62.1**; Lagardère Active, Levallois-Perret: **142.1**; Le Figaro Magazine/laif: **21.2**; laif, Köln (© atelier Robert Doisneau): **163.6**, (Damdjian Manuel/Gamma) **41.1**, (Domine Jérôme/Gamma/Eyedea Presse) **161.1**, **258.1**, (Fanny/Rea) **141.1**, (Hans-Christian Plambeck) **49.1**, (Larry Lee Photography) **30.2**, (Ludovic/Rea) **36.1**, (Raphael Gaillarde/Gamma/Eyedea Presse) 258.2, (Salvat/Stills/Gamma) 254.3, (Sebastien Ortola/Rea) 41.3, (Thomas Samson/Gamma/Eyedea Presse) 16.1, (ulf Andersen/Gamma) **257.2**; Licra, Paris: **143.1**; Logo, Stuttgart: **38.1**, **151.1**, **158.1**, **176.1**, **176.4**, **176.6**, **177.5**; Lycée Alexis de Tocqueville, Grasse: **59.1**; M6.fr, Neuilly sur Seine Cedex: **177.4**; Mauritius Images (Photononstop), Mittenwald: **255.2**; Avec l'aimable autorisation du Ministère de l'Enseignement supérieur et de la Recherche (DEPCOM): **10.2**; Ministère de la Santé et des Sports, Paris: **52.1**; National Gallery of Australia, Canberra: **162.4**, **165.1**; Nice Matin (Laurent Martinat), Nice Cedex 3: **58.3**; Organisation Internationale de la Francophonie (Boubacar Touré Mandémory), Paris: **150.2**; Paris capitale de la création, Paris: **10.1**; Pascal Garcia, http://pascal.espaceblogs.fr, Chavannes sur Suran: **144.2**; Archives du 7ème Art – Photo12: **176.2**; Photoshot (UPPA), Hamburg: **128.3**; Picture-Alliance, Frankfurt: **126.3**, **129.1**, (Ansgar Klostermann) **163.1**, (kpa) **22.1**, (Lars Pehrsson/SvD/Scanpix) **162.3**, Presse- und Informationsamt der Bundesregierung, Berlin: **129.2**; Reed Expositions France, Salon du livre, Puteaux Cedex: **173.2**; shutterstock, New York, NY: (Darren Hubley) **150.3**, (EugeneF) **150.5**, (Jorge Felix Costa) **162.6**, (Posztos (colorlab.hu)) **154.2**; Paris © ce qui me meut 2007 – Une coproduction CE QUI ME MEUT – STUDIO CANAL – STUDIO CANAL IMAGE FRANCE2 CINEMA: **21.1**; Rue des Archives/CCI/Süddeutsche Zeitung Photo: **31.1**; TF1 VIDEO, SCRIBA FILMS HOLDING: **22.5**; The Associated Press GmbH (Laurent Gillieron/KEYSTONE), Frankfurt am Main: **138.1**; Thierry Valletoux Studio ML, Paris: **162.7**; TIP-Magazin, Berlin: **137.1**; ullstein bild (SIPA): **14.2**; Ullstein Bild GmbH, Berlin: **128.1**, **163.3**, **176.3**, (AP) **163.4**, (Keystone Pressedienst) **255.1**, (SIPA) **22.2**, **45.1**, **45.2**, **45.3**, **50.1**, **176.8**, **180.1**, (Willy's Pictures) **126.4**; VISUM Foto GmbH (Michael von Graffenried), Hamburg: **257.1**; Wikimedia Foundation Inc. (Daniel Athornbury), St. Petersburg FL: **164.2**

Nicht in allen Fällen war es uns möglich, den Rechteinhaber der Abbildungen ausfindig zu machen.
Berechtigte Ansprüche werden selbstverständlich im Rahmen der üblichen Vereinbarungen abgegolten.